地方上級／国家総合職・一般職・専門職

公務員試験

民法Ⅱ

債権総論・各論 家族法

資格試験研究会編

実務教育出版

新スーパー過去問ゼミ7
刊行に当たって

公務員試験の過去問を使った定番問題集として，公務員受験生から圧倒的な信頼を寄せられている「スー過去」シリーズ。その「スー過去」が大改訂されて「**新スーパー過去問ゼミ７**」に生まれ変わりました。

「７」では，最新の出題傾向に沿うよう内容を見直すとともに，より使いやすくより効率的に学習を進められるよう，細部までブラッシュアップしています。

「新スーパー過去問ゼミ７」改訂のポイント

① 令和３年度～令和５年度の問題を増補

② 過去15年分の出題傾向を詳細に分析

③ １行解説・STEP解説，学習方法・掲載問題リストなど，
学習効率向上のための手法を改良

もちろん，「スー過去」シリーズの特長は，そのまま受け継いでいます。

- **テーマ別編集で，主要試験ごとの出題頻度を明示**
- **「必修問題」「実戦問題」のすべてにわかりやすい解説**
- **「POINT」で頻出事項の知識・論点を整理**
- **本を開いたまま置いておける，柔軟で丈夫な製本方式**

本シリーズは，**「地方上級」「国家一般職［大卒］」試験の攻略にスポットを当てた過去問ベスト・セレクション**ですが，**「国家総合職」「国家専門職［大卒］」「市役所上級」試験など，大学卒業程度の公務員採用試験に幅広く対応**できる内容になっています。

公務員試験は難関といわれていますが，良問の演習を繰り返すことで，合格への道筋はおのずと開けてくるはずです。本書を開いた今この時から，目標突破へ向けての着実な準備を始めてください。

あなたがこれからの公務を担う一員となれるよう，私たちも応援し続けます。

資格試験研究会

本書の構成と過去問について

●本書の構成

❶学習方法・問題リスト：巻頭には，本書を使った効率的な科目の攻略のしかたをアドバイスする「**民法の学習方法**」と，本書に収録した全過去問を一覧できる「**掲載問題リスト**」を掲載している。過去問を選別して自分なりの学習計画を練ったり，学習の進捗状況を確認する際などに活用してほしい。

❷試験別出題傾向と対策：各章冒頭にある出題箇所表では，平成18年度以降の国家総合職，国家一般職，国家専門職（国税専門官），地方上級（全国型・特別区），市役所（C日程）の出題状況が一目でわかるようになっている。具体的な出題傾向は，試験別に解説を付してある。

※市役所C日程については令和２年度の情報は反映されていない。

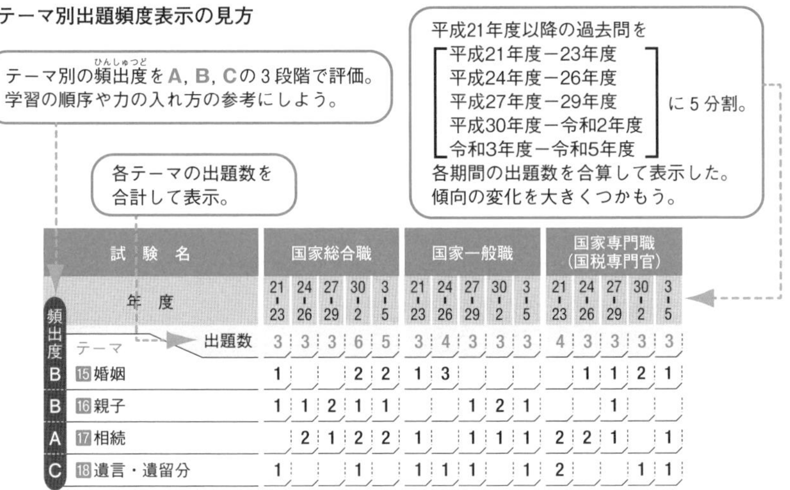

テーマ別出題頻度表示の見方
テーマ別の頻出度をA，B，Cの３段階で評価。学習の順序や力の入れ方の参考にしよう。
各テーマの出題数を合計して表示。
平成21年度以降の過去問を
平成21年度－23年度
平成24年度－26年度
平成27年度－29年度
平成30年度－令和2年度
令和3年度－令和5年度
に５分割。
各期間の出題数を合算して表示した。傾向の変化を大きくつかもう。
頻出度

試験名	国家総合職					国家一般職					国家専門職（国税専門官）				
年度	21-23	24-26	27-29	30-2	3-5	21-23	24-26	27-29	30-2	3-5	21-23	24-26	27-29	30-2	3-5
テーマ　出題数	3	3	3	6	5	3	4	3	3	3	4	3	3	3	3
B 15 婚姻	1			2	2	1	3					1	1	2	1
B 16 親子	1	1	2	1	1			1	2	1			1		
A 17 相続		2	1	2	2	1		1	1	1	2	2	1		1
C 18 遺言・遺留分	1			1		1	1	1		1	2			1	1

❸必修問題：各テーマのトップを飾るにふさわしい，合格のためには必ずマスターしたい良問をピックアップ。解説は，各選択肢の正誤ポイントをズバリと示す「**1行解説**」，解答のプロセスを示す「**STEP解説**」など，効率的に学習が進むように配慮した。また，正答を導くための指針となるよう，問題文中に以下のポイントを示している。

　　　　（アンダーライン部分）：正誤判断の決め手となる記述

　　　　（色が敷いてある部分）：覚えておきたいキーワード

「**FOCUS**」には，そのテーマで問われるポイントや注意点，補足説明などを掲載している。

必修問題のページ上部に掲載した「**頻出度**」は，各テーマをA，B，Cの３段階で評価し，さらに試験別の出題頻度を「★」の数で示している（★★★：最頻出，★★：頻出，★：過去15年間に出題実績あり，―：過去15年間に出題なし）。

❹POINT：これだけは覚えておきたい最重要知識を，図表などを駆使してコンパクトにまとめた。問題を解く前の知識整理に，試験直前の確認に活用してほしい。

❺**実戦問題**：各テーマの内容をスムーズに理解できるよう，バランスよく問題を選び，詳しく解説している。問題ナンバー上部の「＊」は，その問題の「**難易度**」を表しており（＊＊＊が最難），また，学習効果の高い重要な問題には💎マークを付している。

💎 ＊＊ **No.2**　必修問題と💎マークのついた問題を解いていけば，スピーディーに本書をひととおりこなせるようになっている。

なお，収録問題数が多いテーマについては，「**実戦問題1**」「**実戦問題2**」のように問題をレベル別またはジャンル別に分割し，解説を参照しやすくしている。

❻**索引**：巻末には，POINT等に掲載している重要語句を集めた用語索引がついている。用語の意味や定義の確認，理解度のチェックなどに使ってほしい。

●本書で取り扱う試験の名称表記について

本書に掲載した問題の末尾には，試験名の略称および出題年度を記載しています。

①**国家総合職**：国家公務員採用総合職試験，国家公務員採用Ⅰ種試験（平成23年度まで）

②**国家一般職**：国家公務員採用一般職試験［大卒程度試験］，
国家公務員採用Ⅱ種試験（平成23年度まで）

③**国家専門職，国税専門官，財務専門官，労働基準監督官**：
国家公務員採用専門職試験［大卒程度試験］，国税専門官採用試験，
財務専門官採用試験，労働基準監督官採用試験

④**地方上級**：地方公務員採用上級試験（都道府県・政令指定都市）

（全国型）：広く全国的に分布し，地方上級試験のベースとなっている出題型

（東京都）：東京都職員Ⅰ類Ｂ採用試験（平成20年度まで）

（特別区）：特別区（東京23区）職員Ⅰ類採用試験

※地方上級試験については，実務教育出版が独自に分析し，「全国型」「関東型」「中部・北陸型」「法律・経済専門タイプ」「その他の出題タイプ」「独自の出題タイプ（東京都，特別区など）」の６つに大別している。

⑤**市役所**：市役所職員採用上級試験（政令指定都市以外の市役所）

※市役所上級試験については，試験日程によって「Ａ日程」「Ｂ日程」「Ｃ日程」の３つに大別している。

●本書に収録されている「過去問」について

①平成９年度以降の国家公務員試験の問題は，人事院により公表された問題を掲載している。地方上級の一部（東京都，特別区）も自治体により公表された問題を掲載している。それ以外の問題は，受験生から得た情報をもとに実務教育出版が独自に編集し，復元したものである。

②問題の論点を保ちつつ問い方を変えた，年度の経過により変化した実状に適合させた，などの理由で，問題を一部改題している場合がある。また，人事院などにより公表された問題も，用字用語の統一を行っている。

③東京都Ⅰ類の専門択一式試験は，平成21年度から廃止されている。しかし，東京都の問題には良問が多く，他の試験の受験生にも有用であるため，本書では平成20年度までの東京都の問題を一部掲載している。

CONTENTS

公務員試験　新スーパー過去問ゼミ７

民法Ⅱ

カバー・本文デザイン／小谷野まさを　書名ロゴ／早瀬芳文

民法の学習方法

●公務員試験の「民法」について

民法は法律科目の中で最もボリュームのある科目です。したがって，民法の学習ではその量をいかに克服するかが最大のポイントになってきます。

ただ，量の多さにもかかわらず，**民法では，全領域・全論点がすべて出題の対象となっているわけではありません。**なぜなら，そんな出題のしかたをすると，公務員としての必要な素養を身につけているかどうかを判別するという公務員試験の目的が達成できなくなるからです。

公務員試験では多数の科目が出題されますから，受験者が民法の学習に割くことのできる時間は必然的に限られます。そのような中で出題範囲をむやみに拡大すると，受験者の負担が過重になり，正答率の極端な低下を招くことになってしまいます。

本書中の過去問を解くのに必要な知識の範囲は，民法全体のほんの一部にすぎません。出題者が民法の出題範囲を拡大していこうと思えば，軽くこの５～６倍は広げることができるでしょう。しかし，そんなことをすると，多くの受験者が民法に対処できなくなって，必要な素養を身につけた受験者とそうでない受験者との区別が困難になります。

●学習する際の注意点

出題科目の数が多い公務員試験では，時間との勝負という要素が特に強く現れます。ですから，合格のためには，民法の出題範囲を限定し，それに対処するために**必要な知識の範囲を絞り込むという作業が必要**になってきます。これがうまくいけば，民法は最小の時間で最大の効果を発揮することができます。

「量が多い」という民法に対する一般的なイメージとは異なり，憲法や行政法など，他の法律科目とほぼ同じ時間と労力で十分に対処できるようになるはずです。

●直前期の注意点

直前期には，それまでに学習してきた知識を正確にすることを中心に対策を考えます。直前期は，最もプレッシャーのかかるつらい時期ですが，**とにかくペースを乱さない**ことが重要です。

模試の成績が伸びない場合，不安に駆られて学習範囲を広げたくなるものですが，むやみに知識の範囲を広げると，せっかく積み上げてきた知識まで不正確なものにしてしまうおそれがあります。不正確な知識で「あれっ。どうだったかな」などと考えても，もともと知識が正確でないので解けるはずがありません。その場合，人の心理からすると，かえってわからないほうの選択肢に引きずられて正答を誤ることのほうが多いのです。そうなると，その問題に費やした時間も労力も無駄になってしまいます。

なお，本試験では「その１問」に集中することを心がけてください。前の問題を自信がないまま解いたような場合，次の問題を解く際に前の問題が気になるということがあります。でも，それでは，次の問題への集中がおろそかになり，単純ミスを誘発する危険があります。次の問題へ移ったら，その１問に集中することが何よりも大事です。

合格者に学ぶ「スー過去」活用術

公務員受験生の定番問題集となっている「スー過去」シリーズであるが，先輩たちは本シリーズをどのように使って，合格を勝ち得てきたのだろうか。弊社刊行の『公務員試験受験ジャーナル』に寄せられた「合格体験記」などから，傾向を探ってみた。

自分なりの「戦略」を持って学習に取り組もう！

テーマ１から順番に一つ一つじっくりと問題を解いて，わからないところを入念に調べ，納得してから次に進む……という一見まっとうな学習法は，すでに時代遅れになっている。

合格者は，初期段階でおおまかな学習計画を立てて，戦略を練っている。まずは各章冒頭にある「試験別出題傾向と対策」を見て，自分が受験する試験で各テーマがどの程度出題されているのかを把握し，「掲載問題リスト」を利用するなどして，**いつまでにどの程度まで学習を進めればよいか，学習全体の流れをイメージ**しておきたい。

完璧をめざさない！ザックリ進めながら復習を繰り返せ！

本番の試験では，６～７割の問題に正答できればボーダーラインを突破できる。裏を返せば**３～４割の問題は解けなくてもよい**わけで，完璧をめざす必要はまったくない。

受験生の間では，**「問題集を何周したか」**がしばしば話題に上る。問題集は，１回で理解しようとジックリ取り組むよりも，初めはザックリ理解できた程度で先に進んでいき，何回も繰り返し取り組むことで徐々に理解を深めていくやり方のほうが，学習効率は高いとされている。**合格者は「スー過去」を繰り返しやって，得点力を高めている。**

すぐに解説を読んでもOK！考え込むのは時間のムダ！

合格者の声を聞くと**「スー過去を参考書代わりに読み込んだ」**というものが多く見受けられる。科目の攻略スピードを上げようと思ったら「ウンウンと考え込む時間」は一番のムダだ。過去問演習は，解けた解けなかったと一喜一憂するのではなく，**問題文と解説を読みながら正誤のポイントとなる知識を把握して記憶することの繰り返し**なのである。

分量が多すぎる！という人は，自分なりに過去問をチョイス！

広い出題範囲の中から頻出のテーマ・過去問を選んで掲載している「スー過去」ではあるが，この分量をこなすのは無理だ！と敬遠している受験生もいる。しかし，**合格者もすべての問題に取り組んでいるわけではない。**必要な部分を自ら取捨選択することが，最短合格のカギといえる（次ページに問題の選択例を示したので参考にしてほしい）。

書き込んでバラして……「スー過去」を使い倒せ！

補足知識や注意点などは本書に直接書き込んでいこう。**書き込みを続けて情報を集約していくと本書が自分オリジナルの参考書になっていく**ので，インプットの効率が格段に上がる。それを繰り返し「何周も回して」いくうちに，反射的に解答できるようになるはずだ。

また，分厚い「スー過去」をカッターで切って，章ごとにバラして使っている合格者も多い。**自分が使いやすいようにカスタマイズ**して，「スー過去」をしゃぶり尽くそう！

学習する過去問の選び方

●具体的な「カスタマイズ」のやり方例

本書は全144問の過去問を収録している。分量が多すぎる！と思うかもしれないが，合格者の多くは，過去問を上手に取捨選択して，自分に合った分量と範囲を決めて学習を進めている。

以下，お勧めの例をご紹介しよう。

❶必修問題と💎のついた問題に優先的に取り組む！

当面取り組む過去問を，各テーマの「**必修問題**」と💎マークのついている「**実戦問題**」に絞ると，およそ全体の５割の分量となる。これにプラスして各テーマの「**POINT**」をチェックしていけば，この科目の典型問題と正誤判断の決め手となる知識の主だったところは押さえられる。

本試験まで時間がある人もそうでない人も，ここから取り組むのが定石である。まずはこれで１周（問題集をひととおり最後までやり切ること）してみてほしい。

❶を何周かしたら次のステップへ移ろう。

❷取り組む過去問の量を増やしていく

❶で基本は押さえられても，❶だけでは演習量が心もとないので，取り組む過去問の数を増やしていく必要がある。増やし方としてはいくつかあるが，このあたりが一般的であろう。

◎基本レベルの過去問を追加（難易度「＊」の問題を追加）
◎受験する試験種の過去問を追加
◎頻出度Ａのテーマの過去問を追加

これをひととおり終えたら，前回やったところを復習しつつ，まだ手をつけていない過去問をさらに追加していくことでレベルアップを図っていく。

もちろん，あまり手を広げずに，ある程度のところで折り合いをつけて，その分復習に時間を割く戦略もある。

●掲載問題リストを活用しよう！

「**掲載問題リスト**」では，本書に掲載された過去問を一覧表示している。

受験する試験や難易度・出題年度等を基準に，学習する過去問を選別する際の目安としたり，チェックボックスを使って学習の進捗状況を確認したりできるようになっている。

効率よくスピーディーに学習を進めるためにも，積極的に利用してほしい。

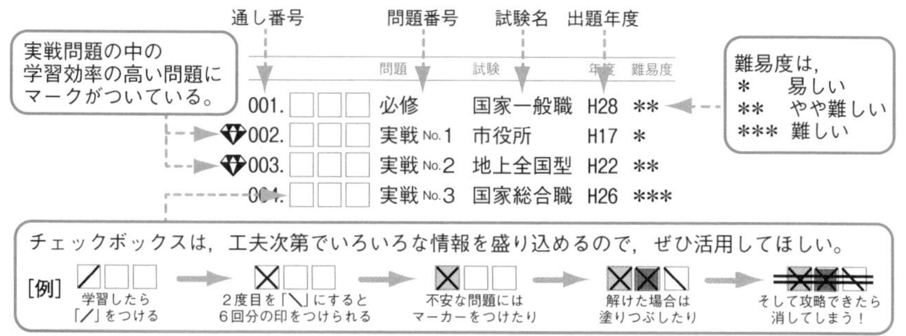

掲載問題リスト

第1章 債権総論

テーマ1 債務不履行

	問題	試験	年度	難易度
001.	必修	国家一般職	R3	**
002.	実戦 No.1	地上全国型	H30	*
003.	実戦 No.2	国税専門官	H30	*
004.	実戦 No.3	地上特別区	H30	**
005.	実戦 No.4	地上特別区	R3	**
006.	実戦 No.5	国家総合職	R3	***
007.	実戦 No.6	国家一般職	R4	*
008.	実戦 No.7	地上全国型	H27	*

テーマ2 債権者代位権

	問題	試験	年度	難易度
009.	必修	国家一般職	R3	**
010.	実戦 No.1	国税専門官	H22	*
011.	実戦 No.2	地方上級	H14	*
012.	実戦 No.3	地上全国型	H22	*
013.	実戦 No.4	地上特別区	R3	**
014.	実戦 No.5	国税専門官	H14	**
015.	実戦 No.6	国家総合職	H7	***
016.	実戦 No.7	国家一般職	H25	**

テーマ3 詐害行為取消権

	問題	試験	年度	難易度
017.	必修	市役所	H30	*
018.	実戦 No.1	地上全国型	H24	*
019.	実戦 No.2	市役所	H20	*
020.	実戦 No.3	国家一般職	H6	**
021.	実戦 No.4	国家一般職	R2	**
022.	実戦 No.5	国税/財務/労基	R3	**
023.	実戦 No.6	国家総合職	R元	***
024.	実戦 No.7	地上特別区	H29	**
025.	実戦 No.8	国税/財務/労基	H28	**

テーマ4 連帯債務

	問題	試験	年度	難易度
026.	必修	地上特別区	R4	**
027.	実戦 No.1	地上特別区	R元	*
028.	実戦 No.2	国家一般職	R4	**
029.	実戦 No.3	国家総合職	R4	***

テーマ5 保証債務

	問題	試験	年度	難易度
030.	必修	地上特別区	H29	**
031.	実戦 No.1	地上特別区	H26	*
032.	実戦 No.2	地方上級	H16	*
033.	実戦 No.3	地方上級	H10	**
034.	実戦 No.4	国家一般職	R元	**
035.	実戦 No.5	国家総合職	H26	**
036.	実戦 No.6	国家総合職	H29	***
038.	実戦 No.7	国家総合職	R3	**
039.	実戦 No.8	国家一般職	H29	**
040.	実戦 No.9	地上特別区	R2	**

テーマ6 債権譲渡

	問題	試験	年度	難易度
041.	必修	地方上級	R2	*
042.	実戦 No.1	地上全国型	H29	**
043.	実戦 No.2	地上特別区	R4	**
044.	実戦 No.3	地上全国型	R4	*
045.	実戦 No.4	国家一般職	R2	**
046.	実戦 No.5	国税専門官	H26	***
047.	実戦 No.6	国税/財務/労基	R2	**
048.	実戦 No.7	国家総合職	R5	***

テーマ7 債権の消滅原因

	問題	試験	年度	難易度
049.	必修	国家総合職	R4	**
050.	実戦 No.1	地上全国型	H26	*
051.	実戦 No.2	国家一般職	H25	*
052.	実戦 No.3	地上全国型	R元	*
053.	実戦 No.4	国家総合職	H30	**
054.	実戦 No.5	地上特別区	H24	**
055.	実戦 No.6	地上全国型	H21	*
056.	実戦 No.7	地上特別区	R2	**
057.	実戦 No.8	国家総合職	H28	***
058.	実戦 No.9	国家総合職	R2	***

第2章 債権各論

テーマ8 契約総論

			問題	試験	年度	難易度
	059.	□□□	必修	国家一般職	R4	*
	060.	□□□	実戦No.1	市役所	H28	*
◆	061.	□□□	実戦No.2	国家一般職	H26	*
◆	062.	□□□	実戦No.3	地上特別区	R5	*
◆	063.	□□□	実戦No.4	地上特別区	H25	**
	064.	□□□	実戦No.5	国税専門官	H27	**
◆	065.	□□□	実戦No.6	国家総合職	R4	***

テーマ9 贈与・売買

			問題	試験	年度	難易度
	066.	□□□	必修	地上特別区	R3	**
◆	067.	□□□	実戦No.1	地方上級	H6	*
◆	068.	□□□	実戦No.2	地方上級	R元	*
◆	069.	□□□	実戦No.3	地方上級	R4	**
	070.	□□□	実戦No.4	地上特別区	R元	**
◆	071.	□□□	実戦No.5	国税専門官	H7	**
◆	072.	□□□	実戦No.6	国家一般職	R4	**
◆	073.	□□□	実戦No.7	国家総合職	R3	**

テーマ10 消費貸借・賃貸借

			問題	試験	年度	難易度
	074.	□□□	必修	国税/財務/労基	R3	**
◆	075.	□□□	実戦No.1	地上特別区	H15	*
◆	076.	□□□	実戦No.2	国家一般職	R2	**
◆	077.	□□□	実戦No.3	国家一般職	R3	*
◆	078.	□□□	実戦No.4	国家一般職	H23	**
	079.	□□□	実戦No.5	国家一般職	H9	**
	080.	□□□	実戦No.6	国家一般職	H19	**
	081.	□□□	実戦No.7	国家一般職	H30	**
◆	082.	□□□	実戦No.8	国家総合職	R3	**

テーマ11 その他の典型契約

			問題	試験	年度	難易度
	083.	□□□	必修	地上特別区	R元	**
◆	084.	□□□	実戦No.1	国税/財務/労基	R2	**
◆	085.	□□□	実戦No.2	市役所	H26	*
◆	086.	□□□	実戦No.3	地上特別区	R3	*
◆	087.	□□□	実戦No.4	国家一般職	R3	**
	088.	□□□	実戦No.5	国税専門官	R元	**
◆	089.	□□□	実戦No.6	国家一般職	H28	**
	090.	□□□	実戦No.7	国家総合職	H30	**

テーマ12 債権の総合問題

			問題	試験	年度	難易度
	091.	□□□	必修	国家一般職	H20	*
◆	092.	□□□	実戦No.1	国税専門官	H6	*

テーマ13 事務管理・不当利得

			問題	試験	年度	難易度
	093.	□□□	必修	地上特別区	R4	*
◆	094.	□□□	実戦No.1	地方上級	H10	*
◆	095.	□□□	実戦No.2	地上特別区	H26	*
	096.	□□□	実戦No.3	地方上級	H15	**
◆	097.	□□□	実戦No.4	国家総合職	R元	**
◆	098.	□□□	実戦No.5	地上特別区	R2	**
◆	099.	□□□	実戦No.6	地上特別区	H24	**
	100.	□□□	実戦No.7	地上特別区	H30	**
	101.	□□□	実戦No.8	国家総合職	R2	***

テーマ14 不法行為

			問題	試験	年度	難易度
	102.	□□□	必修	地上全国型	R元	*
◆	103.	□□□	実戦No.1	地上特別区	H26	*
	104.	□□□	実戦No.2	国税専門官	H21	*
◆	105.	□□□	実戦No.3	市役所	R4	*
◆	106.	□□□	実戦No.4	地上全国型	H11	**
◆	107.	□□□	実戦No.5	地上特別区	R4	**
◆	108.	□□□	実戦No.6	国家一般職	H30	**
◆	109.	□□□	実戦No.7	国家総合職	R3	**
	110.	□□□	実戦No.8	国家一般職	H17	***
◆	111.	□□□	実戦No.9	国家一般職	R2	***

第3章 家族法

テーマ15 婚姻

	問題	試験	年度	難易度
112.	必修	国税専門官	R4	**
113.	実戦No.1	国家一般職	H29	*
114.	実戦No.2	地上特別区	R2	**
115.	実戦No.3	市役所	H10	*
116.	実戦No.4	国家総合職	R元	**
117.	実戦No.5	国家総合職	R4	**
118.	実戦No.6	国家一般職	H6	**

テーマ16 親子

	問題	試験	年度	難易度
119.	必修	国家一般職	R3	**
120.	実戦No.1	地上全国型	H6	*
121.	実戦No.2	国家一般職	H27	*
122.	実戦No.3	市役所	H7	*
123.	実戦No.4	地方上級	R4	*
124.	実戦No.5	国家総合職	R2	**
125.	実戦No.6	地上特別区	R3	**
126.	実戦No.7	国家総合職	H28	**
127.	実戦No.8	国家総合職	R3	***

テーマ17 相続

	問題	試験	年度	難易度
128.	必修	地上特別区	H29	**
129.	実戦No.1	国税専門官	H21	*
130.	実戦No.2	市役所	H11	*
131.	実戦No.3	地方上級	R2	*
132.	実戦No.4	国家一般職	R2	*
133.	実戦No.5	地上特別区	H20	**
134.	実戦No.6	国家一般職	H24	**
135.	実戦No.7	国家総合職	R3	**
136.	実戦No.8	国家総合職	R4	**
137.	実戦No.9	国家総合職	H29	**

テーマ18 遺言・遺留分

	問題	試験	年度	難易度
138.	必修	地方上級	R元	*
139.	実戦No.1	地上全国型	H8	*
140.	実戦No.2	国家一般職	R4	**
141.	実戦No.3	地上特別区	R4	**
142.	実戦No.4	国税/財務/労基	R3	**
143.	実戦No.5	地方上級	H9	**
144.	実戦No.6	国税/労基	H23	**

注　記

【判例の表記について】

（最判平11・11・24）とあるものは「最高裁 平成11年11月24日 判決」の意。

（大決大13・１・30）とあるものは「大審院 大正13年１月30日 決定」の意。

なお，判旨の表記は，読みやすさを考慮して，口語化・簡略化を行っている部分があるので，原文とは異なる場合がある。

【法律名称の表記について】

以下のような表記の簡略化を行っている場合がある。

民訴法……民事訴訟法

民執法……民事執行法

不登法……不動産登記法

一般法人法……一般社団法人及び一般財団法人に関する法律

【平成17年４月１日施行の「民法の現代語化のための改正法」について】

平成17年４月１日施行の「民法の現代語化のための改正法」においては，旧来のカナ文字・文語体を用いた難解な表現がわかりやすい現代語に置き換えられるとともに，条文の番号の整序，定着した判例の解釈を条文に取り込む等の変更が行われた。本書では，改正法に則して解説を施すとともに，改正以前に出題され，旧来の条文・用語が使用されていた部分について，学習上の混乱を避ける観点から，これをすべて新法の条文・用語に置き換えている。

【令和２年４月１日施行の債権法改正等の民法改正について】

令和２年４月１日施行の債権法の改正においては，内容の修正とともに，用語の変更なども多岐にわたって行われた。また，これらの修正・変更は，債権法分野だけでなく総則・物権を含む民法のさまざまな箇所に及んでいる。さらに，家族法分野でも改正が行われ，令和元年７月１日から順次施行されて，その変更点は家族法以外の分野にも影響を及ぼしている。本書では，これらの改正法に則して解説を施すとともに，法改正以前に出題され，旧法による問題設定がなされた部分について，学習上の混乱を避ける観点から，改正法に合わせたものに内容を修正するとともに，条文もすべて新法に置き換えている。

【令和５年４月１日施行及び令和６年４月１日施行の民法改正について】

近年社会問題化している所有者不明土地問題（いわゆる空き家問題）の解決を図るための物権法の一部を改正する法律が令和３年に成立し，令和５年４月１日に施行された。同改正では，この問題への対処に加えて，相隣関係や共有に関する規定の改正も行われた。また，令和４年には，無戸籍問題等に対処するための再婚禁止期間の廃止などを内容とする家族法の一部を改正する法律が成立し，同改正法は，令和６年４月１日から施行される。本書では，これらの改正法に則して解説を施すとともに，改正法施行前に出題され，改正前法による問題設定がなされた部分について，学習上の混乱を避ける観点から，改正法に合わせたものに内容を修正するとともに，条文もすべて新法に置き換えている。

第 1 章

債権総論

第1章 債権総論

試験別出題傾向と対策

頻出度	試験名	国家総合職					国家一般職					国家専門職（国税専門官）				
	年度	21-23	24-26	27-29	30-2	3-5	21-23	24-26	27-29	30-2	3-5	21-23	24-26	27-29	30-2	3-5
	テーマ＼出題数	8	9	8	7	6	9	8	6	6	6	5	3	4	2	3
A	1 債務不履行	1	2	1		1	2	2	1	1	2				2	
A	2 債権者代位権	1	1	1	1		1	1			1	1	1	1		1
B	3 詐害行為取消権	1	1	1	1		1	1		1		1	1	1		1
B	4 連帯債務	1				1		1	1		1	1		1		
A	5 保証債務	1	1	1	1	1		1	1	1	1	1				1
B	6 債権譲渡	2	1	2	1	1	1	1	1	1		1	1			
A	7 債権の消滅原因	1	3	2	3	2	4	1	2	2	1			1		

債権総論は，いずれのテーマもほぼまんべんなく出題されているが，連帯債務の出題が若干少ない。ただ，令和２年度に施行された改正債権法は債権総論の全分野にわたって随所に変更が加えられていることから，連帯債務も含めて全体を広く押さえておくことが必要である。

● 国家総合職（法律）

ここ数年は債権各論からの出題が増加しており，債権総論・各論でほぼ拮抗した出題数となっている。新規の論点が少ないことから，出題は大半が過去問の範囲にとどまっている。形式面では，対話形式での正誤判断や，複数の学説の論理問題，妥当なものの組合せなど，多様化が進んでいる。ただ，知識的には過去問で対処できる範囲にあるので，できるだけ知識の正確性を高めるようにしておきたい。

● 国家一般職

債権の消滅原因が若干多くなっているほかは，ほぼ全体から満遍なく出題されている。形式は，単純正誤問題ないし「妥当なものの組合せ」が主流で，出題内容は大半が従来からの頻出箇所に限られている。全体として過去問の範囲に収まった素直な問題が多く，得点しやすい分野になっている。それだけに，過去の出題箇所の知識の正確さをいかに高めるかが重要で，たとえば債権者代位権と詐害行為取消権の要件の違いのように，知識の混乱しやすい個所をいかに固めるかに重点を置く必要がある。

● 国家専門職（国税専門官）

総則と物権に比重が置かれているので，債権総論からの出題は少ない。毎年，ほぼ１問の配分がなされているが，出題のない年もある。出題の内容は，スタンダ

地方上級（全国型）					地方上級（特別区）					市役所（C日程）					
21-23	24-26	27-29	30-2	3-4	21-23	24-26	27-29	30-2	3-5	21-23	24-26	27-28	30-2	3-4	
6	3	3	3	1	6	6	7	6	6	1	2	2	2	3	
2	1	2	1		1		1	1	1			2	1	1	テーマ1
1	1				1	1	1		1						テーマ2
					1		1		1						テーマ3
					1	1	1	1	1				1		テーマ4
						1	1	1			1				テーマ5
1		1	1	1					1	1				1	テーマ6
2	1		1		2	2	2	3	1		1			1	テーマ7

ードな知識問題が主流となっており，過去問の範囲で十分にカバーできる。目立った傾向の変化もないので，過去問を中心にひととおり知識を整理しておけば，対策としては十分である。

● 地方上級（全国型）

保証債務，債権譲渡，弁済・相殺の３テーマでの出題数が多い。特に，保証債務は，平成17年および令和２年施行の２度の改正民法で新たな制度の創設や条文の変更などが行われたことから，改正部分を素材とした問題が多く出題されている。出題形式は単純正誤問題が主流であり，内容的には基礎的な知識を問うものが大半を占めている。したがって，全体的には過去問で十分に対処できるといえる。なお，事例形式の問題も時おり出題されているが，基礎的な知識を組み合わせれば十分に対処できるので，知識をできるだけ正確なものにしておくことが重要である。

● 地方上級（特別区）

債権総論では，毎年２問が出題される。全体から満遍なくテーマが選択されており，特段の偏りはない。出題は，いわゆる頻出部分に限られており，内容的には基礎的な知識の問題が大半を占めている。対策としては，標準的な問題で知識を固めておけば十分である。

● 市役所

出題は，債権総論の中でも比較的理解が容易な保証債務などの特定のテーマに偏っている。条文を中心とした基礎的な問題が大半を占めており，基礎的な問題を繰り返し解いて要点の理解を深めておきたい。

債務不履行

必修問題

債務不履行の責任等に関する次の記述のうち，妥当なのはどれか。

【国家一般職・令和３年度】

1 債務の履行が不能である場合，債権者は，これによって生じた損害の賠償を請求することができるが，契約に基づく債務の履行がその**契約の成立時に既に不能**であったときは，そもそも債権が発生していないのであるから，その履行の不能によって生じた損害の賠償を請求することはできない。

2 債務者が任意に債務の履行をしない場合，債権者が民事執行法その他強制執行の手続に関する法令の規定に従い**履行の強制**を裁判所に請求することができるのは，その不履行が債務者の責めに帰すべき事由によって生じたときに限られる。

3 債務が契約によって生じたものである場合において，債権者が**債務の履行に代わる損害賠償の請求**をすることができるのは，債務の不履行による契約の**解除権**が発生したときではなく，実際にその解除権を行使したときである。

4 債権者が債務の履行を受けることができない場合において，その債務の目的が**特定物の引渡し**であるときは，債務者は，**履行の提供**をした時からその引渡しをするまで，**自己の財産に対するのと同一の注意**をもって，その物を保存すれば足り，注意義務が軽減される。

5 債務者が，その債務の履行が不能となったのと同一の原因により債務の目的物の代償である権利を取得したときは，債権者は，その受けた損害の額にかかわらず，債務者に対し，その権利の全部の移転を請求することができる。

難易度 ＊＊

必修問題の解説

債務は，「債務の本旨」に従って履行されなければならない。

履行期に履行がなされるべきことはもちろんであるが，そのほかに，たとえば，取引契約で「Ａという銘柄の日本酒の納入」と定められているのに，債務者（売主）が「Ａが欠品なので類似のＢという銘柄の日本酒を納入する」ようなことは認められない。

このような「債務の本旨に従わない履行」を債務不履行といい，その態様として，履行期を過ぎても履行しないという履行遅滞，そもそも履行ができなくなる履行不能，履行はなされたが数量が足りないといったその他の債務不履行の３種がある。

本章では，このような債務不履行の問題を扱う。

なお，債務不履行では，「債務は誠実に履行されなければならない」という基本原則の下で条文が構成されている。そして，そこでは当事者の公平が重視されている。そこで，問題を解くに当たっては，「誠実な履行」や「当事者の公平」という観点から考えてみよう。知識がない箇所でも，容易に正誤判断ができることが多い。

1 × 契約成立時にすでに履行不能の状態であっても，損害賠償を請求できる。

本肢の意味は，契約が成立時にすでに履行不能になっていれば，「そもそも履行できないのだから契約は不成立で無効だ。そして，契約が成立していなければ，契約の不履行から生ずる債務不履行責任もまた生じない。だから，債務不履行責任として法が規定している損害賠償請求権（415条１項本文）は認められないはずだ」というものである。

しかし，契約の履行を期待していた債権者にとっては，最初から不能だろうが後から不能だろうが何も変わらない。そこで，平成29年改正法は，**原始的不能の場合にも契約の成立を認めて，これを債務不履行として扱う**ことにした。したがって，本肢の場合にも，損害賠償請求は可能である（412条の２第２項）。

2 × 強制を裁判所に請求できるのは，債務者に帰責事由があるときに限られない。

仮に問題文のように，「履行の強制（414条）を裁判所に請求できるのは，不履行が債務者の帰責事由によって生じたときに限られる」とすると，強制執行には「帰責事由によって生じた」ことが必要となり，請求する側（債権者）で債務者に帰責事由があることを証明しなければならなくなる。しかし，帰責事由の証明は相手方の事情であるから容易にわかるようなものではなく，その証明が請求の要件とされると，請求はほとんど困難になる。

そもそも，**債務は履行されるのが当然であるから，不履行があれば，それだけで履行を請求できるとしておく必要がある**。そうであれば，**履行強制の請求には帰責事由の要件は不要**とするのが妥当である。

3 × 債務者が塡補賠償を請求できるのは，解除権が発生したときである。

本肢にいう，「債権者が債務の履行に代わる損害賠償の請求をすることができる」とは，「もう債務が履行されることを期待しないから，その代わりに履行に代わる賠償（**塡補賠償**という）を請求する」という意味である。そして，「債務が履行されることを期待しない」とは，**契約を実現できないことが確定したとき，すなわち解除権が発生したとき**である（415条２項３号）。

したがって，**この時点から塡補賠償を請求できるようになる**。

4 ◎ 提供後から引渡しまでは，自己物と同一の注意義務で保管すれば足りる。

妥当である。本肢において，債務者は，**債務者としてなすべきこと（履行**

の提供）を行っている。そうであれば，あとは債権者が受領すればそれで済むことである（それさえなされれば，債務者は自己の責任から解放される）。ところが，**債権者が受領しなかった**というのであるから，**それ以降は目的物の保管に関して高度の注意義務を求めるのは公平を欠く**。したがって，それ以降は**自己の財産に対するのと同一の注意をもって保存すれば足りる**とすべきである（413条１項）。

5 × **債権者は，その受けた損害額の限度で代償請求権を行使できる。**

たとえばAB間でＡが所有する建物をＢに売却する契約を締結したが，引渡しまでの間に隣家からの類焼により（つまり債務者Ａに帰責事由がなく）建物が滅失してしまったとする。ただ，Ａは火災保険をかけていたので，その保険金を請求する権利を有しているという場合，Ｂはその**被った損害の限度で，当該権利の移転を請求する権利が認められる**ということである（422条の２）。

正答 4

FOCUS

債権は物権よりも日頃から接する機会が多いのでイメージが作りやすい。感覚的に慣れておくことで理解が深まり，応用力もついてくる。身近な事例を思い起こしながら，その事例と重ね合わせて知識を整理しておくと知識の定着がスムーズにいく。

POINT

重要ポイント 1 弁済の時期・場所

(1) 弁済の時期

①履行期が一定の時期と明確に定められている，いわゆる確定期限付債務の場合は，期限の到来によって履行遅滞となる。

②将来発生することが確実であるが，その時期が決まっていない不確定期限付債務の場合は，期限後相手方から履行を請求された時または債務者が期限の到来を知った時のいずれか早い時から履行遅滞となる。一方，消滅時効については，債務者が期限の到来を知ると否とにかかわらず，期限が到来した時点から進行を開始する。

③当事者が履行期を定めなかった場合には，債権者から弁済を催告された時点で直ちに履行遅滞となる。

④期限の定めのない金銭消費貸借の場合には，例外的に，債権者が相当期間を定めて履行を催告しなければならないので，相当期間が経過した時点で履行遅滞となる。

⑤条件が付された債務は，条件が成就するかどうか不確定なので，期限を定めることができず，期限の定めのない債務となる。その場合，条件が成就して債権者から履行の催告を受けた時に期限が到来し，それ以降は遅滞の責任を負うことになる。

(2) 弁済の場所

①弁済の場所は，ある特定の物の引渡しを目的とする，いわゆる特定物債権の場合は，債権発生当時その物が存在した場所が弁済の場所となる。それ以外の債権の場合は，債権者の現時の住所が弁済の場所となる（持参債務）。

弁済の場所を表にまとめると，以下のようになる。

◆弁済の場所（原則）◆

債権の種類	弁済の場所	例
特定物債権	債権発生当時その物が存在した場所	中古住宅の売買契約において，債務者（売主）は住宅のある場所で引き渡せば足りる。
それ以外の債権（種類債権・金銭債権など）	債権者の現時の住所（持参債務）	酒屋がビール（種類物）を配達し，債権者（注文者）の自宅に届ける。

②金銭債務は，当事者間に特約がない場合は，債務者が債権者の住所地で弁済しなければならない（持参債務）。お金を借りた場合，その弁済は「払うから取りに来るように」（いわゆる取立債務）ではなく「返しに行く」のが原則である。

③当事者の合意で弁済の場所を変更することは可能である。

たとえば，タンス（特定物）を家具店で購入した場合に，家具店で引渡しを受けるのではなく，買主の家で引渡しを受けるなどがその例である。

(3) 弁済の提供

①債務者が債務不履行責任を免れるには，弁済の提供が必要である。

②弁済の提供は，債務の本旨に従ったものでなければならない。

③弁済の提供は，債権者が受領しようと思えば直ちに履行できる程度になされるのが原則である。すなわち，契約で定められた期日と場所に契約どおりの商品や金銭を持参して引渡しができる状態にしておくなど，債権者が受領しようと思えば直ちに履行できる程度の提供である。これを現実の提供という。
④債権者があらかじめ弁済の受領を拒んだときは，弁済の準備ができたことを債権者に通知して受領を催告すればよい。これを口頭の提供という。
⑤債権者が弁済を受領しない意思が明確な場合には，口頭の提供も不要（この場合には口頭の提供すらなくても債務不履行にならない）とするのが判例である。

重要ポイント２ 債務不履行

（1）種類

①債務不履行には，履行遅滞，履行不能，その他の債務不履行の３種がある。
　このうち前２者については規定があるが，その他の債務不履行については規定がなく，解釈によってこの類型が認められている。
②履行遅滞では，債権者は履行が遅れたことによって生じた損害（遅延賠償）の賠償を請求できる。
③履行遅滞において，履行が遅れたことで履行が無意味になったような場合には，債権者は履行の催告をして契約を解除しなくても，履行に代わる損害の賠償（填補賠償）を請求できる。
④履行不能となるのは，取引社会の通念に照らして履行が意味を失ったと解される場合であればよい。したがって，目的物の滅失のような物理的不能に限らず，法律的不能や社会的不能の場合でもよい。
⑤不動産の二重譲渡の場合，第一の買主に対する売主の債務が履行不能になるのは，第二の買主との売買契約成立の時点ではなく，第二の買主に登記が移転された時点である。
⑥履行不能後に目的物の価格が騰貴した場合，その騰貴した時点の価格を基準に賠償を請求するには，債務者が，契約の趣旨に照らしてその事情を予見すべきであったことが必要である。
⑦債務不履行で損害賠償を請求するには帰責事由の存在が必要。
⑧金銭債務については，不可抗力についても債務不履行責任を負う（絶対責任）。これは過失責任主義をとる債務不履行の特則である。

（2）履行補助者

①債務者が履行のために手足として使用する者を履行補助者という。商品を配達する店員などは，その一例である。
②債務者は法律または債務の性質上履行補助者を用いることが認められている場合には，これを使用することができる。
③履行補助者を用いることができる場合に，履行補助者の行為によって債務不履行が生じたときは，債務者の側で帰責事由がないことを立証しない限り，債務不履行の責任を負う。

重要ポイント 3 受領遅滞

①**受領遅滞**とは，債務者が約束どおりの内容で約束の期日に履行の提供を行ったにもかかわらず（債務の本旨に従った弁済），債権者側の事情でこれを受領しないことをいう。

②受領遅滞があると，債務者の保存義務の程度が，「自己の財産に対するのと同一の注意」に軽減される。

③受領遅滞後に生じた保管に必要な費用は，債権者の負担となる。

実戦問題

No.1＊ **債権の一般的特徴に関する次の記述のうち，妥当なものはどれか。**

【地方上級（全国型）・平成30年度】

1 債権は，その種類と内容が法律に規定されており，法律に規定のない債権を新しく任意に創設することはできない。

2 債権は債務者に対してのみ主張できるから，AがBから時計を購入した場合における時計の引渡債権は，公示する必要はない。

3 債権は，債務者の承諾がなければ譲渡できない。

4 同一の物について両立しえない物権と債権が競合する場合，債権が物権に優先する。

5 債権の優劣は時間の先後により判断されるから，たとえばコンサートの指定席が，まずAに販売され，その後，同じ席のチケットがBに販売された場合，Aのみが主催者に対し指定席の利用を主張できる。

No.2＊ **債権の性質に関するア～オの記述のうち，妥当なもののみをすべて挙げているのはどれか。**

【国税専門官・平成30年度】

ア：同一の特定人に対する同一内容の債権の併存が認められる以上，債権には排他性が認められないと一般に解されている。

イ：債権の目的が特定物の引渡しであるときは，債務者はその引渡しをするまで自己の財産に対するのと同一の注意をもってその物を保存しなければならない。

ウ：持参債務の履行について確定期限があるときは，債務者は，その期限の到来したことを知った時から遅滞の責任を負う。

エ：金銭債務の不履行における損害賠償については，債務者は，不可抗力をもって抗弁とすることができない。

オ：金銭債務の強制履行は，代替執行または間接強制によるべきこととされており，直接強制によることはできない。

1 ア，イ
2 ア，エ
3 イ，ウ
4 ウ，エ
5 ウ，オ

No.3 ＊＊ **民法に規定する債務不履行に関する記述として，妥当なのはどれか。**

【地方上級（特別区）・平成30年度】

1 債務者は，債務の履行について確定期限があるときは，その期限の到来したことを知った時から遅滞の責任を負い，債務の履行について不確定期限があるときは，履行の請求を受けた時から遅滞の責任を負う。

2 当事者は，債務の不履行について損害賠償の額を予定することができるが，賠償額を予定した場合であっても，当然に履行の請求や解除権の行使をすることができる。

3 債権者は，債務者が金銭の給付を目的とする債務の履行をしないときは，これによって生じた損害の賠償を請求することができるが，当該損害賠償については，債権者が，その損害を証明しなければならない。

4 債務の不履行に対する損害賠償の請求は，通常生ずべき損害の賠償をさせることを目的としており，特別の事情により生じた損害で，当事者がその事情を予見したときであっても，債権者は，その賠償を請求することができない。

5 債務の不履行に関して債権者に過失があったときは，裁判所は，これを考慮して，損害賠償の額を軽減することができるが，債務者の賠償責任を否定することはできない。

No.4（＊＊）**民法に規定する債務不履行に関する記述として，妥当なのはどれか。**

【地方上級（特別区）・令和３年度】

1　債権者が債務の履行を受けることができない場合において，履行の提供があった時以後に当事者双方の責めに帰することができない事由によってその債務の履行が不能となったときは，その履行の不能は，債務者の責めに帰すべき事由によるものとみなす。

2　債務者が任意に債務の履行をしないときは，債権者は，民事執行法その他強制執行の手続に関する法令の規定に従い，直接強制，代替執行，間接強制その他の方法による履行の強制を裁判所に請求することができるが，債務の性質がこれを許さないときは，この限りでない。

3　債務者がその債務の本旨に従った履行をしないとき，債権者は，その債務の不履行が契約その他の債務の発生原因および取引上の社会通念に照らして債務者の責めに帰することができない事由によるものであるときであっても，これによって生じた損害の賠償を請求することができる。

4　金銭の給付を目的とする債務の不履行の損害賠償については，債権者が損害の証明をすることを要し，その損害賠償の額は債務者が遅滞の責任を負った最初の時点における法定利率によって定める。

5　当事者は，債務の不履行について損害賠償の額を予定することができるが，当事者が金銭でないものを損害の賠償に充てるべき旨を予定することはできない。

＊＊＊
No.5 債務不履行の責任等に関する次の記述のうち，妥当なのはどれか。ただし，争いのあるものは判例の見解による。 【国家総合職・令和３年度】

1 契約の一方当事者が，当該契約の締結に先立ち，信義則上の説明義務に違反して，当該契約を締結するか否かに関する判断に影響を及ぼすべき情報を相手方に提供しなかった場合には，当該一方当事者は，相手方が当該契約を締結したことにより被った損害につき，当該契約上の債務不履行による賠償責任を負うことがあるのは格別，不法行為による賠償責任を負うことはない。

2 安全配慮義務は，ある法律関係に基づいて特別な社会的接触の関係に入った当事者間において，当該法律関係の付随義務として当事者の一方または双方が相手方に対して信義則上負う義務であるところ，拘置所に収容された被勾留者に対する診療行為に関しては，国と被勾留者との間には特別な社会的接触の関係があり，国は，当該診療行為に関し，かかる安全配慮義務を負担していると解すべきである。

3 債権者が債務の履行を受けることを拒み，または受けることができない場合であっても，その債務の目的が特定物の引渡しであるときは，債務者は，履行の提供をした時からその引渡しをするまで，契約その他の債権の発生原因および取引上の社会通念に照らして定まる善良な管理者の注意をもって，その物を保存しなければならない。

4 債務者が任意に債務の履行をしないときは，債権者は，当該債務の性質にかかわらず，民事執行法その他強制執行の手続に関する法令の規定に従い，直接強制，代替執行，間接強制その他の方法による履行の強制を裁判所に請求することができる。

5 債務者が，その債務の履行が不能となったのと同一の原因により債務の目的物の代償である権利または利益を取得したときは，債権者は，その受けた損害の額の限度において，債務者に対し，その権利の移転またはその利益の償還を請求することができる。

No.6 * 債務不履行に基づく損害賠償に関するア～エの記述のうち，妥当なもののみをすべて挙げているのはどれか。　【国家一般職・令和４年度】

ア：売買契約における債務の不履行に対する損害賠償の請求は，その損害が特別の事情によって生じた場合には，当事者が契約締結時にその事情を予見していたときに限りすることができる。

イ：将来において取得すべき利益についての損害賠償の額を定める場合において，その利益を取得すべき時までの利息相当額を控除するときは，その損害賠償の請求権が生じた時点における法定利率により行う。

ウ：金銭の給付を目的とする債務の不履行に基づく損害賠償については，債務者は，不可抗力をもって抗弁とすることができない。

エ：売買契約の当事者は，債務の不履行について損害賠償の額を予定した場合であっても，解除権を行使することができる。

1　ア，ウ
2　イ，ウ
3　イ，エ
4　ア，イ，エ
5　イ，ウ，エ

No.7 * 特定物または種類物に関する次の記述のうち，妥当なのはどれか。
【地方上級（全国型）・平成27年度】

1　特定物であっても種類物であっても，契約時に所有権が移転する。
2　特定物の引渡債務者は，当該特定物を引き渡すまでは自己の財産と同一の注意義務を負う。
3　特定物の引き渡し場所は，債権者の住所である。
4　種類物の引渡債務者は，当該種類物が特定した後でも，当該物を引き渡すまでは自己の財産と同一の注意義務を負う。
5　種類物の範囲にあらかじめ制限をかけた場合は，特定前に物がすべて滅失したときは，履行不能となる。

実戦問題の解説

No.1 の解説　債権の一般的特徴

→問題はP.22 **正答2**

1 × 法律に規定のない債権であっても，私人間で任意に創設することができる。

債権は物権とともに財産権を構成するものであるが，**物権が物を直接支配して利用する権利**であるのに対し，債権は本来の作用としては物権に到達する手段であり，そのために他人に物を給付させることを目的とするものである。すなわち，**債権とは，他人に一定の財産上の行為を請求することを内容とする権利**である。

ここから，物権と債権の違いや特徴が現れる。

まず，本肢は物権についての説明であり，物権は物を直接支配する権利であるから，支配する物やその内容などを私人が勝手に創設することは，財産秩序に混乱を生じることになるので許されない。**どのような物にどのような支配権を創設できるかは，法律によって統一基準として規定されていなければならない**（175条，**物権法定主義**）。

これに対して，債権は他人に一定の行為を請求する権利であり，その態様はさまざまであるから，これを統一基準として規定する必要はないし，またそれをしなくても財産秩序に混乱を生じることもない。したがって，**法律に規定のない債権を新しく任意に創設することは認められる。**

2 ◎ 債権では，物権と異なり，権利内容などを公示する必要はない。

妥当である。物権の場合は，物を直接支配して利用する権利であるから，ある**物に対して誰がどのような権利を有しているかを公示しておかないと，取引の安全を図れない**。公示はそのために必要とされるものである。

しかし，債権は他人に一定の行為を請求する権利である。近代法のもとにおいては，他人の行為を支配することは認められないから，複数の請求が重複した場合でも，そのうちのどれを履行するかは債務者の判断に委ねられ，履行されなかった債権者に対しては損害賠償で対処するしかない。そのため，あえて公示する実益がないことから，公示は必要とされていない。

3 × 債権は，債務者の承諾がなくても譲渡できるのが原則である。

債権は，他人に一定の行為を請求する権利である。そして，請求される側としては，なすべき行為の内容は確定しているのであるから，**原則として誰に請求されようと，その行為内容は同じである**。そうであれば，たとえば「特定の画家に肖像画を描いてもらう」といった特殊な場合などを除いて，債務者の承諾がなくても自由にこれを譲渡できるのが原則である。

4 × 同一物に両立しえない物権と債権が競合する場合，物権が債権に優先する。

これは，たとえば，A所有の甲土地上にBが物権である地上権を設定し，同じ甲土地上にAがCに債権である賃借権を設定したというような場合である。

物権は物を直接支配する権利であるから，地上権者Bはその土地を**排他的に支配**できる。したがって，Cが賃借権を根拠に甲土地を利用しようとしても，Bはこれに対して妨害排除請求ができ，Cの土地利用を阻止することができる。物権が債権に優先するとは，そのような意味である。

5 × **債権の優劣は時間の先後により判断されるわけではない。**

肢2で説明したように，近代法のもとにおいては，他人の行為を支配するようなことは認められないから，複数の請求が重複した場合でも，そのうちの**どれを履行するかは債務者の判断に委ねられる**。時間の先後によるものではない。

No.2の解説 債権の性質

→問題はP.22 **正答2**

ア ○ **物権と異なり，債権には排他性がない。**

妥当である。物権と債権を比較して，「**物権には排他性があるが，債権には排他性がない**」といわれる。

まず，物権は物を直接支配する権利であり，同一物に直接の支配ができるのは1個に限られる。すなわち，その**同じ物の上に同一内容の物権が重複して存在することは認められない**。ある物権が存在する場合，権利者は同一内容の物権の設定を排除することができ，ここから**物権は排他性がある**とされる。

一方，**債権は複数の請求が重複した場合でも，そのうちのどれを履行するかは債務者の判断にゆだねられる**。反面からいうと，債権は重複が可能であり，同一内容の債権が併存する事態が存在しうるということである。ここから**債権には排他性がない**とされる。

イ × **特定物引渡債権の債務者には善良な管理者の注意義務が課せられる。**

民法の注意義務には，①**善良な管理者の注意義務**（善管注意義務）と，②**自己物と同一の注意義務**という2種のものがある。

それぞれ表現は抽象的だが，たとえていえば，「他人の物ならば慎重に扱い，自分のものならそれなりの注意を払う」といったようなものである。もちろん，なかには，「親が子どもの財産を管理する場合の注意義務は②に軽減される」などということもある（827条）。①か②かはケース・バイ・ケースの判断となる。

そこで本肢であるが，**特定物**とは有名画家の絵画のように代わりがないものをいう。法律的に表現すれば，「**当事者がその物の個性に着目して，その物を債権の目的とすると定めたもの**」とされる。一方，大量生産のビールのように代わりの物がある物を不特定物（種類物）というが，両者は代替性の有無で区別すればよい。そして，特定物では代わりがないのであるから，引き渡すまではその保管は厳重にしなければならない。すなわち，その注意義務は，②ではなく①の善管注意義務である。

なお，両者について，条文を参考として挙げておく。

善管注意義務	298条（留置権者による留置物の保管），400条（特定物の引渡しの場合の注意義務），644条（受任者の注意義務）
自己物と同一の注意義務	413条1項（受領遅滞後の保存義務），659条（無償受寄者の注意義務），827条（親権者の財産管理の注意義務），918条（相続財産の管理），926条（限定承認者による財産管理），940条1項（相続の放棄をした者による財産管理），944条1項（財産分離の請求後の相続人による財産管理）

ウ× **履行について確定期限があるときは，期限到来時から遅滞の責任を負う。**

持参債務とは，債務者が目的物を債権者の住所等に持参して履行する債務のことである（484条1項）。

履行の方法には，次のような3つのものがある。まとめておこう。

持参債務	債権者の住所まで目的物を持参して履行する債務
取立債務	債権者が債務者の住所に取り立てに行く債務
送付債務	債権者・債務者の住所ではない第三地に送付する債務 例：親がネット購入した品を子どもの住所に送ってもらう

このうち，**原則**は「払うから取りに来てほしい」（取立債務）ではなく，**「支払いに伺います」（持参債務）である**。本肢は，そのうちの原則のほうで，確定期限がある債務の遅滞の時期であり，これは期限到来時である（412条1項）。

エ○ **金銭債務では，不可抗力を理由とする債務不履行の主張は認められない。**

妥当である（419条3項）。社会の一般的交換手段である金銭は，その性質上，常に履行が可能であるとされ，不可抗力の主張は認められていない。

オ× **金銭債務の強制履行は，直接強制によって行われる。**

強制履行（強制執行）の方法には次の3つがある（414条1項）。直接これだけが問題となることはないが，用語と簡単な内容だけは確認しておこう。

直接強制	執行機関が実力で債務内容を直接に実現する執行方法
代替執行	債務者以外の者が代わって債務内容を実現し，その費用を債務者に負担させる執行方法
間接強制	債務者に一定額の金銭の支払いを命じ，その負担の圧迫によって債務内容を実現する方法

このうち，**金銭債務の強制履行は直接強制によって行われる**。具体的には，たとえば債務者の不動産を差し押さえて競売にかけ，その売却代金から債務額を債権者に配当するなどである（民事執行法43条以下）。

以上から，妥当なものは**ア**と**エ**であり，正答は**2**である。

No.3 の解説　債務不履行

→問題はP.23　**正答2**

1 ×　履行に確定期限があるときは，その期限到来時から遅滞の責任を負う。

債務の履行について確定期限があるときは，債務者は，その期限の到来した時から遅滞の責任を負う（412条１項）。「知った時から」ではない。

たとえば，「来月20日に返す」として１万円借りた場合，20日を過ぎれば債務不履行になる。それを，再来月になって，「忘れてた。今気づいた。そして，今支払ったから債務不履行ではない」ということにはならない。

後半の**不確定期限とは，履行期は必ず到来するが，その時期が定まっていない場合をいう**。たとえば，「退職したら，今住んでいる家を譲る」などという場合がそれである。

以下で，履行遅滞になる時期をまとめておこう。

履行期	履行遅滞になる時期
確定期限	期限到来時
不確定期限	①期限到来後に履行の請求を受けた時 ②期限の到来したことを知った時 ｝いずれか早い時

2 ◎　賠償額の予定があっても，債務不履行の際の履行請求や解除権行使は可能。

妥当である。**賠償額の予定とは，債務不履行があった場合に一定額の損害賠償をすることを事前に合意しておくこと**をいう。そして，法はこのような合意に効力を認めている（420条１項）。

その考え方は，民法Ｉテーマ19「質権」必修問題選択肢４で説明した簡易決済と同じである。つまり，「損害の立証には膨大な手間や時間がかかってしまう。スピードの速い現代で，それはムダな作業だ。だから，厳密には正確でないかもしれないが，**経験則からいって大体このくらいの額だと予測されるから，それで決着することにしよう**」というのが，賠償額の予定である。

ということは，**賠償額の予定は，あくまで損害立証や額の計算の手間を省くものでしかない**。つまり，履行の請求や解除権の行使を妨げるものではなく，債務不履行の場合には，当然にこれらの権利を行使できる（同条２項）。

3 ×　金銭給付の債務不履行の場合は，債権者は損害の証明を要しない。

まず，債務不履行があった場合には，債権者は，それが天災によるものなどの（債務者に帰責事由がない）場合を除いて，損害賠償の請求ができる（415条１項）。

ただ，金銭債務の場合には特例があって，不可抗力による履行不能という事態はおよそ考えられないので，帰責事由を考慮するまでもなく損害賠償の請求ができる（419条３項）。そして，その場合の損害額は，約定利率がある（かつ法定利率を上回る）場合はその約定利率により，それがなければ法定利率（404条２項以下）によって定められる（419条１項）。

なお，これらの場合に，債権者は損害が生じたことを証明する必要はない（同条２項）。金銭債務の不履行において，これらの損害が発生することは自明だからである。

4 × **特別損害も，予見すべきであった場合には賠償の対象となる。**

特別の事情によって生じた損害（**特別損害**という）であっても，**当事者がその事情を予見すべきであったときは，債権者は，その賠償を請求することができる**（416条２項）。

ここで**「予見すべきであった」とは，契約の趣旨からして債務者に予見すべき義務があったという意味**である。たとえば，工務店が建築の請負契約を結んだとして，相手が不動産業者の場合なら転売が予想されるので，工務店としては，資材を優先的にそちらに回すなどによって工期の遅延による違約金の発生を回避できる。しかし，相手が一般私人の場合なら，そこまでの対処はしないであろう。ところが，完成間近になって「実は第三者に転売することになっていて，引渡しが遅れたら１日につき10万円の違約金が発生する」などと言われて，それをすべて工務店の負担とされるのは不合理である。もしそのような約束があるのなら，注文主は，契約時にそのことを工務店に伝えておくべきであるし，そうすれば，工務店も他の工事を中断してでも資材や人員を振り向けて完成時期を遅らせずに済んだはずだからである。

本肢では，「その事情を予見した」とあるが，予見時期が履行期の直前であるなど，特別損害の発生を回避できない時期に予見しても，債務者は賠償責任を負わない。一方で，**契約等で当事者として予見すべきであった**（「予見した」も含む）**と判断される場合には，特別損害の賠償責任を負う**ことになる。

なお，前半は正しい（同条１項）。

5 × **債務不履行に関して債権者に過失があったときは賠償責任の否定もできる。**

法は，「債務の不履行又はこれによる損害の発生若しくは拡大に関して債権者に過失があったときは，裁判所は，これを考慮して，損害賠償の責任及びその額を定める」と規定する（418条）。

そして，債権者の過失によって債務そのものの履行ができなかったような場合には，その責任はもっぱら債権者の側にある。そのような場合には，**公平の見地から，債務者の賠償責任を否定することも認められる。**

No.4 の解説　債務不履行

→問題はP.24　正答2

1 ×　受領遅滞後の履行不能は，債権者の帰責事由によるものとみなされる。

本肢は，当事者の公平という点から考えるとわかりやすい。

本肢では，債務者が履行したにもかかわらず，債権者のほうで受領しなかった。その後に，天災事変など**当事者双方の責めに帰することができない事由によって債務の履行が不能となった**，というのである。

このような場合，債務者が履行した時点で債権者が受領しておけば，債務者はそれで責任を果たしたことになり，あとに何の問題も残らなかったはずである。そうであれば，**履行不能になった責任は債権者が負うべき**で，債務者に責任を転嫁するのは筋違いである（413条の２第２項）。

2 ◎　不履行には強制手段が準備されているが，性質上強制できないものもある。

妥当である（414条１項）。債務不履行には，**直接強制**，**代替執行**，**間接強制**などの，国家による法的救済措置が用意されている（これらの内容についてはNo.２オを参照）。

また，本肢の「債務の性質がこれを許さない」（同項但書）とは，たとえば夫婦の同居義務（752条）を履行させるために別居中の一方配偶者に同居を強制するなどがそれである。このような強制は，**人格を損なうことになる**ので許されない。

3 ×　債務不履行で，債務者に帰責事由がなければ，損害賠償の請求はできない。

たとえば，「台風のために生産地からどうやっても商品を運べない」などというときに，「期限に遅れたから賠償請求する」というのでは，あまりにも債務者に酷である。

やはり，**損害賠償の請求**が認められるのは，**債務者に帰責事由がある場合に限られる**べきである（415条１項但書）。

4 ×　金銭債務の不履行の賠償請求では，債権者が損害の証明をする必要はない。

証明が不要とされるのは，「**金銭は常に一定の利潤を生むので損害が発生するのは必然的だ**」とされることによる（419条２項）。なお，後半は正しい（同条１項本文）。→No.３選択肢３

5 ×　損害賠償の予定で，金銭以外のもので賠償することとしても構わない。

損害賠償額の予定（420条１項）についてはNo.３選択肢２参照。そして，賠償額の予定は，あくまで**損害の立証や額の計算の手間を省くためのもの**であるから，賠償を何で行うかについては，当事者が自由に決めてよいはずである。通常は金銭であろうが，当事者が合意すれば，それ以外のもので賠償しても構わない（421条）。

No.5 の解説　債務不履行の責任等

→問題はP.25 **正答5**

1 ×　契約締結に先立つ説明義務違反は，後の契約での債務不履行とはならない。

判例は，**説明義務違反と，後に締結された契約上の義務の違反とは異なる**として，「相手方が当該契約を締結したことにより被った損害につき，不法行為による賠償責任を負うことがあるのは格別，当該契約上の債務の不履行による賠償責任を負うことはない」とする（最判平23・4・22）。

その理由として，同判決は，「契約締結の準備段階において，信義則上の義務が発生するからといって，その義務が当然にその後に締結された契約に基づくものであるということにならない」と述べている。

本肢は，不法行為による賠償責任と債務不履行による賠償責任が逆である。

2 ×　国は，拘置所収容の被勾留者に対して信義則上の安全配慮義務を負わない。

前半の，安全配慮義務に関する記述は正しい（最判昭50・2・25）。

しかし，後半について，判例は，「未決勾留による拘禁関係は，当事者の一方又は双方が相手方に対して信義則上の安全配慮義務を負うべき特別な社会的接触の関係とはいえない」ので，「国は，拘置所に収容された被勾留者に対して，その不履行が損害賠償責任を生じさせることとなる信義則上の安全配慮義務を負わない」とする（最判平28・4・21）。

簡単にいえば，**安全配慮義務**とは「債務不履行責任を生じさせるもの」つまり**契約上の義務**であるが，**国は被勾留者とは契約関係に立っていない**。だから，何らかの責任を追及したいのであれば，**国家賠償法でやるべきで債務不履行責任でやるべきではない**，ということである。

3 ×　提供後から引渡しまでは，自己物と同一の注意義務で保管すれば足りる。

受領遅滞後は，善管注意義務ではなく，**自己の財産に対するのと同一の注意をもって保存**すれば足りる（413条1項）。→必修問題選択肢4

4 ×　不履行には強制手段が準備されているが，性質上強制できないものもある。

本肢は，「当該債務の性質にかかわらず」とする点が誤り。法は，「債務の性質がこれを許さないときは」履行の強制を裁判所に請求することはできないとしている（414条1項但書）。→No.4選択肢2

5 ◎　債権者は，その受けた損害額の限度で代償請求権を行使できる。

妥当である（422条の2，代償請求権）。→必修問題選択肢5

ポイント　ややこしそうな選択肢が最初のほうに並んでいる問題では，最後の選択肢から順に遡って解いていくのも一つの方法である。それで正答肢が早く見つかれば，最初のほうの問題を解かなくて済むし，その分，問題に注力するエネルギーを節約できる。この効果は意外に大きい。

なお，**2**の判例はあえて覚えなくてもよいが，同じ問題が平成29年度の国家総合職・専門・行政法でも出題されているので，一応，チェックの対象に含めておいてもよいかもしれない。

No.6 の解説　債務不履行に基づく損害賠償

→問題はP.26　**正答5**

ア×　特別損害は，当事者がその事情を予見すべきであったときは請求が可能。

債務者側の責任（**帰責事由**）で債務不履行となって債権者に損害が生じれば，債権者はその賠償を請求できる。

そして，債務不履行による損害は，２種類，すなわち**通常損害**と**特別損害**に区分されている。前者は，債務不履行から通常生じる範囲の損害で，これはたとえば，「工務店側の工事の遅れで新居への引渡しが２か月遅れたため，引っ越しまでの家賃が２か月分余計にかかった」などという場合に，その２か月分の家賃相当分が通常損害に当たる。そして，この**通常損害の範囲に含まれない損害が特別損害である**。

この特別損害について，法は，**「当事者がその事情を予見すべきであった」ときは賠償責任を負う**と定めている（416条２項）。ここで「予見すべき」とは，たとえば売買契約の買主（債権者）が転売業者で，その業界では「期日を守らないと転売契約が解約になる」ということが共通認識になっていた。だから，売主としては，通常損害以外の損害の発生を回避するために，いろいろと手段を講じられたはずだ（例：資材や人員を優先的に回すから，その分で代金の上積みを求める，など）。それをしないで通常損害以外の損害を発生させたときは，やはり「予見できた」損害については，債務者に賠償させるのが公平の見地から妥当というわけである。

イ○　中間利息の控除は，損害賠償請求権が生じた時点の法定利率で計算される。

妥当である。本肢は，条文をほぼそのまま問題の素材にしたものであるが，条文の表現が難しいので簡単に説明すると，債務不履行の損害に「将来得られたはずの利益」が含まれる場合，たとえば５年後には100万円の利益が得られたであろうという場合，その**100万円を現在の時点で支払うと，賠償を受ける側は５年分の利息相当額を得する**ことになる（５年後にしか受け取れなかったものを，現在受け取れるのであるから）。そこで，その場合には**５年分の利息相当額を100万円から控除できる**とされている（控除は強制ではないのでしなくてもよい）。これが**中間利息の控除**（417条の２第１項）と呼ばれるものである。

問題は，その場合の利率を何を基準にするかであるが，法は，これを「その損害賠償の請求権が生じた時点における法定利率による」とした（同条項）。上例でいえば，５年後の法定利率が何パーセントになっているかわからないので，**基準になり得るのは現時点の法定利率しか存在しない**。なので，それを基準にしたという，ただそれだけのことである（ただし，法が明文で明確な基準を示しているということの意義は大きい）。

ウ○　金銭債務では，不可抗力を理由とする債務不履行の主張は認められない。

妥当である。(419条３項)。→No.２エ

エ○　賠償額の予定があっても，債務不履行の際の解除権行使は可能である。

妥当である（420条２項）。→No.３選択肢２

以上から，妥当なものは**イ**，**ウ**，**エ**の３つであり，正答は**5**である。

ポイント　本問で，**ア**，**ウ**，**エ**の３つは基礎知識であり，必ず理解しておく必要がある。一方，**イ**は知っていれば役に立つという知識であり，特に必須というわけではない。そこで本問であるが，「**ア**＝×」で**1**と**4**を除外でき，残る３つは**イ**が共通なので，**イ**はあえて解かなくてもよい。要するに，基礎の部分に対象を絞って学習しておけば，少々難解な肢が含まれていても簡単に解けるということである。

No.7 の解説　特定物または種類物

→問題はP.26　正答 5

1 ×　特約がなければ，特定物は契約時に，種類物は特定時に所有権が移転する。

特定物とは，当事者がその物の個性に着目して，その物を債権の目的とすると定めたもののことである。絵画や中古車のように「代わりがない物」は特定物の例である。一方，**不特定物**とは特定物以外のもの，すなわちビールなどの大量生産品のように代替性のある物をいう。

特定物の場合は，特約のない限り契約時に所有権が移転する（176条）。これに対して，種類物の場合は，特約のない限り特定（401条２項）を生じた時点で所有権が移転する。

ここで特定とは，①債務者が物の給付をするのに必要な行為を完了するか，または，②債権者の同意を得てその給付すべき物を指定したことをいう（同条項）。なお，明文にはないが，③両当事者が合意してその物を給付すべき物と決めた場合にも特定が生じるとされる。そして，**特定が生じると，以後その物が債権の目的物となる（特定物債権に変わる）**。

つまり，ビールの注文であれば，特定を生じると，債務者はその物だけを注意して保管すればよく，たとえ不可抗力でその物が滅失しても代わりの物を用意する必要はないということである。

これは，債務者としては為すべきことをすべて行っている，あるいはその物を目的物とすると決めた以上は，その物の管理だけをしっかり行えば債務者が責任を負わされることはないという趣旨である。

2 ×　特定物の引渡債務者は，引渡しまでは善管注意義務を負う。

やがて他人の物となるものを引渡しまでの間，一時的に預かっているのであるから，債務者は自己物と同一ではなく丁寧に保管しなければならない。すなわち，**注意義務の程度は善良なる管理者の注意義務**（善管義務）である（400条）。

3 ×　特定物の引渡場所は，債権発生時にその物が存在した場所である。

特定物の引渡しは，別段の意思表示がなければ，債権発生時にその物が存在した場所において行うべきものとされる（484条１項）。

これは，土地の取引をイメージするとわかりやすい。土地は特定物であるが，その引き渡し場所はその土地の所在地である。なお，絵画などの個性がある物も特定物であるが，当事者で合意すれば（つまり別段の意思表示があれば），買主の自宅を引き渡し場所とすることはもちろんかまわない。

4 ×　種類物も，特定後には，善良な管理者の注意をもって保管することを要する。

→選択肢 1

5 ◎　制限された範囲の物がすべて滅失すれば，債務は履行不能となる。

妥当である。「種類物の範囲にあらかじめ制限をかけた」とは，たとえば種類物が隣接するAB２つの倉庫に保管されているという場合に，「A倉庫の中の商品から選ぶ」と決めたような場合である（**制限種類債権**という）。

引渡しの目的物がA倉庫内の商品に限られるため，近隣からの延焼でA倉庫だけがすべて焼失してしまったような場合には，債務は履行不能となる。

債権者代位権

必修問題

債権者代位権に関するア～オの記述のうち，妥当なもののみをすべて挙げているのはどれか。　【国家一般職・令和３年度】

ア：債権者は，その債権の期限が到来しない間であっても，**裁判上の代位**によれば，債務者に属する権利を行使することができる。

イ：債権者は，債務者に属する権利を行使する場合において，その権利の目的が可分であるときは，**自己の債権の額の限度**においてのみ，その権利を代位行使することができる。

ウ：債権者は，債務者に属する権利を行使する場合において，その権利が金銭の支払を目的とするものであるときは，相手方に対し，その支払を債務者に対してすることを求めることはできるが，自己に対してすることを求めることはできない。

エ：債権者が債務者に属する権利を行使した場合であっても，債務者は，その権利について，自ら取立てをすることができる。

オ：登記をしなければ権利の得喪および変更を第三者に対抗することができない財産を譲り受けた者は，その譲渡人が第三者に対して有する登記手続をすべきことを請求する権利を行使しないときであっても，その第三者の同意を得れば，その権利を行使することができる。

1　ア，イ
2　ア，オ
3　イ，エ
4　ウ，エ
5　ウ，オ

難易度　＊＊

必修問題の解説

まず，債権者代位権とはどんな制度なのか，イメージを作ることから始めよう。

〔債権者代位権の行使例〕

Ａ：返済期日になった*ので，貸した500万円を返して下さい。

Ｂ：資金が十分にないので返済は困難です。

Ａ：でも，あなたはＣさんに500万円の代金債権を持っていますよね。その債権，すでに期日が来てるので*，Ｃさんから払ってもらえば私に返せるでしょう。

Ｂ：まあ，そうですね。う～ん…（Ｃから弁済してもらっても，すぐにＡに持って行かれるだけだから，面倒なことはしたくないなぁ！）。

Ａ：あなたが動かないなら，私が代わりにＣさんから取り立てて返済の原資とします。これ，債権者代位権といって法律で認められているんですよ！

＊ Ａ→Ｂ，Ｂ→Ｃの両債権とも期限が来ていないと債権者代位権は行使できない。

債権は，特定の人（債務者）に対して一定の行為を要求する権利である。したがって，その性質上，当該特定人以外の者には何らの要求もできないのが原則である。しかし，この原則を貫いたのではいかにも不都合という事態が生じることがある。

一つは，債務を履行するために必要な財産（責任財産）を確保できるのに，債務者がこれを怠っている場合（消極的行為）。もう一つは，債務者が責任財産を故意に減らして，債権者が強制執行してきてもそれが不発に終わるようにする場合（積極的行為）である。

本来，債務は，信義に基づいて誠実に履行されるべきものである。そのため，債務者がこれを不当に怠っているこれら２つのケースでは，法も債務の履行に必要な範囲で，第三者に不当な干渉にならないように配慮しながら，例外的に債権者による第三者への関与行為を認めている。

これらのうち，前者すなわち消極的場合に対処するのが債権者代位権，後者すなわち積極的場合に対処するのが詐害行為取消権である。そして，両者を併せて債権の対外的効力と呼ぶ。

本テーマでは，両者のうち，まず消極的な行為について扱い，積極的行為については次の「詐害行為取消権」で扱うことにする。

ア × **債権者は，その債権の期限が到来しない間は債権者代位権を行使できない。**

前掲の例を見て欲しい。債権者代位権は，債務者が期限に弁済してくれさえすれば，何もこんな権利を行使する必要はない。**債務者が弁済もせず，必要な資産の回収も怠っている場合に，権利として代わって回収を認めようというもの**である。債権者は，期限までは請求ができないので（135条１項），**債権者代位権を行使できるのは期限が来てから**である（423条２項本文）。

なお，唯一，**保存行為であれば期限前に代位権の行使が認められる**（同項但書）。これは，債務者の債権（前掲例でいえばB→Cの債権）が時効にかかりそうなので，時効消滅しては困るので時効の更新措置を取る（147条）などの場合であり，支払いの請求とは異なる。

●問題文にある「裁判上の代位」

平成27年の改正前の旧法には，「期限前の裁判上の代位行使」という文言が存在した。しかし，債権者は期限前には支払いを請求できないので，「期限前の裁判上の代位」についての実例はなく，実際のところ，この文言は不要であるとして改正法で削除された。

イ○ **代位権行使の範囲は，債権者の債権額を限度とする範囲に限られる。**

妥当である（423条の２）。債権者代位権は，債権者が確実に支払いを受けるために認められたものであるから，**債権者の債権額の分だけ行使できれば十分**である。それ以上の額の請求を認める必要はない。

では，自分以外にも債権者がいるという場合はどうか。この場合も，自己の債権額の範囲でしか代位権は行使できない。他の債権者が実際に請求してくるかどうかわからないからである。

ウ× **代位債権者は，直接自己へ金銭を引き渡すように第三債務者に請求できる。**

債務者が「受け取ってもすぐに代位債権者が取り立てに来る。それに，他の債権者が押しかけてきたら混乱状態になる」などとして，受領しないことがあるため，代位債権者は第三債務者に対して**直接自己へ金銭を引き渡すように請求できる**とされている（423条の３前段）。→No. 1 選択肢 1

エ○ **代位権が行使されても，債務者が自ら取立てをすることは可能である。**

妥当である（423条の５前段）。債権者が債務者を差し置いて先に代位権を行使したとしても，それで債務者が自己の債権（前掲例のB→Cの債権）を行使できなくなるわけではない。**債務者が自ら債権を行使することはもちろん可能である。**

オ× **登記請求権についても，同意不要で債権者代位権の行使が認められている。**

本来，債権者代位権は金銭債権で使うことを前提にしたものであるが，**金銭債権以外でも似たような状況があれば，この制度を用いて妥当な結果をもたらすことが望ましい**。そこで，法は，その典型例として登記請求権について明文を設けて代位権行使を認めている（423条の７前段，いわゆる**転用事例**。なお，明文にはないが取消権や解除権についても代位行使が認められる）。

この場合，代位権行使に第三者の同意などは必要でない。本肢はこの点が誤り。

具体的には，たとえば不動産が「甲→乙→丙」と譲渡されたが，「甲→乙」の譲渡では登記が乙に移転されていないとする。乙は甲に登記移転請求権（これは金銭債権ではない）を有しているが，乙は面倒だとしてそれを行使しようとしない。一方，丙は乙に登記移転請求権を有しているが，乙がその肝心の登記を甲から取得できていない。そこで，丙が乙に代わって「乙の甲に対する登記移転請求権を代位行使」して，登記を乙に移し，その後に「乙に登記移転請求権を行使して丙が登記をそなえる」ということが，債権者代位権を使えば可能になる。これが転用事例の代位行使のメリットである。

なお，問題文の前半の「財産」は不動産のこと。後半の「譲渡人」は上記の乙のことである。丙は，誰の同意も必要とせずに上記の権利を行使できる。

以上から，妥当なものは**イ**と**エ**であり，正答は**3**である。

正答 3

FOCUS

債権者が債務者の権利を代わって行使するということは，感覚的にはイメージしにくいかもしれない。しかし，民法は，債務者に弁済の責任を果たさせるために，債権者に代位行使の権利を認めている。まずこの点をしっかりイメージしておこう。債権者代位権で出題される範囲は限られているので，イメージさえできればそれほど難しくはない。

POINT

重要ポイント 1 債権者代位権の意義・要件

(1) 意義

①債権者は，債務者が責任財産（弁済の責任を果たすための財産）の保全を怠っている場合には，債務者に代わって債務者の権利を行使できる。これを債権者代位権という。

②債権者代位権は，総債権者のための責任財産の保全を目的とした制度であり，特定の債権者の債権の保全を目的とした制度ではない。ただし，現実には特定の債権者の債権の保全のためにこの権利が行使されており，判例・通説もこの結果を承認している。

③債権者代位権は，本来は金銭債権の履行確保を目的とした制度であるが，その有用性から，金銭債権以外の債権についてもこれを行使することが認められている。

(2) 要件

①債務者が自ら権利を行使しないことが必要である。債務者が権利を行使していれば，それが債権者に不利益であっても代位権の行使はできない。

②債権者は，債務者に対して第三債務者への権利行使を催告することなく，代位権を行使できる。

③債権者の債権は，原則として弁済期が到来していなければならない。代位行使される債権（被代位権利）の履行期が到来した時点では，債務者に弁済のための十分な資力がなくても（無資力），被保全債権（債務者による履行を確保する必要がある債権，すなわち，債権者が債務者に対して有している債権）の履行期までの間に資力が回復する場合もあるので，無用な干渉を避ける趣旨である。例外として，保存行為の場合には，弁済期前でも代位権を行使できる。保存行為の例としては，時効の更新や保存登記などがある。

④第三債務者は，代位権の行使によって弁済期前の弁済を強制されるいわれはないので，債務者の債権も弁済期が到来していなければならない。

⑤金銭債権を被保全債権とする場合には，債務者の無資力が必要であるが，金銭債権以外の債権を被保全債権とする場合には，債務者の無資力は必要でない。

⑥第三債務者が抗弁を有していても，代位権の行使は可能である。

(3) 代位行使の対象となる権利

①行使上の一身専属権など一部の例外を除いて，財産的権利は広く代位行使の対象となる。したがって，登記請求権（不動産がA→B→Cと譲渡されたが，登記がいまだAのもとにあり，BがAに移転登記を請求しない場合におけるBのAに対する移転登記請求権をCが代位行使する）や取消権，解除権なども代位行使が可能である。

②代位行使が認められない行使上の一身専属権とは，権利行使をするか否かが権利者の自律的判断にゆだねられているものをいう。これには，人格権侵害による慰謝料請求権や扶養請求権などがある。

③人格権侵害に伴う慰謝料請求権や離婚に伴う財産分与請求権なども，それが行使

されて金額が確定した場合には，それ以降は履行の問題を残すだけであるから，代位権の対象となる。

重要ポイント2 債権者代位権の行使方法・範囲

(1) 行使方法

①代位権は，債権者が自己の名で行使するものであり，債務者の代理人として行使するものではない。

②代位権の行使として第三債務者に対して物の引渡しを求める場合には，債権者は直接自己へ引き渡すよう請求することができる。

③賃借人が賃貸人の有する妨害排除請求権を代位行使する場合，賃借人は不法占拠者に対して目的物を直接自己へ明け渡すよう請求できる。

④第三債務者は，債務者に主張できるすべての抗弁を代位債権者に主張できる。

⑤代位債権者が第三債務者に対して主張できる事由は，債務者が有する主張事由に限られ，債権者が独自に第三債務者に対してなんらかの主張事由を有していても，それを代位権の行使に際して主張することは認められない。

(2) 行使の範囲

①行使の範囲は，債務者が第三債務者に対して有している債権額全額ではなく，そのうちの債権者の債権額を限度とする範囲に限られる。このことは，代位債権者のほかに，債務者に対して債権を有する者がいる場合も同様である。

また，他の債権者が債権を行使することが明らかでも，その債権者は独自に自己の債権額の範囲で代位権を行使すればよく，代位債権者がその者の分を含めて代位権を行使する必要はない。

②金銭債権以外の債権（特定債権）の保全を目的とする場合には，その債権の保全に必要な範囲で代位権を行使しうる。

重要ポイント3 債権者代位権の行使の効果

①代位権行使の効果は，すべて債務者に帰属する。すなわち，第三債務者の債務は消滅し，弁済として債権者が受領した物は債務者に帰属する。

②債権者は，第三債務者から受領した物を直接自己の弁済に充てることはできない。しかし，これを自己の債権と相殺して，事実上弁済を受けたのと同様の結果を生じさせることはできる。

③代位のために要した費用については先取特権の成立が認められ，その費用について，代位債権者は他の債権者に先立って優先弁済を受けることができる。

実戦問題1　基本レベル

＊
No.1 **債権者代位権に関する次の記述のうち，妥当なのはどれか。ただし，争いのあるものは判例の見解による。** 【国税専門官・平成22年度】

1 債権者が債権者代位権の行使によって債務者の第三債務者に対する金銭債権を行使する場合，債務者への金銭の引渡しを求めることはもちろん，債権者自身への直接の引渡しを求めることも認められる。

2 債権者が，自己の有する500万円の金銭債権を保全するために債務者の有する1,000万円の金銭債権を代位行使する場合，代位行使することができる金額は1,000万円全額であり，被保全債権である500万円に限定されない。

3 債権者代位権は債権者の債権の引当てとなる債務者の責任財産を保全するための制度であるから，被保全債権は金銭債権であることが必要であり，金銭以外の債権を保全するために用いることは認められない。

4 債権者代位権は裁判上でのみ行使することができ，裁判外で行使することは認められない。

5 債権者代位における債権者は債務者の債権を代位行使するにすぎないから，自己の名で権利行使することは認められず，あくまで債務者の代理人としての地位に基づきこれを行使することができるにとどまる。

＊
No.2 **民法に定める債権者代位権に関する記述として，妥当なのはどれか。** 【地方上級・平成14年度】

1 代位権の行使は，債権者が債務者の代理人として債務者の権利を行使するものであって，債権者が自己の名において行使するものではない。

2 債務者がすでに自ら権利を行使している場合であっても，その行使の方法が不適切であって債権の保全が図られないときは，債権者は債権者代位権を行使することができる。

3 土地の賃借人は，賃借権を保全するために，土地の不法占拠者に対し，賃貸人に代位して妨害排除請求権を行使することができるが，この場合には債務者である賃貸人が無資力であることは要件とならない。

4 債権者代位権の客体には，債務者に属する権利が広く認められ，債務者の行使上の一身専属権であっても財産的意義を有するものであれば対象になる。

5 債権者は，代位権の行使として第三債務者から物の引渡しを求める場合，直接自己に引き渡すよう請求することはできず，債務者に引き渡すよう請求しなければならない。

＊
No.3 債権者代位権に関する次の記述のうち，妥当なものはどれか。ただし，争いのあるものは判例・通説の見解による。 【地方上級（全国型）・平成22年度】

1 債権者代位権は，裁判によって行使しなければならず，裁判外では行使することができない。

2 第三債務者は，債務者に対して有する抗弁を，代位行使する債権者に対しては抗弁として主張することができない。

3 名誉毀損による慰謝料請求権は，一身専属的な権利であるため，その具体的な金額が当事者間において客観的に確定した場合であっても，債権者代位権の対象とはならない。

4 債権者代位権の行使は，債権者が債務者の代理人としてそれを行使するものではなく，債権者が自己の名において債務者の権利を行使するものである。

5 債権者が債務者に対して有する金銭債権に基づいて，債務者の第三債務者に対する金銭債権を代位行使した場合には，直接，自己へ金銭の支払いを請求することができない。

＊＊
No.4 民法に規定する債権者代位権に関するＡ～Ｄの記述のうち，妥当なものを選んだ組合せはどれか。 【地方上級（特別区）・令和３年度】

Ａ：債権者は，その債権が強制執行により実現することのできないものであるときは，被代位権利を行使することができない。

Ｂ：債権者は，その債権の期限が到来しない間は，保存行為であっても，裁判上の代位によらなければ被代位権利を行使することができない。

Ｃ：債権者は，被代位権利を行使する場合において，被代位権利が金銭の支払を目的とするものであるときは，相手方に対し，金銭の支払を自己に対してすることを求めることができない。

Ｄ：債権者が被代位権利を行使した場合であっても，債務者は，被代位権利について，自ら取立てその他の処分をすることを妨げられず，この場合においては，相手方も，被代位権利について，債務者に対して履行をすることを妨げられない。

1 Ａ，Ｂ
2 Ａ，Ｃ
3 Ａ，Ｄ
4 Ｂ，Ｃ
5 Ｂ，Ｄ

実戦問題❶の解説

No.1 の解説　債権者代位権　→問題はP.44　正答 1

1 ◎ 代位債権者は，直接自己へ金銭を引き渡すように第三債務者に請求できる。

妥当である。たとえば，Aを債権者，Bを債務者として，Bが第三者Cに債権を有している場合，Aから見てCを**第三債務者**と呼ぶ。今，仮にAのBに対する債権が100万円で，BのCに対する債権も100万円であるとすると，Bが手持ち資金を持たず弁済資力を有しない場合，本来であれば，BはCから取り立ててAに弁済すべきである。ところが，Bが「どうせAに持って行かれるなら面倒な取立てなどしない」として何もしないという不誠実な行動をとる場合，法は，BのCに対する債権をAが行使することを認めている(423条1項本文)。

その場合，CがBへの支払いに応じても**Bが受領しないことがある**ため，AはCに対して**直接自己へ金銭を引き渡すように請求できる**（423条の3）。

2 × 代位行使することができる金額は，債権者の債権額の範囲に限定される。

債権の性質からすれば，本来は認められないはずの第三債務者への請求を例外的に認めるのであるから，請求の範囲は，債権者の債権額の範囲に限定される（最判昭44・6・24，423条の2）。→必修問題イ

債権者は，第三債務者から受領した金銭と自己の債権額を相殺して債権の満足を得られるので（この相殺を禁止する手段はない），債権者の保護としては，それで十分だからである。

3 × 金銭以外の債権を保全するためにも，代位行使が認められている。

いわゆる**債権者代位権の転用**である（大判明43・7・6，423条の7前段）。

金銭債権以外でも，債務者が権利行使を怠り，その結果債権者が債権の満足を得られないという場合には**代位行使を認めるのが合理的**である（423条の7）。また，それを認めても第三債務者の権利を不当に損なうおそれはない。

4 × 債権者代位権は裁判上で（＝裁判所に申し立てて）行使する必要はない。

代位権の行使は，**すでに存在する**（つまり要件が整った）**債権を債務者に代わって行使するだけ**であるから，これを認めても第三債務者の権利を不当に害するおそれはない。そのため，原則として裁判上で行使する必要はないとされている。

5 × 債権者代位権は，債権者が自己の名で行使するものである。

代位行使に際して債務者から代理権の授与がなされるわけではなく，債権者は「代理人」となるわけではない。この権利は，法が債権者に直接付与したもので，債権者は自己の名で自己の権利としてこれを行使することになる。→必修問題の「債権者代位権の行使例」参照

No.2 の解説 債権者代位権

→問題はP.44 正答3

1 × **債権者代位権は，債権者が自己の名において行使するものである。**

→No.1 選択肢5

2 × **債務者がすでに自ら権利を行使している場合には，代位権行使はできない。**

債務者がすでに自ら権利を行使している場合には，その行使の方法が不適切であっても，債権者代位権は行使できない（最判昭28・12・14）。

ここで「行使の方法が不適切」とは，債務者が第三債務者に支払請求訴訟を提起したが，弁護士費用を惜しんで本人訴訟を行い，法的知識の不足によって十分な防御ができず敗訴したなどの場合である。

債権者代位権は，債務者が権利行使を怠っている場合に行使できるもので，債務者が権利を行使していれば代位権は行使できない。

一方，債権者が代位権を行使しても，債務者はなお第三債務者に対する債権を行使できる（→必修問題エ）。本肢の事例と混同しないように注意。

3 ◎ **金銭債権以外を被保全債権とする場合には，債務者の無資力は必要でない。**

妥当である。**妨害排除請求権**などのような金銭債権以外の債権の履行確保を目的として代位権を行使する場合は，債務者は無資力である必要はない（大判昭4・12・16）。

ここで「**無資力**」とは，**無一文という意味ではなく，債権を弁済するのに十分な資力を有していない状態をいう**（そのため，負債が1,000万円で資産が900万円であれば無資力となる）。そして，仮に債権者の債権が金銭債権の場合なら，債務者が無資力状態にあることが代位権行使の要件とされている（大判明39・11・21）。債務者が弁済に必要な資力を有する場合には，債務者の財産に強制執行すればよく，あえて第三債務者への請求を認める必要はないからである。

これに対して，妨害排除請求権など**金銭債権以外の債権の履行を確保する場合**には，「債務者の財産への強制執行」という手段ではその目的は達せられない。そのため，これらの債権の場合には，**債務者の資力の有無は代位権行使の要件とはされていない**。

4 × **債務者の行使上の一身専属権については，代位行使はできない。**

行使上の一身専属権とは，権利行使をするか否かが権利者の自律的判断にゆだねられているものをいう。たとえば，兄弟姉妹は互いに扶養すべき義務があるが（877条1項），この扶養請求権は行使上の一身専属権とされている。そのため，弟が兄からの扶養を受けたくないと思っているのに，弟の債権者が弟に代位して勝手に兄に対して扶養料の支払いを求めるようなことは許されない。

5 × **代位債権者は，直接自己へ物を引き渡すように第三債務者に請求できる。**

→No.1 選択肢1

No.3 の解説　債権者代位権

→問題はP.45　正答４

1 × **債権者代位権は裁判上で（＝裁判所に申し立てて）行使する必要はない。**

→No.１選択肢４

2 × **第三債務者は債務者に対して有するすべての抗弁を代位債権者に主張できる。**

抗弁とは，**相手方からの請求に対してその請求を拒絶できる事由**のことである。代位権は債権者が債務者に代わって権利を行使するものであるが，代位行使されたからといって第三債務者の債務の内容が変化するなどといったことはない。**ただ単に，債務者の代わりに代位債権者が取り立てに来たというにすぎない**。そうであれば，**債務者に主張できたはずの抗弁は，代位債権者にもすべて主張できるのが道理である**（423条の４）。たとえば，「債務者→第三債務者の債権は売買代金債権であって，商品の引渡しと同時履行だ」などという抗弁（同時履行の抗弁権，533条）である。代位行使だからといって，第三債務者は商品も受け取れずに一方的に代金だけを先に支払わされるいわれはない。

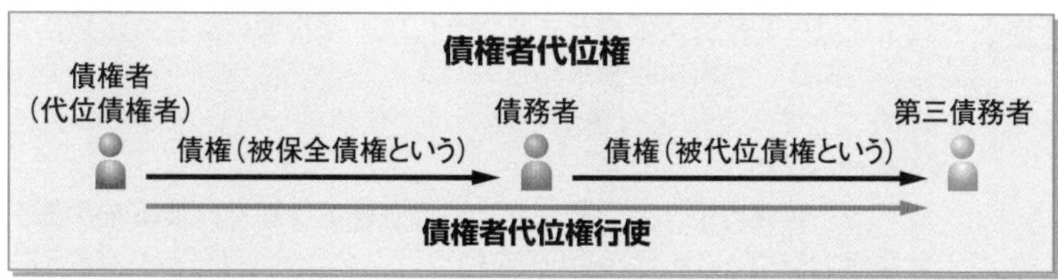

なお，債権者が行使するのは，あくまでも被代位債権（債務者→第三債務者の債権）であるから，そこで主張できる事由もまた「債務者と第三債務者間で生じた事由」に限られる点に注意しておこう。

すなわち，第三債務者が債務者に対する抗弁を主張して代位債権者の請求を拒絶したのに対して，代位債権者がたまたま（偶然に）第三債務者に対して，その抗弁を打ち消す（つまり代位債権者からの請求を第三債務者が拒絶できなくなる）なんらかの再反論事由（再抗弁事由）を有していたとしても，それは「債務者と第三債務者間で生じた事由」ではないので，代位債権者がそれを主張することは認められない（最判昭54・３・16）。

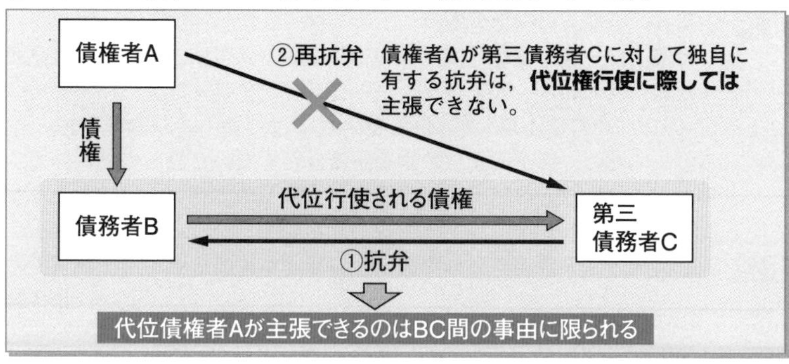

この点は，本問とは直接のかかわりはないが，しばしば出題されているので覚えておこう。→No.７選択肢５

3× **慰謝料請求権も，具体的な金額が確定すれば債権者代位権の対象となりうる。**

名誉毀損による慰謝料を請求するかどうかは，被害者が自らの意思で判断すべきものであるから，その行使は一身専属的な権利といえる。

しかし，**具体的な金額の慰謝料請求権が当事者間で客観的に確定したとき**は，あとは単に加害者の**現実の履行を残すだけ**であって，その受領についてまで被害者の自律的判断にゆだねるべき特段の理由はない。そのため，判例は，そのような場合には，「被害者の主観的意思から独立した客観的存在としての金銭債権となり，**債権者代位の目的とできる**」とする（最判昭58・10・６）。

4◎ **債権者代位権は債権者が自己の名で行使するものである。**

妥当である。→No.１選択肢５

5× **代位債権者は，直接自己へ金銭を引き渡すように第三債務者に請求できる。**

→No.１選択肢１

No.4 の解説　債権者代位権　→問題はP.45　正答3

A◎ **強制執行によって実現できない債権は代位権行使の対象とならない。**

妥当である。たとえば，債務者が自己破産手続きを行ったので支払いが免責されてしまった。そのために，債権者が，**債務者の財産に強制執行できなくなった**などという場合には，債権者は債務者からの**資金回収を諦めざるを得ず，代位権の行使も認められない**（423条３項）。

B× **保存行為は弁済期前に代位行使でき，裁判上の代位による必要もない。**

保存行為とは，時効の更新や未登記の権利を登記するなどのように**債務者の利益になる行為**（債務者の権利の消滅や価値の減少などを防ぐ行為）である。**債務者の利益になるのであるから，債権者の債権の弁済期到来前であっても代位行使ができ**，それについて裁判上でこれを行使する必要もない（423条２項但書）。

たとえば，被代位権利（債務者が第三債務者に有する債権）が時効にかかりそうなので，とりあえず「債務者に代位して内容証明郵便で請求しておく」（これは時効の完成猶予事由の催告にあたる，150条）などはその例である。

C× **代位債権者は，直接自己へ金銭を引き渡すように第三債務者に請求できる。**

代位債権者は第三債務者に対して直接自己へ金銭を引き渡すように請求できる（423条の３前段）。→No.１選択肢１

D◎ **代位権が行使されても，債務者が自ら取立てをすることは可能である。**

妥当である（423条の５前段）。→必修問題エ

以上から，妥当なものは**A**と**D**であり，正答は**3**である。

実戦問題❷ 応用レベル

No.5 ＊＊ **Aは，Bに対して1,000万円の貸付金債権を有しているが，弁済のないまま弁済期を経過した。Bは，Cに対して2,000万円の売掛金債権を有しているが，その他の財産は協議離婚したDにすべて財産分与した。**

この事例に関する次の記述のうち，妥当なのはどれか。

【国税専門官・平成14年度】

1 Aが，Bに対して有する貸付金債権を保全するため，BがCに対して有する売掛金債権をBに代位して行使した場合，Aは，Cから受領した金額を直接自己の債権の弁済に充てることができると解するのが通説である。

2 BがCに対して有する売掛金債権について，Cが同時履行の抗弁権を主張できる場合でも，Aが，Bに対して有する貸付金債権を保全するため，当該売掛金債権をBに代位して行使したときは，CはAに対して同時履行の抗弁権を主張することができない。

3 財産分与は当事者の自由意思にゆだねられるべき身分行為としての性質を有するから，BがDに対して行った財産分与が不相当に過大であっても，詐害行為としてAによる取消しの対象となる余地はないとするのが判例である。

4 BがCに対する売掛金債権の代物弁済として時価300万円の自動車を受け取った場合は，それがAにとって著しく不利益な結果であるとしても，Aは，BのCに対する売掛金債権を代位行使することはできないとするのが判例である。

5 Aは，BがCに対して有する売掛金債権を代位行使したとしても，他にBの債権者がいる場合，それらの者に対しなんら優先的地位を取得するものではないから，その代位のため要した費用についても，Aは他の債権者と平等の立場で配当を受けることができるにすぎない。

***
No.6 債権者代位権に関する次の記述のうち，判例に照らし，妥当なものはどれか。
【国家総合職・平成７年度】

1 土地の売主が代金の全額を受領しないままに死亡した場合において，その売主の共同相続人の一人が売買の事実を争い，所有権移転登記手続に応じないときは，他の共同相続人は，買主に代位して，登記手続に応じない共同相続人に対する買主の移転登記手続請求権を行使することができる。

2 土地がＡからＢ，ＢからＣの順に譲渡されたが，登記名義が依然Ａにある場合には，Ｃは，Ｂに対する所有権移転登記手続請求権を保全するために，Ｂが無資力であるときに限り，Ｂに代位して，Ａに対する所有権移転登記手続請求権を行使することができる。

3 債権者代位権は債務者が無資力である場合に債権者の金銭債権を保全するのが本旨であるほか，賃借人は賃借権に基づいて賃借物の不法占拠者に対して妨害排除を請求しうることから，土地の不法占拠者に対して，当該土地の賃借人が，賃貸人たる土地所有者が有する土地明渡請求権を代位行使することはできない。

4 協議離婚に伴う財産分与請求権は，その具体的内容が家事審判によって定められる前であっても，離婚の届け出がされた以上，一種の財産的請求権としてすでに発生したものといいうるから，かかる財産分与請求権を保全するために，仮装の土地所有権移転登記の抹消登記手続請求権を代位行使することができる。

5 債権者代位権は，債務者が自己の有する権利を行使しないために債権者がその債権の十分な満足を受けられない場合の救済方法であって，債務者の権利につき，一身専属権が除かれるほかはなんらの制限もないことから，金銭債権を代位行使する場合であっても，債務者が無資力である必要はない。

＊＊
No.7 債権者代位権に関する次の記述のうち，判例に照らし，妥当なのはどれか。
【国家一般職・平成25年度】

1 土地の売主の死亡後，土地の買主に対する所有権移転登記手続義務を相続した共同相続人の一人が当該義務の履行を拒絶しているため，買主が同時履行の抗弁権を行使して土地の売買代金全額について弁済を拒絶している場合には，他の相続人は，自己の相続した代金債権を保全するため，買主が無資力でなくても，登記手続義務の履行を拒絶している相続人に対し，買主の所有権移転登記手続請求権を代位行使することができる。

2 土地の賃借人は，土地の不法占拠者に対し，対抗力の有無を問わず賃借権に基づく妨害排除請求権を行使して，直接に土地の明渡しを請求することができるから，賃貸人たる土地所有者の妨害排除請求権を代位行使して土地の明渡しを請求することはできない。

3 相続人の遺留分減殺請求権は，財産的価値を有する権利であるから，遺留分権利者が遺留分の放棄の確定的意思を外部に表示したなどの特段の事情がある場合を除き，債権者代位の目的とすることができる。

4 債権者代位権はすべての債権者のために債務者の責任財産を保全するための制度であるから，債権者が債務者に対する金銭債権に基づいて債務者の第三債務者に対する金銭債権を代位行使する場合には，債権者は自己の債権額を超えて債務者の第三債務者に対する債権全額を代位行使することができる。

5 債権者代位訴訟の原告である債権者が，被告である第三債務者が提出した抗弁に対して提出することのできる再抗弁事由は，債務者自身が主張することのできるものに限られず，その再抗弁が信義則に反し権利の濫用として許されないと解されるものを除き，債権者独自の事情に基づくものも提出することができる。

実戦問題2の解説

No.5 の解説　債権者代位権の行使　→問題はP.50　正答4

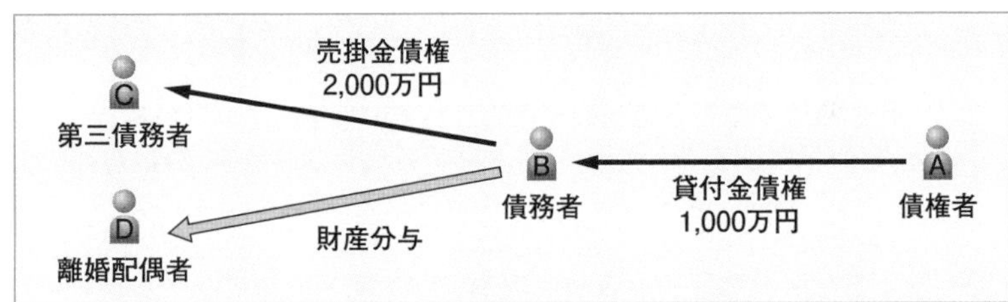

1 × 直接引渡すよう請求はできるが，直接債務の弁済に充てることはできない。

代位権行使によって債権者Aが受領した金銭は債務者Bの財産であるから，債権者Aはこれを直接自己の債権の弁済に充てることはできない。

法的には，債権者Aが受領した金銭は，債務者Bに代わって一時的に保管しているという状態なので，債権者Aがこれを自己の弁済に充てるには，いったん債務者Bに引き渡したうえで，Bから再度そのお金で支払いを受けるか，あるいは強制執行手続をとることが必要である。

ただし，Aは**受け取ったお金と自己の債権とを相殺して**，これによって弁済を受けたのと同様の結果を生じさせることができる。**債権者による相殺を禁止する手段がないため，このような結果を生じさせることはやむをえない**とされている。しかし，債権者Aが相殺を行わずに，受け取ったお金を直接弁済に充当することは認められていない。

2 × 第三債務者は債務者に対して有するすべての抗弁を代位債権者に主張できる。

本問では，CはBに対して有するすべての抗弁をAに対して主張できる(423条の4)。同時履行の抗弁権（533条）も同様である。→No.3選択肢2

3 × 離婚に伴う財産分与に仮託した財産隠しの場合には，取消しの対象となる。

離婚に伴う財産分与請求権（768条）は，婚姻中夫に生計をゆだね，もっぱら家事に専念してきた妻が，離婚によってその生存を危うくされることがないようにする趣旨で認められた権利である。すなわち，この権利には**離婚後の妻の生存を保障する**という意味が含まれる。そのため，債務者Bが妻に財産を分与したために他の債権者への支払いができなくなったという場合でも，債権者はこれを詐害行為として取り消すことはできないとされている。

しかしながら，**財産分与がその本来の趣旨に反し，これを抜け道として利用する意図でなされたような場合**には（本来1,000万円が適正な額なのに2,000万円を渡して，ほとぼりがさめた頃に1,000万円返してもらうなど），債権者を害する行為として**取消しの対象とすることができる**。

判例は，債務者Bが行った財産分与が不相当に過大であり，それが財産分与を装った財産処分（財産隠し）と認められる場合には，債権者Aを害する行為として，債権者はこれを取り消すことができるとする（最判昭58・12・19)。なお，本肢の素材である詐害行為取消権は「テーマ3」で扱う。

4 ◎ **債務者が自ら権利を行使していれば，債権者代位権は行使できない。**

妥当である。債務者Bがすでに債権を行使している場合には，それが債権者Aにとって著しく不利益な結果であったとしても，もはや代位権の行使はできない（最判昭28・12・14）。→No.２選択肢２

代位権は債務者が権利の行使を怠っている場合でなければ行使できない。ただ本肢の場合，時価300万円の自動車による代物弁済は2,000万円の代金（売掛金）債権に対する弁済としては不相当に少額であるから，債権者Aは，「自動車による代物弁済は債権者Aを害する行為である」として詐害行為取消権を行使すればよい。これが認められれば，代物弁済はなかったことになるので，その場合には再度代位権を行使できるようになる。

5 × **代位のため要した費用について，代位債権者は優先弁済権を主張できる。**

代位のために要した費用は**総債権者の共同利益のため**に行った債務者の財産の保存のための費用として，これについて先取特権が成立するので（306条１号，307条１項），代位債権者Aは**優先弁済権を主張できる**。

No.6 の解説　債権者代位権

→問題はP.51　**正答 1**

1 ◎ **金銭債権保全が債務者の資力に関係がない場合は，無資力要件は必要でない。**

妥当である。不動産を売却した場合，売主は契約上の義務として買主に登記を移転する義務を負う。そして，売主が土地の売却後，登記を移転する以前に死亡してX・Y両名が売主を相続したというときは，X・Y両名は売主の登記移転義務を相続し，買主に対して共同で登記を移転しなければならない。この場合，買主は土地全部の登記が移転されない限り，代金全額について支払いを拒むことができる。そして，契約はすでに有効に成立しているので，Yは登記移転義務を拒否することはできず，買主はX・Y両者に対して登記移転請求権を有する。そこで，買主がその行使を怠っているときは，Xは**売買代金請求権の履行を確保するために，買主がYに対して有する登記移転請求権を代位行使できる**（最判昭50・３・６）。

この場合は，債権者Xの債権は売買代金債権という金銭債権であるが，その保全のためであっても，それが債務者の資力の有無と関係がない場合には無資力要件を必要とせずに代位行使ができる。

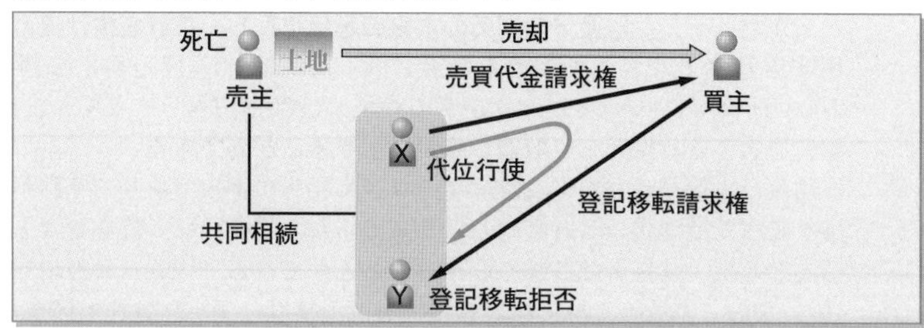

2 × **金銭債権以外を被保全債権とする場合には，債務者の無資力は必要でない。**

CがBに対して有する**移転登記請求権の履行を確保するために**，BがAに対して有する移転登記請求権を代位行使する場合，Bの**資力の有無にかかわらず代位行使ができる**（大判明43・7・6，423条の7）。CはBに金銭の支払いを求めているわけではないので，Bの資力を問題にする必要がないからである。

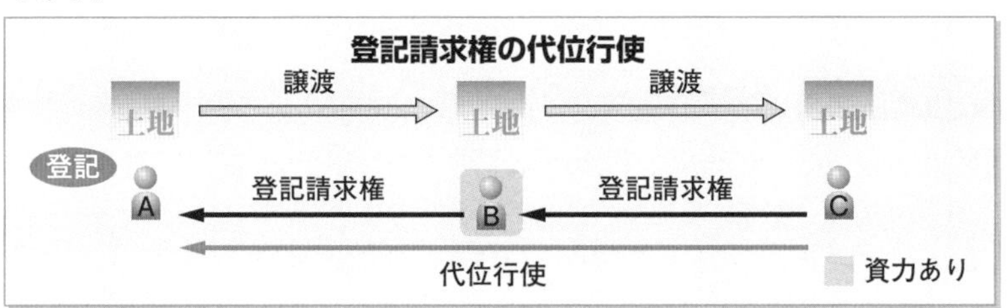

3 × **不法占有者に対し，賃借人は所有者の妨害排除請求権を代位行使できる。**

土地の賃借人は，賃貸人たる土地所有者が土地の不法占拠者に対して有する土地明渡請求権を代位行使して，土地の明渡しを請求できる（大判昭4・12・16）。

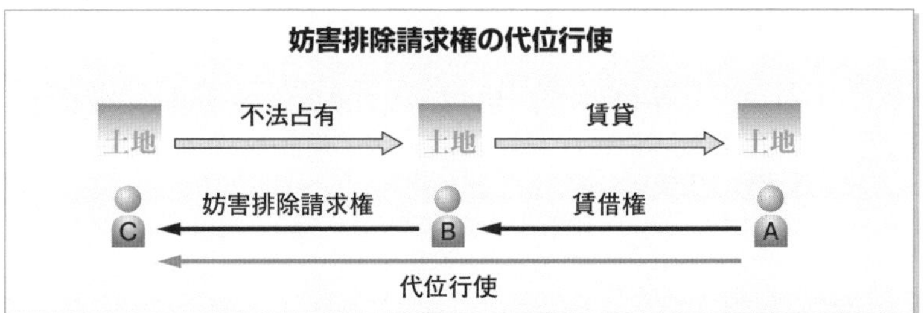

賃貸人は賃貸借契約に基づき，賃借人に目的物を使用・収益させるべき義務を負っている。そのため，たとえ賃貸人（債務者）に目的物を引き渡しても，賃貸人は直ちにこれを賃借人（債権者）に引き渡さなければならない。そうであれば，賃借人に直接引き渡すことを認めたほうが，無用な手間が省けるので合理的である（最判昭29・9・24）。

4 × **財産分与請求権は，具体的内容が決まらない間は代位の対象とならない。**

財産分与請求権は，協議あるいは審判等によって具体的内容が形成されるまでは，その範囲および内容が不確定・不明確であるから，このような財産分与請求権を保全するために債権者代位権を行使することはできない（最判昭55・7・11）。

夫婦が離婚した場合，当事者の一方に財産分与請求権が発生する（768条1項，771条）。その場合，たとえば妻の夫に対する財産分与の請求が確実に履行されるように，夫が第三者に対して有する債権を妻が代位行使できるかという点が問題となる。債権は，その額や履行期等の内容が定まっていなければ行使できない。したがって，**財産分与請求権も協議あるいは審判等によって具体的内容が定まるまでは代位行使は認められない**。

5 ×　金銭債権を代位行使する場合には，債務者の無資力が要件となる。

債務者が，支払いに必要な十分な資力を有している場合にまで，債権者に債務者の権利の代位行使を認める必要はないからである（大判明39・11・21，最判昭40・10・12など）。

No.7 の解説　債権者代位権

→問題はP.52　**正答 1**

1 ◎　金銭債権保全が債務者の資力に関係がない場合は，無資力要件は必要でない。

妥当である（最判昭50・３・６）。→No.６選択肢１

2 ×　不法占有者に対し，賃借人は所有者の妨害排除請求権を代位行使できる。

賃借人は賃貸人たる土地所有者が有する妨害排除請求権を代位行使して，不法占拠者に土地の明渡しを請求できる（大判昭４・12・16）。

→No.６選択肢３

なお，対抗力のある賃借権には物権と同様の効力が認められているので，賃借人は不法占拠者に対して直接に妨害排除請求権を行使して土地の明渡しを請求することができる（最判昭28・12・18）。しかし，**対抗力のない賃借権**では，債権すなわち賃貸人への請求権としての効力しかないため，不法占拠者に対して**直接に妨害排除請求権を行使することは認められない**。

3 ×　遺留分侵害額請求権は，特段の事情がある場合を除き代位の対象とならない。

遺留分侵害額請求権とは，被相続人が贈与や遺贈で処分した財産に生活を依存していた者に，被相続人が処分した財産の一定割合についての金銭支払い（侵害額請求）を認める制度である。その目的は，**残された家族の生活保障**にある。

そして，判例は，遺留分権利者（遺留分侵害額請求権者）が自己の遺留分を回復するかどうかは，もっぱらその者の自律的決定にゆだねられているというべきであるから，遺留分侵害額請求権は権利行使の確定的意思を有することを外部に表明したと認められる特段の事情がある場合を除き，**行使上の一身専属性**を有し，遺留分権利者以外の者が，その行使の意思決定に介入することは許されないとする（最判平13・11・22）。

●行使上の一身専属権

遺留分侵害額請求権が行使上の一身専属権とされるのは，遺留分権利者の意思を尊重すべき必要に基づく。１つ事例で考えてみよう。

たとえば，妻Ａが夫Ｂの不貞や暴力に耐え切れず，家を出て別居しているとする。妻Ａは人生をやり直すために，夫Ｂに離婚を申し出るが，Ｂは嫌がらせでこれを承諾しない。そればかりか，愛人Ｃに全財産を残す遺言を作成して死亡してしまった。Ａは生活のために銀行から融資を受けて食堂を始めたが，いまだ軌道に乗らず，利息の支払いが滞っている。Ａにほかにめぼしい財産はない（無資力）。Ａは妻であるから遺留分権利者であるが，Ｂから一切の利益を受けたくないと考えている。では，銀行は，Aの遺留分侵害額請求権を代位行使できるであろうか。

Aが遺留分侵害額請求権を行使しないのは，「Bの記憶を払拭して人生をやり直したい，Bにかかわりたくない」ことが理由だったとすると，その不行使はAの人格や考え方にかかわってくる。このような場合に代位行使を認めると，それを損なうことになるので，認めるべきではないのである。

4 × **代位行使できるのは，自己の債権額の範囲に限られる。**

この範囲で代位行使を認めれば十分だからである。→必修問題イ

5 × **代位債権者が提出できる再抗弁は，債務者が主張できるものに限られる。**

したがって，債務者と関係のない代位債権者独自の事情に基づく抗弁を提出することは許されない（最判昭54・3・16）。→No.3選択肢2

詐害行為取消権

必修問題

AはBに対して金銭債権を有する。Aの詐害行為取消権について，妥当なものを選べ。争いがある場合は判例による。

【市役所・平成30年度】

1 Aの詐害行為取消権は，通常の債権と同様，10年で**時効**により消滅する。

2 Bが離婚し，妻に**財産分与**を行った場合，それが財産分与として相当であっても，詐害行為取消権の対象となる。

3 Bは資産状態が悪化し，唯一の財産をその時価に比して著しく低価で第三者に譲渡したが，その後，Bが資産状態を回復しAに弁済が可能となった場合，Aは当該譲渡を取り消すことができない。

4 Aは，Aの債権成立前にBが行った不動産の譲渡行為を取り消すことができる。

5 Bに詐害行為が成立するためには，Bがその行為により債権者を害することを知っている必要はない。

難易度 ＊

必修問題の解説

まず，詐害行為取消権とはどんな制度なのか，イメージを作ることから始めよう。

Ａ：もうすぐ返済期限だな，貸した5,000万円，ちゃんと準備できてるかな？
Ｂ：もうすぐ期限か。でも，手元に現金はないし，持ってる不動産は5,000万円の価値があるけど，これを取られたら財産が残らない。
そうだ，Ｃに相談して，今のうちにＣに無償贈与してしまおう。ほとぼりが冷めた頃にＣから戻してもらえば，財産は失わずに済む。この方法なら，強制執行されても財産がないから，Ａは諦めるだろう。よし，これで行こう！
Ａ：なるほど，よくもＣと結託して悪だくみを考えてくれたものだ。ただ，残念だったね。民法は，こういうときのために，Ｃとの贈与契約を取り消して，Ｂに財産を戻す「詐害行為取消権」という制度を準備しているんだよ。さあ，この権利で不動産をＢに戻して，差押えと競売をして債権回収だ！

詐害行為取消権（債権者取消権）は，法律行為の形で行われる債務者の不当な財産減少行為を取り消して，債権の弁済に充てられるべき債務者の財産（責任財産）の保全を図ろうとする制度である。

たとえば，債務超過に陥った者が，債権者にその事情が発覚する前に，強制執行による財産の減少を不当に免れる目的で妻や子などに財産を贈与してしまったとする。しかし，本来債務は信義に基づいて誠実に履行されなければならないので，このような債務者の行為は許されるべきものではない。そこで，法は，債務者のこのような積極的財産減少行為を取り消す権限を債権者に与えて，債権の満足に向けた財産保全行為を認めることとした。

ただ，詐害行為取消権は，「債務者の法律行為を取り消す」という極めて干渉の度合いの強い行為である。また，「すでに存在している権利を単に行使するだけ」という債権者代位権と異なり，取り消された相手方や，その者からさらに当該財産の譲渡を受けた者など，多数の者が影響を受けることが予想され，場合によっては関係者に大きな混乱が生じるおそれもある。

そのため，詐害行為取消権は原則として裁判上で行使することが必要とされるなど，債権者代位権よりも要件が厳しくなっている。

1 × 詐害行為取消権は知った時から２年，行為時から10年の期間制限にかかる。

詐害行為取消権は，裁判所に訴えて（つまり裁判上で）行使することが要件とされている。この訴え提起には，**①債権者が詐害行為の事実を知った時から２年，②詐害行為の時から10年という期間制限が設けられている**（426条）。①と②は，どちらか早いほうが優先するので，たとえば詐害行為と同時にそれを知ったという場合は，②の10年を待たずに早いほうの２年の期間制限（①）にかかる。この場合，債権者は２年以内に訴えを提起する必要がある。

これらは**期間制限であり，時効と異なり完成猶予や更新の制度はない**。詐害行為取消権は，行為の当事者（債務者と受益者など）でない債権者が，その行為に介入して取り消すという**「混乱を招く要素のある行為」であるから，期限を区切って早期に法律関係を決着させようという趣旨**である。

2 × 財産分与として相当であれば，詐害行為取消権の対象にはならない。

財産分与には，**離婚後の妻の生存を保障する**という趣旨が含まれており，その額が相当であれば，詐害行為とはならない（最判昭58・12・19）。

→テーマ２「債権者代位権」No.５選択肢３

3 ◎ 詐害行為後に資産状態が回復し弁済可能となれば取消権は行使できない。

妥当である。債務者が，資産状態の回復により弁済が可能になれば，そのまま弁済してもらえばよく，あえて訴えを提起して詐害行為取消権を行使する必要はない。したがって，取消権の行使はできない（大判大８・10・28）。

4 × 債権成立前の不動産譲渡は，詐害行為に当たらないので取消しはできない。

Ｂは，AB間の取引前に不動産を処分している。ということは，Ａは不動産を所有していない時点でのＢの財産状態（信用状態）をもとに取引をしていることになる。そうであれば，ABの**取引以前の行為が債権者Ａを害する行為に当たるわけがない**。つまり，ＡはＢの不動産の譲渡行為を責任財産を悪化させる行為として取り消すことはできない（最判昭55・１・24）。

5 × **詐害行為の成立には債務者が債権者を害することを知ってしたことが必要。**

詐害行為取消権は，債務者の悪質な財産隠しに対して債権者の介入を認めようというものであるから，「債務者が債権者を害することを知ってした」ことが要件である（424条1項本文）。

正答 3

FOCUS

詐害行為取消権は，できるだけ債権者代位権と対比しながら内容を把握するようにしよう。両者はともに，債権の履行確保という同様の目的を持ち，相互に補完関係に立つ。そのため，両者は互いに混同しやすく，これが代位権・取消権の理解を妨げる要因の一つになっている。機能とリンクさせながら両者の違いを明確にしておけば，両者がともに双方の理解の突破口になってくれる。

POINT

重要ポイント1 詐害行為取消権（債権者取消権）の意義

詐害行為とは，ごく簡単にイメージとしていえば，弁済や強制執行を免れるために債務者が意図的に行った財産減少行為をいう。

このような行為に対して債権者は手をこまねいていなければならないとすると，財産隠しを行う悪質な債務者が得をするという結果になる。そこで民法は，これを取り消して弁済のための財産（責任財産）を確保（保全）する権利を債権者に認めた。

重要ポイント2 要件

(1) 客観的要件

①財産減少行為（詐害行為）によって，債務者が無資力に陥ることが必要である。無資力とは，債務額全額を弁済するに足りる資力を欠くことをいい，無一文という意味ではない。

②取消権を行使している途中で債務者の資力が回復した場合には，もはや取消権の行使は許されない。

③被保全債権は，弁済期が到来している必要はない。

④婚姻や養子縁組などの身分行為は，それによって債務者の責任財産の減少を来す場合であっても，行為者の意思を尊重するという観点から，取消権の対象とはならない。

同様に，無資力の状態にある債務者が相続を放棄する行為も詐害行為とはならない。

⑤離婚による財産分与は，原則として取消しの対象とはらない。ただし，それが不相当に過大であり，財産分与に名を借りた財産処分と見られる場合には取消しの対象となる。

⑥不動産の二重譲渡において，第二の売買が債権者を害する行為であるとして，第一の買主がこれを取り消すことは，原則として許されない。しかし，第二の買主への登記移転により，売主が無資力となり，かつ売主と第二の買主がそのことを知って第二の売買契約を成立させたなどの事情がある場合には，売主に対する損害賠償請求権を被保全債権として，第二の売買を取り消すことができる。ただしこの場合でも，直接自己へ所有権を移転するように第二の買主に求めることはできない。

⑦詐害行為取消権で保全される債権は，原則として詐害行為の前に成立していなければならない。

⑧不動産の売買契約後に債権者の債権が成立し，その後に不動産の登記が移転されたという場合，登記移転行為は詐害行為とはならない。

⑨一部の債権者への弁済は，それだけでは詐害行為とならないが，債務者が支払い不能のときに，一部の債権者と通謀して，その債権者だけに優先的な満足を得させる目的で弁済した場合には，他の債権者との関係で詐害行為が成立する。

⑩詐害行為の当否について，主なものを表に列挙しておく。

一部の債権者への弁済・担保権の設定	・原則として詐害行為にならない。 ・支払い不能時に一部の債権者と通謀して弁済すれば詐害行為となる。
不動産の売却	・原則として詐害行為にならない。 ・取得した金銭その他の財産について，隠匿や無償の供与などをする意思を持っているなどの要件を満たした場合には詐害行為となる。
無償贈与	・詐害行為となる

(2) 主観的要件

①取消しが認められるためには，債権者を害する行為を行った当事者双方に詐害の意思があることを要する。

②詐害の意思は，少なくともその行為により支払いのための資力に不足を生じるであろうということの認識が必要である。

重要ポイント３ 詐害行為取消権の行使

(1) 行使の方法

①詐害行為取消権は，必ず裁判上でこれを行使する必要がある。

②詐害行為取消権は，受益者（または転得者）のみを被告として訴えを提起すれば足り，債務者までも被告とする必要はない。

③取消しは，債務者およびすべての債権者に対して効力がある。すなわち，詐害行為取消権は総債権者のための責任財産の保全を目的とした制度である。

(2) 行使の範囲

①債権者が取り消すことができるのは，原則としてその有する被保全債権額の範囲に限られる。これは，他に債権者がある場合も同様である。

②詐害行為によって譲渡された目的物が不可分であれば，その価額が被保全債権を超過する場合でも，債権者は譲渡行為の全部について取り消すことができる。

(3) 取消後の返還方法

①不動産の場合には，移転登記の抹消という方法による（抹消登記）。

なお，現物返還が不能な場合には，価格賠償の方法によらざるを得ない。

②動産や金銭の場合には，債権者は直接自己へ引き渡すよう請求できる。

この場合，他に債権者がいて，その者から配当要求を受けた場合でも，債権者は動産や金銭を分配する義務はない。また，債権者は相殺によって事実上の優先弁済権を確保できることになる。

重要ポイント 4 債権者代位権と詐害行為取消権の比較

①債権者代位権と詐害行為取消権は，ともに債務者の責任財産の保全を目的とする制度であるが，前者が既存の債権を行使するという消極的態様にとどまるのに対して，後者は債務者が行った法律行為の効力を否定するという積極的態様での行為となるため，両者にはさまざまな差異がある。

②行使方法については，債権者代位権の場合には，すでに存在している権利を単に行使（代位行使）するだけであるから，通常の権利行使の方法（＝裁判外の権利行使）でよい。

これに対して，詐害行為取消権の場合には，当事者間の法律行為の効力を第三者（＝取消債権者）が否定することになるので，その適否について公正な機関（＝裁判所）の判断が必要であり，裁判上行使することが必要とされている。

③両者の異同を表にすると，次のようになる。

	債権者代位権	詐害行為取消権
制度目的	債務者の責任財産の保全	
被保全債権	金銭債権＋特定債権	金銭債権のみ （ただし，特定物債権も金銭債権に変じうる限り，被保全債権となる）
被保全債権の発生時期	代位行使される債権成立以前に成立している必要はない	詐害行為以前に成立していることが必要
無資力要件	被保全債権が ①金銭債権の場合には必要 ②転用の場合には不要	必ず必要
主観的要件	不要	必要（詐害の意思）
債権の弁済期	到来していることが必要 〔例外〕保存行為	未到来でも行使可
行使方法	裁判上で行使する必要はない	必ず裁判上で行使しなければならない
期間制限	規定なし	①詐害行為の時から10年 ②債務者が債権者を害することを知って行為したことを債権者が知った時から2年

実戦問題

No. 1 ＊ **詐害行為取消権に関する次の記述のうち，判例に照らし，妥当なものはどれか。**

【地方上級（全国型）・平成24年度】

1 債務者が財産を処分した時点で無資力であっても，詐害行為取消権を行使する時点で債務者の資力が回復した場合には，当該処分行為に対する詐害行為取消権の行使は認められない。

2 詐害行為取消権を有する債権者は，金銭の給付を目的とする債権を有する者でなければならず，特定物引渡請求権の債権者は，その目的物を債務者が処分することにより無資力となったとしても，この処分行為を詐害行為として取り消すことができない。

3 離婚に伴う財産分与は，財産権を目的としない法律行為であると評価できるから，詐害行為として取消しの対象となることはない。

4 債権が譲渡された場合において，債権譲渡行為自体が詐害行為を構成しない場合であっても，債権の譲渡人がこれについてした確定日付のある債権譲渡の通知のみを詐害行為取消権の対象とすることは認められる。

5 不動産の引渡請求権者が債務者による目的不動産の処分行為を詐害行為として取り消す場合には，直接自己に当該不動産の所有権移転登記を求めることができる。

No. 2 ＊ **詐害行為取消権に関する次の記述のうち，妥当なものはどれか。**

【市役所・平成20年度改題】

1 債権者の債権について詐害行為の当時に履行期限が到来していない場合には，詐害行為取消権を行使することができない。

2 特定物引渡請求権の債権者は，その特定物を債務者が処分することにより債務者が無資力となったとしても，この処分行為を詐害行為として取り消すことができない。

3 債務者が行った不動産の売却は，その売却価格が相当であって，債務者の総財産の減少をもたらすものでなければ，詐害行為となることはない。

4 債務者が贈与した目的物が不可分のものであり，その価額が被保全債権を超過する場合には，債権者は当該贈与の全部については詐害行為として取り消すことはできない。

5 詐害行為の目的物が金銭である場合，取消債権者は，受益者に対して金銭を直接自己に引き渡すことを請求することができる。

＊＊
No.3 詐害行為取消権に関する次の記述のうち，妥当なものはどれか。

【国家一般職・平成６年度】

1 詐害行為取消権は，総債権者の利益のために効力を生じるものであるから，債権者の一人が不動産の所有権移転を詐害行為として取り消す場合には，直接自己に対する所有権移転登記を求めることは許されないとするのが判例である。

2 詐害行為取消権は債権者を保護するとともに，当該詐害行為を行った債務者に制裁を加える趣旨をも含むものであるから，当該債務者が詐害行為のときに無資力であれば，その後において資力を回復した場合であっても詐害行為取消権を行使できる。

3 詐害行為取消権の行使のためには債務者と受益者の双方が詐害の意思を有することを要し，この詐害の意思については，債務者の行為が債権者に対する弁済資力に不足をきたすことの認識のみでは足りず，債権者を積極的に害する意図を要する。

4 ＡがＢに不動産を売却した後，さらにＡが当該不動産をＣに贈与し，Ｃが先に登記を備えた場合には，所有権の帰属は登記の先後により決せられるから，Ａが当該贈与により無資力になったとしても，Ｂが詐害行為取消権を行使する余地はないとするのが判例である。

5 債権者の債権が成立する前に贈与された不動産について，当該債権成立後に所有権移転登記が行われた場合には，詐害行為は債権発生後に行われたものというべきであるから，当該贈与は詐害行為取消権の対象となりうるとするのが判例である。

＊＊
No.4 **詐害行為取消権に関するア～オの記述のうち，妥当なもののみをすべて挙げているのはどれか。** 【国家一般職・令和２年度】

ア：債権者は，その債権が詐害行為の前の原因に基づいて生じたものである場合に限り，詐害行為取消請求をすることができる。

イ：債務者が，その有する財産を処分する行為をした場合には，受益者から相当の対価を取得しているときであっても，その財産を隠匿する意思があったと直ちにみなされるため，債権者は，その行為について詐害行為取消請求をすることができる。

ウ：債権者は，受益者に対する詐害行為取消請求において財産の返還を請求する場合であって，その返還の請求が金銭の支払または動産の引渡しを求めるものであるときは，受益者に対して，その支払または引渡しを自己に対してすることを求めることはできない。

エ：詐害行為取消請求を認容する確定判決は，債務者及びそのすべての債権者に対してもその効力を有する。

オ：詐害行為取消請求に係る訴えは，債務者が債権者を害することを知って行為をした時から１年を経過したときは，提起することができない。

1 ア，イ
2 ア，エ
3 イ，オ
4 ウ，エ
5 ウ，オ

＊＊
No.5 詐害行為取消権に関するア～オの記述のうち，妥当なもののみをすべて挙げているのはどれか。【国税専門官／財務専門官／労働基準監督官・令和３年度】

ア：債権者は，その債権が強制執行により実現することのできないものであるときは，詐害行為取消請求をすることができない。

イ：詐害行為取消請求に係る訴えは，債務者が債権者を害することを知って行為をしたことを債権者が知った時から１年を経過したときは提起することができず，その行為の時から20年を経過したときも同様である。

ウ：詐害行為取消請求を認容する確定判決は，債務者およびそのすべての債権者に対してもその効力を有する。

エ：詐害行為取消請求に係る訴えは，受益者または転得者を被告として提起しなければならないが，その際，債務者に対して訴訟告知をする必要はない。

オ：債権者は，詐害行為取消請求をする場合において，債務者がした行為の目的が可分であるときであっても，総債権者のために，自己の債権の額の限度を超えて，その行為の取消しを請求することができる。

1 ア，イ
2 ア，ウ
3 イ，エ
4 ウ，オ
5 エ，オ

＊＊＊
No.6 **詐害行為取消権に関するア～オの記述のうち，判例に照らし，妥当なもののみをすべて挙げているのはどれか。** 【国家総合職・令和元年度】

ア：抵当権の付着する土地についてされた譲渡担保設定契約が詐害行為に該当する場合において，譲渡担保権者が当該抵当権者以外の債権者であり，その土地の価額から抵当権の被担保債権の額を控除した額が詐害行為取消権の基礎となっている債権の額を下回っているときは，譲渡担保設定契約の全部を取り消して，土地自体の原状回復をすることができる。

イ：債務者の行為が詐害行為として債権者による取消しの対象となるためには，その行為が取消債権者の債権の発生後にされたものであることを必要とするが，不動産の物権移転の効果は登記が完了したときに確定的に生じるため，不動産の譲渡行為が取消債権者の債権成立前にされた場合であっても，その登記が債権成立後にされたのであれば詐害行為取消権行使の対象となりうる。

ウ：遺産分割協議は，相続の開始によって共同相続人の共有となった相続財産について，その全部または一部を各相続人の単独所有とし，または新たな共有関係に移行させることによって相続財産の帰属を確定させるものであり，その性質上，財産権に関する行為ではあるものの，本質的には身分行為であるから，共同相続人の間で成立した遺産分割協議は，詐害行為取消権行使の対象となりえない。

エ：詐害行為の成立には，債務者および受益者が債権者を害することを知っていたことが必要であるところ，債務者と受益者では債務者と特定の債権者との債権債務関係についての認識の程度が異なるため，債務者については，特定の債権者を害することを意図していたことを常に必要とするが，受益者については，必ずしも特定の債権者を害することを意図していたことまでは必要としない。

オ：債権者は，詐害行為取消訴訟において，その返還の請求が金銭の支払を求めるものであるときは，受益者に対してその支払を自己に対して行うよう請求することができるが，詐害行為取消権は総債権者の共同担保の保全を目的とするものであるから，取消債権者のみが結果として優先弁済を受けることとなることを避けるため，取消債権者は，自己が分配者となって他の債権者の請求に応じ平等の割合による分配をなすべき義務を免れない。

1 ア
2 オ
3 ア，ウ
4 イ，ウ
5 ウ，エ

＊＊
No.7 民法に規定する債権者代位権および詐害行為取消権に関する記述として，判例，通説に照らして，妥当なのはどれか。【地方上級（特別区）・平成29年度】

1 債権者代位権の被保全債権は，代位行使の対象となる権利よりも前に成立している必要があり，詐害行為取消権の被保全債権も，詐害行為の前に存在している必要がある。

2 債権者代位権は，債務者が自ら権利を行使した後であっても，その行使が債権者にとって不利益な場合には，債権者はこれを行使でき，詐害行為取消権は，受益者が善意であっても，債務者に詐害の意思があれば，これを行使できる。

3 債権者代位権を行使するためには，特定債権保全のための転用の場合であっても，債務者の無資力が要件とされるが，詐害行為取消権が認められるためには，詐害行為当時の債務者の無資力は要件とされない。

4 債権者代位権の行使の範囲は，自己の債権の保全に必要な限度に限られないが，詐害行為取消権の取消しの範囲は，詐害行為の目的物が不可分の場合であっても，取消権を行使しようとする債権者の債権額に限定される。

5 債権者代位権は，被保全債権の履行期が到来していれば，裁判外であっても行使することができるが，詐害行為取消権は，必ず裁判上で行使しなければならない。

＊＊
No.8 債権者代位権および詐害行為取消権に関するア～オの記述のうち，妥当なもののみをすべて挙げているのはどれか。ただし，争いのあるものは判例の見解による。【国税専門官／財務専門官／労働基準監督官・平成28年度】

ア：AB間で土地の賃貸借契約が締結され，Bが当該土地を借り受けていたが，第三者Cが同土地上に勝手に建物の建築を始めた。この場合，Bは，AのCに対する妨害排除請求権を代位行使することができる。

イ：金銭債権に基づいて債務者の金銭債権を代位行使する場合には，代位行使することができる債権の範囲は，責任財産保全の観点から，代位債権者の有する債権額に限定される。

ウ：詐害行為取消債権者が第三債務者から金銭の引渡しを受けた場合，他の一般債権者は当該債権者に対して自己への分配請求をすることができる。

エ：離婚に伴う財産分与は，民法第768条第３項の規定の趣旨に反して不相当に過大であり，財産分与に仮託してされた財産処分であると認めるに足りるような特段の事情がない限り，詐害行為とはならない。

オ：債権者代位権および詐害行為取消権を行使する場合には，裁判上の行使である必要はなく，裁判外においても，自由にこれを行使することができる。

1 ア，イ　**2** イ，オ　**3** ウ，エ
4 ア，イ，エ　**5** ウ，エ，オ

実戦問題の解説

No.1 の解説　詐害行為取消権

→問題はP.64　正答 1

1 ◎ 取消権行使の時点で債務者の資力が回復していれば，取消しは認められない。

妥当である（大判大８・10・28）。→必修問題選択肢３

2 × 特定物引渡請求権の債権者も，詐害行為取消権を行使できる。

本肢は，たとえば次のような場合である。土地所有者Ｂが甲土地をＡに譲渡したが（Ａは甲土地を引き渡すようにＢに請求できる。これが**特定物引渡請求権**である），Ｂはこの土地をＣに二重に譲渡し，登記もＣに移転した。Ｃが登記を備えるとＣが優先するので（177条），Ａに対する甲土地の引渡義務は履行不能となる。その場合，Ａは債務不履行を理由とする損害賠償請求権を被保全債権（取消権の行使によって守られる―弁済をより確実にできる―債権）として，Ｂ→Ｃの譲渡を詐害行為として取り消すことできるかが問題となる。

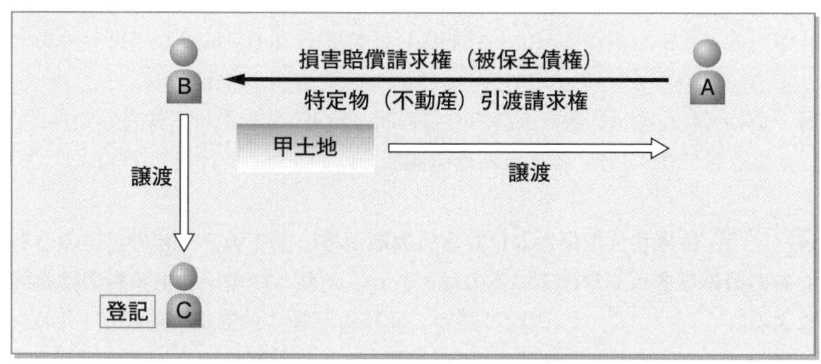

判例は，**特定物引渡請求権も究極において損害賠償債権に変じうる**のであるから，債務者の一般財産により担保されなければならないことは金銭債権の場合と同様であるとして，当該**譲渡行為を詐害行為として取り消すことを認めている**（最判昭36・７・19）。

ただ，そうなると，二重譲渡ではどちらが先に登記を備えるかで優劣を決するとした177条との整合性が問題となる。しかし，二重譲渡における第二の譲渡は，通常は相当の対価を支払っての取引行為（**相当対価処分行為**）であろうから，それが「第一の譲受人の損害賠償債権を害する」といえるためには，**第二の譲渡が「意図的な財産減少行為」といえるだけの要件が必要**である（424条の２）。具体的には，譲渡人が第二の譲受人から受け取った代金を隠す意図を持っており，それを第二の譲受人が知っていながら代金を渡したなど，「悪質」と評価されるだけの要件が必要である。したがって，第二の譲受人が，単に第一の譲渡があったことを知って（単なる悪意）取引きをしたというだけでは，直ちに詐害行為とはならないので，詐害行為に該当するのはごく限られた場合ということになろう。つまり，「原則は登記の先後で決せられるが，取消権の要件が揃う例外的な場合には取消しによって取戻しができる」と考えておけばよい。

3 × **財産分与は，それに名を借りた財産処分と見られれば取消しの対象となる。**

離婚に伴う財産分与請求権（768条）には離婚後の妻の生存を保障するという意味が含まれている。そして，生存の確保は債権の履行に優先する価値を有するので，原則として詐害行為には当たらない。

しかし，分与の額が不相当に過大であるなど，**財産分与を装った財産処分**と認められる場合には，それは単に債権者の追及を逃れる手段にすぎないので，**詐害行為取消権の対象となしうる**（最判昭58・12・19）。

→必修問題選択肢２

4 × **債権譲渡の通知のみを詐害行為取消権の対象とすることはできない。**

債権譲渡の通知は，債権が譲渡されたことを債権者から債務者に通知することである。債権は，原則として自由に譲渡できるので（466条１項本文，２項），譲渡があった場合，今後は債務者が誰に弁済すればよいかを知らせておく必要がある。それが，この通知の役割である。つまり，通知は弁済の相手を確知させる効果を生じさせるにすぎず，譲渡の通知によって財産の減少という効果が生じるわけではない。そうであれば，債権譲渡行為自体が詐害行為を構成しない場合，譲渡通知のみを切り離して詐害行為として取り扱い，これに対する詐害行為取消権の行使を認めることは妥当ではない（最判平10・６・12）。

5 × **不動産の引渡請求権者が取り消しても，自己への移転登記は請求できない。**

詐害行為取消権とは，弁済資力がなくなることをわかっていながら債務者が行った財産処分行為を取り消して，その後の強制執行（差し押さえて競売にかけ，その競売代金の中から配当を得る）に備えようとするものである。したがって，債権者（引渡請求権者）ができるのは，処分行為（売却や贈与など）に伴ってなされた**所有権移転登記の抹消**（つまり登記を元に戻すこと）だけである（最判昭53・10・５）。

No.2 の解説　詐害行為取消権

→問題はP.64 **正答５**

1 × **詐害行為の当時に債権者の債権が履行期未到来でも，取消権は行使できる。**

詐害行為取消権は，履行期に債権者が強制執行してきても，それを不発に終わらせるような財産減少行為を取り消すことで，**債務者の責任財産**（競売によって債務の返済に充当できる財産）**の保全**を図ろうとするものである。したがって，履行期前であってもそれを行使できるとしておかなければ意味がない（大判大９・12・27）。なぜなら，履行期の到来時点では，「取戻しが不可能なほどに財産が散逸してしまっている」ということもあるからである。

なお，詐害行為が行われても，取消権の行使時までに債務者が十分な弁済の資力を回復していれば取消権は行使できない。弁済資力（責任財産）が十分であれば，取消しを認める法的な利益がないからである。

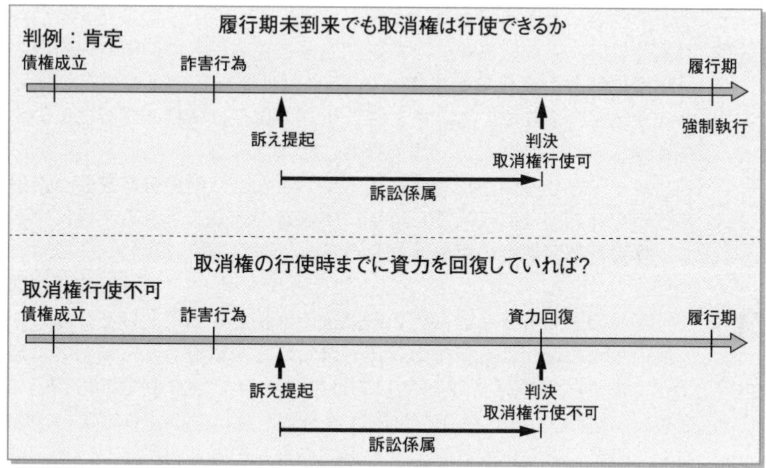

2 × **特定物引渡請求権の債権者も詐害行為取消権を行使できる。**

→No. 1 選択肢２

3 × **相当価格処分行為は，詐害行為となる場合がある。**

不動産を相当な対価を得て処分する行為（相当価格処分行為）は原則として詐害行為とはならないが，取得した金銭その他の財産について，隠匿や無償の供与などをするおそれがあり，また債務者がその意思を持っているなどの要件を満たした場合には詐害行為となる（424条の２）。

要するに，相当対価処分行為も「**意図的な財産減少行為**」と評価できるかどうかがポイント。それによって，詐害行為となるかどうかが区別されることになる。

相当対価処分行為が詐害行為に該当するための要件（424条の２）
・債務者が，隠匿等の「債権者を害する処分」をするおそれを現に生じさせるものであること。
・債務者が，行為当時，対価として得た金銭等を隠匿する等の意思を有していたこと。
・受益者が，行為当時，債務者のその意思を知っていたこと。

4 × **贈与の目的物が不可分であれば，その全部について取消権を行使できる。**

たとえ贈与の価額が被保全債権（取消権の行使によって守られる債権）を超過する場合であっても，債権者は当該贈与の全部を詐害行為として取り消すことができる（最判昭30・10・11）。

たとえば，被保全債権が500万円で，債務者の1,000万円の家屋の贈与行為が詐害行為に当たるという場合，**「家屋の贈与行為の半分だけを取り消す」とするのは，法律関係に無用の混乱を招く**おそれがある。そのため，全部について取消しを認めるのはやむをえない。

5 ◎ 取消債権者は，金銭を直接自己に引き渡すよう受益者に請求できる。

妥当である（424条の９）。金銭の場合には，詐害行為を行った債務者が受領を拒む場合も考えられるので，債権者に直接引き渡すように請求できるとされている。

No.3 の解説 詐害行為取消権

→問題はP.65 **正答 1**

1 ◎ 取消権の目的物が不動産の場合，直接自己への移転登記請求はできない。

妥当である。仮にこれを認めると，債権者取消権は「取消権」ではなく「所有権に基づく引渡請求権」になってしまう。債権者取消権は，債務者の弁済の資力を確保するための制度（責任財産の保全の制度）であり，直接の移転登記請求は取消権の制度趣旨を逸脱することになる（最判昭53・10・５）。

そのため，まずは登記を債務者の元に戻して，それを済ませたうえで当該不動産に強制執行を行い，競売を通じて債権を回収すべきことになる。

2 × 取消権行使の時点で債務者の資力が回復していれば，取消しは認められない。

本肢は次の２点で誤っている。

①詐害行為取消権は，債務者の支払いの資力を確保するための制度（責任財産の保全の制度）であり，詐害行為を行った債務者に制裁を加えようというものではない。

②債務者が詐害行為の時に無資力であっても，その後において資力を回復した場合には責任財産の保全目的はすでに達成されているので，詐害行為取消権は行使できない（大判大８・10・28）。→必修問題選択肢３

3 × 詐害の意思は，必ずしも積極的な害意まで必要とされるわけではない。

詐害の意思があるといえるには，少なくとも，まずその行為により支払いのために資力に不足を生じるであろうという認識が必要である。ただ，それ以上に積極的に債権者を害する意図まで必要かどうかは，行為の態様との相関関係によって判断される（相関関係説）。すなわち，行為の詐害性が高ければ，詐害の意思は「認識」で足りるが，行為の詐害性が低ければ，詐害の「意図」までが必要である。

4 × 特定物引渡請求権の債権者も，詐害行為取消権を行使できる。

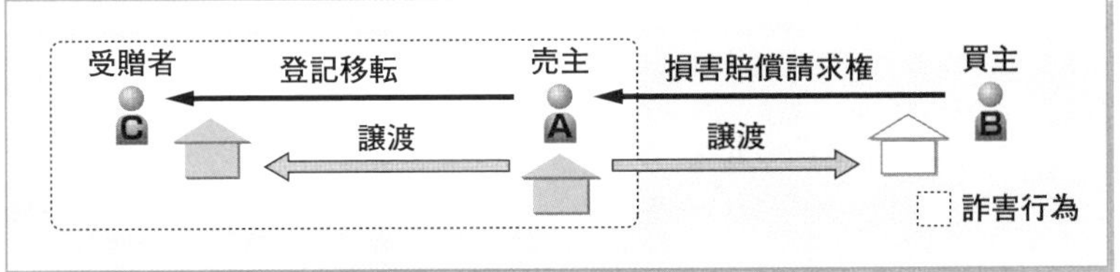

ＡＢ間の不動産の売買契約は，贈与を受けたＣへの移転登記が済んでいるため履行不能となっている。したがって，買主Ｂは売主Ａに対して債務不履

行を理由に損害賠償を請求できる。ところが，売主Ａが無資力になっているので，買主Ｂは売主Ａから損害賠償の支払いを受けることが困難な状況にある。この場合，売主ＡとＣが買主Ｂを害する意図で贈与行為を行ったのであれば，買主Ｂは，売主Ａに対する損害賠償請求権の履行を確保するために，ＡＣ間の贈与を詐害行為として取り消すことができる（最大判昭36・7・19）。→No.1選択肢2

5× **債権成立前の不動産譲渡は，登記時期が債権成立後でも詐害行為ではない。**

債権者の債権が成立する前に不動産物権の譲渡行為がなされている場合には，登記の移転が債権成立後になされたとしても，詐害行為は成立せず，これを取り消すことは認められない（最判昭55・1・24）。

詐害行為とは，弁済が困難になることを知りつつ意図的になされた財産減少行為をいう。債権者はそのような行為を取り消すことができるが，そのためには，財産減少行為がなされた時点で，「これによって支払いが困難になるであろう」という認識が債務者になければならない。ということは，債権者の債権は詐害行為の時点にすでに存在していることが必要である。債権者がいないのに，債務者に「支払いが困難になる」という認識は生じようがないからである。

本肢の場合，登記は債権成立後であっても，不動産の譲渡契約は債権成立前になされている。そして，**登記移転は，すでに成立した契約上の義務（登記移転義務）の履行行為にすぎない**。したがって，移転登記が債権成立後になされても，詐害行為は成立しない。

No.4 の解説　詐害行為取消権

→問題はP.66　**正答2**

ア○ **債権成立前の財産減少行為は，詐害行為に当たらないので取消しはできない。**

妥当である（424条3項）。本肢は，次のような意味である。すなわち，「債権成立（例：債権者が債務者に融資）後に債務者による意図的な財産減少行為があった」という順であれば詐害行為取消請求ができる。しかし，「債務者が財産を減少させた後で，債権者が債務者に融資した」というのであれば，融資（債権成立）前の財産減少行為が詐害行為に当たらないのは当然である。

なぜなら，**財産減少行為を行った時点で債権者は存在していないので，「債権者を害する行為」もまた存在し得ない**からである。

イ× **相当対価処分行為が詐害行為となるためには，所定の要件が必要である。**

相当対価処分行為は，それだけで直ちに詐害行為となるわけではない。詐害行為とされるには，「**意図的な財産減少行為**」と評価できるための一定の要件が必要である（424条の2）。→No.2選択肢3

ウ× **金銭と動産は，取消債権者が直接自己に引き渡すよう受益者に請求できる。**

債務者が，「一度譲渡したものを，無理矢理取り消されて戻されても，相手（受益者）に気まずいので受け取れない」などとして受領しないことがあるため，法は，金銭と動産については，取消債権者が直接自己への引渡しを請求できるとしている（424条の9第1項前段）。

債権者（取消債権者）は，金銭の引渡しを受けた場合，自己の債権と相殺することで事実上の優先弁済を受けられることになる（他の債権者がこれを阻止する法的な手段はない）。また，動産については，引渡しを受けた場合，強制執行（動産執行）によって債権を回収するか，債務者と協議してその動産で代物弁済を受けることもできる。

なお，**不動産**については，現物の引渡しではなく，**移転された登記を元に戻すという方法がとられ**，登記が戻れば，そこで差押え（強制執行）して競売にかけ，その代金から債権を回収するという方法がとられる。

エ○ **詐害行為を取り消す判決の効力は，債務者及びそのすべての債権者に及ぶ。**

妥当である（425条）。たとえば，債務者ＢがＣ（受益者）に4,000万円の不動産を2,000万円で譲渡し，そのことが詐害行為にあたるとして判決で取り消されたとする。その場合，債務者Ｂに取消判決の効力が及ばないとすると，受益者Ｃは不動産をＢに取り戻されたうえに，「売買が取り消されたのなら，支払った代金2,000万円を返してほしい」と主張できなくなる。それは不都合なので，法は，**取消判決の効力は債務者及びそのすべての債権者に対してもその効力を有する**としている（425条）。

オ× **訴えの提起期間は，債権者が詐害行為を知った時から２年である。**

訴えの提起期間は，債権者が詐害行為を知った時から２年，行為時から10年である（426条，いずれかの期間が経過すれば，それで訴えは提起できなくなる）。

以上から，妥当なものは**ア**と**エ**であり，正答は**2**である。

ポイント 本問では，**ア〜ウ**の知識は必須であり，これらの知識があれば容易に正解を導ける。なお，**エ**は平成27年の債権法改正の変更点（債務者にも取消判決の効力が及ぶとしたもの）で注目度も高いので，今後も出題が繰り返される可能性がある。

No.5 の解説　詐害行為取消権　→問題はP.67　正答2

ア○ **強制執行により実現できない債権は代位権行使の対象とならない。**

妥当である。理屈は，テーマ２「債権者代位権」No.４Ａと同じである。

たとえば，債務者が自己破産手続きを行って支払いが免責されたため，債権者が，債務者の財産に強制執行できなくなったなどという場合には，**債権者は債務者からの資金回収を諦めざるを得ず，取消権の行使も認められない**（424条４項）。

イ× **訴えの提起期間は，知った時から２年，行為時から10年である。**

本肢は，「１年」，「20年」が誤り（426条）。→No.４オ

ウ○ **詐害行為を取り消す判決の効力は，債務者及びそのすべての債権者に及ぶ。**

妥当である（425条）。→No.４エ

エ× **債権者は，取消訴訟を提起した場合，債務者に訴訟告知しなければならない。**

詐害行為取消請求に係る訴えは，受益者または転得者を被告として提起すればよく，債務者を被告とする必要はない（424条の７第１項）。

ただ，請求が認められれば債務者にも影響が及ぶことから，**債務者が訴訟に参加して自らの権利を防御する機会を確保できるように**，債務者は訴訟が開始されたことを債務者に通知（**訴訟告知**）しなければならない（同２項）。

オ× **可分であれば，取消権行使の範囲は債権者の債権額の範囲に限られる。**

他の債権者が実際に債権を行使するかどうか不明な（場合によっては債権放棄するかもしれない）状況の下で，自己の債権額を超えて取消しを求めるというのは無用な干渉でしかない。取消権行使の範囲は，必要な範囲，すなわち債権者の債権額の範囲に限れば十分である（424条の８第１項）。

以上から，妥当なのは**ア**と**ウ**であり，正答は**2**である。

ポイント 本問で，**エ**は「国税専門官ならではの問い」で，一般的には出題の可能性は低い。本問は，**ア**の知識プラス，**イ**か**ウ**のどちらかの知識で勝負する問題である。

No.6 の解説 詐害行為取消権

→問題はP.68 **正答 1**

本問は，国家総合職特有の，マイナーな判例を用いて基礎力の理解を試す問題である。基本に立ち返って各選択肢の正誤判断をしてみよう。

ア○ **土地の譲渡が詐害行為になる場合は，取消しで土地自体の返還を請求できる。**

妥当である。まず，本肢の「その土地の価額から抵当権の被担保債権の額を控除した額が詐害行為取消権の基礎となっている債権の額を下回っている」とは，負債が資産を上回っている状態のことである（無資力）。そして，本肢では，譲渡担保設定契約が詐害行為に該当するというのであるから，債権者は同契約を詐害行為として取り消すことができる。

その場合，判例は，「詐害行為取消権の制度は，詐害行為により逸出した財産を取り戻して債務者の一般財産を原状に回復させようとするものであるから，**逸出した財産自体の回復が可能である場合には，できるだけこれを認めるべき**」として（大判昭９・11・30），本肢の場合も，「土地全部についての譲渡担保契約を取り消して土地自体の回復を肯認」できるとする（最判昭53・３・30）。

イ× **債権成立前の不動産譲渡は，登記時期が債権成立後でも詐害行為ではない。**

登記はあくまで第三者に対抗（権利を主張）するための要件であって

(177条)，登記の時に所有権が移転するわけではない。所有権は，特約がなければ契約時に移転している。したがって，**その後に成立した債権を被保全債権**（取消権の行使によって守られる―弁済をより確実にできる―債権）**として取消権を行使することはできない**（最判昭55・1・24)。

→No.3選択肢5

ウ× **遺産分割協議は財産権を目的とする行為として詐害行為取消権の対象となる。**

たとえば，AB両名がその父の財産である不動産を共同相続したが，BがCに多額の債務を負っていたので，Cに取られるくらいならと思い，不動産をAの単独所有とする遺産分割協議を行い，その後Bが自己破産の申立てをしたとする。

この場合，遺産分割協議は差押えを免れるための財産隠匿に当たらないか。常識的にはそれに当たると解すべきである。

判例も，**遺産分割協議は財産権を目的とする法律行為であるとして，詐害行為取消権の対象となる**とする（最判平11・6・11)。

エ× **債務者・受益者とも必ずしも特定の債権者を害する意図までは必要でない。**

詐害行為取消権の成立には，債務者・受益者がともに「債権者を害することを知って」財産的行為をすることが必要である（424条1項本文)。両者がともに，「この行為で債務者が無資力になって債権者は困るだろう」ということを知っているからこそ，債権者の介入が正当化されるわけである。

ただ，その場合，「害することを知って」とは，「特定のAという債権者を害することを知って」という意味ではなく，「責任財産の不足が生じることを知って」という意味である（最判昭35・4・26)。

このような責任財産の不足が生じる行為は，誠意を持って履行すべきという債務者の義務に違反する行為で，介入の要件としてはそれで十分だからである。

オ× **取消債権者は，自己が分配者となって他の債権者に分配すべき義務はない。**

他の債権者が分配を欲するのであれば，自ら動いて配当加入を求めるべきである。取消債権者は，他の債権者になんらかの義務を負っているわけではないので，配当する責任はない（最判昭37・10・9)。→No.8ウ

以上から，妥当なものは**ア**のみであり，正答は**1**である。

No.7 の解説　債権者代位権および詐害行為取消権

→問題はP.69 **正答5**

1× **代位権の被保全債権は，代位行使の対象の権利以前に成立する必要はない。**

債権者代位権については，たとえばBがCに100万円を貸した後で，AがBに100万円を貸したとしても，期限が来ればBはAに100万円を弁済しなければならない。それは，①A→B債権（被保全債権）と，②B→C債権（代位行使の対象となる権利）のどちらが先に成立したかとは関係がない。いずれにせよ，**債務を有している以上，誠実に弁済しなければならない点に変わ**

りはないからである。つまり，債権者代位権では①・②の成立の前後は問題とならない。

一方，**詐害行為取消権**では，**「弁済しなければならない債権があるのに，財産を減らして弁済を困難にする」ことが不誠実**であるとして，財産の取戻しを認めようというものである。したがって，詐害行為取消権の被保全債権は詐害行為の前に成立していることが必要となる。

2 × **受益者が悪意でなければ，受益者に対して詐害行為取消権は行使できない。**

前半については，債務者がすでに自ら権利を行使している場合には，その行使の方法や結果が債権者に不利益になる場合であっても，債権者代位権は行使できない（最判昭28・12・14）。

→テーマ２「債権者代位権」No.２選択肢２

後半については，詐害行為取消権は受益者が善意であれば行使できないので（424条１項但書），債務者に詐害の意思があっても行使は認められない。

3 × **取消権が認められるには，詐害行為当時の債務者の無資力が要件となる。**

前半については，債権者代位権の転用として金銭債権以外の債権の履行を確保しようとする場合には，たとえ資力があってもそれで履行が可能となるわけではない。すなわち，**転用**の場合には，**債務者の資力の有無は代位権行使の要件とはならない**（大判昭４・12・16）。

→テーマ２「債権者代位権」No.２選択肢３

後半については，詐害行為の当時その行為によって債務者が無資力となることが要件となる。他に弁済のための十分な資力があれば，あえて取消権を行使する必要はないからである。

4 × **債権者代位権の行使の範囲は，自己の債権の保全に必要な限度に限られる。**

前半については，行使の範囲は，債権者の債権額を限度とする範囲に限られる（423条の２）。→テーマ２「債権者代位権」必修問題イ

後半については，詐害行為の目的物が不可分であれば，その全部について取消権を行使できる（最判昭30・10・11）。→No.２選択肢４

5 ◎ **詐害行為取消権は，必ず裁判上で行使しなければならない。**

妥当である。前半については，期限が未到来であれば，裁判上・裁判外を問わず代位権行使はできないが，期限が到来していれば裁判上・裁判外を問わず行使できる（423条２項本文）。

後半については，取消権は，内容的にはなんら欠陥のない法律行為を「債権者を害する」という理由で取り消すことを認めるものである。これが行使されると債務者の法律行為の効果が覆されて，法律行為の相手方など（受益者・転得者）に重大な影響を与えることになる。そのため，**濫用を防止する目的で裁判上での行使が必要**とされている（424条１項本文）。

No.8 の解説　債権者代位権および詐害行為取消権

→問題はP.69　**正答4**

ア○ 不法占有者に対し，賃借人は所有者の妨害排除請求権を代位行使できる。

妥当である。土地の賃借人は，賃貸人が自己に土地の使用収益をさせるという債権を被保全債権として，賃貸人が土地の不法占拠者に対して有する妨害排除請求権を代位行使できる（大判昭４・12・16）。→No.７選択肢３

イ○ 債権者代位権の行使の範囲は，自己の債権の保全に必要な限度に限られる。

妥当である（423条の２）。→No.７選択肢４

ウ× 他の一般債権者は，取消債権者に自己への分配を請求することはできない。

詐害行為取消債権者が第三債務者から引渡しを受けた金銭は，総債権者のための責任財産となるべきものである。しかし，私的分配に関する法制度が存在しない現在の状況下では，取消債権者は他の一般債権者に分配の義務を負わない。

これが破産手続きなど，裁判所の関与下に行われる公的な分配であれば，期限を区切った債権の申し出など，厳格な手続きによって行われるので問題はない。しかし，同様のことを取消債権者が私的な手続きで行うと，他の債権者が実力での奪い合いを始めたり，後から新たな債権者が債権を申し出て紛争になるなど，混乱が広がる可能性がある。

そのため，判例は，**取消債権者が分配者となって他の債権者の請求に応じ平等の割合による分配を為すべき義務を負うものと解することはできず**，「そのような義務あるものと解することは，分配の時期，手続等を解釈上明確ならしめる規定を全く欠く法のもとでは，否定するほかない」とする（最判昭37・10・９）。

実際は，**債権者は受領した金銭と自己の債権を相殺し，それによって事実上の優先弁済を受ける**ことができる。そして，債権法改正後の新法（現行法）もそれを容認しているとされており，詐害行為取消権は債権回収の重要な手段となっている（債権者代位権もこの点は同様である）。

エ○ 離婚に伴う財産分与は，特段の事情がない限り，詐害行為とはならない。

妥当である（最判昭58・12・19）。→No.１選択肢３

オ× 詐害行為取消権は，必ず裁判上で行使しなければならない。

→No.７選択肢５

以上から，妥当なものは**ア**，**イ**，**エ**の３つであり，正答は**4**である。

連帯債務

必修問題

民法に規定する連帯債務に関する記述として，通説に照らして，妥当なのはどれか。

【地方上級（特別区）・令和４年度】

1 連帯債務者の１人について生じた事由には，**絶対的効力**が認められるのが原則であるが，連帯債務者の１人と債権者の間に**更改**があったときには，例外として**相対的効力**が認められる。

2 数人が連帯債務を負担するときには，債権者は，すべての連帯債務者に対して，順次に債務の履行を請求することができるが，同時に全部の債務の履行を請求することはできない。

3 連帯債務者の１人が債権者に対して債権を有する場合において，当該債権を有する連帯債務者が**相殺を援用**しない間は，その連帯債務者の**負担部分**の限度において，他の連帯債務者は，債権者に対して債務の履行を拒むことができる。

4 連帯債務者の１人が弁済をし，**共同の免責**を得たときには，その連帯債務者は，他の連帯債務者に対し**求償権**を有するが，その求償には，弁済をした日以後の法定利息は含まれない。

5 **不真正連帯債務**の各債務者は，同一の内容の給付について全部を履行すべき義務を負うが，債務者間に**主観的な関連**がないため，１人の債務者が弁済をしても他の債務者は弁済を免れない。

難易度 ＊＊

必修問題の解説

まず，連帯債務とはどんな制度なのか，イメージを作ることから始めよう。

Ａ：あなたたち連帯債務者は，債務額全額の支払いについて，全員が全責任を負ってるんですよ。

Ｂ：いや，私たち（Ｂ・Ｃ・Ｄ）には負担部分というものがあって，３人共同でこの別荘を購入したのだから（あるいは３人が共同不法行為をした―これは不真正連帯債務），それぞれの負担部分が責任の範囲じゃないんですか？

Ａ：違います。それは，内部で解決してもらう問題です。とにかく支払いがなければ，誰の財産に対しても全額について強制執行できるんです。そのことをよく自覚して，きちんと全額の支払いを済ませるようにしてください。

1 × 連帯債務者の一人に生じた事由は，相対効が原則。ただし更改は絶対効。

絶対的効力とは，連帯債務者のうちの一人に生じた（あるいは行った）ことが，他の連帯債務者全員に同じ効力をもたらす事由のことであり，**相対的効力**とは，当該事由が生じた（あるいは行った）者だけに効力が生じ，他の連帯債務者にはその効力が生じない事由のことである。

たとえば，連帯債務者の一人が全額を弁済すると，その者の債務が消滅するだけでなく，他の連帯債務者全員の債務が消滅する。そして，その後は内部での清算（求償）に移ることになる。このように，**他の連帯債務者に同様の効力をもたらす事由が絶対効事由である**。一方，債権者が連帯債務者の一人に請求しても，他の連帯債務者に同様に請求したことにはならない。すなわち，請求の効果（例：時効の完成猶予，150条）は，請求がなされた連帯債務者にしか生じない。これが相対的効力である。

そこで，本肢の更改であるが，**更改**とは，たとえばローンの借り換えの例に見られるように（毎月10万円で３年のローンを組んだが，物価が上昇して10万円の返済が負担になったので，残金を借り換える形でいったん消滅させ，新たな借り入れとして毎月７万円で５年ローンを組んだ，など），**一個の契約で旧債務を消滅させるとともに新債務を成立させるというもの**である。

更改がなされると，**旧債務である連帯債務は消滅する**ので，その効力は他の連帯債務者にも生じることになる（438条）。

●相対効の原則

連帯債務は，複数の債務者の誰に対しても全額を請求できるという意味で，「債権の効力が極めて強化されている」債権である。そして，そのような性質から，連帯債務では，債権の実現すなわち「**弁済**もしくはそれと同等の効果を生ずるもの」（**代物弁済・供託・相殺・更改・混同**）だけが他の連帯債務者に効力を生じ，それ以外は効力を生じないとされる。これが相対効の原則であるが，それは連帯債務のこのような性格から導かれるものである。

2 × 債権者は，すべての連帯債務者に同時に全部の債務の履行を請求できる。

連帯債務では，全員がそれぞれ期限に全額を弁済すべき義務を負っているので，債権者は全員に対して同時に請求しても構わない（436条）。

3 ◎ 他の連帯債務者は，反対債権を有する者の負担部分の限度で履行拒絶できる。

妥当である（439条２項）。

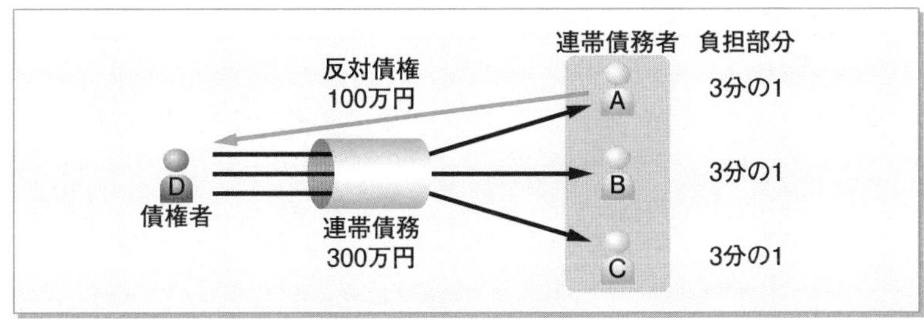

たとえば図の例でいえば，仮にAが反対債権で100万円を相殺すれば，Bは残りの200万円だけを支払えばよい。ところが，Bが全額を支払った後でAに求償したとすると，Aは「反対債権で相殺するつもりだったのに，どうして支払ったんだ。求償されても支払わないよ」としてトラブルになるおそれがある。そこで，法は，**反対債権を有する連帯債務者の負担部分の限度**で，他の連帯債務者は債権者に**履行を拒絶できる**としている（439条２項）。

4 × **弁済によって発生した求償には，弁済をした日以後の法定利息も含まれる。**

連帯債務者の一人が弁済して共同の免責を得たときは，その弁済者は内部での分担部分を他の連帯債務者に直ちに求償できる（442条１項）。それは「直ちに」であるから（つまり，10日後，あるいは１か月後などに求償できるなどというものではない），**日にちが経過した分だけ法定利息を付して支払う必要がある**（同条２項）。

5 × **不真正連帯債務で１人の債務者が弁済すれば，他の債務者の債務も消滅する。**

不真正連帯債務とは，たとえば複数者が双方の過失で被害者に損害を生じさせた，いわゆる共同不法行為のように，**互いに主観的な関連がなく同一の債務について数人が全額を支払う**（不法行為の場合は損害賠償）**義務を負う債務のこと**である。

従来は，別荘の共同購入のように「互いに共同して」などという主観的な関連がある場合を連帯債務の典型としていたことから，「不真正」連帯債務と呼ばれる。ただ，法は，これも連帯債務の一種としているので（436条の「法令の規定」には719条の共同不法行為が含まれる），典型である連帯債務（真正連帯債務）の場合と同様に，１人の債務者が弁済すれば他の債務者も弁済を免れる。

正答 3

FOCUS

連帯債務は，保証債務とともに多数当事者の債権債務関係の中核をなす重要なテーマであるが，保証債務に比べてなじみが薄く，制度が複雑であるため，これを苦手とする受験者が多い。その対策として有効なのは，①知識を必要な範囲に絞り込むことと，②なぜそうなっているのかの理由を把握することである。このテーマに関しては，覚え込むよりも①・②を実践したほうがはるかに効率がよい。

POINT

重要ポイント 1 連帯債務の意義

複数の者が1つの債務を分担する方法としては，各人がそれぞれ分割した給付を負担する場合（分割債務），各人が全給付について全責任を負う場合（不可分債務），各人が全給付について共同の責任を負う場合（連帯債務）の3つが考えられる。いずれの方法をとるかは債権者と債務者の駆引きで決まる（法律の規定で連帯責務が生じることもある）。しかし，分割債務は責任が細分化されるため債権者に不利で，不可分債務は各債務者の責任が重すぎるため債務者に不利である。そこで，妥協策として連帯債務が選択されることが多い。

重要ポイント 2 連帯債務の性質・効力

(1) 連帯債務の性質

①連帯債務は，連帯債務者の数に応じた数個の独立した債務である。

②連帯債務者の一人について無効や取消しの原因があった場合でも，他の連帯債務者の債務はこれによって影響を受けない。

③連帯債務者の一人についてのみ，保証債務を成立させることができる。

保証人が債務の全額を弁済した場合には，保証人は，自らが保証を行った連帯債務者に対して求償権を行使できるほか，他の債務者に対して，その負担部分のみについて求償権を有する。

④連帯債務者の一人に対する債権のみを，他の債務者に対する債権と分離して譲渡することができる。

(2) 連帯債務の効力

①連帯債務者の一人が債権者に対して反対債権を有する場合には，他の連帯債務者は，反対債権を有する連帯債務者の負担部分の限度において債務の履行を拒むことができる。これについて，反対債権を有する債務者の同意は必要でない。

②連帯債務者の一人が死亡し共同相続が生じた場合，連帯債務は各共同相続人に相続分に応じて分割承継され，承継した範囲で本来の債務者と連帯の関係に立つ。

重要ポイント 3 求償

①連帯債務者の一人がその債務の一部を弁済した場合，弁済額がその者の負担部分を超えていない場合でも，その者は他の連帯債務者に対して，各自の負担部分に応じて求償することができる。これは，内部での公平を図る趣旨に基づく。

②連帯債務者は，債権者に弁済する場合には，事前または事後に弁済する（または弁済した）旨を他の連帯債務者に通知しなければならず，これを怠っている間に他の連帯債務者が通知したうえで弁済した場合には，その者の弁済が有効な弁済として扱われる。

③連帯債務者の一人が債務を全額弁済した旨を他の債務者に通知しなかったところ，他の債務者の一人が通知をしないまま二重に弁済した場合には，第一の弁済が有効なものとみなされる。

実戦問題

＊
No.1 民法に規定する連帯債務に関する記述として，妥当なのはどれか。

【地方上級（特別区）・令和元年度】

1 数人が連帯債務を負担するとき，債権者は，その連帯債務者の一人に対し，全部または一部の履行を請求することができるが，同時にすべての連帯債務者に対し，全部または一部の履行を請求することはできない。

2 連帯債務者の一人について生じた事由については，民法に規定する場合を除き，相対的効力しか認められないのが原則であり，連帯債務者の一人に対する履行の請求は，他の連帯債務者に対して，その効力を生じない。

3 連帯債務者の一人に対してした債務の免除は，他の連帯債務者に対して，その効力を生じないが，連帯債務者の一人が債権者に対してした債務の承認は，他の連帯債務者に対しても，その効力を生ずる。

4 連帯債務者の一人が債権者に対して債権を有する場合において，当該債権を有する連帯債務者が相殺を援用しない間は，その連帯債務者の負担部分についてのみ他の連帯債務者が相殺を援用することができる。

5 連帯債務者の一人が弁済をし，その他自己の財産をもって共同の免責を得たとき，その連帯債務者は，他の連帯債務者に対し各自の負担部分について求償権を有するが，当該求償権には，免責のあった日以後の法定利息は含まれない。

＊＊
No.2 連帯債務に関する次の記述のうち，妥当なのはどれか。

【国家一般職・令和４年度】

1 債務の目的がその性質上可分である場合において，法令の規定または当事者の意思表示によって数人が連帯して債務を負担するときは，債権者は，その連帯債務者の一人に対し，または同時にもしくは順次にすべての連帯債務者に対し，全部または一部の履行を請求することができる。

2 連帯債務者の一人について，法律行為の無効または取消しの原因がある場合，他の連帯債務者の債務は，その効力を失う。

3 連帯債務者の一人に対する履行の請求は，債権者および他の連帯債務者の一人が別段の意思を表示したときを除き，他の連帯債務者に対しても，その効力を生ずる。

4 連帯債務者の一人が債権者に対して債権を有する場合において，当該債権を有する連帯債務者が相殺を援用しない間は，その連帯債務者の負担部分についてのみ，他の連帯債務者は相殺を援用することができる。

5 連帯債務者の一人に対して債務の免除がされた場合には，免除の絶対的効力により，他の連帯債務者は，その一人の連帯債務者に対し，求償権を行使することはできない。

***
No.3 連帯債務および連帯責任に関する次の記述のうち，妥当なのはどれか。ただし，争いのあるものは判例の見解による。 【国家総合職・令和４年度】

1 ＡおよびＢがＸに対して負担割合２分の１ずつで600万円の連帯債務を負っていたところ，Ａが死亡してＡの子であるＣおよびＤが相続人となった場合，Ｂ，ＣおよびＤはＸに対して600万円全額につき連帯して弁済する責任を負い，Ｂ，ＣおよびＤの負担割合は，Ｂが２分の１，ＣおよびＤが４分の１ずつとなる。

2 ＡおよびＢがＸに対して連帯債務を負っている。この場合，ＡがＸに対して弁済して債務が消滅すると，ＢのＸに対する債務も消滅するが，ＡのＸに対する債務の時効が完成し，Ａが消滅時効の援用をして債務が消滅しても，別段の意思表示のない限り，ＢのＸに対する債務は消滅しない。

3 ＡおよびＢが夫婦であり，ＢがＸとの間でＡおよびＢの日常の家事に関する契約を締結した場合，Ａは当該契約によって生じた債務について連帯して責任を負うが，ＢがＸとの間でＡおよびＢの日常の家事の範囲外の契約を締結した場合は，夫婦別産制に基づき，当該契約によって生じた債務についてＡが責任を負う余地はない。

4 Ａ社に勤務するＢの過失によってＸが損害を受け，ＢのＸに対する不法行為責任とともに，ＡのＸに対する使用者責任も認められた場合，ＡとＢはＸに対して連帯して責任を負うことになる。この場合において，ＡがＸに賠償したときは，ＡはＢに対して求償をすることができるが，ＢがＸに賠償したときは，ＢはＡに対して求償をすることはできない。

5 ＡのＸに対する債務をＢが委託を受けて連帯保証した場合，Ｂの内部的な負担割合はゼロであるため，ＢがＸに弁済することによって，Ｂはその支出した額をＡに求償することができるが，ＡおよびＢがＸに対して負担割合２分の１ずつで連帯債務を負っている場合，ＢがＸに弁済したとしても，その弁済額がＢの負担部分を超えない限り，ＢはＡに求償をすることができない。

実戦問題の解説

No.1 の解説　連帯債務

→問題はP.84　正答2

1 ×　債権者は，連帯債務者全員に，同時に全部または一部の履行を請求できる。

連帯債務において，債権者は誰に請求してもよく，全員に同時に請求してもかまわない。また，全額請求するか，それぞれ分担させて一部ずつを請求するかも債権者の自由である（436条）。→必修問題選択肢2

2 ◎　弁済やそれと同視できる事由以外は他の債務者に影響を及ぼさない。

妥当である。→必修問題選択肢1

履行の請求は，弁済やそれと同視できる事由ではないので，他の連帯債務者に対して効力を生じない**相対効事由である**。

3 ×　免除・承認は，弁済やそれと同視できる事由ではなく，相対効事由である。

まず，**債務の承認は時効の更新事由**とされる（152条1項）。では，連帯債務者の一人が債務を承認した場合，他の連帯債務者の債務についても時効が更新されるかというとそうではない。**債務の承認は，弁済やそれと同視できる事由ではないので，その効果は承認をした連帯債務者だけにとどまり**，他の連帯債務者には影響を及ぼさない（相対効しかない）。その結果，他の連帯債務者の債務について時効が完成した場合には，債務を承認した者だけが債務全額について責任を負うことになる。

次に，**債務の免除も，弁済や相殺などとは異なり，自らの負担で債務を消滅させているわけではないので相対効事由**であり，他の連帯債務者に影響を及ぼさない。これが原則である。

ただ，連帯債務者の一人に対して「全員を免除する」趣旨の意思表示がなされた場合，その効果が全員に及ぶとすることは差支えない（最判平10・9・10）。この点は，法制度がどうかということの問題ではなく，どのような意思で免除がなされたかという意思解釈の問題である。

4 ×　他の連帯債務者は「相殺を援用する」ではなく負担部分の履行拒絶ができる。

次の図の例で説明すると，改正前の旧法では，BCはAの負担部分について相殺を援用できるとされていた（旧436条）。ここで援用とは，Aに代わって相殺するという意味である。したがって，BCはAの代わりにAの負担部分の100万円について反対債権で相殺して，連帯債務の額を200万円に減らすことができる。

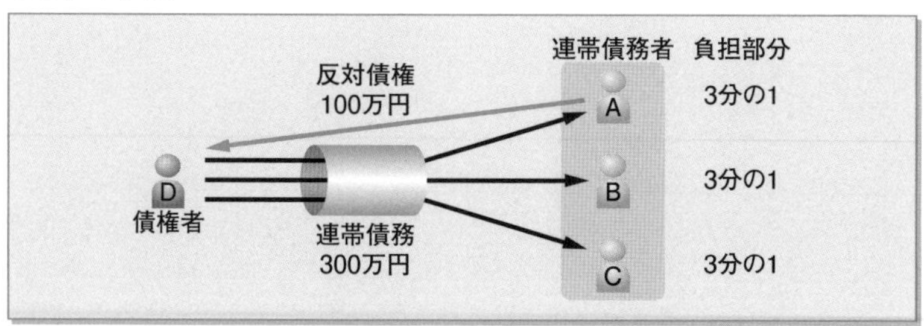

しかし，Aにとっては，自分の持っている反対債権を，自分の意思とは無関係に，他の連帯債務者に勝手に使われるというのも迷惑な話である。そこで，改正法は，援用できるとする規定の部分を削除して，そのうえで，Aが**反対債権で相殺するかもしれないので，その間は「履行を拒絶できる」**とすることに改めた（439条２項）。

5 × **求償権には，免責のあった日以後の法定利息も含まれる。**

弁済等で共同の免責を得た者は直ちに求償できるので，その支払いが遅れれば，それには**法定利息**を付すことができるようになる（442条２項）。

→必修問題選択肢４

No.2 の解説　連帯債務

→問題はP.84 **正答 1**

1 ◎ **債権者は，連帯債務者全員に，同時に全部または一部の履行を請求できる。**

妥当である（436条）。→必修問題選択肢２

なお，本肢の「債務の目的がその性質上可分である場合において」とは，連帯債務の要件の一つであり，可分ではなく不可分であれば，それは連帯債務ではなく**不可分債務**（430条，例：自動車一台の引渡債務）となる。

2 × **連帯債務者の一人に無効・取消し原因があっても，他には影響を及ぼさない。**

連帯債務は，複数の債務者の誰からでも全額を請求できるという，**債権の効力が極めて強化されている債権**である。その性質に鑑み，連帯債務者の一人が無効または取消しによって連帯債務関係から外れたとしても，他の連帯債務者は，依然としてその全額について弁済の義務を負う（437条）。

3 × **連帯債務者の一人に対する履行の請求は，他の連帯債務者に効力を生じない。**

履行の請求に絶対的効力はない（441条本文）。たとえば，ＢとＣが双方の過失による交通事故でＡを負傷させたような場合に（**不真正連帯債務**），両者が事故発生まで互いに面識がなかったとすると（多くの場合はそうであろう），被害者Ａは，やはりＢとＣの双方に個別に請求すべきであろう。

一方，Ｌ・Ｍ・Ｎの３人がＤから別荘を共同で購入したとして（**真正連帯債務**），代金債権について，債権者Ｄと連帯債務者の一人であるＮが，「債権者Ｄが自分以外の連帯債務者ＬとＭに請求した場合，自分（Ｎ）に請求があったものとして扱ってもらって構わない。必ず連絡が来るから！」という意思表示をした場合には，その意思表示通りの効力が認められる（同条但書）。

4 × **他の連帯債務者は「相殺を援用する」ではなく負担部分の履行拒絶ができる。**

反対債権を有する連帯債務者の意思を無視して，**他の連帯債務者が勝手に相殺を援用することは不合理**だからである（439条２項）。→No.１選択肢４

5 × **他の連帯債務者は，免除を受けた者に対しても求償権を行使できる。**

免除は，「弁済などの『自らの負担』で債務を消滅させる事由」ではないから，連帯債務者の一人が債権者から免除を受けても，その者の負担部分について連帯債務が消滅（縮減）するわけではない。すなわち，免除は他の連帯債務者に効力を及ぼさない（441条，**相対効事由**）。したがって，債権者に弁済をした他の連帯債務者は，免除を受けた者に対しても求償権を行使することができる（445条）。

この場合，免除を受けた者が求償に応じたとすると，その者は債権者にその分の請求をできるかという問題がある。しかし，債権者が他の連帯債務者から弁済を受けることは権利の行使すなわち「法律上の原因に基づく給付」を受けることであるから，不当利得（703条）は成立せず，請求はできないと解されている。そうなると，免除は，「率先して全額を払う必要はない」という意味を有するにとどまることになる。

No.3 の解説　連帯債務

→問題はP.85　**正答2**

1 × **相続の場合，連帯債務は各相続人の相続割合に応じて分割承継される。**

連帯債務者の一人が死亡し共同相続が生じた場合に，**連帯債務は各共同相続人にどのように承継されるか**という点に関しては，①連帯債務が本来全部給付義務を負う債務であることを考慮して，その性質を変えずに承継される（つまり共同相続人全員が全部給付義務を負う）とする見解と，②各相続人の相続割合に応じて分割承継されるとする2つの見解が考えられる（いずれも，承継した範囲で本来の債務者と連帯の関係に立つ点は同じ）。

判例は，②の立場，すなわち「**各相続人の相続割合に応じて分割承継される**」とする立場に立っている（最判昭34・6・19）。

したがって，本肢において，CとDは，それぞれの相続割合に応じて**300万円を分割承継し，その300万円の限度でBと連帯の関係に立つ**ことになる。

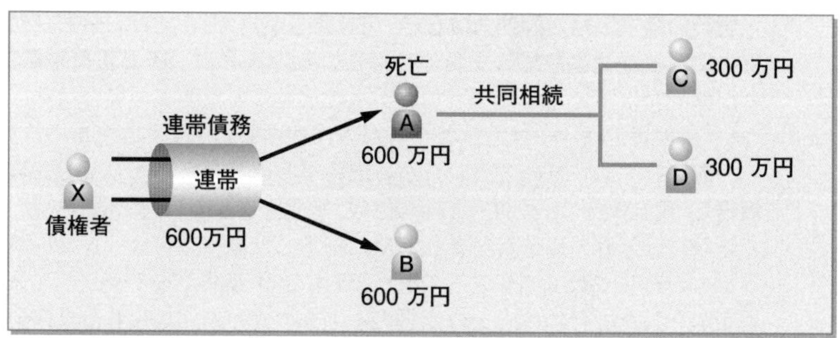

2 ◎ **弁済は絶対効事由であるが，時効の完成は相対効事由である。**

妥当である。前半については，連帯債務者の一人が全額を弁済すると，連帯債務は目的を達して消滅する。したがって，他の連帯債務者の債務も同時に消滅する（絶対的効力）。

後半については，**時効の完成は，「弁済などの『自らの負担』で債務を消滅させる事由」ではないから相対効事由**であり（441条本文），時効の完成は他の連帯債務者に効力を及ぼさない。したがって，「一人が援用した場合，その効力は他の連帯債務者にも及ぶ」などの別段の意思表示のない限り（同条但書)，他の連帯債務者の債務は消滅しない。

3 × **夫婦の日常家事と信ずるにつき正当の理由があれば責任を負う余地がある。**

前半は正しい（761条本文）。しかし，後半について，判例は，「夫婦の一方が日常の家事に関する代理権の範囲を越えて第三者と法律行為をした場合においては，その代理権の存在を基礎として広く一般的に民法110条所定の表見代理の成立を肯定することは，**夫婦の財産的独立をそこなうおそれ**があって，相当でないから，夫婦の一方が他の一方に対しその他の何らかの代理権を授与していない以上，当該越権行為の相手方である第三者においてその行為が当該夫婦の**日常の家事に関する法律行為の範囲内に属すると信ずるにつき正当の理由のあるとき**にかぎり，**民法110条の趣旨を類推適用**して，その第三者の保護をはかれば足りる」として，責任を負う余地を認めている（最判昭44・12・18）。→民法Ⅰテーマ6「代理」No.7イ

4 × **被害者に賠償した加害被用者から使用者への逆求償も認められる。**

前半は正しい（709条，715条1項本文，719条1項前段）。

しかし，後半については，会社と従業員の過失割合に応じて損害賠償責任（**不真正連帯債務**）の負担部分が決まることから，会社Aが被害者Xに賠償したときに会社が従業員に求償できるのと同様に（ただし，**求償は信義則上相当と認められる限度に限定される**，最判昭51・7・8），従業員が被害者に賠償したときにも従業員は会社に求償できる。

判例は，いわゆる**被用者からの逆求償**について，「被用者が使用者の事業の執行について第三者に損害を加え，その損害を賠償した場合には，被用者は，諸般の事情に照らし，**損害の公平な分担という見地から相当と認められる額について，使用者に対して求償することができる**ものと解すべき」としている（最判令2・2・28）。

5 × **一部弁済等の額がその者の負担部分を超えなくても，求償は可能である。**

連帯債務者の一人が弁済等により共同の免責を得たときは，その免責を得た額が自己の**負担部分を超えるかどうかにかかわらず，その者は他の連帯債務者に対し，それぞれの負担部分に応じて求償ができる**（442条1項）。そうすることが**公平の見地**から妥当だからである。

なお，前半は正しい（459条1項）。

5 保証債務

必修問題

民法に規定する保証債務に関する記述として，妥当なのはどれか。

【地方上級（特別区）・平成29年度】

1　保証債務は，保証人と主たる債務者との間の保証契約によって成立し，保証人は，主たる債務者がその債務を履行しないときに，その履行をする責任を負うが，保証契約は，書面でしなければ，その効力を生じない。

2　行為能力の制限によって取り消すことができる債務を保証した者は，保証契約の時においてその取消しの原因を知っていたときは，主たる債務の取消しがあっても，これと同一の目的を有する**独立の債務**を負担したものと推定される。

3　債務者が法律上または契約上，保証人を立てる義務を負う場合には，債権者が当該保証人を指名したときであっても，当該保証人は行為能力者であることおよび弁済をする資力を有することの要件を具備する者でなければならない。

4　**催告の抗弁権**とは，債権者が保証人に債務の履行を請求した場合に，保証人が，まず主たる債務者に催告をすべき旨を請求できる権利をいい，主たる債務者が**破産手続開始の決定**を受けたときであっても，催告の抗弁権を行使できる。

5　主たる債務者の委託を受けずに，主たる債務者の意思に反しないで保証をした者が弁済をして，主たる債務者にその債務を免れさせたときは，免責当時に利益を受けた限度において求償できるため，利息や損害賠償も請求できる。

難易度　＊＊

必修問題の解説

1 × **保証債務は，保証人と債権者との間の保証契約によって成立する。**

一般に，契約は債権債務関係を生じる当事者の合意によって成立する。そして，**保証契約で債権を有し債務を負う者は債権者と保証人である**。債権者は保証人に保証債務の履行を求めるという債権を有し，保証人は保証債務の履行の義務を負う。すなわち，保証契約の当事者はこの両者であり，**主債務者は当事者とはならない**。

一般には主債務者に頼まれて（委託を受けて）保証人になることが多いが，それは保証契約の要件ではなく，保証契約自体は主債務者が反対していた（意思に反する）場合でも有効に成立する。

なお，保証契約では，安易に保証人となることを防ぐために，保証人となる明確な意思を有していることの確認のためとして，書面性が効力要件とされている（446条2項）。

2 ◎ **制限行為能力で取り消された場合，その保証人は同一の債務を負担する。**

妥当である（449条）。**取り消される可能性があることを承知で制限行為能力者の保証人となった者は，同一の債務を独立に負担したものと推定される**。たとえば，未成年者の契約について伯父が保証人となった場合，未成年者が代金を払えずに取り消せば，伯父が「代わって払う」という意思を有していると推定したものである（**一種の損害担保契約**である）。

したがって，そのような意思がなければ，あらかじめそれを明示しておく必要がある（その場合には同一の債務は負担しない）。

3 × **債権者が保証人を指名した場合には，資力要件などは要求されない。**

債務者が保証人を立てる義務を負う場合には，その保証人は，①行為能力者で，かつ，②弁済の資力を有することが必要とされる（450条1項）。

しかし，**債権者が「保証人はその人にするように」と指名した場合**には，債権者がその人でよいというのであるから，①②の要件を満たす必要はない。債務者は債権者の指名に従って保証人を選任すれば，**それ以上の責任を負うべきいわれはない**（同条3項）。

4 × **主債務者が破産手続開始の決定を受けると，催告の抗弁権は行使できない。**

債務者が**破産手続開始の決定**を受けると，債務者はその時点から財産の処分ができなくなる。ということは，保証人が「主たる債務者に先に請求してほしい」といっても，その主たる債務者はそもそも弁済ができなくなっているのであるから，このような抗弁（催告の抗弁）は意味がない。すなわち，この場合には**保証人は催告の抗弁権は行使できない**（452条但書）。

5 × **意思に反しない委託なしの保証人は，利息や損害賠償の請求はできない。**

委託を受けずに自発的に保証人となった場合は，保証人として肩代わりして弁済した額しか求償できない（462条1項）。その後に，主債務者が求償額を支払うまで時間がかかったとしても，その間の利息や，なんらかの損害が生じた場合の賠償などは請求できない。これが，委託を受けずに保証人となった者の求償の限界である。

正答 2

FOCUS

保証は日常生活の中でなじみのあるテーマなので，比較的イメージを作りやすい。ただ，学習が進むに従って，複雑なシステムや難解な用語に惑わされて理解に困難を来すことがある。保証の制度自体は，極めて合理的で常識的に組み立てられているので，途中でわからなくなった場合には，言葉や理論にとらわれずに，制度の意味や機能からもう一度考えてみよう。

POINT

重要ポイント 1 保証債務の意義・性質

①保証債務とは，主たる債務と同一の内容の給付を目的とする従たる債務をいう。

②主たる債務の一部のみを保証することはできるが（一部保証），主たる債務よりも重い内容の債務を定めることはできない。

　ただし，例外として，保証債務についてのみ違約金または損害賠償の額を約定することができる。

③保証契約では，安易に保証人を引き受ける風潮を戒め，その締結を慎重にさせる目的で，書面によらなければ効力は生じないとされている。

④保証契約は，保証人と債権者の合意に基づいて成立する。債務者の依頼や同意は保証契約の要件ではない。

⑤保証債務は，主たる債務とは別個独立の債務である。

⑥将来発生する債務を保証するために，現在の時点で保証契約を有効に成立させることができる。

⑦金銭債務以外の債務について保証人となった者は，主たる債務者の債務の不履行に基づく損害賠償債務等についても保証の責任を負う。

⑧保証人の資格に制限はない。ただし，債務者が保証人を立てる義務を負う場合には，その保証人は，行為能力者であって，かつ弁済の資力を有する者でなければならない。

重要ポイント 2 保証債務の性質

（1）付従性

①主たる債務が無効または取消しによって成立しないときは，保証債務もまた成立しない。

②主たる債務が消滅すると，保証債務もまた消滅する。ただし，主たる債務が制限行為能力を理由に取り消された場合には，取消しの原因を知って保証人となった者は同一内容の独立の債務を負担したものと推定される。

③主たる債務者について生じた事由は，保証債務にも効力を及ぼす。

④主たる債務について時効が完成したときは，主たる債務者が時効の利益を放棄したときであっても，保証人はこれを援用して債務を免れることができる。

⑤主債務者が相殺権・取消権・解除権を持つ場合は，保証人はこれらの権利の範囲で履行を拒絶できる。

⑥債権者が債権を第三者に譲渡した場合には，主たる債務者に通知すればよく，保証人に対して通知する必要はない。

⑦主たる債務を生じた契約に取消原因が存在しているものの，主たる債務者が契約を取り消さず，追認もしない場合には，保証人は，主たる債務者の有する取消権を行使することはできないが，主債務者が取消権を行使しないことが確定するまでは履行を拒絶できる。

（2）補充性

①保証人は，催告・検索の両抗弁権を有する。

②催告の抗弁権とは，債権者が保証人に先に請求してきた場合に，主たる債務者に先に請求するように主張できる権利であり，検索の抗弁権とは，主たる債務者に弁済の資力のあることを証明して，この財産に対して先に執行するように主張できる権利である。

(3) 求償

①委託を受けないで保証人となった者にも，求償権が認められる。

②保証人が保証債務を履行した場合，主たる債務について債権者が有していた権利は保証人に移転する。したがって，主たる債務につき抵当権が設定されている場合には，保証人はこれを実行できる。

③保証人が，保証債務の履行によって抵当権を取得する場合には，弁済後，抵当不動産につき，代位の付記登記を済ませておく必要はない。

重要ポイント 3 連帯保証

①連帯保証人は，催告・検索の両抗弁権を有しない。

②連帯保証人には，分別の利益はない。

①	補充性がない	・連帯保証人は主たる債務者とともに第一次的な責任を負う。 ・催告・検索の抗弁権がない。
②	付従性はある	・主たる債務者に生じた事由はすべて保証人にその効力が及ぶ。
③	連帯債務の規定の準用がある	・連帯債務の規定の準用がある。ただし， →更改・相殺によって債務が消滅する（主たる債務者にもその効力が及ぶ）のは通常の保証の場合も同様なので，準用の意味はない。 →混同の場合も，債権者として主たる債務者に請求するか求償者として請求するかの違いだけで，これも準用の意味がない。 →それ以外に連帯保証人に生じた事由は，主たる債務者にその効力が及ばない。
④	分別の利益を有しない	・同一の主たる債務について他に保証人がいても，連帯保証人には保証人の数に応じた債務額の分割（分別の利益）はない。

実戦問題❶　基本レベル

◆ **No.1*** **民法に規定する保証債務に関する記述として，通説に照らして，妥当なのはどれか。**

【地方上級（特別区）・平成26年度改題】

1 保証契約は，債務者と保証人との間の契約であるが，保証契約の締結に際しては，債権者の同意が必要である。

2 保証債務は，主たる債務の内容の変更に応じて保証債務もその内容を変ずるので，主たる債務の目的または態様が重くなった場合には，それに応じて保証債務も重くなる。

3 保証債務は主たる債務とは別個の債務であるから，主たる債務者に対する履行の請求その他の事由による時効の更新は，保証人に対しては，その効力を生じない。

4 債権者が指名した保証人が弁済をする資力を有することの要件を欠くに至ったときは，当該債権者は，弁済をする資力を有することの要件を具備する者をもってこれに代えることを常に債務者に請求することができる。

5 連帯債務者または不可分債務者の一人のために保証をした者は，他の債務者に対し，その負担部分のみについて求償権を有する。

◆ **No.2*** **民法に定める保証債務に関する記述として，妥当なのはどれか。**

【地方上級・平成16年度】

1 保証債務は，主たる債務より軽いものであってはならず，たとえば，主たる債務が15万円である場合に保証債務を10万円とすることはできない。

2 債務者が保証人を立てる義務を負う場合に，制限行為能力者や弁済の資力を有しない者を保証人とすることはできないが，債権者がこれらの者を保証人として指名したときは保証人とすることができる。

3 保証人は，債権者が主たる債務者に先立って保証人に債務の履行を請求してきたときは，債務者が破産手続開始の決定を受けた場合でも，先に当該債務者に催告するよう請求することができる。

4 主たる債務の消滅時効が更新した場合，時効更新の効力は，主たる債務者に及ぶが，保証人には及ばない。

5 主たる債務者の委託を受けて保証人となった者が，当該債務者に代わって弁済した場合，保証人は当該債務者に対し求償権を有するが，求償の範囲には，強制執行などにかかる費用や損害賠償を含まない。

実戦問題1の解説

No.1 の解説 保証債務

→問題はP.94 正答5

1 × **保証契約は債権者と保証人の合意で成立し，債務者の同意は必要でない。**

→必修問題選択肢1

2 × **主たる債務の目的や態様が重くなっても，保証債務は重くならない。**

保証人は，その債務の内容だからこそ，「それならば」として保証人となっている。それを，主債務者の内容が重く変更されたからといって，保証債務も一方的に重くされたのでは保証人はたまらない。主たる債務の目的や態様が重くなっても，保証債務は重く変更されることはない（448条2項）。

3 × **主たる債務の時効が更新した場合には，保証人にもその効力が及ぶ。**

保証債務は，主たる債務の履行の保証を目的とする。したがって，**主たる債務が適法に存続する限り，保証人もその義務から免れることはできない。**

主たる債務の時効進行中に確定判決等によって時効が更新した場合には，適法に時効の進行がリセットされたわけであるから，その影響は保証人にも及ぶ。保証人が主たる債務の履行を保証した以上，これはやむをえない。

4 × **債権者の指名保証人が弁済資力を欠くに至っても，債務者は責任を負わない。**

債権者が自らその保証人でよいとしたのであるから，保証人が弁済をする資力を有することの要件を欠くに至ったとしても，その責任は債権者が負うべきである。**債権者は，自分の人選ミスの責任を債務者に転嫁することは許されない。**すなわち，債権者は，弁済資力を有する保証人を立てることを債務者に請求することはできない（450条2項・3項）。

5 ◎ **一人のための保証人は，他の連帯債務者にはその負担部分で求償ができる。**

妥当である（464条）。まず，連帯債務者または不可分債務者の一人のためだけに保証することもできる。債権者にとっては，たとえ債務者の中の一人だけであっても，保証してもらえればそれだけ弁済が確実になるからである。

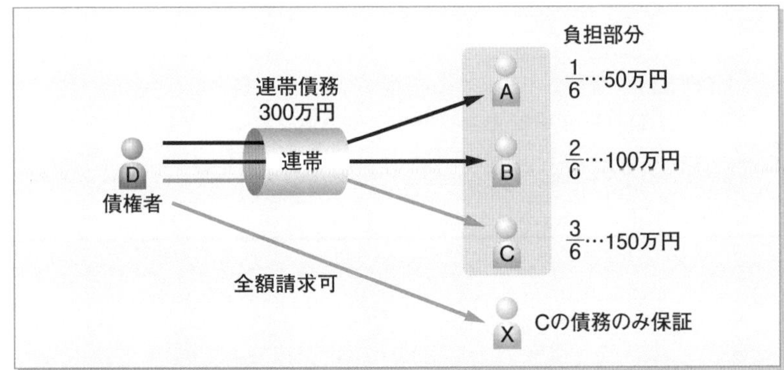

それで本肢はどんな意味かというと，わかりやすいように箇条書きにしてみよう。①連帯債務者または不可分債務者（No.7イ参照）は，各自全額の弁済責任を負っている（436条，430条）。②ということは，たとえその中の

一人だけについて保証が行われたとしても，**主たる債務**（図でいえばＣの債務）**が全額の弁済責任である以上，保証人の責任もまた全額の弁済責任となる**。つまり，債権者は連帯債務者または不可分債務者が弁済しない場合，保証人に対して全額を請求できる。③保証人は，全額を弁済した場合，主たる債務者Ｃに全額を求償できる。④しかし，他の債務者Ａ・Ｂに対しては，その負担部分のみに限って求償できるにすぎない。これが本肢の意味である。

つまり，**主債務が全額弁済責任を負う連帯債務である以上，保証人はＣに全額を求償できる**。そして，Ｃが求償に応じた場合，ＣはＡ・Ｂにその負担部分について求償できる。この関係を，保証人がＡ・Ｂに直接に求償する場合にも当てはめて，簡易の決済を図ろうとしたものである。

No.2 の解説　保証債務　→問題はP.94　正答２

1 × 主たる債務の全額ではなく，その一部を保証することも可能である。

保証債務は，主たる債務より重いものであってはならないが（448条１項），軽いものであることは，なんら差し支えない。

たとえ主債務の一部であっても保証してくれる者がいることは（**一部保証**），債権者にとってメリットとなるからである。

2 ◎ 債権者が保証人を指名した場合には，資力要件などは要求されない。

妥当である（450条１・３項）。→必修問題選択肢３

3 × 主債務者が破産手続開始の決定を受けると，催告の抗弁権は行使できない。

破産手続開始の決定（破産法30条）があると，破産者が有していた財産の管理処分権は，決定と同時に，裁判所から選任された破産管財人に移る。そのため，**決定の時点から破産者は勝手に弁済等の財産処分ができなくなる**。したがって，催告の抗弁権（452条）は行使できない。→必修問題選択肢４

4 × 主たる債務の時効が更新した場合には，保証人にもその効力が及ぶ。

主たる債務者に生じた事由は，すべて保証人に効力を生じる（**保証債務の付従性**）。そのため，主たる債務について消滅時効が更新した場合には，その効力は保証人にも及ぶ。→No.１選択肢３

5 × 委託ある保証人の求償の範囲には強制執行費用や損害賠償などが含まれる。

求償の範囲には，強制執行などにかかる費用（大判昭９・７・５）や，損害賠償なども含まれる（459条２項，442条２項）。

委託を受けて保証人になっている以上，これらの費用も保証人となったために支出せざるをえなくなった費用として，求償の範囲に含ませるのが公平にかなうからである。

実戦問題2 応用レベル

＊＊
No.3 保証人が主たる債務者に代わって弁済をした場合のその保証人の権利に関する次の記述のうち，妥当なものはどれか。 【地方上級・平成10年度】

1 主たる債務者の委託を受けないで保証人になっていた場合には，主たる債務者に対して求償することはできない。

2 保証人は，債権者の主たる債務者に対する債権を担保するための抵当権を実行して，弁済を受けることができる。

3 債権者の主たる債務者に対する債権を担保するための抵当権の目的となっている不動産が第三者に譲渡されているときは，保証人は，その抵当権によって弁済を受けることはできない。

4 主たる債務が連帯債務であって数人の主たる債務者全員のための保証人となった場合は，保証人は各債務者に対して分割してしか求償することができない。

5 主たる債務が連帯債務であったが，そのうちの一人のためにだけ保証したにすぎない場合は，保証人は，その者に対して，その者の負担部分の範囲においてのみ求償することができる。

＊＊
No.4 保証に関する次の記述のうち，妥当なのはどれか。ただし，争いのあるものは判例の見解による。 【国家一般職・令和元年度改題】

1 保証人が保証債務を承認した場合，主たる債務の時効も更新されるが，主たる債務者が主たる債務を承認したとしても，保証債務の時効は更新されない。

2 主たる債務者に対する裁判上の請求による時効の更新は，保証人に対しては，その効力を生じない。

3 主たる債務が時効で消滅した場合において，主たる債務者が時効の利益を放棄したときであっても，保証人は主たる債務の時効を援用することができる。

4 主たる債務者の委託を受けない保証人が，主たる債務者に代わって弁済その他自己の財産をもって主たる債務を消滅させる行為をした場合において，保証人となったことが主たる債務者の意思に反しないときは，保証人は，主たる債務者が現に利益を受けている限度においてのみ求償することができる。

5 保証債務は，保証人と債権者との間の保証契約によって成立するほか，保証人と主たる債務者との間の保証委託契約によっても成立する場合がある。

No.5 ＊＊ **保証に関するア～オの記述のうち，妥当なもののみをすべて挙げているのはどれか。** 【国家総合職・平成26年度】

ア：保証契約は，諾成・不要式の契約であり，債権者と保証人となるべき者の間で，主たる債務者がその債務を履行しない場合に，保証人となるべき者がその履行をする責任を負うことについて合意が形成されることによって，その効力が生じる。

イ：保証債務は，主たる債務に対して附従性を有し，保証人の負担が債務の目的または態様において主たる債務より重い場合は，主たる債務の限度に減縮される。

ウ：保証債務は主たる債務に対して随伴性を有し，債権者が保証債務によって担保されている債権を第三者に譲渡した場合は，保証人は当該第三者に対して保証債務を負担することになる。

エ：債権者が主たる債務者に対して抵当権や質権などの担保を有していた場合に，弁済をした保証人が債権者に代位してその権利を行使するためには，担保設定者である主たる債務者の同意が必要である。

オ：特定物売買の売主のための保証においては，保証人は，当該売買契約から直接生じる売主の債務についてはもちろん，売主の債務不履行により売主が買主に対し負担する損害賠償義務についても保証の責めに任ずるが，売主の債務不履行により契約が解除された場合における原状回復義務については保証の責めに任ずるものではないとするのが判例である。

1 ア，イ
2 ア，エ
3 イ，ウ
4 ウ，オ
5 エ，オ

＊＊＊
No.6 保証に関するア～オの記述のうち，妥当なもののみをすべて挙げているのはどれか。ただし，争いのあるものは判例の見解による。

【国家総合職・平成29年度】

ア：根保証契約の被保証債権を譲り受けた者は，その譲渡が当該根保証契約に定める元本確定期日前にされた場合であっても，当該根保証契約の当事者間において当該債権の譲受人の請求を妨げるような別段の合意のない限り，保証人に対し，保証債務の履行を求めることができる。

イ：期間の定めのある建物の賃貸借において，賃借人のために保証人が賃貸人と保証契約を締結した場合には，反対の趣旨をうかがわせるような特段の事情のない限り，保証人が更新後の賃貸借から生ずる賃借人の債務についても保証の責めを負う趣旨で合意がされたものと解すべきである。

ウ：請負契約が注文者と請負人との間で合意解除され，その際，請負人が注文者に対しすでに受領した前払金を返還することを約定した場合，請負人の保証人が当該約定に関知していなかったときは，保証人は当該約定の債務について責任を負うことはない。

エ：保証債務の附従性から，主たる債務について損害賠償額に関する約定がない限り，その保証債務についてのみ損害賠償額を約定することはできない。

オ：債務者が保証人を立てる義務を負う場合，保証人は行為能力者であることおよび弁済をする資力があることが必要であり，保証人が制限行為能力者となったときは，債権者は代わりの保証人を立てることを請求することができる。

1 ア，イ
2 ア，オ
3 イ，エ
4 ウ，エ
5 ウ，オ

No.7 ＊＊ **保証債務に関するア～オの記述のうち，妥当なもののみをすべて挙げているのはどれか。** 【国家総合職・令和３年度】

ア：特定物の売買契約における売主のための保証人は，特に反対の意思表示のない限り，売主の債務不履行により契約が解除された場合における売主の原状回復義務についても，保証の責任を負うとするのが判例である。

イ：行為能力の制限によって取り消すことができる債務を保証した者は，保証契約の時においてその取消しの原因を知っていたときは，主たる債務が取り消されたとしても，これと同一の目的を有する独立の債務を負担したものと推定される。

ウ：保証人は，主たる債務者が債権者に対して相殺権，取消権または解除権を有するときは，これらの権利の行使によって主たる債務者がその債務を免れるべき限度において，債権者に対して債務の履行を拒むことができる。

エ：主たる債務者が期限の利益を有する場合において，その利益を喪失したときは，債権者は，保証人（法人を除く）に対し，その利益の喪失を知った時から一定の期間内に，その旨を通知しなければならない。また，当該通知をしなかったときは，債権者は，遅延損害金の請求を除き，主たる債務者についての期限の利益の喪失の効果を保証人に対して主張することができない。

オ：保証人が主たる債務者の委託を受けて保証をした場合において，主たる債務者に代わって弁済をしたときは，保証人は，主たる債務者に対する求償権を有するが，弁済があった日以後の法定利息や避けることができなかった費用を求償することはできない。

1　ア，イ
2　ア，エ
3　イ，オ
4　ア，イ，ウ
5　ウ，エ，オ

＊＊
No.8 **多数当事者の債権関係に関するア～オの記述のうち，妥当なもののみをすべて挙げているのはどれか。** 【国家一般職・平成29年度】

ア：1個の可分給付につき数人の債務者がある場合，各債務者は，別段の意思表示がある場合に限り，それぞれ等しい割合で義務を負う。

イ：1個の不可分給付につき数人の債務者がある場合，債権者が債務者の一人に対してその債務を免除したときは，その債務者の負担部分についてのみ，他の債務者の利益のためにも，その効力を生ずる。

ウ：連帯債務者の一人について法律行為の無効または取消しの原因があっても，他の連帯債務者の債務は，その効力を妨げられない。

エ：連帯債務者の一人と債権者との間に更改があったときは，その連帯債務者の負担部分についてのみ，他の連帯債務者の利益のためにも，その効力を生ずる。

オ：債務者が保証人を立てる義務を負う場合，債権者が保証人を指名したときを除き，その保証人は行為能力者であることが必要である。

1 イ
2 オ
3 ア，ウ
4 イ，エ
5 ウ，オ

＊＊

No.9 民法に規定する保証債務に関する記述として，判例，通説に照らして，妥当なのはどれか。 【地方上級（特別区）・令和２年度】

1 保証債務は，保証人と主たる債務者との間の保証契約によって成立し，保証人は，主たる債務者がその債務を履行しないときに，その履行をする責任を負うが，保証契約がその内容を記録した書面または電磁的記録によってされなければ，その効力を生じない。

2 債権者が指名した保証人が弁済をする資力を有することの要件を欠くに至ったときは，当該債権者は，弁済をする資力を有することの要件を具備する者をもってこれに代えることを常に債務者に請求することができる。

3 債権者が保証人に債務の履行を請求したとき，保証人は，主たる債務者が破産手続開始の決定を受けた場合は，まず主たる債務者に催告すべき旨を請求できるが，主たる債務者の行方が知れない場合は，その旨を請求できない。

4 最高裁判所の判例では，特定物の売買契約における売主のための保証人は，債務不履行により売主が買主に対し負担する損害賠償義務についてはもちろん，特に反対の意思表示のない限り，売主の債務不履行により契約が解除された場合における原状回復義務についても保証の責に任ずるものとした。

5 最高裁判所の判例では，継続的売買取引について将来負担すべき債務についてした責任の限度額ならびに期間の定めのない連帯保証契約における保証人たる地位は，特段の事由のない限り，当事者その人と終始するものではなく，保証人の死亡後生じた債務については，その相続人が保証債務を負担するとした。

実戦問題2の解説

No.3 の解説 保証債務の履行

→問題はP.97 正答2

1 × 委託を受けずに保証人になっていた場合でも，求償権は認められる。

たとえ，主たる債務者から保証人になってほしいと依頼されていなくても，保証人が保証債務を履行した場合には，主たる債務者はそれによって債務の消滅という利益を得ているので，その利益を保証人に還元する必要がある。これが**求償権**である。したがって，委託を受けない保証人にも求償権は認められる（462条）。

なお，委託の有無等によって，求償できる範囲は次のように異なっている。

①**委託を受けて保証人となった場合**…弁済その他免責があった日以後の法定利息および避けることができなかった費用その他の損害の賠償

②**委託を受けずに保証人となった場合**

ⅰ）主債務者の意思に反しない場合…弁済等で「債務の消滅行為をした時点」で主債務者が利益を受けた限度で求償できる。

ⅱ）主債務者の意思に反する場合…「求償時」に，主債務者が現に利益を受けている限度で求償できる。

2 ◎ 弁済すれば，保証人は主たる債務者に対する債権者の抵当権を実行できる。

妥当である。保証人が主たる債務者に代わって支払いを行った場合，債権者が有していた権利はすべて保証人に移転する（501条1項，**弁済による代位**）。債務者に代わって債務を支払った者を保護して，債務者への求償をより確実なものにするためである。したがって，主たる債務に抵当権が設定されていた場合には，その抵当権は保証人に移転し，保証人はこれを実行して債務者から支払いを受けることができる。

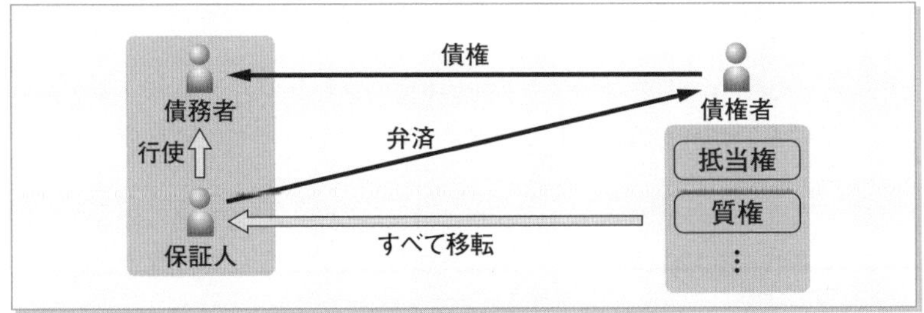

抵当権を移転するくらいならば，いっそ債権者が抵当権を実行すればよいはずであるが，債権者が抵当権の実行を避けて保証人に先に請求するのには理由がある。抵当権の実行は，手続的にも費用の面でもかなり厄介だからである。保証人が十分な資産を有していれば，抵当権を実行するよりも，保証人から現金で支払いを受けるほうがはるかに債権の回収が容易である。そこで，本肢のようなことが生じるわけである。

3 × **抵当不動産が第三者に譲渡されていても，保証人は抵当権を行使できる。**

本肢は，表現がわかりにくいが，次のような意味である。

すなわち，主債務者Aが，その債務の担保のために自己所有の甲不動産に抵当権を設定し，さらに主債務の履行確保のためにBに保証人になってもらった。期限に保証人Bが弁済して，抵当権はBに移ったが（→肢２），Bがその旨の登記をしていない間に，甲不動産がAから第三者Cに譲渡された。この場合，Bは登記なくして抵当権をCに対抗しうるか。

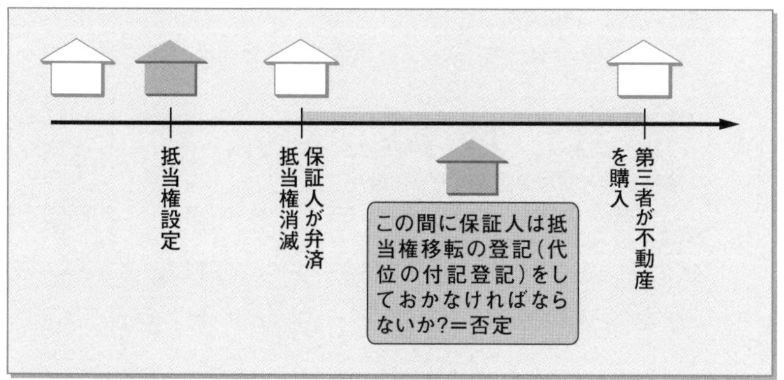

不動産の購入者Cの取引の安全を考慮すると，登記簿上に「Bという抵当権者がいること」が表示されているのが理想である。そのため，平成29年改正前の旧法では，弁済による代位によって抵当権がBに移った旨の登記（**代位の付記登記**という）が必要で（旧501条１号），これがなければ第三取得者Cに抵当権を対抗できないとされていた（最判昭41・11・18）。

しかし，**保証人が弁済した場合**には，代位によって抵当権が保証人に移転するので，**抵当権の登記は抹消されずに残ったままである**（単に移転するだけで消滅するわけではない）。そうなると，登記は残ったままなのに，「弁済によって債務は消滅したが，代位があったことは知らない」ということは通常はありえない。やはり，**「登記が残っているのはなぜか。代位があったのではないか」と考えてしかるべき**なのである。そのため，仮にそう考えない第三取得者がいたとしても，その者を保護する必要はない。

このような考慮から，改正法は**付記登記をしなくても**，保証人は保証債務を履行すれば代位によって**抵当権を行使でき，このことを第三取得者にも主張できる**として旧規定の501条１号を削除している。

4 × **全員の保証人となった者は，弁済により各連帯債務者に全額を求償できる。**

連帯債務者全員の保証人となった場合，各連帯債務者は債権者に対して全額の弁済責任を負っているのであるから，保証人は債権者に弁済した場合，いずれの連帯債務者に対しても全額を求償できる。

No.１選択肢５で，「連帯債務者の一人であるCのために保証人となった者は，Cに対しては全額を求償できる」ことを，本肢では全員の保証人となっているので全員に適用すればよいということである。

5 × **連帯債務のうちの一人の保証人は，弁済により主債務者に全額を求償できる。**

保証人は，保証を行った連帯債務者に対して，保証債務の履行として債権者に支払った全額を求償することができる。→No. 1 選択肢 5

No.4 の解説 保証

→問題はP.97 **正答3**

1 × **保証人が保証債務を承認しても，主たる債務の時効は更新されない。**

まず後半から先に説明すると，**主たる債務者に生じた事由は保証人にその効力を及ぼす**。このような事由はそのまま主たる債務の内容となるところ，**保証とはそのような主債務の履行を担保しようとするもの**だからである。したがって，主債務者が債務を承認して時効が更新されると，その効力は保証人にも及び，保証人は時効が更新された主債務を保証し続けることになる（457条 1 項）。

次に前半であるが，**保証人に生じた事由は主たる債務者に効力を及ぼさない**。保証とは，主債務の履行を担保することを目的とするものであり，保証人になんらかの事由が生じても，それは主債務の履行の担保とは関係がないからである。したがって，**保証人が保証債務を承認しても，主たる債務の時効は更新されない**。すなわち，本肢は前半が誤り。

2 × **主債務者に対する裁判上の請求による時効の更新は保証人にも効力を生ずる。**

主たる債務について請求訴訟が提起され，それを認める判決が確定すると，主債務について時効の更新が生じる（147条）。これは主債務に生じた事由であるから，保証人にもその効力が生じることになる（457条 1 項）。

3 ◎ **時効完成後に主債務者が時効利益を放棄しても，保証人は時効を援用できる。**

妥当である。いったん時効が完成した場合，**時効の利益を享受するかどうかは，それぞれの援用権者が自らの判断で決めればよい**ことである。したがって，主債務者が時効利益を放棄しても，保証人（援用権者であることについて145条カッコ書き）はなお時効を援用できる（大判昭 8・10・13）。

4 × **主債務者の意思に反しない無委託保証人の求償権は当時利益を受けた限度。**

求償権の範囲についてはNo. 3 選択肢 1 を参照。

簡単に説明しておくと，まず，委託を受けて（頼まれて）保証人になった場合には，保証人の負担はすべて主債務者がこれを補償すべきというのが①である（459条 1 項）。

次に，委託を受けずに（自主的に）保証人になった場合（**無委託保証**）は，2 つに分かれていて，本肢のように**主たる債務者の意思に反しないとき**は（② i ），弁済などの**債務消滅行為（免責行為）の時点で主債務者が利益を受ける限度**が求償の範囲になる（462条 1 項）。したがって，免責行為以後の利息等は請求できない（大判昭11・6・15）。

また，無委託保証が**主たる債務者の意思に反するとき**は（② ii ），さらに補償の範囲が狭く，**実際に求償する時点で主たる債務者が現に利益を受けている限度**でのみ求償ができる（462条２項）。したがって，免責行為後，求償までの間に主たる債務者が反対債権を取得したような場合には，主債務者はそのことを保証人に対抗（反対債権の額については求償に応じない）できる。

したがって，本肢は，②のｉとⅱが混同されている点が誤り。

5 × **保証債務は，保証人と債権者との間の保証契約によって成立する。**

保証人と主たる債務者との間の保証委託契約によっては成立しない。

→必修問題選択肢１

No.5 の解説　保証債務

→問題はP.98　**正答３**

ア × **保証契約は要式契約であり，書面でしなければその効力を生じない。**

保証契約は，書面でしなければその効力を生じないとされる（446条２項）。→必修問題選択肢１

イ ○ **保証人の負担は，主たる債務の負担よりも重いものであってはならない。**

妥当である。保証債務は，「主たる債務の履行の担保」を目的として存在しているので，その内容を主債務よりも重くすることはできない。**内容を重くすることは，「主債務の履行の担保」ではなく，それとは別の債務を新たに負担することにほかならない**からである。したがって，保証人の負担が債務の目的または態様において主たる債務より重い場合は，主たる債務の限度に減縮される（448条１項，内容における附従性）。→No.１選択肢２

ウ ○ **債権者の変更により主債務が移転すると，保証債務もそれに伴って移転する。**

妥当である。**保証は主債務の履行を担保するもの**であるから，債権者が主債務者に対する債権を第三者に譲渡した場合は，保証人は当該第三者に対して保証債務を負担することになる。債権者が誰に代わろうと，保証人に特段不利はないからである。

一方，上記とは異なり，主たる債務者が代わる場合（債務引受）には，債務者の弁済資力等に変化が生じることになるので，保証債務は消滅するのが原則である。保証は，「主たる債務者がその人であるから」，つまりその人の信用や弁済資力を信頼して保証したのであり，債務者が代われば保証債務を消滅させるのが合理的である（なお，472条の４第３項）。

エ × **保証人が債権者に代位する場合は，主たる債務者の同意は必要でない。**

保証人が主たる債務者に代わって支払いを行った場合，債権者が有していた権利はすべて保証人に移転する（501条１項，**弁済による代位**）。債務者に代わって債務を支払った者を保護して，債務者への求償をより確実なものにするためである。

この場合，主たる債務に抵当権が設定されていた場合には，その抵当権は保証人に移転し（499条），保証人はこれを実行して債務者から支払いを受けることができる（501条１項）。これについて，主たる債務者の同意は必要でない。担保権が当然に移転することを認めないと，保証人の保護がおろそかになるからである。

オ× **売主の保証人は，解除の場合の原状回復義務についても保証の責任を負う。**

売主のために保証人となった者は，売主が目的物を引き渡さない場合に，売主に代わって目的物を引き渡すという趣旨で保証人になっているというよりも，むしろ，**売主が債務不履行をした場合に，損害賠償や代金の返還義務（原状回復義務）を買主のために保証するという趣旨で保証人になっている**ケースが一般的である。したがって，原状回復義務については，特に保証しないという意思表示がなされていない限り，保証人は解除による代金返還義務についても保証しなければならない（最判昭40・6・30）。

以上から，妥当なものは**イ**と**ウ**であり，正答は**3**である。

No.6 の解説　保証

→問題はP.99 **正答 1**

ア○ **根保証の被保証債権が譲渡された場合，別段の合意がなければ随伴性肯定。**

妥当である。本肢のポイントは，問題文の中の「根保証契約の当事者間において当該債権の譲受人の請求を妨げるような別段の合意のない限り」の部分である。

どういうことかというと，根保証などの「根担保」としては類似のものに**根抵当権**がある。ただ，こちらは**物権であって，その性質については法律で厳格に定められている**。そして，法は，根抵当権の被担保債権が譲渡された場合について，「元本の確定前に根抵当権者から債権を取得した者は，**その債権について根抵当権を行使することができない**」と規定して（398条の7第1項），**根抵当権には随伴性がない**ことを明示している。

では，同じことが根保証にも当てはまるか。これが本肢の問題である。

そこで**根保証**であるが，これは債権であって，この債権については**「契約内容は当事者間で自由に定めることができる」とする契約自由の原則が妥当する**。そのため，物権である根抵当権とは異なり，根保証では，当事者間の合意で随伴性を生じさせるか否かを自由に定めることができる。そして，本肢では，「譲受人の請求を妨げるような別段の合意のない限り…保証債務の履行を求めることができる」とされているので，本肢の契約は随伴性を認めるものだということになる。そのため，判例は，本契約のもとでの譲渡債権について保証債務の履行を求めることができるとしている（最判平24・12・14）。

イ○ **期間の定めのある建物の賃貸借で，保証人は更新後も保証の責任を負う。**

妥当である。本肢は，期間の定めのある建物の賃貸借において，保証人はその（更新前の最初の）期間だけ保証するのか，それとも賃貸借契約が更新された後も保証が続くのかという問題である。

これも，保証契約の意思解釈の問題である。そして，判例は，一般的には

「賃借人のために保証人となろうとする者にとって，賃貸借関係の継続は当然予測できるところ」であるから，「反対の趣旨をうかがわせるような特段の事情のない限り」，「**更新後の賃貸借から生ずる債務についても保証の責めを負う趣旨で保証契約をした**ものと解するのが，当事者の通常の合理的意思に合致する」とする（最判平9・11・13）。

ウ×　形式が合意解除でも実質が債務不履行解除なら保証人は責任を負う。

まず，本肢のように，保証人のあずかり知らぬところで，請負契約の当事者で勝手に合意解除され，請負人が受領した前払い金の返還について保証人が責任を負えと言われても，保証人は「そんなことまで保証した覚えはない」ということになろう。したがって，原則は，「保証人は責任を負わない」である。

しかし，本肢の元になった事案は，債務不履行が原因で合意解除の形をとったものであり，実際は債務不履行による解除であった。そうなると，No.5ウと同じ論理が妥当する。したがって，その場合には，「保証人は当該約定の債務について責任を負う」ことになる（最判昭47・3・23）。

ただ，本肢はその点の記述が不明確であり，この判例の知識がなければ他の肢で正答を判断する以外にはない。

エ×　保証人は，保証債務についてのみ違約金または損害賠償額を約定できる。

保証とは主たる債務の履行を担保しようとするものであるから，その負担は主たる債務より重いものであってはならない（448条1項）。しかし，**保証債務についてのみ違約金または損害賠償額を約定しても，それは主たる債務の内容を拡張するものではない**。したがって，法もこのような約定を認めている（447条2項）。

オ×　保証人が制限行為能力者となっても債権者は代わりの保証人を請求できない。

制限行為能力者となった場合に制限されるのは，「新たな法律行為」である（5条1項，9条等）。保証人が途中から制限行為能力者となったとしても，新たな法律行為がなされるわけではない。つまり，すでにある保証債務はそのまま存続し，これについて改めて保護機関の同意を得る必要はない。なぜなら，**保証契約自体は十分な判断能力を備えたときに行ったなんら欠陥のない行為**だからである。

そして，債務者が保証人を立てる義務を負う場合の保証人の要件は，①行為能力者であることと，②弁済をする資力があることの双方を満たすことであるから（450条1項），制限行為能力者となった保証人に弁済をする資力がある限り，保証契約不履行の場合にはその財産に強制執行すればよい。したがって，制限行為能力者となっても代わりの保証人を請求することはできない（同条2項）。

以上から，妥当なものは**ア**と**イ**であり，正答は**1**である。

No.7 の解説 保証債務

→問題はP.100 正答4

ア○ 売主の保証人は，解除の場合の原状回復義務についても保証の責任を負う。

妥当である（最大判昭40・6・30）。→No.5オ

イ○ 制限行為能力で取り消された場合，その保証人は同一の債務を負担する。

妥当である（449条）。→必修問題選択肢2

ウ○ 主債務者が相殺権等を有していれば，保証人はそれを理由に履行拒絶できる。

妥当である。たとえば，主債務者が反対債権を有している場合ならば，主債務者がそれを行使して相殺してくれれば保証債務は履行する必要がなくなる。そもそも第一次的な支払い義務を負っているのは主債務者であるから，保証人に無用な負担をかけないという意味で，主債務者には相殺して債務を消滅させる責任があるはずである。そのため，**保証人には，主債務者が相殺すれば債務を免れる限度で履行拒絶権が認められている**（457条3項）。

そして，このことは，**主債務者が取消権や解除権を有している場合も同様**である（同条項）。

エ× 債権者が保証人に期限の利益喪失の通知をしないと，遅延損害金の請求不可。

前半は正しい（458条の3第1項・3項）。しかし，債権者は保証人に**期限の利益喪失の通知**をしないと，その通知をするまでに生じた遅延損害金を保証人に請求できないので（同条2項），後半は誤り。

本肢は知識として細かいのであえて覚えなくてもよいが，次のような意味である。すなわち，たとえば，BがA銀行から借りたローンの保証人に個人C（法人でない）がなっているとして，Bが支払いを怠って期限の利益の喪失が生じている場合（この場合，ローン残高全額の支払い義務が生ずる），そのことをAから知らせてもらわなければ，Cは容易にその状況を把握できない。**保証人Cは，Bのローンの支払状況を逐一把握しているわけではない**からである。それにもかかわらず，その後に多額の遅延損害金が発生しているとして，これを全額請求されると，保証人はたまったものではない。そこで，まず，**債権者に対して，保証人への期限の利益喪失についての通知の義務を課し**（同条1項），その通知が現実に実行されるまでに生じた遅延損害金に係る保証債務の履行を請求することができないとしているわけである（同2項）。

オ× 委託を受けた保証人の負担は，主債務者がすべて補償すべきである。

頼んで保証人となってもらったのであるから，その負担は，弁済があった日以後の法定利息や避けることができなかった費用も含めて，**主債務者がすべて補償するのが筋である**（459条1項，2項，442条2項）。

→No.4選択肢4

以上から，妥当なものは**ア**，**イ**，**ウ**の3つであり，正答は**4**である。

No.8 の解説　保証

→問題はP.101　正答5

ア×　分割債務で別段の意思表示がなければ，各債務者は等しい割合で義務を負う。

本肢は，「別段の意思表示がある場合に限り」の部分が誤り。

「1個の可分給付につき数人の債務者がある場合」とは，たとえばAがBから100万円を借りたまま死亡し，二人の子C・Dが相続した場合のC・Dの債務がその例である。別段の意思表示がなければ，C・Dはそれぞれ50万円ずつ返済すればよく，100万円全額を返済する義務はない（427条）。

イ×　不可分債務で一人に免除がなされても，他の債務者は全部給付義務を負う。

不可分債務とは，たとえばA・Bが共有している車をCに売却したような場合に，A・B両名がCに対して負う車の引渡債務などのことをいう。簡単にいえば，**複数の債務者が「全額の金銭債務」を負う場合が連帯債務，「全部の物の給付債務」を負う場合が不可分債務である**。つまり，両者は給付するのが金銭か物かの差があるにすぎない。そのため，法は不可分債務について連帯債務の規定を準用することにしている（430条）。

そこで，連帯債務の規定であるが，**債務者の一人に対する免除には相対効しかない**（441条）。つまり，一人に免除があっても他の不可分債務者には影響がなく，他の債務者は依然として全部の給付義務を負う。上例でいえば，Aが免除を受けても，BはCに車全部を引き渡さなければならない。

ウ○　連帯債務者の一人の無効や取消しの原因は，他者の債務に影響を及ぼさない。

妥当である。連帯債務とは，複数の債務者全員が債務全部の給付義務を負うことで債権の効力を強化しよう（つまり弁済を確実にしよう）というものである。ということは，連帯債務者の一人について法律行為の無効（3条の2など）または取消し（95条1項など）の原因があったとしても，他の連帯債務者には影響を及ぼさないことがこの趣旨にかなう。すなわち，連帯債務者の一人に無効や取消しの原因が存在しても，他の連帯債務者の債務には影響を及ぼさない（437条）。

エ×　連帯債務で更改があると，債権はすべての連帯債務者のために消滅する。

更改は絶対効事由であり（438条），**更改によって連帯債務は全額弁済されたのと同様の効果を生じ**，債務自体が消滅することになる（513条）。

→テーマ4「連帯債務」必修問題選択肢1

オ○　保証人を立てる義務を負う場合，保証人は行為能力者であることを要する。

妥当である（450条1項1号）。ただし，債権者が保証人を指名したときは，この要件は除外されている（同条3項）。→必修問題選択肢3

以上から，妥当なものは**ウ**と**オ**であり，正答は**5**である。

No.9 の解説 保証債務

→問題はP.102 **正答 4**

1 × **保証債務は，保証人と債権者との間の保証契約によって成立する。**

保証契約で債権や債務を負う者は債権者と保証人である。すなわち，保証契約の当事者はこの両者であり，主債務者は当事者とはならない。

→必修問題選択肢 1

なお，後半は正しい。まず，保証人は，主たる債務者がその債務を履行しないときに，その履行をする責任を負う（446条１項）。いわゆる**補充的責任**である。また，**保証契約**がその内容を記録した**書面または電磁的記録によってされなければ，その効力を生じない**（同条２・３項）。

2 × **債権者の指名保証人が弁済資力を欠くに至っても，債務者は責任を負わない。**

債権者は，弁済資力を有する保証人を立てることを債務者に請求することはできない（450条２項・３項）。→No. 1 選択肢 4

3 × **主債務者が破産手続開始の決定を受けると，催告の抗弁権は行使できない。**

債務者が**破産手続開始の決定を受けると，債務者はその時点から財産の処分ができなくなるので催告の抗弁は意味がない**。この場合には，保証人は催告の抗弁権は行使できない（452条但書）。→必修問題選択肢 4

4 ◎ **売主の保証人は，解除の場合の原状回復義務についても保証の責任を負う。**

妥当である。原状回復義務については，特に保証しないという意思表示がなされていない限り，保証人は解除による代金返還義務についても保証しなければならない（最判昭40・６・30）。→No. 5 オ

5 × **保証人の死亡後生じた債務については相続人はその保証債務を負担しない。**

本肢の契約は，たとえばAが商売で商品の仕入れ先Bと継続的に取引をする場合に，そこで発生するAの仕入れ代金などの債務について，Cが保証人として継続的にそれを保証するとするものである（いわゆる**根保証**）。

そして，**「限度額および期間の定めがない」というのであるから，無制限に保証する，いわば底なし沼のようなもの**である。そのため，本肢のような保証の最高限度額（極度額）を定めない**個人根保証契約**（相続が問題になっているので法人ではなく個人である）**は無効**とされる（465条の２第２項）。

そして，判例は，保証人が死亡した後の債務について，相続人は保証債務を負担しないとする（最判昭37・11・９）。

債権譲渡

必修問題

債権の譲渡に関する次の記述のうち，妥当なものはどれか。

【地方上級・令和２年度】

1 債権は譲り渡すことができるのが原則であるから，**扶養請求権**であっても譲渡することができる。

2 債権の譲渡は，その意思表示の時に債権が現に発生していることを要するから，将来発生する債権の譲渡は認められない。

3 当事者が債権の譲渡を禁止し，または制限する旨の意思表示をした場合には，債権の譲渡は，その効力を有しない。

4 債権の譲渡は，譲渡人が債務者に**通知**をし，または債務者が**承諾**をしなければ，債務者に対抗することができない。

5 債務者は，対抗要件具備時より前に取得した譲渡人に対する債権による相殺をもって譲受人に対抗することができない。

難易度 ＊

必修問題の解説

債権は，性質上譲渡できないもの（特定の人の肖像を描かせる債権など）や，法律上譲渡が禁止されるもの（扶養請求権，881条）などを除いて自由に譲渡できる。ただ，証券化された債権（手形や社債など）と異なり，譲渡は意思表示だけで有効に成立することから（当事者の合意だけで譲渡の効果が生ずる），二重・三重に譲渡されることも稀ではない。そのため，譲渡取引の安全性の確保と，譲渡に関与できない債務者の保護をどのように図るかが主要なテーマとなっている。

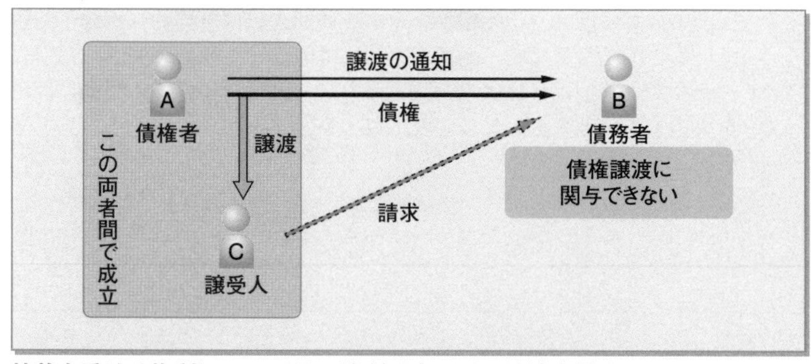

1 × **扶養を受ける権利については，法が明文でその譲渡を禁止している。**

債権譲渡におけるもっとも一般的な債権は**金銭債権**であり，この債権は**自**

由に譲渡できるのが原則である（466条1項）。しかし，債権の中には譲渡になじまないものがあり，扶養請求権はその典型例である。

この**扶養を受ける権利は，扶養を必要としている者に対して，その親族である扶養義務者が果たすべきもの**であるから，法は明文でその譲渡を禁止している（881条）。

2 × **債権の譲渡は，その意思表示の時に債権が現に発生していることを要しない。**

将来の債権であっても，譲渡することは可能である（466条の6第1項）。そして，将来債権が発生したときは，譲受人は，その発生した債権を当然に取得する（同2項）。

●将来の債権の譲渡

そもそも，なぜ将来の債権を譲渡する必要があるのかというと，それによって金融を得やすくなるというメリットがあるからである。

将来の債権は，発生が確実であるほど価値が高まるが，「100%確実」ということはない。そのため，貸す側としては当然リスクを負うことになるが，それは融資する側が自主的に判断すればよいことである。これを，債権発生の可能性が一定程度なければ契約を無効にするというまでの必要はない。極端にいえば，無担保で貸すよりも将来債権を確保できるなら，そちらのほうが融資する側にとってはリスクの軽減になる。

本肢の事案は，医師が病院開設の借入金返済のために，社会保険診療報酬支払基金から支払われる将来の診療報酬債権を，一定期間分について融資会社へ担保として譲渡する契約を締結したというものである。病院の開設にはかなりの資金が必要になるが，その一方で，医師が担保として提供するのに適した不動産等を有していないことも十分に考えられる。最高裁は，「このような融資形態が是認されることによって，能力があり，将来有望でありながら，現在は十分な資産を有しない者に対する金融的支援が可能になる」として，この方法を肯定的にとらえている（最判平11・1・29）。

3 × **譲渡制限特約に反する譲渡は，譲受人が悪意または重過失であれば対抗可。**

結論から先に説明すると，譲受人の主観的要件（善意・悪意や過失の有無など）にかかわらず，**譲渡制限特約があっても譲渡自体は有効**である（466条2項）。ただし，譲受人に悪意または重過失がある場合は，債務者は譲渡制限の効力を主張して履行を拒絶できる。

以下，順を追って説明する。

（1）債権の自由譲渡の原則と譲渡制限特約の効力

まず，**債権は自由に譲渡できるのが原則である**（466条1項本文）。

ただ，債権者と債務者間で「現在の債権者と債務者を固定しておきたい」などとして，譲渡を制限する特約を付すことも，もちろん可能である。これを**譲渡制限特約**という。

では，この特約に反して譲渡がなされた場合，譲渡の効力はどうなるか。

（2）譲渡制限特約と譲受人の主観的要件（善意・悪意，過失の有無など）

当事者間の特約を外部者が知ることは容易でない。そのため，法は，譲受人の保護を図る観点から，**譲渡制限に違反してなされた譲渡も有効**であるとしている（466条２項)。

ただ，これは特約があることを知らなかった（善意）者を保護しようという趣旨であるから，**知っている（悪意）者まで保護する必要はない。**

では，過失がある場合はどうか。債権は自由譲渡が原則であるから，特約の存否についていちいち調査する義務を負わせるなど，なんらかの注意義務を課すのは妥当でない。すなわち，譲受人は特約の存在に注意を払わなくても債権を有効に取得できるとしておくべきで，「調査しなかった」などの**通常の過失は問題にすべきでない**。一方で，「その種の債権の場合，譲渡制限があることが常識になっていて，譲受人はそのことを当然に知っておくべき」などという場合には，知らなかったでは済まされない。このような者を**重過失者**といい，**悪意と同視すべきという立場から，法は悪意者と同様に保護の対象から除外している**（466条３項)。

◆預貯金債権についての譲渡禁止の効力

預貯金債権については，法は特別の規定を設けて，悪意または重過失のある譲受人その他の第三者に譲渡制限の効力を対抗できるとしている（466条の５第１項)。預貯金債権については譲渡制限があることが常識になっており，知らなかった（善意）場合は，一般には重過失があるとされる。そして，悪意・重過失者への譲渡は無効とされ，その無効は第三者に対しても主張できる（物権効という)。なお，差押えは譲渡制限を知っている悪意者もこれをなしうる（同２項)。

（3）悪意または重過失者に対する譲渡の効果

では，譲受人が**悪意または重過失の場合**はどうなるか。この場合は，**債務者は譲受人に対する履行を拒絶して，譲渡人に弁済することができる**とされる（466条３項)。

問題となるのは，債務者が，譲受人への弁済を拒否したうえで，譲渡人に対しても「譲渡したからもはや債権者でなくなった」として弁済を拒否した（つまり誰にも弁済しない）場合である。この点について，法は，**譲受人は相当の期間を定めて譲渡人への履行を催告し，その期間内に履行がなければ債務者は履行拒絶権を行使できない**として，「債務者が誰にも弁済しないで債務を逃れる」という事態が生じることを防止している（同条４項)。

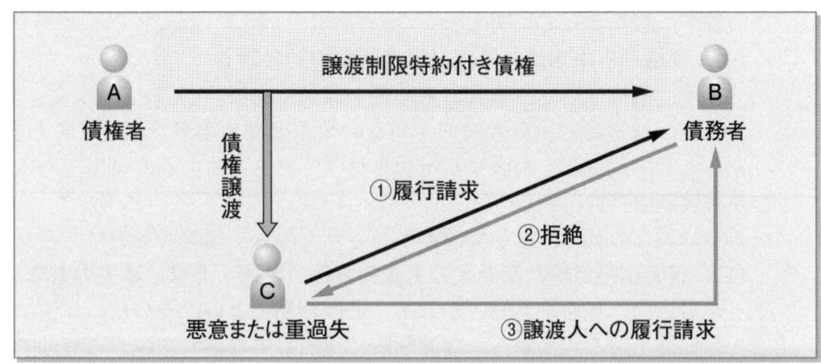

4 ◎ 通知または承諾がなければ，譲受人は債権の譲渡を債務者に対抗できない。

妥当である。債権譲渡は，債務者が関与できないところで，債権者と譲渡人の合意（意思表示）で行われる。したがって，**債務者は，譲渡が行われても，その事実や，また誰に譲渡されたかも認識することができない**。その状態で，ある日突然，債権を譲り受けたと称する者が現われて支払いを請求されたとすると，債務者はその者が本当に債権の譲受人かどうか判断に迷うであろう。真の譲受人ならば，支払いをしなければ債務不履行となり，損害賠償責任が発生する。一方，真の譲受人でなければ，支払いは無駄な弁済となってしまう。

そこで，**債権譲渡に関与できない債務者をそのような窮地に陥らせないため**に，債権譲渡は，「譲渡人が債務者に通知をし，又は債務者が承諾をしなければ，債務者その他の第三者に対抗することができない」とされている（467条1項）。

5 × 譲渡の対抗要件具備時前に取得した債権での相殺を，譲受人に対抗できる。

債務者は，対抗要件具備時より前に取得した譲渡人に対する債権による相殺をもって譲受人に対抗することができる（469条1項）。

どういうことかというと，たとえばAがBに100万円の売掛代金債権を有し，その後，BがAに100万円を融資したとする。その場合，**AはBから借りた100万円を，自分がBに対して有している100万円の代金債権で相殺して決済できたはずである**。そして，Bはそうするつもりでいたところ，Aが突然Bへの貸金債権をCに譲渡して，その旨をBに通知してきたとする。

では，この場合，Bはもはや相殺することができないかというとそうではない。債権譲渡は，債務者が関与できないところで，債権者と譲渡人の合意（意思表示）で行われるもので，そのように**債務者の関与できない状態の下で，債務者の権利を一方的に奪うことは許されない**。したがって，BはCに移転した債権と，自己がAに対して有している貸金債権を同額で相殺することができる。

正答 4

FOCUS

債権譲渡では，債権の自由譲渡と債務者の保護を中心に考えるようにしよう。債権は当事者の意思表示で自由に譲渡できるが，譲渡は債権者と第三者の合意のみで有効に成立するので，債務者はこれに一切タッチできない。そこで，債権譲渡になんら関与できない債務者が，債権譲渡によって不利な立場に立たされることのないようにする必要がある。この点が債権譲渡の中心命題となる。

POINT

重要ポイント 1 債権の自由譲渡性

①債権は，これを自由に譲渡できる（自由譲渡の原則）。
②債権の性質上譲渡が制限される場合（466条１項但書），債権の譲渡が法律で制限されている場合には，自由譲渡は認められない。

原則	自由譲渡可（自由譲渡の原則） →債務者の承諾を要することなく自由に譲渡できる。	
譲渡性の制限	性質上の制限	・債権が譲渡性になじまないものである場合 →例：特定人の肖像画を描かせる債権
	法律上の制限	・社会保障的見地から法律によって譲渡性が制限されている場合 →例：扶養請求権（民法881条），恩給受給権（恩給法11条１項），災害補償請求権（労働基準法83条２項）

重要ポイント 2 債権譲渡の対抗要件

（1）債務者に対する対抗要件

①債権譲渡を債務者に主張するには，債権者である譲渡人から債務者に通知が行われるか，または債務者がその譲渡を承諾するかのいずれかが必要である。
②債務者に対して債権譲渡を主張するには，通知や承諾に確定日付を付す必要はない。
③通知は，必ず譲渡人たる債権者から行われることが必要である。債権を失う者から通知がなされてはじめて，譲渡の真実性を確保できるからである。
　譲渡人が通知を怠っている場合には，強制執行の手段によることはできるが，代位の方法によることはできない。代位の通知には譲渡人は関与しないので，譲渡の真実性を確保できないからである。
④譲渡前に行われた債権譲渡の通知は，通知としての効力を有しないが，譲渡前に行われた債権譲渡の承諾は，承諾としての効力を有する。
⑤債務者は，譲渡の通知を受けるまでに債権者に対して生じた事由を，すべて譲受人に対しても主張できる。たとえば，譲渡の通知を受けるまでに債権者にすでに弁済していた場合には，譲受人に対して債務の消滅を主張できる。
⑥債権譲渡がなされる前にすでに相殺適状に達している反対債権を債務者が有していた場合には，債務者は債権譲渡の通知を受けた後であっても，反対債権で相殺して債務を免れることができる。
⑦対立する債権の一方が譲渡された場合には，両債権の弁済期の先後を問わず，両債権の弁済期が到来して相殺適状に達すれば，譲渡された債権の債務者は反対債権を用いて相殺ができる。

（2）第三者に対する対抗要件

①債権譲渡を第三者に主張するには，債権者である譲渡人から債務者に対して確定日付のある通知が行われるか，または債務者がその譲渡を確定日付のある証書で承諾するかのいずれかが必要である。
②債権が二重に譲渡された場合に，複数の譲受人のいずれが優先するかは，確定日

付のある通知が債務者に到達した日時の先後を基準に判断される。

③債権が二重に譲渡された場合に，複数の譲受人の確定日付のある通知が債務者に到達した日時の先後が不明なときは，同時に到達したものとして扱われる。

④債権が二重に譲渡された場合に，複数の譲受人の確定日付のある通知が債務者に同時に到達したときは，複数の譲受人間に優劣の差はなく，各譲受人はそれぞれ全額を債務者に請求できる。この場合，債務者はいずれかの者に弁済すれば債務を免れるが，複数の債権者があることを理由にその全員に対して履行を拒むことはできない。

⑤債権が二重に譲渡され，複数の譲受人の確定日付のある通知が債務者に同時に到達したために，債権者を特定できないときは，債務者は債務額を供託して債務を免れることができる。この場合，各譲受人は按分額を請求できるにとどまる。

重要ポイント 3 債務引受け

①**債務引受け**とは，債務が同一性を保ったまま第三者に移転することをいう。これには，債務者が債務を免れる**免責的債務引受け**と，第三者が債務者とともに同一内容の債務を負担する**重畳的**（ちょうじょうてき）**（併存的）債務引受け**の２種がある。

②債務引受けは債務のみの引受けであるから，契約当事者の地位に対して認められた取消権や解除権は当然には引受人に移転しない。

③免責的債務引受けは，債務者の意思に反しないことは要件とされていない。

④免責的債務引受けが行われた場合，その債務に付された保証債務は原則として消滅するが，保証人が同意した場合には存続する。

⑤併存的債務引受けが行われた場合，両債務者は連帯債務の関係に立つ。

⑥履行の引受けとは，履行のみを引き受けて行うことであり，引受人は債権者に対して債務を負うわけではないから，債権者は引受人に対して履行を請求することはできない。

実戦問題❶　基本レベル

＊＊
No.1　AがBに対して有する債権をCに譲渡した。この場合の法律関係に関する次の記述のうち，妥当なものはどれか。　【地方上級（全国型）・平成29年度】

1　AがCへの債権の譲渡について，Bに対して譲渡と同時に通知するか，またはBが譲渡について承諾するのでなければ，CはBに対して債権の弁済を請求できない。

2　Bが事前に譲渡することを知っていれば，譲渡の通知ないし承諾は必要でない。

3　AがCとの債権譲渡契約を解除した場合は，Bにその旨を通知しなくても，AはBに対して債権を行使できる。

4　Aが3月1日に債権をCに譲渡し，3月2日にDに譲渡して，いずれについても確定日付ある譲渡通知がなされた場合，その通知が先に債務者に届いたほうが優先する。

5　Aの債権がCとDに二重に譲渡され，それぞれの譲渡について確定日付のある通知が同時にBに到達した場合，BはCとDのいずれの請求も拒絶できる。

＊＊
No.2　民法に規定する債権の譲渡に関するA～Dの記述のうち，通説に照らして，妥当なものを選んだ組合せはどれか。　【地方上級（特別区）・令和4年度】

A：債権譲渡は，従前の債権が消滅して同一性のない新債権が成立する更改と異なり，債権の同一性を変えることなく，債権を譲渡人から譲受人に移転する契約である。

B：譲渡を禁止する旨の意思表示がされた金銭の給付を目的とする債権が譲渡され，その債権の全額に相当する金銭を債務の履行地の供託所に供託した場合には，供託をした債務者は，譲渡人に供託の通知をする必要はない。

C：債権が譲渡された場合において，その意思表示の時に債権が現に発生していないときは，譲受人は，債権が発生した後に債務者が承諾をしなければ，当該債権を取得することができない。

D：現に発生していない債権を含む債権の譲渡は，確定日付のある証書によって，譲渡人が債務者に通知をし，または債務者が承諾をしなければ，債務者以外の第三者に対抗することができない。

1　A，B
2　A，C
3　A，D
4　B，C
5　B，D

No.3＊ **譲渡制限特約付きの債権に関する次の記述のうち，妥当なものの組合せはどれか。** 【地方上級（全国型）・令和4年度】

ア：当事者が債権の譲渡を禁止または制限する旨の意思表示をした場合には，当該債権の譲渡は無効となる。

イ：譲渡制限の意思表示がされたことを重大な過失によって知らなかった譲受人その他の第三者に対しては，債務者は，その債務の履行を拒むことができる。

ウ：譲渡制限の意思表示がされたことを知っていた譲受人その他の第三者に対しては，債務者は，譲渡人に対する弁済その他の債務を消滅させる事由をもってその第三者に対抗することができない。

エ：債務者は，譲渡制限の意思表示がされた金銭の給付を目的とする債権が譲渡されたときは，その債権の全額に相当する金銭を供託することができる。

1 ア
2 イ
3 ア，ウ
4 イ，エ
5 ウ，エ

実戦問題1の解説

No.1 の解説　債権譲渡　→問題はP.118　正答4

1×　債権を譲渡した旨の債務者への通知は，譲渡と同時にする必要はない。

まず，前提知識であるが，債権譲渡で重要なのは次の２点である。

債権譲渡で考慮すべき２つのポイント

①譲渡の自由を確保する
②債権譲渡に関与できない債務者の保護を図る

これらを念頭に置いて考えてみよう。

債権譲渡とは債権の売買のことと考えておけばよい（贈与や代物弁済の場合もないではないが）。そして，売買であれば，売主である債権者と買主である譲受人の合意があれば有効に成立する。つまり，**債務者の同意は不要なので，債務者は譲渡が行われたかどうかや，いつ行われたかなどもわからない**。それなのに，ある日突然譲受人と称する者が現れて「自分に払え」と言われても困るであろう。そこで，譲渡があったことを譲渡人から**通知**するか，それとも債務者が譲渡の事実を知っていてこれを**承諾**するかのいずれかがなければ，**譲受人は債務者に「自分が新債権者である」旨を主張できない**とされている（467条１項）。

そこでこの**通知・承諾**であるが，これらは**誰が債権者かを認識させて債務者を二重弁済**（譲渡人に弁済した後でさらに譲受人にも弁済する）**の危険から守るためのもの**である。したがって，**通知については譲渡時もしくは譲渡後になされなければならない**（大判明36・３・10）。譲渡前の通知が効力を認められないのは，譲渡されるかどうか，またいつ譲渡されるかが不明確で，債務者に不利だからである。

これに対して，**承諾のほうは事前に行ってもよい**。この場合は，債務者に譲渡についての認識が明白なので，債務者に不利益は生じないからである。

2×　債務者が譲渡を知っていても，通知・承諾がなければ債務者に対抗できない。

債務者が譲渡のあることを知っているかどうかは内心の事情であり，証明が難しい。後日のトラブルを避けるためには，債務者が知っているかどうかにかかわらず，客観的に明白な通知・承諾という事実が必要である。

3×　譲渡契約を解除した場合はその旨を通知しなければ債務者に対抗できない。

解除の通知がないと，債務者がそのことを知らずに譲受人に弁済してしまい，その後に譲渡人（解除者）から請求されて，**二重弁済のリスク**を負いかねないからである。

したがって，解除の通知がなければ，ＡはＢに債権を行使できない。

4◎　債権の二重譲渡では，確定日付のある通知が先着した譲受人が優先する。

妥当である。債権譲渡契約は当事者間の合意のみで成立する。ということは，複数の者との間で合意が行われる事態も生じてくる。合意の性質上，それを阻む手段はない。そうなると，**債権の二重譲渡**という事態が生じることになる。

では，その場合，債務者はいずれの者に弁済すればよいのか。この点も，譲渡に関与できない債務者保護の視点から考える必要がある。

これに関して，法は**二重譲渡の場合には確定日付のある通知・承諾が必要である**として，確定日付の先後で譲受人間の優劣を決めようとした（467条2項）。ただ，この方法では，第一の譲渡の後で，債務者が第二の譲受人と通謀して，後者の日付を前者よりも先にするといった事態が生じかねない。しかし，譲渡相互間の優先順位を債務者の恣意にゆだねるようなことは妥当とはいえない。

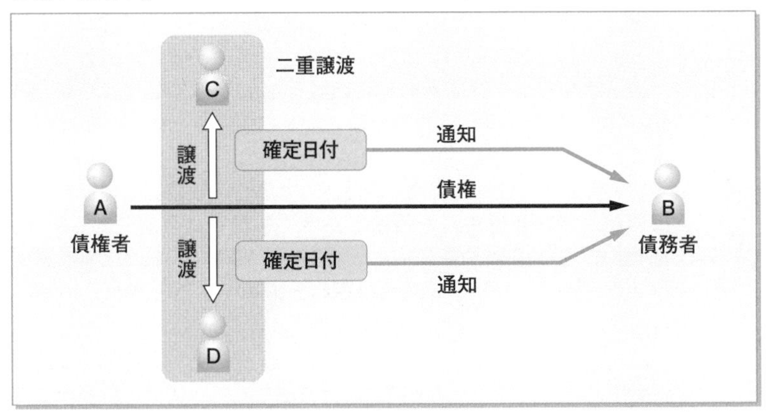

そこで判例は，法が確定日付を要求しているので，**第三者対抗要件として通知・承諾が確定日付ある証書でなされることは必要だが，その優劣は日付の先後ではなく債務者への到達の先後で決める**とした（最判昭49・3・7）。

したがって，**通知が先に債務者に届いたほうが優先する**ことになる。

5 × **確定日付のある通知が同時に到達した場合は，いずれか一方に払えばよい。**

債務者は，確定日付のある通知が同時に到達した場合は譲受人間の優劣を判断できない。ただ，譲受人としては「自分が他の譲受人に優先している」とは言えないものの，債権を譲り受けたことは確かである。したがって，債務者に全額を請求できるし，また，**債務者としてもいずれかに弁済すれば，それで債務を免れる**。債務者としては，譲受人間の優劣がわからないことを理由に**全員に弁済を拒否することは許されない**。

No.2 の解説　債権譲渡

→問題はP.118　**正答3**

A○　債権譲渡は，債権の同一性を変えることなく，債権が移転する契約である。

妥当である。前に紹介した（テーマ４「連帯債務」必修問題選択肢１）**更改**（513条）の場合は，例えばローンの借り換えでいえば，月々の支払額や支払い条件，利率などの基本的な契約内容が変更されて，**更改前とは別の債権になってしまう**。

それに対して，**債権譲渡は，債権の同一性を変えることなく，債権が移転する**点が特徴である。ここで「債権の同一性を変えることなく」とは，たとえば売主Ａが買主Ｂに売買代金債権を有しているとして，それがＣに譲渡されたとすると，債権自体は譲渡によって何ら変更や修正が生じるものではないため，譲受人Ｃが買主Ｂに債権の履行を求めてきたとしても，買主Ｂは「商品を引き渡さなければ支払わない」と主張できる。それが「同一性を変えることなく」の意味である。

B×　譲渡制限特約が付された債権が譲渡された場合，債務者は供託ができる。

譲渡制限特約が付された債権であっても譲渡は可能であるが（466条２項），譲受人が制限特約を知っていながら（**悪意**）あるいは**重過失**で知らずに譲り受けた場合には，**債務者は履行を拒絶できる**とされている（同条３項）。

ただ，債務者としては，譲受人が悪意・重過失者であることを判断するのは容易ではない。そこで，**簡便な履行方法**として，法は，債権の全額に相当する金銭を債務の履行地（債務の履行地が債権者の現在の住所により定まる場合にあっては，譲渡人の現在の住所を含む）の**供託所に供託することを認めた**（466条の２第１項）。

ただ，その場合には，遅滞なく，譲渡人と譲受人の双方に供託の通知をしなければならない（同条２項）。通知によって供託がなされたことがわかるので，譲渡人と譲受人でどちらが弁済を受領するかを協議できるからである。

C×　将来の債権の譲渡では，債権が発生した時点で当然に譲渡の効果が生じる。

将来債権が発生したときは，譲受人は，その発生した債権を当然に取得する（466条の６第２項）。→必修問題選択肢２

D○　確定日付のある証書による通知・承諾がなければ第三者に対抗できない。

妥当である。現に発生していない債権の譲渡を含めて，債権の譲渡は，**確定日付のある証書による譲渡人から債務者への通知**，または同じく**確定日付のある証書による債務者からの承諾**がなければ，**債務者以外の第三者に対抗することができない**（467条１項，２項）。

債権譲渡の対抗要件は，「債務者が誰に弁済すればよいのか」を確知させるためのものであるから，債務者に対抗（主張）する場合であれば単なる通知・承諾でよい（467条１項，**対債務者対抗要件**）。

ただ，債権譲渡は意思表示だけで有効に行うことができるので，二重・三重に意思表示がなされた場合，債務者が誰に弁済すればよいかを確定する必要がある。そこで，法は，通知・承諾に確定日付を付すことにして，その日付の先後を基準にどちらが真の債権者かを特定しようとした（同条２項，**対第三者対抗要件**，ただし実際には到達の先後が基準とされている点はNo.１選択肢４参照）。

したがって，**確定日付ある通知・承諾がなければ，譲受人は債務者以外の第三者に対抗**（自分が真の譲受人であると主張）**することができない**。

以上から，妥当なものは**A**と**D**であり，正答は**3**である。

No.3 の解説　譲渡制限特約付きの債権譲渡　→問題はP.119　正答４

ア×　当事者が債権の譲渡を禁止または制限しても，債権譲渡は有効である。

債権者と債務者間でなされた債権の譲渡を禁止または制限する旨の意思表示（**譲渡制限特約**）を，**当事者以外の者である譲受人は容易に知ることができない**。したがって，そのような特約があったというだけで譲渡が無効になるとすれば，譲受人は不当に害されることになる。そこで，法は，譲渡制限特約があっても譲渡は有効であるとしている（466条２項）。

イ○　譲渡制限特約を重過失で知らなかった譲受人等には，履行拒絶できる。

妥当である（466条３項）。→必修問題選択肢３

ウ×　譲受人等が譲渡制限特約について悪意の場合，債務者は譲渡人に弁済できる。

譲受人等が譲渡制限特約について悪意の場合，債務者は，譲渡人に対する弁済その他の債務を消滅させる事由をもってその第三者に対抗することができる（466条３項）。→必修問題選択肢３

エ○　譲渡制限特約が付された債権が譲渡された場合，債務者は供託ができる。

妥当である（466条の２第１項）。→No.２ B

以上から，妥当なものは**イ**と**エ**であり，正答は**4**である。

実戦問題❷　応用レベル

**
No.4 **債権譲渡に関する次の記述のうち，妥当なのはどれか。ただし，争いのあるものは判例の見解による。** 【国家一般職・令和２年度】

1　Ａは，自らの肖像を画家Ｂに描かせる債権を，Ｃに譲渡することができる。

2　債権者Ａと債務者Ｂが債権の譲渡を禁止し，または制限する旨の意思表示をしていたにもかかわらず，ＡがＣにその債権を譲渡した場合には，その譲渡の効力は生じない。

3　医師Ａが，社会保険診療報酬支払基金から将来支払を受けるべき診療報酬債権をＢに譲渡したとしても，その譲渡の効力が生じることはない。

4　債権者Ａは，債務者Ｂに対して有する債権をＣに譲渡し，その旨を2020年５月１日の確定日付のある証書によってＢに通知したところ，この通知は，同月７日にＢに到達した。また，Ａは，同じ債権をＤにも譲渡し，その旨を2020年５月２日の確定日付のある証書によってＢに通知したところ，この通知は，同月５日にＢに到達した。この場合，Ｂは，Ｃから債務の履行を求められたときは，これに応じなければならない。

5　債権者Ａは，債務者Ｂに対して有する債権をＣに譲渡し，その旨を確定日付のある証書によってＢに通知したが，Ｂは，その通知がなされる前にＡに対する債権を取得していた。この場合，Ｂは，Ｃから債務の履行を求められたときは，Ａに対する債権による相殺をもってＣに対抗することができる。

***
No.5 **ＡがＢに対して有するα債権（以下「α」という。）をＣに譲渡した場合における次の記述のうち，妥当なのはどれか。ただし，争いのあるものは判例の見解による。** 【国税専門官・平成26年度】

1　αをＣに譲渡したことについて，ＡからＢへの通知またはＢの承諾がない場合であっても，Ｂが当該譲渡につき悪意であれば，ＣはＢに対してαの譲受けを主張することができる。

2　Ａは，αをＣに譲渡した後にＤに二重に譲渡し，12月２日付けの内容証明郵便によりαをＣに譲渡した旨をＢに通知し，12月３日付けの内容証明郵便によりαをＤに譲渡した旨をＢに通知した。これらの二つの通知がＢに同時に到達した場合には，ＣおよびＤは，Ｂに対し，αの全額の２分の１の額の弁済を請求することができるのみであって，αの全額の弁済を請求することはできない。

3　Ａは，αをＣに譲渡したことについて，普通郵便によりＢに通知した。この通知が12月３日にＢに到達し，Ｂが同日にＣにαの全額を弁済した場合には，その後，ＡがαをＤに二重に譲渡し，その旨の内容証明郵便がＢに到達したとしても，Ｂは，αはＣへの弁済により消滅しているとして，Ｄからされたαの支払請求を拒絶することができる。

4　αに譲渡制限特約が付されていたが，Cが当該特約の存在を知らずにαを譲り受けた場合には，Aは，Bの意思にかかわらず，当該特約の存在を理由に，Cに対してαの譲渡の無効を主張することができる。

5　αをCに譲渡したことについてのBへの通知は，Aが行うことができるほか，当該譲渡に利害関係を持つCも，Aに代位してこれを行うことができる。

＊＊
No.6 **債権譲渡に関するア～エの記述のうち，妥当なもののみをすべて挙げているのはどれか。ただし，争いのあるものは判例の見解による。**

【国税専門官／財務専門官／労働基準監督官・令和２年度】

ア：債務者は，譲渡制限の意思表示がされた金銭債権が譲渡されたときは，譲受人が当該意思表示につき善意であるか悪意であるかにかかわらず，その債権の全額に相当する金銭を供託することができる。

イ：債権差押えの通知と確定日付のある債権譲渡の通知とが第三債務者に到達したが，その到達の先後関係が不明であるために，その相互間の優劣を決することができない場合には，当該各通知が同時に第三債務者に到達した場合と同様に取り扱われる。

ウ：債権の譲渡は，譲渡人でなく譲受人が債務者に通知を行ったときであっても，債務者に対抗することができる。

エ：譲渡人が債権譲渡の通知をしたときは，債務者は，当該通知を受けるまでに譲渡人に対して生じた事由をもって譲受人に対抗することができない。

1　ア，イ
2　ア，エ
3　イ，ウ
4　イ，エ
5　ウ，エ

＊＊＊
No.7 債権譲渡に関するア～オの記述のうち，妥当なもののみを挙げているのはどれか。
【国家総合職・令和５年度】

ア：Ａは，ＡのＢ銀行に対する譲渡制限特約付きの預金債権を，同特約につき悪意のＣに譲渡した。この場合，ＡＣ間の債権譲渡は有効であるが，Ｂ銀行は，Ｃに対し，債務の履行を拒絶することができる。

イ：Ａは，ＡのＢに対する譲渡制限特約付きの債権を，同特約につき悪意のＣに譲渡した。その後，Ｃの債権者であるＤが，当該債権に対して強制執行を行い，これを差し押さえた上，取立権限を得てＢに債務の履行を請求した場合，Ｂは，Ｄに対し，債務の履行を拒絶することができる。

ウ：Ａは，ＡのＢに対する譲渡制限特約付きの金銭債権を，同特約につき善意・無重過失のＣに譲渡した。この場合，譲渡制限特約付きの債権の譲渡は有効であり，Ｃが債権者となり，Ｂにとって債権者を確知できないとはいえないので，Ｂは金銭債権全額に相当する金額を供託することはできない。

エ：Ａは，ＡのＢに対する譲渡制限特約付きの金銭債権を，同特約につき悪意のＣに譲渡し，Ａがその旨をＢに通知した後，ＢがＡに対する反対債権を取得した。その後，ＣがＢに対し，相当の期間を定めてＡへの履行の催告をし，相当期間を経過した場合，ＢはＡに対する反対債権による相殺をもってＣに対抗することができない。

オ：Ａは，将来発生する予定のＡのＢに対する売買代金債権をＣに譲渡した。その後，Ｃが債権譲渡の対抗要件を具備する前に，ＡがＢとの間で当該債権に譲渡制限特約を付した場合，Ｂは，Ｃに対し，譲渡制限特約の存在を理由として，債務の履行を拒絶することができる。

1 ア，ウ
2 ア，オ
3 イ，エ
4 イ，オ
5 ウ，エ

実戦問題2の解説

No.4 の解説　債権譲渡

→問題はP.124　正答5

1 ×　特定の人の肖像画を描かせる債権は，その性質上，譲渡ができない。

給付内容が全く変更してしまうからである（466条1項但書）。

2 ×　当事者が債権の譲渡を禁止または制限しても，債権譲渡は有効である。

法は，譲渡制限特約があっても譲渡は有効であるとしている（466条2項）。→No.3ア

3 ×　債権の譲渡は，その意思表示の時に債権が現に発生していることを要しない。

したがって，医師Aが社会保険診療報酬支払基金から将来支払を受けるべき診療報酬債権をBに譲渡した場合，その譲渡は有効である（最判平11・1・29，466条の6第1項・2項）。→必修問題選択肢2

4 ×　対第三者対抗要件相互の優劣は，日付の先後ではなく到達の先後で決まる。

判例は，「債権が二重に譲渡された場合，譲受人相互の間の優劣は，通知又は承諾に付された確定日附の先後によって定めるべきではなく，確定日附のある通知が債務者に到達した日時又は確定日附のある債務者の承諾の日時の先後によって決すべき」とする（最判昭49・3・7）。これは，**債権譲渡に関与できない債務者を保護**する（本肢の場合でいえば，Dの通知が先に債務者に到達しているので，その到達の時点でDに弁済した債務者がそれで免責される―債務が消滅する―ようにする）ためである。

したがって，Bは，通知が遅れて到達したCから債務の履行を求められたとしても，これに応じる必要はない。→No.1選択肢4

5 ◎　譲渡の対抗要件具備時前に取得した債権での相殺を，譲受人に対抗できる。

妥当である（469条1項）。→必修問題選択肢5

No.5 の解説　債権譲渡

→問題はP.124　正答3

1 ×　債務者が譲渡を知っていても，通知・承諾がなければ債務者に対抗できない。

たとえば，債務者がたまたま知人から「債権が譲渡されたそうだ」と聞かされて譲渡の事実を知った（悪意）としても，その譲渡について通知・承諾がなければ，譲渡を有効と認める必要はない。

債務者としては，**後日のトラブルを避ける意味で，正式に法の要求する対抗要件**（467条1項の通知・承諾）**を備えることに十分な利益がある**からである。

2 ×　確定日付のある通知が同時到達した場合，各譲受人は全額を請求できる。

確定日付のある通知として最も典型的なのが内容証明郵便である（民法施行法5条6号，他に公正証書―同1号―などもある）。そして，**同時到達の場合には譲受人相互に優劣はない**（最判昭55・1・11）。

その場合，各譲受人は債務者に債務額全額の支払いを請求でき，債務者は**いずれか一方に支払えば，それによって債権は目的を達して消滅する**。

なお，**到達時の先後が不明な場合には，同時に到達したものとして扱われる**（最判平５・３・30）。いずれが先に到達したか不明である以上，いずれか一方を他方に優先させることは許されないからである。

混乱しやすいので，この部分の知識をまとめておこう。

●債権の二重譲渡における譲渡人相互の優劣

①通知・承諾に確定日付がある者とない者がいる場合は，前者が勝つ
②ともに確定日付がある場合，到達(または通知の日付)の先後で優劣が決まる
③到達の先後が不明な場合には同時到達として扱われる。この場合には，譲受人間に優劣はない

ところで，到達時の先後が不明な場合，債務者はどちらが優先するのかわからないとして供託することもできる（494条２項）。その場合，供託所（各地の法務局の中にある）は国の機関であるから，二重に譲り受けた者をともに平等に扱わなければならない（平等原則）。その結果，**弁済供託の場合**には，譲受人はそれぞれの債権額に応じて「**供託金額を案分した額の供託金還付請求権をそれぞれ分割取得する**」ことになる（最判平５・３・30）。

3◎ 第一の譲受人への弁済後に譲渡されても，債務者は支払いを拒絶できる。

妥当である。すでに債務は有効に弁済されて消滅しているので，ＢはＤの支払請求を拒絶できる。

本肢の法律関係を，時間を追って説明しよう。

①A→Cの譲渡について，普通郵便による通知がなされた。ここで「普通郵便」というのは，通知に「確定日付がない」ことを表している。
②通知に確定日付が付されていなくても，譲受人は債務者に対して「A→Cの譲渡」を主張できる。これに基づいて，BはCに債務を弁済し，これによって債務は消滅する。
③債務の消滅後に，A→Dの譲渡行為があり，それについて内容証明郵便による通知がなされた。ここで内容証明郵便というのは，通知に「確定日付がある」ことを表している。

確定日付による通知は対第三者対抗要件であるが，債権がすでに有効な弁済によって消滅している場合には，対抗の問題は生じない。対抗とは，一方が他方の存在を否定できる不完全な状態で，権利が並存的に存在している場合の問題だからである（大判昭７・12・６）。

すなわち，甲債権が存在していなければ，それを譲渡することはできないので，いかに確定日付のある通知を行っても債権を取得することはできない。

そもそも，法がこのような**対抗要件を要求したのは，債務者を二重弁済の危険から保護するため**である。本肢の事案で，債務者は法の要求する対抗要件を備えたＣに弁済すれば（たとえ確定日付が付されていない通知でも），それで免責されるはずである。その弁済後に確定日付ある通知がなされて

も，Cはすでに適法に弁済したのであるから，二重弁済を強いられるいわれはない。

4 ×　当事者が債権の譲渡を禁止または制限しても，債権譲渡は有効である。

譲受人Cが譲渡制限特約の存在を知っていたかどうかにかかわらず，譲渡制限特約が付された債権の譲渡も有効である（466条２項）。したがって，譲渡人（債権者）Aは，譲受人Cに対して債権譲渡の無効を主張することはできない。→No.３ア

5 ×　譲受人が譲渡人を代位して行った債権譲渡の通知は無効である。

通知は，債務者に誰が債権者かを確知させるために行われるので，譲渡人がしなければならず，譲受人が代位して行うことはできない（大判昭５・10・10）。

なぜ代位できないかというと，**譲渡の真正性を確保**して債務者を保護するためである。すなわち，「**債権を失う者があえて通知するのであるから，譲渡が行われたことは間違いない**」という経験則に基づいて，真実性が担保できるとの判断から，債権者からの通知が要求されているわけである。

なお，代理人の行為は本人にその効果が帰属する（本人が行った行為と同視される）ことから，判例は代理人による債権譲渡の通知は有効としている（最判昭46・３・25）。

No.6 の解説　債権譲渡

→問題はP.125　**正答 1**

ア ○　譲渡制限特約について譲受人の善意・悪意に疑義があれば債務者は供託可。

妥当である。債権に譲渡制限特約が付されていても，それを外部者である譲受人が知ることは容易でない。そのため，法は，譲受人保護の観点から，**譲渡制限に違反してなされた譲渡も有効である**としている（466条２項）。ただ，これは**特約の存在を知らない善意（かつ無重過失）の譲受人を保護しようという趣旨**であるから，知っている（悪意）者まで保護する必要はない（なお，重過失者も悪意者と同様である）。したがって，譲受人が悪意のときは，債務者は特約の効力を主張して譲受人の請求を拒絶できる。

問題は，債務者が，譲受人が悪意かどうか判別できない場合，債務者は譲渡人と譲受人のどちらに払えばよいかである。仮に判断を誤ると，**債務者に二重払いの事態が生じる**が，そのようなリスクを負わせるのは妥当でない。そこで，法は，このような場合には，**譲受人が善意か悪意かにかかわらず，その債権の全額に相当する金銭を供託できる**としている（466条の２第１項）。→No.２Ｂ

イ ○　到達時の先後が不明な場合には，同時に到達したものとして扱われる。

妥当である。債権差押えの通知は裁判所が発するもので，そこには確定日付が付されている。したがって，本肢は，確定日付のある債権譲渡の通知が複数ある場合と同じように考えればよい。

そして，判例は，「その到達の先後関係が不明であるために，その相互間の優劣関係を決することができない場合には，各通知が同時に第三債務者に到達した場合と同様に，**差押債権者と債権譲受人との間では，互いに相手方に対して自己が優先的地位にある債権者であると主張することが許されない**関係に立つ」とする（最判平５・３・30）。→No.５選択肢２

ウ×　譲渡の通知は譲渡人が行うことを要し，譲受人が通知しても効力はない。

法は，「債権を失う者があえて通知するのであるから，譲渡が行われたことは間違いない」という経験則に基づいて，譲渡の真実性を担保するために，債権者からの通知を要求している（467条１項）。したがって，**譲受人が通知しても，通知の効力は認められず**，譲受人は債権譲渡を債務者に対抗することはできない。

エ×　対抗要件具備時までに生じた事由については，譲受人に抗弁を対抗できる。

これは，譲渡に関与できない債務者に不利益を生じさせないためである（468条１項）。

以上から，妥当なものは**ア**と**イ**であり，正答は**1**である。

No.7 の解説　債権譲渡　→問題はP.126　正答４

ア×　譲渡制限特約付きの預金債権の譲渡は，譲渡当事者間でも無効である。

譲渡制限特約付きの預金債権は，銀行と預金者の間でのみ有効とされる契約に基づくものであって，そもそも譲渡は無効である（466条の５第１項）。

一般的な譲渡制限特約が付されている場合，債務者は悪意または重過失の譲受人に対しては譲渡の無効を対抗できるとされている（466条２項）。ただ，この規定をそのまま適用すると，銀行は譲受人と称する者が表れた場合，その者の悪意または重過失の有無をいちいち調査しなければならなくなる。しかし，それは銀行に過大な負担を課すことから，**法は譲渡自体を無効としている**（466条の５第１項の「第466条第２項の規定にかかわらず」とは，466条２項の一般原則を排除する，すなわち譲渡自体を認めないという意味である）。

イ○　譲渡制限につき悪意または重過失の譲受人の差押債権者には特約を対抗可

妥当である。当事者間で譲渡制限特約を結んでも，その債権に強制執行をしてきた差押債権者には特約の効力を主張（対抗）できない（466条の４第１項）。これを認めると，**私人がその意思表示によって一方的に差押禁止財産を作り出すことを認めることになる**からである。したがって，この場合の差押えは有効である。

しかし，譲受人にはこの理は妥当しない。譲受人は「意思表示によって一方的に差押禁止財産を作り出している者」ではないからである。この場合は，一般原則通り，譲受人が悪意または重過失であれば，債務者は譲渡の効力を否定できるので，「譲渡制限により悪意（または重過失）の譲受人は有効に債権を取得できていないので，差押えは無効」と主張できる（同条２項）。

ウ× **譲渡制限特約が付された債権が譲渡された場合，債務者は供託ができる。**

債務者としては，譲受人が善意・無重過失か否かを判断するのは容易ではない。そこで，**簡便な履行方法**として，法は，債権の全額に相当する金銭を**供託することを認めている**。→No.２B

エ× **悪意者に譲渡された後に取得した債権を用いて，債務者は相殺ができる。**

原則からいえば，債務者が相殺をもって譲受人に対抗するには，「対抗要件具備時より前」に譲渡人に対する債権を取得することが必要である（469条１項）。

ただ，**譲渡制限特約がある場合には，この時期が修正されていて**，時期は「対抗要件具備時より前」ではなく，「相当の期間を定めて譲渡人への履行の催告をし，その期間内に履行がないとき」（466条４項）すなわち，**「相当の期間を経過した時」**（469条３項）**より前に反対債権を取得すれば，それで債務者は相殺ができる**ことになっている。

本肢の場合，債務者は譲受人が履行の催告をする前に反対債権を取得しているので，ＢはＡに対する反対債権による相殺をもってＣに対抗できることになる。

そもそも，債務者Ｂは，譲渡制限特約につき悪意のＣを譲受人（新債権者）として認める必要がないのであるが（466条3項），それでは債務者Ｂは譲渡人Ａと譲受人Ｃのいずれにも支払わないという事態が生じかねない（Ａには「譲渡したから支払わない」，Ｃには「悪意者だから支払わない」と主張するなど）。法は，その対策として，譲受人Ｃが**相当の期間を定めて譲渡人への履行の催告をし**，その期間内に履行がないときは，Ｃは自らが債権者である旨を主張できるとした（466条4項）。ということは，それまでの間は，債務者Ｂは，「自分にとっての債権者はＡだ」と主張できるということである。したがって，**当該「相当期間」が経過するまでに取得した譲渡人Ａに対する反対債権は，「ＡがＢに対する債権を持っている間に，ＢがＡに対する反対債権を取得した」という扱いにできる**。そのため，ＢはＡに対する反対債権での相殺が可能であり，相殺すれば債権の消滅をＣにも対抗（主張）できることになる。

オ○ **将来債権の譲渡の対抗要件具備前に制限特約があれば，譲受人は悪意となる**

妥当である。債権譲渡の対抗要件である通知・承諾がなされるまでの間に譲渡制限特約が結ばれれば，**当該債権を譲り受けようとする者は，特約の存在を知った上で通知・承諾がなされることを了解しているはずであるから**，悪意と見なされる（466条の６第３項）。したがって，Ｂは，Ｃに対し，譲渡制限特約の存在を理由として，債務の履行を拒絶することができる。

以上から，妥当なものは**イ**と**オ**であり，正答は**4**である。

債権の消滅原因

必修問題

弁済に関するア～オの記述のうち，妥当なもののみをすべて挙げているのはどれか。 【国家総合職・令和4年度】

ア：債務者が債権者に対し弁済として他人の物を引き渡し，債権者がそのことを知らないままその物を消費してしまった場合，他人の物とは知らなかったことについて債権者に過失があるときは，その弁済は無効となる。

イ：債務の履行について**不確定期限**が付されている場合，債務者は，その期限が到来したことを知っていたとしても，債権者から履行の請求を受けない限りは，遅滞の責任を負わない。

ウ：債務者が債権者の**預金口座への払込み**によって弁済をする場合，その払い込まれた金額について債権者が預金口座から払い戻すことができるようになった時点で，弁済の効力が生じる。

エ：**弁済をするについて正当な利益を有する者**でない第三者であっても，債権者の意思に反して弁済をすることができる場合がある。

オ：**代物弁済**する場合，代物弁済に供する物の価値と債権額は，必ずしも一致する必要はないが，両者の間に著しい不均衡があり，**暴利行為**に当たる場合には，**公序良俗**に反し無効となることがある。

1 ア，ウ
2 イ，エ
3 ア，ウ，オ
4 イ，エ，オ
5 ウ，エ，オ

難易度 ＊＊

必修問題の解説

弁済は，債権の消滅原因の中で最もポピュラーなものである。そして，ポピュラーであるがゆえに，それがスムーズに行われるように，法は弁済について細かなルールを定めている。そこで，問題を通してどのようなルールが定められているかを検証しながら，スムーズな弁済による債権消滅のあり方を考えていこう。

ア× 他人の物の弁済で，債権者が受領物を善意で消費したときは，弁済は有効。

まず，たとえばある銘柄の缶ビール1ケースを引き渡すという契約で，誤って他人のものを引き渡してしまった場合，相手（債権者）が善意取得の要件を満たせば別だが，そうでない場合（善意・有過失など）は**自分が所有する同じものを引き渡さなければ，先に引き渡した他人のものの返還請求はできない**（475条）。

さらに，法は，「債権者が弁済として受領した物を善意で消費し，又は譲り渡したときは，その弁済は，有効とする」とする（476条前段）。他人の物かどうかは弁済する債務者の側が注意すべき事項であり，**弁済があったと安心して受領した債権者に「他人の物かどうかをきちんと確認すべき」という負担を課すのは妥当ではない**。

イ× **履行に不確定期限があるときは，期限到来を知れば遅滞の責任を負う。**

債務の履行について**不確定期限**が付されている場合，債務者は，その**期限が到来したことを知った時か，債権者から履行の請求を受けた時のいずれか早い時から遅滞の責任を負う**（412条２項）。

→テーマ１「債務不履行」No.３選択肢１

ウ○ **口座振込みの場合は，払戻しできるようになった時点で弁済の効力が生じる。**

妥当である。債務者が債権者の預金口座への払込みによって弁済をする場合は，債権者が預金口座から払い戻すことができるようになった時点で，弁済の効力が生じる（477条）。

金融機関の窓口で払い込みの手続きをするような場合は，債権者が払い出しを出来るようになるまで一定の時間がかかる。そのような場合，**実際に現金を入手できるようにならなければ弁済とはいえない**からである。

エ○ **弁済に正当な利益を有しない第三者でも，委託を受けた場合は弁済が可能。**

妥当である。弁済をするについて正当な利益を有する者でない第三者は，債権者の意思に反して弁済できない（474条３項本文）。ただし，その第三者が**債務者の委託を受けて弁済**をする場合で，そのことを債権者が知っていたときは，弁済が認められる（同項但書）。

この結論自体は常識的だが，前提が複雑なので，まずはその前提部分を解説する。

①**基本的には第三者も弁済できる**（原則，474条１項）…なぜなら，誰が弁済しようとも，債権者にとっては債権の満足が得られて利益になるからである。

②**正当な利益を有しない第三者は債務者の意思に反して弁済できない**…「その人には弁済してほしくない，恩を着せられたくない」という**債務者の意思を尊重するため**である（同条２項本文）。したがって，**債務者の意思に反する弁済は無効**となる。

一方，保証人や物上保証人などの「**弁済につき正当な利益を有する第三者**」は，**債務者の意思に反してでも弁済できる**。たとえば物上保証人なら，主債務者が弁済しなければ，抵当権が実行されて自宅住居などの抵当不動産を失うおそれがある。それを避けるには，正当な利益を有する者については弁済できるとしておかなければならない（したがって，正当な利益を有する第三者は，次の③の「債権者」の意思に反してでも弁済ができる。474条3項本文の反対解釈）。

③正当な利益を有しない第三者は債権者の意思に反して弁済できない…問題は，債務者の意思という内心の事情は，債権者からわかりにくいという点である。「債務者の意思に反する弁済は無効，しかし反しない場合には受領の義務がある」となると，債権者に，債務者の意思に関する調査義務を課すという無用の負担をかけることになる。そこで，法は次のような手当を講じている。

まず，**債務者の意思に反しないかどうかはわかりにくいので，債権者に受領拒絶権を認めた**（3項本文の「債権者の意思に反して弁済できない」とはそういう意味である）。

ただ，**債権者が知らずに受領してしまう場合**もあることから，その場合には**弁済は有効になる**とした（2項但書）。

これらによって，②を認めたことによって生じた弁済の際の債権者の負担をなくすことを工夫したわけである。

オ○ **代物弁済された物が債務者の急迫等に乗じた過大なものの場合は無効。**

妥当である。**代物弁済**とは，たとえば借金の返済の代わりに絵画を渡すなど，**債務者の負担した給付に代えて他の給付をすることにより債務を消滅させる旨の債権者と債務者間の契約**である（482条）。その場合の「他の給付」の価値が「本来の給付」の価値とぴったり一致することはまれであろうから，当事者が納得すれば，たとえ価値が一致しなくても弁済としては有効で，履行されれば債務は消滅する。

ただ，代物弁済として給付された物の価値が本来の給付と比較して著しく過大であり，それが**債務者の急迫や未経験などの事情に乗じたものである場合には，暴利行為として公序良俗違反**（90条）**により無効とされる場合がある**（最判昭27・11・20参照）。

以上から，妥当なものは**ウ**，**エ**，**オ**の3つであり，正答は**5**である。

正答 5

FOCUS

債権の消滅原因の分野では，主に弁済と相殺から出題される。このうち，弁済は論点が多く，また各論点間の有機的関連が薄いために，受験者には負担の重い分野と見られがちである。しかし，出題箇所は限定されており，論点の絞込みによる効率化を図ることによって，最小限の知識で十分な成果を得ることが可能である。

POINT

重要ポイント1 弁済

(1) 弁済の意義，弁済の提供

①弁済には，債務を弁済するという意思は必要でなく，単に債務の内容どおりの履行行為がなされればそれで債務は消滅する（通説）。したがって，弁済は法律行為ではないとされる。

また，弁済の内容となる給付は法律行為に限られない。

②弁済は，原則として，債務の本旨に従って現実になされなければならない。これを**現実の提供**という。

③金銭債務において，銀行の自己宛小切手または銀行が支払いを保証した小切手の提供は，現実の提供となる。

④実際に現金を持参し，債権者の前でそれを支払う旨を述べた場合には，現実の提供があったとされる。

⑤賃借人が賃料を持参して債権者の代理人である弁護士の事務所に赴いたが，弁護士が不在で現金の呈示ができない場合には，特段の事情のないかぎり，当該弁護士事務所の事務員に受領の催告をしなくても，現実の提供があったと認められる。

⑥債権者があらかじめその受領を拒んでいる場合には，弁済の準備を完了したうえで，債権者にこれを受け取るように催告すればよい。これを**口頭の提供**という。

⑦債権者の受領拒絶が明らかである場合には，弁済の提供をしなくてもよい（口頭の提供すら不要である）。

(2) 弁済の場所・費用，弁済の充当

①債権が特定物の引渡しを目的とするときは，弁済者は引渡しをすべき時の現状でその物を引き渡せば足りる。

②弁済の場所について当事者間に特段の合意がないときは，特定物の引渡しは債権発生当時にその物が存在した場所ですべきことになる。

③弁済の費用は，当事者間に特段の合意がない限り，債務者の負担となる。

④当事者の合意によって，法の定める充当の方法と異なる方法で充当することができる。

⑤弁済者は，弁済に際して債権者が弁済を受け取ったことを証明する受取証書（例：領収証）の交付を債権者に請求できる（弁済と受取証書の交付とは同時履行の関係に立つ）。

これに対して，債権証書が作成されている場合でも，債権証書の返還とは同時履行の関係に立たない。受取証書があれば，それによって債権の消滅は証明できるからである。

(3) 第三者の弁済

①第三者も債務者に代わって弁済することができる。ただし，正当な利益を有しない第三者は債務者の意思に反して弁済することができない。ここで「正当な利益」とは法律上の正当な利益を有しないという意味である。

②借地上の建物の賃借人は，敷地の地代の弁済について法律上の正当な利益を有する第三者である。したがって，債務者（建物の賃貸人である借地人）の意思に反

しても，債務者の代わりに地代を支払うことができる。

③第三者の弁済が許されない場合

以下の3つの場合には，第三者の弁済は許されない。

(1)	・債務の性質がこれを許さないとき →特別な技術を有する医師の専門的治療，特定歌手の出演など
(2)	・当事者が反対の意思を表示したとき →この場合の意思表示は，契約によって生じる債権の場合は契約で，単独行為によって生じる債権の場合は単独行為で行う。
(3)	・正当な利益を有しない者は債務者または債権者の意思に反して弁済できない。

(4) 受領権者としての外観を有する者に対する弁済

①取引通念に照らして真実債権を有するとの外観を備える者をいい，その者に対する弁済は，弁済者が善意・無過失である限り有効な弁済となる。

②預金通帳（銀行）ないし貯金通帳（郵便局）と届出印を持参して払戻しを請求する者に対して，銀行ないし郵便局が支払いをした場合には，銀行，郵便局が善意・無過失である限り，受領権者としての外観を有する者に対する弁済として有効な弁済となる。

③金融機関が，記名式定期預金について真実の預金者甲と異なる乙を預金者と認定して乙に貸付けをしたのち，貸付債権を自働債権とし預金債権を受働債権としてした相殺が478条により甲に対して効力を生ずるためには，当該貸付時において，乙を預金者本人と認定するについて金融機関として負担すべき相当の注意義務を尽くしたと認められれば足りる。

④代理人と詐称して弁済を受ける者（詐称代理人）も，取引通念に照らして弁済受領の権限を有するような外観を備えていれば，受領権者としての外観を有する者に当たる。

重要ポイント2 供託

①債権者側の事情によって弁済ができない場合には，債務者は目的物を供託して債務を免れることができる。すなわち，有効な供託があれば，その時点で債務は消滅する。

　供託に債権者の承諾は不要である。

②供託原因は，債権者の受領拒絶，債権者の受領不能，弁済者が過失なく債権者がだれであるかを知ることができないとき，の3つである。

③供託者には，供託者以外の者の利益に影響を及ぼさない範囲で，供託物の取戻しが認められる。ただし，この取戻権は，債権者が供託を受諾したとき，供託を有効とした判決が確定したとき，供託によって質権または抵当権が消滅したとき，取戻権の消滅時効が完成したとき，の4つの場合には消滅することになる。

重要ポイント3 相殺（そうさい）

(1) 意義

①同種の目的を有する債権（例：ＡＢが互いに金銭債権を有している，あるいはＡＢが互いに甲会社の乙銘柄の同容量のビールの引渡債務を負っている）が対立している場合には，実際にお金や物の相互引渡しをする手間を省いて，意思表示だけで債権債務を帳消しにできる。これを相殺という。

②相殺は，両当事者の公平の確保や手間を省くという簡便さ，簡易決済による債権回収の期待の保護（相殺の担保的機能）などに基づいて認められた制度である。

(2) 要件（相殺適状）・効果

①互いに対立する２つの債権が相殺できる状態になることを**相殺適状**という。

②互いに対立する２つの債権が相殺できる状態になるためには，両債権が同種の目的を有すること，相殺する側の債権（自働債権）が弁済期に達していること，債務の性質が相殺を許さないものでないことなどの要件が必要である。なお，両債権の弁済期に関する相殺の要件は，以下のとおりである。

	期限の利益	相殺の可否
自働債権	相手方にある	相手方は自働債権の履行期までの間，履行を強制されない ⬇ 自働債権の弁済期が未到来であれば相殺不可
受働債権	相殺する者の側にある	期限の利益の放棄は可能（136条２項本文） ⬇ 受働債権の弁済期が未到来でも，自働債権の弁済期が到来していれば相殺可

③不法行為に基づく損害賠償債権（ただし悪意による不法行為に基づく損害賠償の債務，人の生命または身体の侵害による損害賠償の債務）に関する相殺の可否は，以下のとおりである。

自働債権	受働債権	相殺の可否
不法行為に基づく損害賠償債権	一般の債権	○
一般の債権	不法行為に基づく損害賠償債権	×
不法行為に基づく損害賠償債権	不法行為に基づく損害賠償債権	× （最判昭49・6・28）

※結局，受働債権が前記（③のカッコ）のような不法行為に基づく損害賠償債権であれば相殺不可。

④当事者の合意によって相殺を禁止する特約を締結することもできる。ただし，その特約は善意・無重過失の第三者には対抗できない。

⑤相殺は，相手方に対する一方的意思表示によってこれを行う。

両債権の履行場所が異なる場合でも，相殺は認められる。

⑥時効によって債権が消滅した場合でも，その債権が消滅前にすでに相殺できる状態になっていれば，債権者は時効消滅した債権を用いて相手方に対する自己の債務と相殺をすることができる。

⑦相殺の意思表示がなされると，両債権は相殺の要件を満たした最初の時点（相殺適状時）にさかのぼってその効力を生じる。

（3）相殺の担保的機能

①同種の債権が対立している場合，当事者は互いに相殺による債権債務の簡易決済の期待を有しており，この期待は法的保護に値するものとされる。これを相殺の担保的機能という。

②相殺による簡易決済の期待は，両債権の弁済期の先後に関係なく保護される（無制限説）。

重要ポイント 4 その他の債権の消滅原因

①債権の一般的消滅原因として定められているものには，前述した弁済，代物弁済，供託，相殺のほかに，更改，免除，混同がある。

②債権は，債権の一般的消滅原因のほかに，権利の一般的消滅原因によっても消滅する。消滅時効の完成，権利の存続期間の満了などがその例である。

　さらに，債権が法律行為に基づいて成立している場合には，取消しや解除，解除条件の成就によっても消滅する。

③更改がなされると，旧債務に付されていた担保権や保証債務は，別段の合意がなされない限り消滅する。

実戦問題1 基本レベル

No.1 ＊ **弁済に関する次の記述のうち，妥当なものはどれか。**

【地方上級（全国型）・平成26年度改題】

1 債務の履行について債権者の行為を要するときは，弁済の提供は，債務の本旨に従って現実にしなければならない。

2 債権者があらかじめ弁済の受領を拒んでいる場合であっても，弁済の提供は，債務の本旨に従って現実にしなければならない。

3 弁済につき正当な利益を有しない第三者は，債務者ないし債権者の意思に反して弁済はできないが，弁済につき正当な利益を有する第三者は，債務者ないし債権者の意思に反して弁済をすることができる。

4 差押えを受けた債権の第三債務者が自己の債権者に弁済をしたときは，差押債権者といえども，その受けた損害の限度においてさらに弁済をすべき旨を第三債務者に請求することはできない。

5 受領権者としての外観を有する者に対して弁済をした場合，その弁済をした者が善意であれば当該弁済は有効となる。

No.2 ＊ **弁済に関するア～オの記述のうち，妥当なもののみをすべて挙げているのはどれか。**

【国家一般職・平成25年度】

ア：抵当不動産の物上保証人は，債務者の意思に反しても，弁済をすることができる。

イ：抵当不動産の物上保証人は，債権者が弁済の受領を拒んで受領遅滞に陥ったときであっても，供託をすることはできない。

ウ：抵当不動産の物上保証人が１名，保証人が２名いる場合，物上保証人が債権の全額を弁済したときは，物上保証人は，債権全額の３分の１の割合をもって，各保証人に対し，債権者に代位してその有していた権利を行使することができる。

エ：抵当不動産の物上保証人が債権の全額を弁済した場合であっても，債権者は，債務者本人から借用証書の返還請求があれば，物上保証人に借用証書を交付することはできない。

オ：抵当不動産の物上保証人が債権の一部のみを弁済した場合には，残額を完済するまでは，物上保証人は債権者に代位してその権利を行使することはできない。

1 ア，ウ
2 ア，オ
3 イ，ウ
4 イ，エ
5 エ，オ

＊No.3 相殺に関する次の記述のうち，妥当なものはどれか。

【地方上級（全国型）・令和元年度】

1 AがBに対して貸金債権を有し，BがAに対して代金債権を有している場合において，Bの代金債権の弁済期が到来していなければ，Aから相殺をすることはできない。

2 AがBに悪意による不法行為を行ったことにより，BがAに対して損害賠償債権を有し，AがBに対して貸金債権を有する場合において，Bから相殺をすることはできる。

3 AがBに悪意による不法行為を行ったことにより，BがAに対して損害賠償債権を有し，AがBに対して貸金債権を有する場合において，Aから相殺をすることはできる。

4 AがBに対して貸金債権を有し，BがAに対して代金債権を有している場合において，Aの貸金債権が時効消滅したときは，Aから相殺ができることはない。

5 AがBに対して貸金債権を有し，BがAに対して代金債権を有している場合において，双方の債務の履行地が異なるときは，相殺をすることができない。

実戦問題1の解説

No.1 の解説　弁済　→問題はP.139　正答3

1 ×　債務の履行について債権者の行為を要するときは，口頭の提供で足りる。

債務者が，債務の内容を実現するために，「するべきことをする」ことを**弁済の提供**という。この弁済の提供は，**「債務の本旨に従って現実に」行われるのが原則**である（493条本文）。これを**現実の提供**という。ここで，債務の本旨に従ってとは「履行すべき内容の通りに」という意味である。

ただ，たとえば，「家賃は値上げしたはず。それなのに，賃借人は認めずに従来の額の家賃を持って来ようとする。それでは受け取れない」などと，**①債権者があらかじめ債務の受領を拒んだとき**や，「債務者の倉庫において検品のうえで受け取る」など，**②履行に債権者の協力が必要なとき**，の2つの場合には，弁済の準備をしたことを通知してその受領を催告すれば足りる（同条但書）。これを**口頭の提供**という。

本肢の，「債務の履行について債権者の行為を要するとき」は上記②に当たるので，弁済の提供は現実の提供ではなく口頭の提供で足りる。

2 ×　債権者があらかじめ弁済の受領を拒んでいる場合は，口頭の提供で足りる。

この場合には，弁済の準備を済ませたことを債権者に通知して受領を催告すれば足りる（493条但書，口頭の提供）。**受領を拒んでいるのに現実の提供をせよというのは，債務者に無用な負担を強いる**ことになるからである。

なお，あらかじめ弁済の受領を拒んでいる場合にも次の2つが考えられるので，まとめておこう。

●債権者があらかじめ弁済の受領を拒んでいる場合
①債務者は口頭の提供を行えば足りる。
②債権者が債権の存在自体を否定するなど，受領拒絶の意思が強固である場合は口頭の提供も不要である。

3 ◎　正当な利益を有する第三者は，債務者・債権者の意思に反して弁済ができる。

妥当である（474条1項，2項本文，3項本文）。→必修問題エ

なお，「**正当な利益を有する第三者**」の例としては，**物上保証人**，**抵当不動産の第三取得者**，**後順位抵当権者**，**借地上の建物の借家人**などがある。

このうち，借地上の建物の借家人についてはしばしば出題されるので，ここで説明しておくと，たとえば，A所有の土地をBが借りて，その上にBが自己所有の建物を建て，それをCに賃貸したとする。その場合に，Bが借地の賃料を支払わなかったなら，CはBに代わってAに賃料を支払うことができるかという問題である。

Bが土地の賃料を支払わなければ，AはBの債務不履行を理由にAB間の土地賃貸借契約を解除できる（541条本文）。その際，契約関係のないCの同意などは不要である。そして，**解除されると借地権が消滅するので，Bは賃貸建物を撤去しなければならなくなる**。その結果，Cは建物の賃借ができなくなる。しかし，Cが**建物の賃借を続けるというのは法的な利益であり**，そ

こで，判例は，この場合のCは借地人Bに代わって賃料を支払うにつき「正当な利益を有する者」に当たるとした（最判昭63・7・1）。

4 × **差押えを受けた債権の第三債務者の弁済は，債権者に対抗できない。**

債権の差押えにより支払いの差止めを受けた場合，第三債務者は債務者（第三債務者からいうと債権者）に**弁済してはならないという拘束を受ける**。それにもかかわらず，あえて弁済したのであれば，そのリスクは第三債務者が負うべきである。したがって，差押債権者は，その受けた損害の限度においてさらに自己に対して弁済をすべき旨を第三債務者に請求できる（481条1項）。

5 × **受領権者の外観を有する者に対する弁済は，債務者が善意・無過失なら有効。**

すなわち，単に善意（正当な債権者と思っていた）だけでは足りず，無過失（そう思うことがやむをえないという場合）でなければならない（478条）。

受領権者としての外観を有する者とは，真実の債権者または受領権限を有する者ではないが，**社会生活上，その者を債権者・受領権者であると判断することが無理からぬと思われるような者**をいう。このような者に対する弁済は，**弁済者が善意・無過失であれば有効な弁済として扱われる**（478条）。

たとえば，毎月の月末に集金に来ている店員が，店の領収証を持って集金に来たような場合，その前日に解雇されていたとしても店からその連絡がなければ，債務者はいつもどおり代金を払うであろう。このような場合には弁済者を保護する必要があるので，弁済者の善意・無過失を要件にその弁済を有効なものとしたのが受領権者としての外観を有する者に対する弁済である。

ただ，店から解雇の連絡が来ていたのに，それを失念して善意で支払ったなどという場合には，過失があるので弁済は有効とはならない。

No.2 の解説　弁済

→問題はP.139 **正答 1**

ア ○ **物上保証人など正当な利益を有する第三者は，債務者の意思に反して弁済可。**

妥当である。債務者が弁済しないでいると，抵当権が実行されて物上保証人は自己の不動産を失ってしまう。物上保証人が，このような事態を傍観していなければならないとするのは不合理である。そこで，法は，弁済をするについて**正当な利益を有する第三者は，債務者の意思に反してでも弁済できる**とした（474条1項，2項本文）。

なお，ここで「正当な利益を有する」とは**法律上の正当な利益を有するという意味**であり，友人あるいは親族などといった事実上の利益のようなものは含まない。債務者の意思に反してでも弁済を認める必要があるのは，**弁済しなければ自己の法的な権利が損なわれるおそれがある者に限れば足りる。**

イ × **債務者だけでなく，弁済権限が認められる第三者も弁済供託ができる。**

まず**供託原因**であるが，これは①**受領拒絶**（494条1項1号），②**受領不能**（同項2号），③**債権者不確知**（同条2項）の3つである。そして，これらに該当する場合には，弁済者は供託所に弁済物を供託して債務を消滅させることができる（同条１項柱書後段）。

債権者としては，債権の満足を得られればよいので，債務者に限らず，広く弁済できる者については供託することを認めても債権者に不利にはならないからである。

そのため，**物上保証人も供託して抵当権の実行を阻止することができる。**

ウ○ 物上保証人が全額弁済した場合，債権者に代位して保証人に権利行使できる。

妥当である（501条３項４号）。公平の観点から，次のような扱いがなされている。

●法定代位者相互間の関係（保証人と物上保証人の双方がいる場合）

①保証人と物上保証人を合わせた数でリスクを分担する（501条３項４号本文）。
　→主債務を保証しているという点で責任の重さに変わりがないからである。
　→例：保証人が２人，物上保証人が２人という場合には，保証人はそれぞれ４分の１ずつ，物上保証人は２人で２分の１の負担となる。

②物上保証人が複数いる場合には，不動産の価格割合に比例して責任を分担する（同項３号）。物上保証人内部では，それぞれの不動産の価格割合で責任の重さに違いが生ずることが理由。
　→上の例で，２人の物上保証人の不動産の価額が１対２であるならば，それぞれの物上保証人の責任は，２分の１（物上保証人の責任の合計）×３分の１（ないし３分の２）となる。

この個所は，保証人や物上保証人の数など様々な事例を想定できるため（たとえば，保証人の一人が物上保証人の地位を兼ねている場合はどうかなども含めて），複雑な部分である。本問は，この点に配慮したためか，物上保証人は１人という設定になっている。そのため，上記②を考慮する必要がなく，①のみで考えればよい。本肢では，とりあえず，公平という観点から責任が配分されているということを覚えておこう。

エ× 全額の代位弁済の場合，借用証書は代位弁済者に返還しなければならない。

第三者が債権者に全額を弁済した場合，第三者は債権者の有していた権利の移転を受けて債務者に求償していくことになる（本肢の場合は，第三者は物上保証人）。その際，**債権者は第三者の権利行使が容易になるように協力すべき義務を負う**。具体的には，債権に関する証書および自己の占有する担保物を代位者に交付しなければならない（503条１項）。

オ× 一部弁済による代位では，代位者は債権者とともに権利行使する。

債権者は，債権の一部についての弁済を受領する義務はないが，これを受領した場合には，弁済者の保護を考慮する必要がある。そのため，法は，代位者も「債権者の同意を得て，弁済した価額に応じて債権者とともにその権利を行使することができる」とする（502条１項）。

たとえば，代位弁済者以外にも物上保証人がいる場合には，債権者とともに物上保証人に対する抵当権を実行して，自己の求償権を確保できるという意味である。

ここで**「債権者の同意を得て」とは，代位者が単独で抵当権を実行できないという意味である**。代位者の単独実行は，債権者がどの時期に担保権を実行して債権を回収するかという，**債権者の換価時期選択の自由を奪いかねない**からである。

以上から，妥当なものは**ア**と**ウ**であり，**1**が正答である。

No.3 の解説　相殺

→問題はP.140　**正答2**

1 ×　自働債権が弁済期にあれば，受働債権の期限の利益を放棄して相殺できる。

本肢で自働債権とはＡ→Ｂの債権で，受働債権とはＢ→Ａの債権である。そして，両債権はいずれも金銭債権であるから相殺に適した債権である。

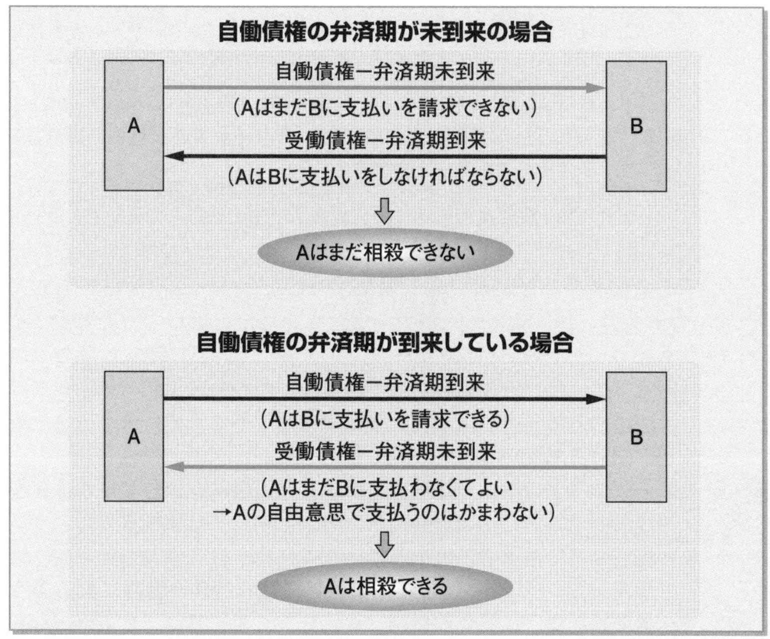

本肢は図の下側であるが，Ａ→Ｂの債権の期限が到来していれば，ＡはＢから支払いを受けられる（**自働債権は弁済期にある**）。一方，Ｂの債権の弁済期が到来していなければ，ＡはまだＢに支払わなくてよい（**受働債権は弁済期にない**）。でも，「まだ払わなくてよい」ということは「払ってもかまわない」（**期限の利益の放棄**，136条２項本文）ということであるから，Ａが期限の利益を放棄して，Ｂから払ってもらえるお金で今すぐＢに弁済する（両債権を対等額で相殺する）ことはなんら差支えない（大判昭８・５・30）。

結局，**Ｂの代金債権の弁済期が到来していなくても，Ａの貸金債権の弁済**

期が到来していれば，Ａから相殺をすることができる。

2 ◎ 悪意の不法行為に基づく損害賠償請求権を自働債権とする相殺は認められる。

妥当である。不法行為等により生じた損害賠償債権を自働債権とする相殺は認められる（最判昭42・11・30）。この場合は不法行為が悪意によるか否かを問わない。**被害者自身が，その有する損害賠償債権を使って相殺を望むのであれば，これを禁止する理由はない**からである。

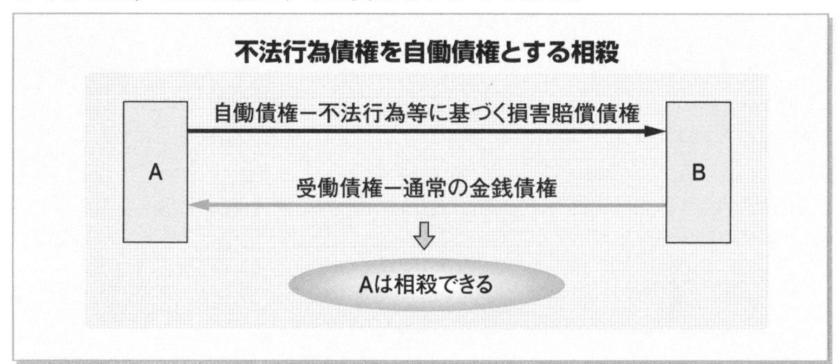

3 × 悪意の不法行為による損害賠償債権を受働債権とする相殺は認められない。

悪意による不法行為等により生じた損害賠償債権を受働債権とする相殺は認められない。これは，**治療費などを現実に必要としている被害者の保護を図る**ためである（509条柱書本文，１号）。

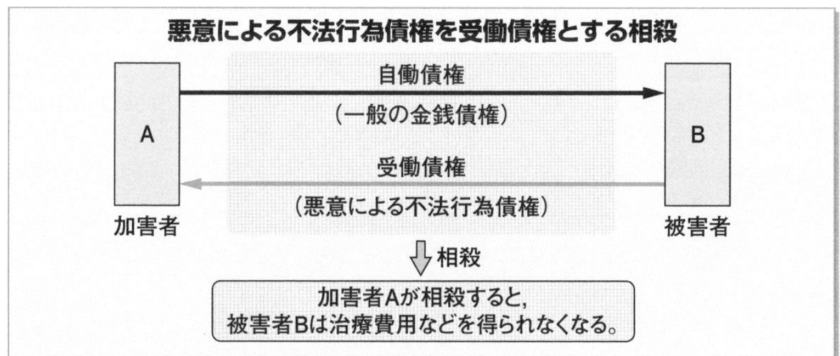

4 × 時効によって消滅した債権を自働債権として相殺することができる。

Ａの債権が**時効消滅する以前に両債権が相殺適状**になっていれば，Ａから相殺することができる（508条）。

時効消滅する以前に，対立する２つの債権が相殺できる状態になった場合には，**当事者はそれによって自動的に債権と債務が簡易に決済されたものと考えて**，相殺の意思表示を行なわないことが多い。そのような当事者の意思ないし信頼を保護しようとする趣旨である。

5 × 両債権の履行地が異なる場合でも，相殺は可能である。

たとえば，ＡのＢに対する100万円の債務の履行地が東京で，ＢのＡに対する100万円の債務の履行地が大阪である場合，相殺を認めなければ，Ａが東京に出向いて100万円を弁済し，つづけてＢが大阪に出向いて100万円を弁済するという無駄な手間が必要になる。**履行地が異なる場合でも，簡易決済のために相殺を認めるのが合理的**である（507条前段）。

実戦問題2　応用レベル

No.4 ＊＊ **弁済の効力に関するア～オの記述のうち，判例に照らし，妥当なもののみをすべて挙げているのはどれか。** 【国家総合職・平成30年度】

ア：債権者の代理人を詐称する者に対する弁済の効力は，表見代理に関する規定によって決するべきであるから，真実の代理人でないことにつき弁済者が善意かつ無過失であったとしても，それだけでは弁済は有効とならない。

イ：弁済の提供は，債務の本旨に従って行われる必要があるため，金銭債務の弁済においては，金額に不足があれば，当該不足の程度にかかわらず，弁済の提供があったものとは認められない。

ウ：債務者が弁済の提供をしようとする場合において，債権者があらかじめ弁済の受領を拒んでいるときは，現実に弁済の提供をする必要はなく，いわゆる口頭の提供で足りる。もっとも，債務者は，債権者が受領を申し出た場合には直ちに現実に提供することができるよう準備をしておかなければならず，金銭債務であれば，現金を調達して手元に用意しておかなければ，弁済の準備をしたとはいえない。

エ：債権者が契約の存在を否定しており，弁済を受領しない意思が明解であると認められる場合であっても，債権者が翻意する可能性もあることから，債務者は，いわゆる口頭の提供を行わなければ，債務不履行の責任を免れることはできない。

オ：金融機関であるAが，相当の注意義務を尽くしたにもかかわらず，真実の預金者Bを詐称するCをB本人であると誤認し，Bの定期預金債権を担保とする貸付けを行った場合，Aが，当該定期預金の満期後にCは真実の預金者でないことを認識した上で当該貸付金債権と当該定期預金債権とを相殺したとしても，当該相殺は有効である。

1 ア
2 オ
3 ア，ウ
4 エ，オ
5 イ，ウ，エ

No.5 ＊＊ **民法に規定する弁済の目的物の供託に関する記述として，判例，通説に照らして，妥当なのはどれか。** 【地方上級（特別区）・平成24年度】

1 債務者は，弁済の目的物を供託した場合，遅滞なく，債権者に供託の通知をしなければならず，これを怠ったときは，当該供託は無効であり，債務は消滅しない。

2 債権者があらかじめ受領しないことが明確であるときであっても，受領遅滞は供託の要件であるので，債務者は弁済の準備をして口頭の提供をする必要があり，口頭の提供をしないでした供託は無効である。

3 債権者が供託を受諾せず，または供託を有効と宣告した判決が確定しない間は，当該供託によって質権または抵当権が消滅した場合であっても，弁済者は供託物を取り戻すことができる。

4 最高裁判所の判例では，本来，一部供託は無効であるが，債務の一部ずつの弁済供託がなされた場合であっても，各供託金の合計額が債務全額に達したときは，その全額について供託があったものとして，これを有効な供託と解するのが相当であるとした。

5 最高裁判所の判例では，民法は，消滅時効は権利を行使することができる時から進行すると定めているので，弁済供託における供託金取戻請求権の消滅時効は，供託者が免責の効果を受ける必要が消滅した時から進行するのではなく，供託の時から進行するとした。

No.6 ＊ **相殺に関する次の記述のうち，妥当なものはどれか。**

【地方上級（全国型）・平成21年度改題】

1 時効消滅した債権の債権者は，その債権が時効消滅する以前に相殺適状にあった場合でも，その債権を自働債権として相殺することは認められない。

2 同時履行の抗弁権の付着した債権について相殺を認めると，抗弁権を一方的に奪う結果になるので，そのような債権を受働債権として相殺することはできない。

3 悪意による不法行為に基づく損害賠償請求権を受働債権として相殺することは認められていないが，これを自働債権として相殺することは認められる。

4 相殺の意思表示は，当事者の一方から相手方に対して行われ，相対立する債権は相殺の意思表示が到達した時点において対当額で消滅する。

5 債権が差押えを禁止されたものであるときは，債権の満足が法律によって強制されていることから，これを相殺のために用いることは一切許されない。

No.7 ＊＊ **民法に規定する相殺に関する記述として，判例，通説に照らして，妥当なのはどれか。** 【地方上級（特別区）・令和２年度】

1 相殺が有効になされるためには，相対立する債権の弁済期について，自働債権は必ずしも弁済期にあることを必要としないが，受働債権は常に弁済期に達していなければならない。

2 相殺は，双方の債務の履行地が異なるときであってもすることができ，この場合において，相殺をする当事者は，相手方に対し，これによって生じた損害を賠償する必要はない。

3 相殺は，対立する債権がいずれも有効に存在していなければならないので，時効により債権が消滅した場合には，その消滅前に相殺適状にあっても，その債権者はこれを自働債権として相殺することができない。

4 最高裁判所の判例では，賃金過払による不当利得返還請求権を自働債権とし，その後に支払われる賃金の支払請求権を受働債権としてする相殺は，過払と賃金の清算調整が合理的に接着していない時期にされても，違法ではないとした。

5 最高裁判所の判例では，賃貸借契約が賃料不払のため適法に解除された以上，たとえその後，賃借人の相殺の意思表示により当該賃料債務が遡って消滅しても，その解除の効力に影響はないとした。

実戦問題❷の解説

No.4 の解説　弁済の効力　→問題はP.147　正答2

ア×　詐称代理人への弁済は表見代理の規定ではなく478条によって処理される。

本肢は，債権者の代理人を詐称する者に対する弁済の有効性が，①受領権者としての外観を有する者への弁済の規定（478条）によって判断されるのか，それとも，②表見代理の規定（110条）によって判断されるのかという問題である。

両者はともに，弁済者に善意・無過失が要求される点では同じであるが，表見代理の場合は，それに加えて本人の帰責事由が要求されるため，弁済者が保護される要件は①よりも②のほうが厳しくなる。

しかし，たとえば，通帳を盗んだ者が銀行の窓口で払い戻しを受けようとして，預金者本人と名乗ったか（①）代理人と名乗ったか（②）で，銀行が「保護される・されない」が違ってくるのは妥当でない。そこで判例も，受領権限を有しているような外観があれば，**代理人と詐称した場合でも「受領権者としての外観を有する者」に含めて解している**（最判昭37・8・21）。

イ×　提供金額のわずかな不足であれば，有効な弁済とみられる場合がある。

弁済は，債務の本旨に従って行われなければならず，金銭債務であれば，債権額全額の弁済でなければ有効な弁済とはならないのが原則である。

ただ，事情によっては，**提供された金額がわずかに不足するという場合に，信義則に照らして有効な弁済と判断される余地はありうる**（最判昭35・12・15）。たとえば，売買代金を供託したが，利息の期間計算を間違って利息額がわずかに少なかったなどという場合，債務の本旨に従った履行がなされていないとして債権者が契約を解除するのは信義に反する。

ウ×　受領拒絶の場合は，翻意すれば直ちに給付完了できる準備があれば足りる。

まず，債権者があらかじめ弁済の受領を拒んでいるときは，弁済の提供の程度は**口頭の提供**で足りる（493条但書）。→No.1選択肢1

ただその場合も，債権者が翻意して受領しようとすれば，直ちに現実に提供できるような準備をしておかなければならない。ただ，それは「直ちに提供できる準備」であるから，**必ずしも現金を手元に用意しておく必要はない**。たとえば銀行との融資契約があることなどでもよい（大判大7・12・4）。

エ×　債権者の受領拒絶の意思が明確な場合には，口頭の提供も不要である。

債権者が契約の存在を否定しているような場合には，口頭の提供を行っても意味がない。そのような場合には，口頭の提供を行わなくても，債務者は債務不履行の責任を免れる（最大判昭32・6・5）。→No.1選択肢2

オ○　定期預金の本人詐称者に貸付けて相殺した場合も478条の類推適用が可能。

妥当である。本肢では，金融機関Aが相当の注意を尽くして本人確認をして，本人を詐称するCを真実の預金者Bと誤認し，Bの定期預金を担保にCに貸付を行った。その後，金融機関Aは定期預金の満期後にCがBでないことに気づいたが，Cが返済しないので，Cへの貸金とBの定期預金を相殺したというものである。そこで，このような相殺は許されるか。もし許されるとすれば，その根拠条文は何かが問題になった。

判例は，「金融機関として負担すべき相当の注意義務を尽くしたと認められるときには，478条の規定を類推適用し，第三者に対する貸金債権と担保に供された定期預金債権との相殺をもって真実の預金者に対抗することができる」とする（最判昭59・2・23）。つまり，**相殺は許され，その根拠条文は478条の類推適用である**とする。

ただ，478条は，「受領権者の外観を有する者に対する弁済」の規定であり，本肢のように，「定期預金を担保に貸付をして相殺する」などという事例に関する規定ではない。しかし，判例は，相当の注意を尽くして本人確認していれば，その後本人ではないことがわかっても，478条の規定の類推適用により相殺が認められるという。弁済と相殺ではジャンルが違うようにも思えるが，とにかく先に結論ありきで，あとは「それっぽい根拠条文を探す」という判例の手法である。

なお，この判例は，相殺の担保的機能を重視したものであり，平成21年度の国家Ⅱ種試験でも，1問丸ごと本判例を素材とした問題が出題されているので要注意の判例といえる。

以上から，妥当なものは**オ**のみであり，正答は**2**である。

No.5 の解説 供託

→問題はP.148 正答 4

供託とは，受領拒絶などの債権者側の事情によって債務者が弁済できない場合に，**弁済の目的物を供託所**（法務局の中に置かれている）**に預かってもらう制度**であり，これを行うと債務は消滅する（あとは，債権者が供託所に目的物を取りに行けばよい）。

1 × 債務者による供託の通知がなくても供託は無効にはならない。

民法は，債務者が供託を行った場合には，その旨を債権者に通知しなければならないと規定している（495条３項）。ただ，供託の手続きにおいては供託所から被供託者に供託通知書が発送され，被供託者はこの通知書だけで還付請求ができるとされているので，事実上この義務は有名無実化している。そのため債務者による通知がなくても供託は無効にはならないと解されている（最判昭29・２・11）。

2 × 債権者があらかじめ受領しないことが明確であれば，有効に供託できる。

債権者が弁済を受領しない意思が明らかである場合には，口頭の提供を行っても無意味である。したがって，これを経なくても供託は有効となる（大判大11・10・25）。

3 × 供託により質権や抵当権が消滅した場合は，供託物取戻権もまた消滅する。

供託によって債務は消滅するので，その債務に質権や抵当権が付されていた場合には，それらもまた消滅する（**担保物権の付従性**）。したがって，その場合に取戻しを認めると，担保付の債権が無担保債権として復活することになり，債権者を不当に害することになる。そのため，法は，**質権や抵当権が消滅した場合には取戻権もまた消滅する**とする（496条２項）。

4 ◎ 債務の一部ずつの弁済供託が債務額全額に達したときは有効な供託となる。

妥当である。合計すれば債務全額に達しているという場合には，債権者としては債権の満足が得られるので，このような供託をあえて無効とする必要はない（最判昭46・９・21）。

5 × 取戻請求権の消滅時効は，免責を受ける必要が消滅した時から進行する。

供託者には，債権者が供託を受諾するなど，一定の事由が生じない間はこれを取り戻すことが認められている。ただ，この権利もいつまでも行使しないでいると，時効によって消滅してしまう。問題は，その起算点である。一つ事例で考えてみよう。

賃料の値上げについて紛争が生じ，従来の賃料を供託した賃借人甲と，それでは不足だとする賃貸人乙との間に長い紛争が続いたとする。後日，賃貸借契約を解除する代わりに現在までの賃料を放棄するという裁判上の和解が成立したので，賃借人甲が供託所に供託金を取り戻しに行ったところ，「すでに供託から時間が経過しており時効消滅している」というのでは，あまりに甲に酷である。このような場合，時効の起算点は，供託した時というよりもむしろ裁判上の和解が成立して**供託を維持する必要がなくなった時**であろう。なぜなら，和解協議が続いている間は，和解内容がどうなるかわからないので，供託金を取り戻すことは現実には困難だからである。そこで，判例は，これを「供託者が免責の効果を受ける必要が消滅した時」としている（最大判昭45・7・15）。

No.6 の解説　相殺

→問題はP.148　**正答3**

1 ×　時効によって消滅した債権を自働債権として相殺することができる。

時効によって債権が消滅した場合でも，その債権が消滅前にすでに相殺できる状態になっていれば，債権者は時効消滅した債権を用いて相手方に対する自己の債務と相殺することができる（508条）。→No.２選択肢４

2 ×　抗弁権の付着している債権を受働債権として相殺することは可能である。

抗弁権の付着した債権とは，債権者の履行請求に対して債務者が**履行を拒絶できるなんらかの事由（抗弁）を有している債権**のことである。そして，「受働債権に抗弁権が付着している」とは，Ｂの支払請求に対してＡがこれを拒絶できる主張をもっているということである。この場合，抗弁を主張するかどうかはＡの自由であるから，Ａは抗弁を主張せずに両債権を相殺することができる。相殺すれば，ＡはＢの債権（受働債権）について相殺した額の限度で支払いを済ませたことになる。

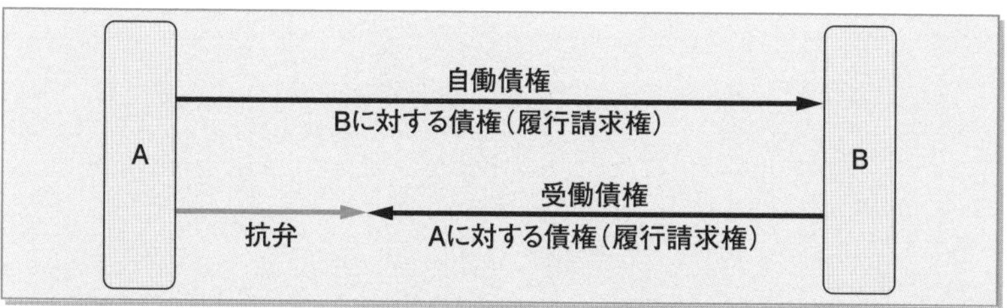

●「抗弁権が付いている場合の相殺の可否」の処理方法

この問題は理論で考えていると混乱しやすいので，わからなければ実際にA，B両者に支払いをさせてみればよい。原始的だが，これが一番確実な方法である。なぜなら，相殺とは，相殺者Aが相手方Bから弁済として受け取ったお金を再度Bに弁済として戻すという，通常の弁済方法にかかる手間を省くものにすぎないからである。

これを上図の例で考えてみよう。結果は次のようになる。

まず，AはBから債務を支払ってもらうことができるので，お金はAに渡る。そこで，Aはそのお金を自己のBに対する債務の弁済としてBに渡すことができる。AはBの請求に対して支払いを拒絶する事由（抗弁）を有しているが，それは権利であって義務ではないから，Aはその事由（抗弁）を主張せずに支払ってもよい。そうなると，お金は結局Bの元に戻る。これを最初からお金を動かさずに意思表示だけで済ませようというのが相殺の制度であるから，本肢の場合には相殺は可能である。

3 ◎　悪意による不法行為の損害賠償債権を受働債権とする相殺は認められない。

妥当である。被害者保護の観点から，**悪意による不法行為等に基づく損害賠償請求権を受働債権とする相殺は認められない**（509条）。

一方，**不法行為等債権を自働債権とする相殺は認められる**。被害者自身が，その有する損害賠償請求権を使って相殺を望むのであれば，これを禁止する理由はないからである（最判昭42・11・30参照）。→No.３選択肢３

4 × 相殺の意思表示は相殺適状時にさかのぼってその効力を生ずる。

これは，相殺の意思表示の到達時点ではなく，相殺に適した状態になった時点で両債権が消滅したものとして扱うという意味である（506条２項）。

相殺の要件をすべて満たした場合には（**相殺適状**），当事者は両債権がすでに決済されたものと考えるのが通常であることから，この当事者の意思ないし信頼を保護する趣旨である（相殺適状時に消滅したものとして扱うので，その時点以降は両債権ともに利息は発生しない。したがって，次の図でいえば，両債権の利率が異なる場合，Ｂは利息の差額分の40万円をＡに支払わなくてもよいということになる）。

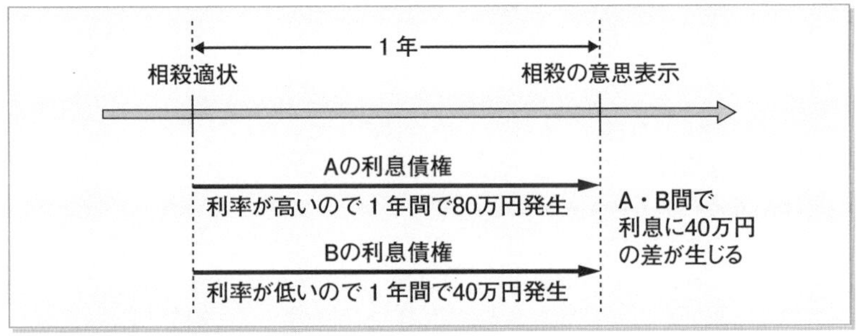

5 × 差押禁止債権を自働債権とする相殺は認められる。

たとえば，差押禁止債権である生活保護受給権は，受給権者の生存確保のために差押えが禁止されている（生活保護法58条）。したがって，これを受働債権として相殺することは，相殺される者の生存を脅かすことになるので認められない。

しかし，受給権者が自ら相殺することは，この趣旨に反しないので認められる（510条）。

No.7 の解説　相殺

→問題はP.149　**正答5**

1 ×　受働債権は弁債期に達していなくとも相殺できる。

なお，自働債権は弁済期に達していなければ相殺はできない。

自働債権とは相殺する側が相殺される側に対して有している債権であり，**受働債権はその反対債権**である。No.３選択肢１の図で，Ｂは自働債権の弁済期未到来の間は（つまりＢの債務の支払期限が到来するまでは）Ａに弁済する義務はない。ところが，その間にＡの相殺を認めると，Ｂは弁済期前に弁済を強制される結果になる。なぜなら，相殺とはＡがＢに負っている受働債権の支払義務を，ＢがＡに負っている自働債権の支払義務で決済して消滅させようとする制度だからである。しかし，それは不当なので，自働債権の弁済期（ＢのＡに対する支払期限）が到来するまでは，相殺は許されない。

自働債権とは相殺する側が相殺される側に対して有している債権であり，受働債権はその反対債権である。No.３選択肢１の図で，Ｂは自働債権の弁済期未到来の間は（つまりＢの債務の支払期限が到来するまでは）Ａに弁済する義務はない。ところが，その間にＡの相殺を認めると，Ｂは弁済期前に弁済を強制される結果になる。なぜなら，相殺とはＡがＢに負っている受働債権の支払義務を，ＢがＡに負っている自働債権の支払義務で決済して消滅させようとする制度だからである。しかし，それは不当なので，自働債権の弁済期（ＢのＡに対する支払期限）が到来するまでは，相殺は許されない。

一方，**自働債権の弁済期が到来している場合には，受働債権が弁済期に達していなくても，Ａは期限の利益の放棄の意思表示を要せず，直ちに相殺することができる**（大判昭８・５・30)。なお，相殺の意思表示がなされる場合，通常は，その中に期限の利益の放棄の意思表示が含まれていると解することができよう。

2 ×　相殺は履行地が異なる場合も可能だが，相手に損害があれば賠償を要する。

たとえば，ＡのＢに対する100万円の債務の履行地が東京で，ＢのＡに対する100万円の債務の履行地が大阪である場合，相殺を認めなければ，Ａが東京に出向いて100万円を弁済し，続けてＢが大阪に出向いて100万円を弁済するという無駄な手間が必要になる。**履行地が異なる場合でも，簡易決済のために相殺を認めるのが合理的**である（507条前段)。

ただし，金銭ではなく，両債権が種類物債権であるような場合，相殺をしようとする者は，相手方に履行地までの輸送費等の何らかの損害が生じている場合には，これを賠償しなければならない（同条後段)。

3 ×　時効消滅した債権が消滅以前に相殺適状になっていれば，相殺ができる。

相殺適状で簡易に決済されたものと考える当事者の信頼を保護しようとする趣旨である（508条)。→No.３選択肢４

4 ×　調整的相殺は労働者の経済生活の安定を脅かさない時期でなされる必要あり。

賃金債権による相殺は原則として許されないが，**過払賃金の清算のための**

調整的相殺については，労働者の経済生活の安定を脅かさない時期，方法・額でなされる限り，例外的に認められている（最判昭44・12・18，福島県教組事件）。

たとえば，月半ばの15日にその月の給与の全額が支払われるという場合を例にとって考えてみよう。この場合，給与の半額はすでに労働を終えた分の対価であるが，残りの半額は月の後半に行われるはずの労働に対する給与の前払いとしての性格を持つ。したがって，仮に月の後半に労働者が６日間ストライキに参加したとすると，ストライキ中は原則として賃金請求権が発生しないことから（**ノーワーク・ノーペイの原則**），使用者は月半ばの賃金支払いにおいて労働者に６日分を払いすぎたことになる。そこで，翌月以降の賃金からこの６日分を差し引くという調整が行われる。これは相殺に当たるものであるが，**賃金債権について相殺が禁止される趣旨が労働者の生存を脅かさないという点にある**ので，「過払いの６日分を，２日分ずつ３か月に分割して差し引く」など，**労働者の経済生活の安定を脅かさない時期，方法および額で行われる調整については認められる**とされている。

5◎ **賃料不払解除後に賃料債権を相殺で消滅させても，解除は無効にならない。**

妥当である。判例は，「相殺の意思表示は双方の債務が互に相殺をなすに適したる始めに遡ってその効力を生ずることは，民法506条２項の規定するところであるが，この**遡及効は相殺の債権債務それ自体に対してであって**，相殺の意思表示以前すでに有効になされた契約解除の効力には何らの影響を与えるものではない」とする（最判昭32・3・8）。

実戦問題3 難問レベル

＊＊＊
No.8 相殺に関するア～オの記述のうち，判例に照らし，妥当なもののみをすべて挙げているのはどれか。 【国家総合職・平成28年度】

ア：債権が差し押さえられた場合において，第三債務者が債務者に対して反対債権を有していたときは，当該反対債権が差押後に取得されたものでないことはもちろん，当該反対債権の弁済期が被差押債権の弁済期よりも前に到来するものでなければ，第三債務者は，当該反対債権を自働債権として被差押債権と相殺することができない。

イ：銀行の貸付債権について，債務者の信用を悪化させる一定の客観的事情が発生した場合には，債務者のために存する当該貸付金の期限の利益を喪失させ，当該債務者の預金等の債権につき銀行において期限の利益を放棄し直ちに相殺適状を生じさせる旨の合意は，当該預金等の債権を差し押さえた債権者に対しては，当該貸付債権の本来の弁済期が当該預金等の債権の弁済期より前に到来する場合に限り，有効である。

ウ：受働債権の債務者がいつでも期限の利益を放棄できることを理由に自働債権と相殺適状にあると解することは，当該債務者がすでに享受した期限の利益を自ら遡及的に消滅させることとなって相当でないから，すでに弁済期にある自働債権と弁済期の定めのある受働債権とが相殺適状にあるというためには，受働債権につき，期限の利益を放棄することができるというだけでなく，期限の利益の放棄または喪失等により，その弁済期が現実に到来していることが必要である。

エ：当事者の相殺に対する期待を保護するという民法第508条の趣旨に照らし，時効によって消滅した債権を自働債権とする相殺をするためには，消滅時効が援用された自働債権は，その消滅時効期間が経過する以前に受働債権と相殺適状であったことが必要である。

オ：双方の過失に起因する同一の交通事故によって生じた物的損害に基づく損害賠償債権相互間においては，人的損害とは異なり，被害者に現実の弁済を受けさせる必要があると解すべき合理的理由はなく，また，事故の性質上，損害賠償債権の相殺を許さないことによって誘発を防止することも期待できないから，相殺が認められる。

1 ア
2 オ
3 ア，イ
4 ウ，エ
5 ウ，エ，オ

＊＊＊
No.9 **相殺に関するア～オの記述のうち，妥当なもののみをすべて挙げているのはどれか。ただし，争いのあるものは判例の見解による。**

【国家総合職・令和２年度】

ア：Ａは，Ｂに対する100万円の代金債権を有している。一方，Ｂは，Ａに対する100万円の貸金債権を有していたが，Ｂの債権は消滅時効期間を経過してしまった。その後，Ａの債権の支払期限が到来した。この場合，Ａは，自己の債権とＢの債権を相殺することができないが，Ｂは，自己の債権とＡの債権を相殺することができる。

イ：Ａは，自転車で走行中のＢの不注意によって怪我を負わされたため，Ｂに対する100万円の損害賠償債権を有している。一方，Ｂは，Ａに対する100万円の貸金債権を有しており，その返済期限が到来している。この場合，Ｂは，自己の債権とＡの債権を相殺することができないが，Ａは，自己の債権とＢの債権を相殺することができる。

ウ：Ａは，Ｂに対する100万円の貸金債権を有しており，その返済期限が到来している。一方，Ｂも，Ａに対する100万円の給与債権を有しており，その支払期限が到来している。この場合，Ｂは，自己の債権とＡの債権を相殺することができないが，Ａは，自己の債権とＢの債権を相殺することができる。

エ：Ａは，Ｂに対して，2020年４月10日に100万円の商品を販売し，その代金の支払期限は同月20日であった。一方，Ｂは，Ａに対して，同月３日に100万円を貸し付け，その返済期限は同月15日であった。Ｃは，Ｂに対する貸金債権を有していたが，Ｂが弁済しないので，同月13日，ＢのＡに対する債権を差し押さえた。この場合，同月21日に，Ａは，自己の債権とＢの債権を相殺することができないが，Ｂは，自己の債権とＡの債権を相殺することができる。

オ：Ａは，ＢおよびＤに対する100万円の貸金債権を有しており，いずれもその返済期限が到来している。一方，Ｂも，ＡおよびＣに対する100万円の貸金債権を有しており，いずれもその返済期限が到来している。AB間には互いの債権について相殺禁止の合意があった。Ａは，Ｂに対する債権をＣに譲渡し，その旨をＢに通知した。Ｂも，Ａに対する債権をＤに譲渡し，その旨をＡに通知した。Ｃは相殺禁止の合意を知らず，それについての過失もなかったが，Ｄは当該合意を知っていた。この場合，Ｄは，Ｂから譲り受けた債権とＡのＤに対する債権を相殺することができないが，Ｃは，Ａから譲り受けた債権とＢのＣに対する債権を相殺することができる。

1 ア，イ　　**2** ア，ウ　　**3** イ，オ
4 ウ，エ　　**5** エ，オ

実戦問題❸の解説

No.8 の解説　相殺　→問題はP.158　正答5

ア× 自働債権と受働債権の弁済期にかかわらず，相殺適状に達すれば相殺可能。

判例は，自働債権と受働債権の弁済期の前後を問わず，相殺適状に達すれば，差押後でもこれを自働債権として相殺できるとする（最大判昭45・6・24）。

なお，本肢の「当該反対債権が差押後に取得されたものでないことはもちろん」とは，**第三債務者が差押えによって支払いを差し止められた場合，その後に取得した反対債権を自働債権として相殺しても差押債権者には対抗できない**という意味である（最判昭45・6・24，511条1項，ただし差押え前の原因に基づいて生じた債権である場合を除く，同2項本文）。

これは，たとえば，第三債務者Cが債務者Aに負っている債務について，Aの債権者Bがこれを差し押さえたとする。ところが，Cが，Aに債権を有しているDからその債権を譲り受け，これを用いてCのAに対する債務と相殺する旨を主張した。では，これは許されるか。判例の答えは否である。

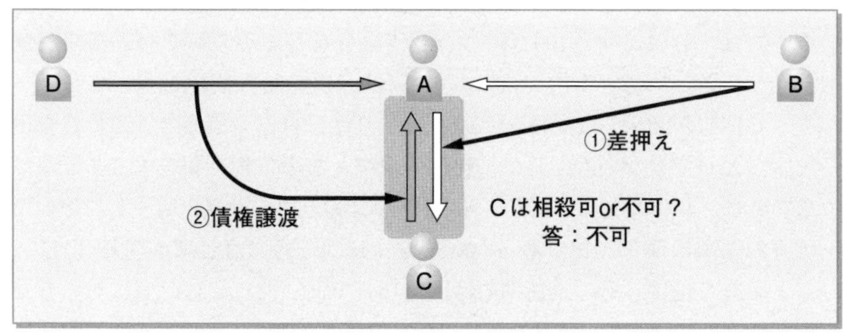

これを認めると，①Bの差押えが無意味になること，②差押えを受けたというAの信用不安に乗じてCが「D→A」の債権を安く買いたたき，これを使ってAに対する債務と相殺すれば，CはBの差押えを「安価で弁済できる絶好の機会」として利用できるという不合理な結果をもたらしかねないからである。

イ× 銀行の相殺予約特約は，貸付債権と預金債権の弁済期の前後を問わず有効。

判例は，債務者に信用を悪化させる一定の客観的事情が発生した場合に，債権者（銀行）の貸付金債権について期限の利益を喪失させ，債務者の銀行に対する預金等の債権については銀行が期限の利益を放棄し，直ちに相殺適状を生ぜしめる旨の合意（**相殺予約特約**）は，契約自由の原則上有効であるとして，この合意は差押債権者に対する関係においても効力を有するとする（最大判昭45・6・24）。すなわち，貸付債権の本来の弁済期が当該預金等の債権の弁済期より前に到来するか否かを問わない。本肢はこの点が誤り。

ウ○ 相殺適状にあるというためには，現実に弁済期が到来していることを要する。

妥当である。判例は，「既に弁済期にある自働債権と弁済期の定めのある受働債権とが相殺適状にあるというためには，受働債権につき，期限の利益を放棄することができるというだけではなく，**期限の利益の放棄又は喪失等により，その弁済期が現実に到来していることを要する**」とする（最判平25・2・28）。

エ○ 時効消滅前に相殺適状にあれば，その債権を自働債権として相殺できる。

妥当である（最判平25・2・28）。→No.３選択肢４

オ○ 同一の過失で生じた物的損害の賠償債権相互間での相殺は認められる。

不法行為に基づく損害賠償債権については，現実に賠償を行わせて被害者を救済するという立場から，加害者による相殺は認められていない（509条）。そして判例は，対立する両債権がともに不法行為によって生じた場合にも相殺を認めない（大判昭３・10・13）。

このことは，両債権が同一の交通事故から生じた物的損害に基づく損害賠償債権の場合にも同様である（最判昭49・６・28）。

ただし，これは典型的な不法行為，すなわち悪意による不法行為（509条１号）や人の生命身体を侵害する不法行為（同条２号）に妥当することで，過失による不法行為の場合には妥当しない。そのため，過失の場合には例外的に相殺禁止から除外されている。

過失によるとの限定がない場合には，「重要ポイント３（２）③」にあるとおり，不法行為に基づく損害賠償債権を受働債権とする相殺は認められないとして考えておけばよい。

以上から，妥当なものは**ウ**と**エ**と**オ**であり，正答は**5**である。

No.9 の解説　相殺　→問題はP.159　正答３

ア× 時効消滅した債権が消滅以前に相殺適状になっていなければ，相殺は不可。

時効によって消滅した債権がその**消滅以前に相殺適状になっていた**場合には，その債権者は，相殺をすることができる（508条）。本肢の場合，「Ｂの債権が消滅時効期間を経過してしまった後で，Ａの債権の支払期限が到来した」というのであるから，時効消滅の時点では，いまだ相殺適状になっていない。したがって，Ｂは，自己の債権とＡの債権を相殺することはできない。

イ○ 生命・身体侵害での損害賠償債権を受働債権とする相殺は認められない。

妥当である。まず，不法行為に基づく損害賠償債権は，損害の発生と同時に履行期限が到来する（最判昭37・９・４，**期限の定めのない債務**とされる）。そして，反対債権である貸金債権も返済期限が到来しているので，両債権は相殺適状にある（505条本文）。

したがって，本来であれば，AB両者ともに相殺ができそうであるが，「人の生命又は身体の侵害による損害賠償の債務」の場合，加害者Bよる相殺は認められない（509条柱書本文２号）。これは，**現実に治療費を必要とする被害者を救済しようとする趣旨**である。

なお，Aによる相殺は認められる（最判昭42・11・30）。→No.３選択肢２

ウ×　貸金債権と賃金債権との相殺は，労働基準法上認められていない。

使用者が賃金（給与）を受働債権として相殺すると，労働者は賃金を現実に得られないことになる。しかし，**労働者にとって賃金はもっとも重要な生活の糧であり，それが現実に得られないと生存を脅かされるおそれがある。**

そのことから，労働基準法24条１項本文の賃金全額払いの原則は相殺禁止の趣旨も含むとされており（最判昭31・11・2，関西精機事件），使用者Aによる労働者Bの賃金債権とAのBに対する貸金債権との相殺は認められない。

なお，労働者側からの相殺は同規定に違反するものではないので許される。

エ×　差押え前に取得した債権を自働債権とする相殺は許される。

法は，「差押えを受けた債権の第三債務者は，差押え後に取得した債権による相殺をもって差押債権者に対抗することはできないが，差押え前に取得した債権による相殺をもって対抗することができる」と規定する（511条１項）。

ここで「差押えを受けた債権（B→Aの貸付金債権）の第三債務者」とは，Bに商品を販売したAのことである。したがって，B→Aの貸付金債権がCによって差し押えられた後に，AがA→Bの販売代金債権を取得した場合には，Aは相殺ができないが，**差押え前に取得した場合には，Aは相殺ができる**ことになる。

本肢で，CがB→Aの貸付金債権を差し押さえたのは2020年４月13日であるが，Aがその反対債権であるBに対する商品の販売代金債権を取得したのは，それより前の同年４月10日である。すなわち，差押え前に反対債権を取得しているので，Aは自己の債権とBの債権を相殺することができる。

なお，Bは差押えによって処分禁止の措置を受けるので（民事執行法145条１項），Aの債権との相殺をすることはできない。

オ○　相殺禁止の合意は，善意・無重過失の第三者には対抗できない。

妥当である（505条２項）。その結果，相殺禁止特約の付いた債権をその特約の存在を重大な過失がなく知らずに（善意・無重過失）譲り受けた者が債務者に債務を負担していた場合，譲受人は譲り受けた債権と自己の債務とを相殺によって決済できる。本肢でいえば，Cがそうである（Cは相殺可能）。

債権は自由に譲渡できるのが原則であることにかんがみれば（466条１項本文），**譲受人にいちいち相殺禁止特約の有無についての調査義務を課すのは不合理**である。したがって，善意・無重過失の譲受人には特約の効力を主張できないとして，譲受人を保護しておく必要がある。つまり，**いちいち特約の有無を調査する必要はなく，知らなければそれで保護する**としておくわけである（重過失は悪意と同視される）。

ただ，悪意または重過失の譲受人には相殺禁止の合意を対抗できるので，悪意のDは，Bから譲り受けた債権とAのDに対する債権を相殺することはできない。

以上から，妥当なものは**イ**と**オ**であり，正答は**3**である。

第２章
債権各論

第2章 債権各論

試験別出題傾向と対策

頻出度	試験名	国家総合職					国家一般職					国家専門職（国税専門官）				
	年度	21-23	24-26	27-29	30-2	3-5	21-23	24-26	27-29	30-2	3-5	21-23	24-26	27-29	30-2	3-5
	テーマ ＼ 出題数	11	9	10	8	8	11	6	6	6	7	1	3	4	2	4
B	8 契約総論	3	4	2	2	1	3	1	1	1	1			1		1
A	9 贈与・売買	3		2		2	1	1	1		1		1	1		1
A	10 消費貸借・賃貸借		1	1		1	2	1	1	2	1		1	1		1
B	11 その他の典型契約	1		1	2	1	1	1	1	1	2		1		2	
C	12 債権の総合問題	1					2									
C	13 事務管理・不当利得	1	1	1	2			1	1		1					
A	14 不法行為	2	3	3	2	3	2	1	1	2		1		1		1

債権各論は，出題数，出題テーマともに増加傾向にあり，民法の中で最も注目度の高い分野である。特に，ここ数年は解除や組合などの問題の増加が目立つ。また，従来の頻出テーマからも，新たな問題点を素材としたものが登場している点は注目される。不法行為法で蓄積された過失相殺の判例などはその典型例であるが，このようなテーマが頻繁に素材として取り上げられているので，実際に問題に当たって最新の傾向を把握しておきたい。

● 国家総合職（法律）

毎年2～3問がこの分野から出題される。知識問題と論理問題を適宜組み合わせ，また形式的にも単純正誤問題と新形式の問題を混在させて，多角的・総合的な理解のレベルを試そうとする傾向が見られる。また，問題形式の多様化も進んでおり，各論でも対話形式での正誤問題や，妥当なものの組合せなどが多く登場している。国家総合職では，特に不法行為分野からの出題が多いので，判例を中心に不法行為の知識を確実にしておきたい。

● 国家一般職

出題は，従来からの頻出箇所である売買，賃貸借，不法行為の3つに加え，近年は契約総論，特に解除からの問題も目立つようになっている。出題形式は，その大半が「妥当なものの組合せ」問題で，比較的解きやすいものが多い。国家一般職では，一時，長文化などで難化が指摘されていた時期もあったが，ここ数年は，テーマの選択，要求されている知識のいずれをとっても基礎力重視の傾向に変わってきている。ただ，各論部分は出題範囲が広いので，必要な知識の量も多く，他の分野以上に何度も問題を繰り返して知識を固めておくことが重要であろう。

	地方上級(全国型)					地方上級(特別区)					市役所(C日程)				
	21-23	24-26	27-29	30-2	3-4	21-23	24-26	27-29	30-2	3-5	21-23	24-26	27-28	30-2	3-4
	4	3	3	2	2	6	6	6	6	6	4	3	2	1	3
テーマ8	1	1	1		1	1	1	1	1	1			1		
テーマ9		1	1	1	1	2	1	2	1	2	1	1			1
テーマ10			1			1	1	1	1		1	1		1	1
テーマ11	1							1	1	1	1				
テーマ12															
テーマ13	2						2		2	1					1
テーマ14		1		1		2	1	1		1	1	1	1		

● 国家専門職（国税専門官）

例年1問がこの分野から出題されている。従来は，「契約一般」などという包括的なテーマでの出題が多かったが，ここ数年は，他の試験と同様に，売買など特定のテーマからの出題に変わってきている。出題のテーマはポピュラーなものに限られており，素材も大半が基礎的な知識の範囲で選択されているので，過去問をていねいに潰しておけば十分である。

● 地方上級（全国型）

出題は，契約総論や賃貸借，不法行為といった債権各論の頻出箇所に集中する傾向がみられる。細かなテーマは選択されておらず，内容的にも基礎的な知識を試すものが大半を占める。その意味で，出題箇所の絞り込みが重要であり，ポイントを絞って知識を固めていくという方法が効果的であろう。

● 地方上級（特別区）

賃貸借や不法行為などの債権各論の重要テーマからの出題が多い。ただ，他の試験では出題数が少ない事務管理・不当利得での出題が多い点は注意する必要がある。出題箇所が特定部分に集中する傾向があるので，出題された箇所は，周辺知識を含めて特に念入りに知識を整理しておきたい。

● 市役所

ほぼ全体から出題されているが，出題箇所はいわゆる頻出テーマに限られている。細かな部分は問われていないので，まずは賃貸借，不法行為などの分野で知識を固めて，それ以外は時間の許す範囲で重要テーマをまとめておくようにしたい。

契約総論

必修問題

契約の成立に関するア～オの記述のうち，妥当なもののみをすべて挙げているのはどれか。 【国家一般職・令和4年度】

ア：AがBに**承諾**の期間を定めて売買契約の締結の**申込み**をした場合において，その期間内にAがBから承諾の通知を受けなかったときは，Aの申込みは承諾されたものとみなされる。

イ：AがBに承諾の期間を定めずに売買契約の締結の申込みをした場合において，Aがこれを**撤回**する権利を留保したときであっても，Aは，Bからの承諾の通知を受けるのに相当な期間を経過するまでは，その申込みを撤回することはできない。

ウ：AとBが対話している間に，AがBに承諾の期間を定めずに売買契約の締結の申込みをした場合には，Aの申込みは，AとBの**対話が継続**している間は，いつでも撤回することができる。

エ：AがBに売買契約の締結の申込みの**通知を発した後に死亡**した場合において，Bが承諾の通知を発するまでにAの死亡の事実を知ったときは，Aの申込みは効力を有しない。

オ：AがBに売買契約の締結の申込みをしたところ，BがAの申込みに条件を付してこれを承諾した場合には，Bが承諾した時点で，その条件に従って変更された内容の契約が成立する。

1 ア，イ
2 イ，エ
3 ウ，エ
4 ウ，オ
5 エ，オ

難易度 ＊

必修問題の解説

契約総論では，同時履行の抗弁権と契約の解除が主な出題テーマとなっている。このうち，出題頻度が最も高いのは契約の解除であるが，同時履行の抗弁権も契約総論での出題とともに他の章の問題で選択肢の一つとして出題されることが多いので，制度の概要や基礎部分の知識について正確に把握しておきたい。

本問は，普段はあまり出題されないテーマであるが，債権法改正で規定が整備されたことから出題されたものであろう。本問のように「従来あまり出題がないテーマ」でも，社会通念で解けることも多いので，そのような問題を解く練習台として本問を活用してみよう。

ア× **承諾期間のある申込みで，期間内に承諾の通知を受けなければ申込みは失効。**

承諾の期間を定めてした申込みに対して，その**期間内に承諾の通知を受けなかったときは，申込みは効力を失う**（523条２項）。

本肢で，売買契約締結の申込みをしたＡとしては，期日までにＢからの承諾の通知を受けなければ新たな契約の相手を探すであろう。その場合，それが奏功してすぐに契約締結に至ったとすると，その後にＢからの承諾の通知が届くと法律関係は混乱してしまう。それを避ける意味でも，「期間内に承諾の通知を受けなければ申し込みは失効」とするのが原則である。

イ× **撤回権が留保された申込みの場合は，相当期間内でも撤回ができる。**

承諾期間を定めないでした申込みでは，**相手方が突然の撤回によって不利益を受けることがないように**，相当な期間を経過するまでは撤回ができないとされている（525条１項本文）。

しかし，**撤回権が留保**されている場合は，相手方も**突然の撤回の可能性を予測できる**ことから，この場合は撤回ができるとされている（同項但書）。

ウ○ **対話者への承諾の期間を定めない申込みは，対話継続中はいつでも撤回可。**

妥当である（525条２項）。対話継続中に撤回しても，**相手方の利益を損なうことがない**ことが理由である。

エ○ **契約締結の相手方が死亡したことを知った場合には，申込みは失効する。**

妥当である（526条）。たとえば，ＡがＢに「仕事でパソコンを使うので売って欲しい」と申し込んだ後で，Ｂが承諾の通知を発するまでにＡの死亡の事実を知ったような場合を考えればよい。**契約を結んでも意味がない**ので，Ａの申込みは失効するとするのが妥当である。

オ× **申込みに変更を加えた承諾は，申込拒絶に加え新たな申込みとみなされる。**

本肢は，たとえば，ＡがＢに「納期は３か月後になります」として販売を申し込んだところ，Ｂが「納期は１か月後にするように」という条件を付して承諾したら，「納期１か月後の契約」が成立するかという意味である。

このように，**一方的に条件を変更するのは不当**で，その場合，申込みの拒絶とともに新たな申込みをしたものとみなされる（528条）。

以上から，妥当なものは**ウ**と**エ**であり，正答は**3**である。

正答 3

FOCUS

契約総論は契約の通則を定めた部分である。この部分にはさまざまな論点があるが，出題の対象とされるものとそうでないものの区別がはっきりしているのが特徴である。論点相互間の有機的関連が薄いので，重要部分に的を絞って知識を整理しておいてもかまわない。

POINT

重要ポイント1 契約の成立

①申込者が申込みを発信した後，その到達前に死亡した場合において，そのことを相手方が承諾の通知を発するまでに知ったときは，その申込みが相手方に到達した場合でも申込みとしての効力を生じない。

②申込みに承諾期間が定められていない場合でも，申込者は，承諾の通知を受けるのに相当な期間は申込みを撤回できない。

③申込みに承諾期間が定められている場合，承諾の通知はその期間内に相手方に到達しなければならない。

その期間を経過すると，申込みは当然に失効する。

④申込みに承諾期間が定められていなかった場合でも，取引社会の一般通念に照らして相当な期間を経過した後は，もはや承諾はできない。

⑤承諾の内容は，申込みの内容と一致していなければならない。

売買価格を変更してなされた応諾は，申込みの拒絶とともに新たな申込みとなる。

重要ポイント2 同時履行(どうじりこう)の抗弁権(こうべんけん)

①同時履行の抗弁権は，たとえば，代金の支払いと同時でなければ商品を引き渡さない，あるいは商品と引換えでなければ代金を支払わないと主張できる権利である。

②同時履行の抗弁権は，履行に関する当事者間の公平を図るために認められた権利であるから，これを主張できるのは双務契約の当事者間だけに限られる。

この権利は，第三者に対しては主張できない。これは，だれに対してもその主張が認められるところの留置権と異なる点である。

③相手方が債務の一部について履行の提供をした場合，その部分については同時履行の抗弁権を主張できない。

④債務の支払いを担保するために担保物権が設定されている場合，債務の支払いと担保物の返還とは同時履行の関係に立たない。

⑤建物賃貸借契約終了に際しての賃借人の建物引渡債務と賃貸人の敷金返還債務とは同時履行の関係に立たない。

⑥建物買取請求権が行使された場合，土地の賃借人（建物所有者）は土地の賃貸人から買取代金の提供があるまでは，土地の明渡しを拒絶できる。

⑦双務契約の当事者の一方は，相手方から履行の提供があっても，その提供が継続されない限り，同時履行の抗弁権を行使することができる。

⑧売買契約において，代金債権が第三者に譲渡された場合でも，買主は，売主による目的物の引渡しと同時でなければ代金を支払わない旨の同時履行の抗弁権を譲受人に対して主張できる。

重要ポイント3 契約の解除

(1) 解除の意義・要件

①債務者が契約を履行しない場合，債権者は相当の期間を定めて履行を催告することができ，その期間内に履行がない場合には契約を解除できる。

法律の規定によって認められたこのような解除権を**法定解除権**という。

②当事者の合意で解除権をあらかじめ留保することも認められる。これを**約定解除**という。

③契約の拘束を続けることが信義則に照らして妥当でないと判断できるような事情の変更があった場合には，契約の解除が認められる。

④催告に期間が定められていなかった場合にも，履行を完了するのに必要な期間が経過すれば，債権者は解除することが可能である。

⑤自己の債務について履行期日に履行の提供を行わなかった者は，相手方もまた履行の提供を行わなかったとしても，解除権行使の前提としての催告を行うことは認められない。

⑥履行不能を理由とする解除において，履行が不能か否かを判断する基準時は履行期であるが，履行不能が履行期前に明らかになれば，その時点で解除ができる。

⑦契約当事者の一方が数人いる場合には，解除の意思表示はその全員からまたはその全員に対して行わなければならない。これを**解除権不可分の原則**または**解除権の不可分性**という。

⑧遺産分割協議を解除することは認められない。

これは，遺産分割協議の法的安定性を図るためである。

⑨形式上は複数の契約とされているものであっても，それらの目的とするところが相互に密接に関連づけられていて，いずれか一方の履行だけでは契約を締結した目的が達成されない場合には，債権者は一方の契約上の債務不履行を理由に，他方の契約もあわせて解除できる。

(2) 解除の効果

①売買契約が解除された場合，契約は遡及的に失効し（直接効果説，判例・通説），当事者間に原状回復義務が発生する。

②双方の原状回復義務は同時履行の関係に立つ。

債務不履行により解除された当事者も，相手方（解除者）の原状回復と同時に履行することを主張できる。

③他人の物を売買の目的とした場合において，売主がその物の所有権を買主に移転できないために売買契約が解除された場合でも，買主はその物の使用利益を売主に返還しなければならない。

④不動産売買契約が解除された場合において，解除前に買主から不動産を取得した第三者は，登記を備えていなければ，解除者に対して自己の所有権取得を主張できない。

⑤土地の賃貸人と賃借人が賃貸借契約を合意解除しても，土地の賃貸人は解除の効果を建物の賃借人に対抗できない。

実戦問題 1 基本レベル

＊
No.1 次の各事例のうち，同時履行の抗弁権が認められるものをすべて選んだ場合，その組合せとして妥当なものはどれか。ただし争いがある場合は判例による。

【市役所・平成28年度】

ア：Bの賃貸住宅の契約の期間が満了し，AはBに敷金を返さず退去を求めた。

イ：BはAに対して500万円の債務を抱えているが，Aは受取証書を準備せずBに支払うよう求めた。

ウ：6月1日に商品を引き渡し，6月5日に支払う契約をしたが，6月6日になっても引き渡しが遅れており，支払いをせず商品の引き渡しを要求した。

エ：新聞料金を，月末に払う契約をしたが5月末になっても支払いをせず，6月分の新聞を要求した。

オ：AはCと宝石の購入契約をしたが，商品引き渡しの前に債権者がCからBに変わり，CがAにその通知をした後にBがAに代金を要求した。

1 ア，ウ
2 ア，エ
3 イ，ウ
4 イ，オ
5 エ，オ

＊
No.2 同時履行の抗弁権に関する次の記述のうち，妥当なのはどれか。

【国家一般職・平成26年度】

1 双務契約の当事者の一方は，相手方の同時履行の抗弁権を消滅させるためには，常に相手方に対して現実の提供をすることが必要である。

2 双務契約の当事者の一方は，契約の相手方に対して同時履行の抗弁権を行使した場合であっても，契約上の債務の履行期日を徒過すれば債務不履行の責任を負う。

3 双務契約の当事者の一方が契約の相手方に対して訴訟上で債務の履行を請求する場合であっても，その相手方が同時履行の抗弁権を主張したときは，請求が棄却される。

4 同時履行の抗弁権は，留置権と同様，公平の見地から認められる制度であるから，契約当事者以外の第三者に対しても行使することができる。

5 双務契約である売買契約の解除によって発生した原状回復義務につき，売主および買主は，原状回復義務の履行について，互いに同時履行の抗弁権を行使することができる。

No.3 * **民法に規定する契約の解除に関する記述として，妥当なのはどれか。**

【地方上級（特別区）・令和５年度】

1 当事者の一方がその解除権を行使した場合は，各当事者は，その相手方を原状に復させる義務を負い，また，この場合において，金銭以外の物を返還するときには，その受領の時以後に生じた果実をも返還しなければならない。

2 解除権を有する者がその解除権を有することを知らずに，故意に契約の目的物を著しく損傷し，または返還することができなくなったときは，解除権は消滅する。

3 当事者の一方が数人ある場合には，契約の解除は，そのうちの１人からまたはそのうちの１人に対してすることができ，当事者のうちの１人の解除権が消滅しても，他の者の解除権は消滅しない。

4 債権者の責めに帰すべき事由により債務者がその債務を履行しない場合において，債権者が相当の期間を定めてその履行の催告をし，その期間内に履行がないときは，債権者は，契約の解除をすることができる。

5 債務者がその債務の一部の履行を拒絶する意思を明確に表示した場合において，残存する部分のみで契約をした目的を達することができるときには，債権者は，催告をすることなく，直ちに契約の全部の解除をすることができる。

実戦問題1の解説

No.1 の解説　同時履行の抗弁権
→問題はP.170　正答3

ア×　賃貸借終了による家屋の明渡しと敷金の返還とは同時履行の関係に立たない。

敷金は，賃貸借契約成立からその終了と目的物引渡しまでの間に発生した一切の延滞賃料や損害金などを差し引いて，これらを**清算したうえで返還されるというものである**（622条の2第1項柱書カッコ書き）。すなわち，引渡しがあって初めて清算ができるのであるから，**引渡しと敷金返還は同時履行の関係には立たない**。そこで，判例は，両者は一個の双務契約によって生じた対価的債務の関係にはないとして同時履行を否定している（最判昭49・9・2，622条の2第1項1号）。

イ○　弁済者は，弁済の際に受取証書の交付と弁済の同時履行を主張できる。

妥当である。**受取証書**とは，簡単にいえば**領収証**のことであるが，領収証を貰えなければ，債権者から二重請求された場合に拒絶できないおそれがある。債権者が「支払いは済んでいない」と主張した場合に，払った記憶だけでは反論の証拠として確実性に欠けるからである。

そのため，**債務者は弁済と受取証書の交付の同時履行を主張できる**とされている（486条）。

ウ○　一方が履行期を徒過した場合でも，履行に際しては同時履行を主張できる。

妥当である。本肢では，「6月1日に商品を引き渡し，6月5日に支払う契約」，すなわち商品の引渡しが先履行の契約になっている。これはたとえば，買主が6月5日まで現金を用意できないなどの事情がある場合にこのような契約が行われる。しかし，買主が「支払いをせず商品の引き渡しを要求した」のは6月6日であるから，買主もすでに現金を用意できる期日に達している。そうであれば，**両者の公平を図る**見地から，同時履行を認めるのが妥当である。

エ×　継続的契約で未払い代金がある場合は，未払い代金の支払いが先である。

新聞の購読者はすでに期限が過ぎている5月分の新聞料金の支払いを先に済ませるべきであり，6月分の新聞の提供と5月分の新聞料金の支払いの同時履行を主張することはできない。仮にこのような主張を認めると，購読者は6月分の新聞の提供がない限り5月分の新聞料金の支払いをしなくてよい（債務不履行に陥らない）ことになり，明らかに不合理である。

そのため，判例は，「いわゆる**継続的供給契約において前の給付に対する代金の支払いがない場合には，これを理由として後の給付を拒絶することができる**」とする（最判昭42・6・29）。

オ×　売主として認めていない者から代金を請求されても，支払う義務はない。

本肢では，売主の地位がCからBに変わり，CがAにその通知をしたというにとどまり，Aの承認はない。売買契約の**当事者の地位が移転**する場合，それが有効となるためには**契約の両当事者と地位の譲受人の三者の合意が必要**とされている。したがって，それがないままBがAに代金を請求しても，

AはBに代金を支払う義務はない（539条の２）。

以上から，妥当なものは**イ**と**ウ**であり，正答は**3**である。

No.2 の解説　同時履行の抗弁権

→問題はP.170　正答５

1 ×　相手方の同時履行の抗弁権を消滅させるには，履行の提供が必要である。

双務契約の当事者の一方が履行の提供をすると，相手方の同時履行の抗弁権（533条）はいったんそこで消滅するため，相手方は履行遅滞に陥る。そうなると，損害賠償や契約解除などの効果が履行の提供を行った側に発生することになる。

そして，ここで**履行の提供**とは必ずしも現実の提供である必要はなく，①**債権者があらかじめその受領を拒んでいる場合や，②債務の履行について債権者の行為を要するときは**，弁済の準備をしたことを通知してその受領の催告をする，いわゆる**口頭の提供で足りる**（493条但書）。

なお，上記で「いったん消滅する」とは，一度履行の提供をすれば，それで相手方の同時履行の抗弁権が完全に消滅するという意味ではない。相手方が履行する意思を固めて，「こちらも提供するのでそちらも提供してほしい」と主張することはなんら差支えない（最判昭34・５・14）。

2 ×　同時履行の抗弁権を行使すれば，履行期を徒過しても不履行責任を負わない。

双務契約の当事者の一方が**同時履行の抗弁権を行使**したとは，たとえば商品の売買契約において，買主が履行期日に「代金を支払うので，引き換えに商品を引き渡してほしい」といったような場合である。この場合，**売主が商品を引き渡さない限り買主は代金を支払う必要はない**。したがって，そのままの状態で履行期を徒過したとしても，買主は債務不履行の責任を負わない（大判大14・10・29）。

3 ×　訴訟で相手が同時履行の抗弁権を主張した場合，引換給付判決がなされる。

同時履行の抗弁権が主張された場合には，当事者の公平性を考慮して，原告と被告がそれぞれ同時に履行することを命ずる**引換給付判決**がなされる（大判明44・12・11）。

4 ×　同時履行の抗弁権は，留置権と異なり契約の相手方以外には主張できない。

留置権は物権であるから，誰に対してもこれを主張できる。一方，同時履行の抗弁権は**「契約当事者間の公平」を図る制度**であるから，これを主張できるのは**契約の相手方に限られる**。

5 ◎　契約解除による双方の原状回復義務については同時履行を主張できる。

妥当である（546条，545条１項本文，533条）。双方の現状回復義務は，１個の双務契約に基づいて発生したものであるから，公平の見地から同時履行の抗弁権を認めるのが妥当だからである。

No.3 の解説　契約の解除

→問題はP.171　**正答 1**

本問は，条文をそのまま素材にした問題である。

1 ◎ 解除の原状回復で物を返還するときは，果実をも返還しなければならない。

妥当である。解除は，契約をそもそもなかったことにすることであるから，契約によって受け取ったものがあった場合には，それを相手に返還しなければならない（545条1項）。その際には，たとえば,お金を貸すという契約であれば，仮に100万円を受け取ったという場合は，**契約が解除されれば「100万円に利息を付して」返還しなければならない**（同条2項）。

では，金銭ではなく，物を受け取った場合はどうかというと，金銭の場合であれば利息という法定果実を付して返還しなければならないのに，物の場合だと果実は返還しなくてよいというのは不公平である。そこで，法は，**金銭以外の物を返還するときには，その受領の時以後に生じた果実をも返還しなければならない**としている（同条3項）。

2 × 故意に目的物を著しく損傷等しても，解除権の存在不知なら解除権不消滅。

解除権者が，故意・過失によって契約の目的物を著しく損傷したり，滅失等によって返還不能にしたとき，あるいは，本肢の問題ではないが，加工や改造によって他の種類の物に変えたときは，**解除権の放棄と考えられるので，解除権は消滅する**（548条本文）。

しかし，解除権を有する者が**解除権を有することを知らずにそのような行為をしたときは，解除権の放棄とは考えられない**ので，解除権は消滅しない（同条但書）。

3 × 契約の解除は，全員からまたはその全員に対してのみ行うことができる。

いわゆる**解除不可分の原則**である。この原則は，契約の解除は，全員からまたはその全員に対してのみ行うことができるとするものである（544条1項）。

当事者の一方が数人ある場合に，特定の者にだけ解除の意思表示をすると，「その者については，解除によって契約は遡及的に無効となるが，他の者については依然として有効なまま」という**法律関係の錯綜した状態**を招いてしまうことになる。このような**無用な混乱を避けるために，「全員からまたはその全員に対してのみ」として，全員への効果発生が必要とされている**（544条1項）。

4 × 債務不履行が債権者の帰責事由によるときは，債権者は解除できない。

たとえば，商品の購入契約において，買主たる債権者が売主の商品の出荷を妨害するなど，**債務不履行について債権者の側に帰責事由があるとき**は，債権者に契約の解除を認める必要はない。すなわち，この場合には**債権者に契約の解除権は発生しない**（543条）。

5 × 一部履行拒絶でも，残存部分で契約の目的を達成できれば無催告解除不可。

たとえ債務者が一部の履行を拒絶する意思を明確に表示したとしても，**残存部分で契約の目的を達成できるならば，契約全部の無催告解除を認める必**

要はない（542条１項３号）。

たとえば，ある酒屋が取次店に人気銘柄の日本酒100本を注文したとして，95本が納入されたが，どうしても残りの５本を調達できずに「履行は困難」と通知してきたとしても，酒屋が「客から受けた注文数は90本，残りの10本は追加注文用のストック」などという場合には，あえて全部の無催告解除を認める必要はないということである。

実戦問題❷　応用レベル

＊＊
No.4　同時履行または同時履行の抗弁権に関する記述として，最高裁判所の判例に照らして，妥当なのはどれか。　【地方上級（特別区）・平成25年度】

1　売買契約が詐欺を理由として取り消された場合における当事者双方の原状回復義務は，同時履行の関係に立たない。

2　双務契約の当事者の一方は，相手方から履行の提供が一度でもあれば，不受領の不利益を提供の継続という形で相手方に転嫁するのは公平に反するため，相手方の履行の提供が継続しなくても，同時履行の抗弁権を失う。

3　債務の弁済とその債務を担保するための抵当権設定登記の抹消手続とは，前者が後者に対し先履行の関係にあるものではなく，両者は同時履行の関係に立つ。

4　双務契約の当事者の一方が自己の債務の履行をしない意思を明確にした場合には，相手方が自己の債務の弁済の提供をしなくても，当該当事者の一方は，自己の債務の不履行について履行遅滞の責を免れることをえない。

5　家屋の賃貸借終了に伴う賃借人の家屋明渡債務と賃貸人の敷金返還債務とは，賃借人保護が要請されるため，特別の約定のない限り，同時履行の関係に立つ。

＊＊
No.5　同時履行の抗弁権に関するア～オの記述のうち，妥当なもののみをすべて挙げているのはどれか。ただし，争いのあるものは判例の見解による。

【国税専門官・平成27年度】

ア：目的物がＡからＢ，ＢからＣへと転売され，ＢがＡに対して当該目的物の売買契約に基づく金銭債務を履行しない場合，Ａは同時履行の抗弁権に基づき，Ｃからの目的物の引渡請求を拒むことができる。

イ：建物買取請求権を行使したときの代金債務と建物収去土地明渡義務は，同一の双務契約から生じたものではないから，同時履行の関係には立たない。

ウ：家屋の賃貸借終了に伴う賃借人の家屋明渡債務と賃貸人の敷金返還債務とは，特別の約定のある場合を除き，同時履行の関係に立つ。

エ：契約の解除に基づく原状回復義務は，民法第546条により相互に同時履行の関係に立つ。また，契約が取り消されたり無効となる場合において，給付された物を返還する義務が相互に生じるときも，当該義務は同時履行の関係に立つ。

オ：贈与契約は片務契約であるため同時履行の抗弁権は認められないが，負担付贈与は，その性質に反しない限り，双務契約に関する規定が準用されることから，同時履行の抗弁権の規定の適用がある。

1　ア，オ　　**2**　イ，ウ　　**3**　エ，オ
4　ア，イ，ウ　　**5**　ウ，エ，オ

＊＊＊
No.6 契約上の地位の移転および契約の解除に関するア～オの記述のうち，妥当なもののみをすべて挙げているのはどれか。 【国家総合職・令和４年度】

ア：契約の当事者の一方が第三者との間で契約上の地位を譲渡する旨の合意をした場合において，その契約の相手方がその譲渡を承諾したときは，契約上の地位は，その第三者に移転する。不動産の賃貸借において，賃貸人が賃貸借の目的となっている自己の不動産を譲渡する場合にも，賃貸人（譲渡人）と譲受人との合意により，賃貸人たる地位を譲受人に移転させるためには，原則として賃借人の承諾が必要である。

イ：契約の当事者の一方がその債務を履行しない場合において，相手方が相当の期間を定めてその履行の催告をし，その期間内に履行がないときは，相手方は，その期間を経過した時における債務の不履行がその契約および取引上の社会通念に照らして軽微であり，かつ，債務の不履行があったとしても契約をした目的を達することができるときを除き，契約の解除をすることができる。

ウ：契約の性質または当事者の意思表示により，特定の日時または一定の期間内に履行をしなければ契約をした目的を達することができない場合において，債務者が履行をしないでその時期を経過したときは，債権者は，履行の催告をすることなく，直ちに契約の解除をすることができる。

エ：契約の当事者の一方が解除権を行使したことにより，各当事者がその相手方を原状に復させる義務を負う場合において，金銭以外の物を返還するときは，その受領の時以後に生じた果実をも返還しなければならない。

オ：解除権を有する者が，故意若しくは過失によって契約の目的物を著しく損傷し，若しくは返還することができなくなったとき，または加工若しくは改造によってこれを他の種類の物に変えたときは，解除権を有する者がその解除権を有することを知らなかったときであっても，解除権は消滅する。

1 ア，イ
2 ア，オ
3 イ，ウ
4 ウ，エ
5 エ，オ

実戦問題２の解説

No.4 の解説　同時履行の抗弁権

→問題はP.176　**正答4**

1×　詐欺による取消しの場合でも，原状回復義務は同時履行の関係に立つ。

契約の取消しの効果として，契約は当初から締結されなかったことになる（121条）。そのため，契約当事者は履行として受け取った目的物や代金をそれぞれ契約の相手方に返還しなければならない。そして，この双方の返還義務は同時履行の関係にあるとされる（最判昭47・9・7）。

詐欺をするような者にはペナルティとして同時履行を認めるべきでないという考え方もあるかもしれないが，そのペナルティは，本来損害賠償で追及すべきものである。**目的物と代金双方の同時返還（同時履行）を認めても被欺罔者になんら不利益ではない**。これに対して，詐欺者に先履行を義務づけると，今度は，被欺罔者が「代金を使い果たして残っていない」などとして代金を返却できず，今度は詐欺者のほうが著しく不利になることも考えられる。そのため，判例は両者の同時履行を認める。

2×　相手方からいったん履行の提供があっても，同時履行の抗弁権は失われない。

一度相手方が履行の提供をすれば，それで他方当事者の同時履行の抗弁権が消滅するわけではない。相手方が提供をやめてしまった場合には，「こちらも提供するのでそちらも提供してほしい」と主張することはなんら不合理ではない（最判昭34・5・14）。→No.２選択肢１

3×　債務の弁済と抵当権設定登記の抹消手続とは，前者が先履行の関係に立つ。

判例は，**債務を弁済するのが先**であり，その後で，当該債務を担保するための抵当権の抹消がなされるべきとする（最判昭57・1・19）。

債権者が抵当権を抹消するのは，弁済によって債務が消滅したからである。この場合，順序としては「返済がなされた→それによって債務が消滅した→そのため抵当権抹消の義務が発生した」となる。

仮に同時履行を認めると，債権者は弁済がなされる以前の段階から抵当権の抹消に向けた準備を始めなければならず，加重な負担になるというのがその理由である。

4◎　相手が履行拒絶の意思が明確であれば，同時履行を要求しても意味がない。

妥当である。たとえば，ＡＢ間でＢ所有不動産をＡに売却する契約が成立したとする。ところが，Ｂが不当な口実をつけて契約を一方的に解除し，当該不動産を第三者に賃貸してしまった。これが，本肢にいう「当事者の一方が自己の債務の履行をしない意思を明確にした場合」である。そこで，買主Ａから売主Ｂに対して債務不履行責任の追及がなされたが，Ｂは，Ａが売買代金の提供をしていない，つまりＢには同時履行の抗弁権があるので履行遅滞には陥っていないと主張した。

しかし，判例は，このような場合には，「相手方（買主Ａ）が自己の債務の弁済の提供をしなくても，当該当事者の一方（売主Ｂ）は，自己の債務の不履行について履行遅滞の責を免れない」とした（最判昭41・3・22）。仮に代金をBのもとへ持参してもBが**受領しないことは明白**であるから，提供しても意味がない。そうであれば，**同時履行の抗弁権を認める必要はない**。

5 × **賃貸借終了による家屋の明渡しと敷金の返還とは同時履行の関係に立たない。**

家屋の明渡しが先である（最判昭49・9・2，622条の2第1項1号）。

→No.1ア

No.5 の解説　同時履行の抗弁権

→問題はP.176 正答3

ア × **同時履行の抗弁権は，留置権と異なり契約の相手方以外には主張できない。**

AC間には直接の契約関係はないので，AはCに対して同時履行の抗弁権は主張できない。→No.2選択肢4

イ × **建物買取請求権の行使で，代金支払いと建物収去土地明渡しは同時履行。**

建物買取請求権とは，借地契約において，その期間満了に際して地主が更新拒否をしたため借地上の建物を収去しなければならないという場合に，「更新しなければ（地主に）建物を買い取らせる」という権利を認めることで，**建物という大きな財産的価値のあるものの存続を図ろう**（また，間接的に更新を促そう）とするものである（借地借家法13条1項）。

この権利は，相手の承諾を得ることなく一方的に行使できる（このように一方的な意思表示で効果を生じさせる権利を**形成権**という）。そして，この権利が行使されると，土地所有者と買取請求権者との間で**売買契約が成立したのと同じ扱いとなる**。したがって，通常の売買契約と同様に，**建物の引渡し・登記移転と代金支払いとは同時履行の関係に立つ**。

ただ，この場合の売買目的物は建物であるから，基本的には，買取請求権者の同時履行の抗弁権は建物についてのみ主張が可能であり，土地の返還については同時履行の主張はできないはずである。しかし，土地を先に返還して，建物の引渡しだけを拒絶するというのは不可能である。そのため，判例は**土地の引渡しも拒絶できる**とする（大判昭7・1・26，最判昭35・9・20）。

ウ × **賃貸借終了による家屋の明渡しと敷金の返還とは同時履行の関係に立たない。**

家屋の明渡しが先である（最判昭49・9・2，622条の2第1項1号）。

→No.1ア

エ ○ **契約の無効・取消し，解除のいずれの原状回復義務も同時履行の関係に立つ。**

妥当である。契約の解除について546条，545条1項本文，533条。

→No.2選択肢5

取消しの場合について，最判昭47・9・7。→No.4選択肢1

オ ○ **負担付贈与では，贈与者は負担と贈与の同時履行を主張できる。**

妥当である。**負担付贈与**とは，たとえば「残りの住宅ローンを負担してくれるならあの家を贈与する」など，一定の負担を伴う贈与のことである。この場合，負担は法的には給付の制限であって贈与の対価ではない。しかし，実質的には対価と同様の性質を有している。そのため，負担付贈与には双務契約に関する規定が適用されており（553条），贈与者には，負担と贈与の同時履行の主張（553条，533条）が認められている。

以上から，妥当なものは**エ**と**オ**であり，正答は**3**である。

No.6 の解説　契約上の地位の移転および契約の解除

→問題はP.177 正答4

ア×　賃貸人たる地位の譲渡には，賃借人の承諾は原則として不要である。

契約上の地位の譲渡（**契約上の地位の移転**）とは，契約当事者の地位が合意によって移転されることをいう。たとえば，Aが代理店としてB商店に商品を納入していた契約を，Aが事業をたたむことになったので，信用のおける同業者のCに，Aとの納入契約を権利義務も含めてすべて引き継いでもらう（移転する）などという場合である。

この場合，A（契約の当事者の一方）とC（第三者）で引き継ぎを合意しても，それだけでは譲渡（移転）は成立せず，その**成立には相手方Bの承諾が必要**である。相手方であるB商店が，納入価格等も含めてCの営業方針に納得するかどうかを自ら判断する必要があるからである。したがって，前半は正しい（539条の2）。

しかし，不動産の譲渡人が賃貸人であるときは，その**賃貸人たる地位は，賃借人の承諾を要することなく，譲渡人と譲受人との合意により，譲受人に移転させることができる**（605条の3前段）。その方が賃借人に有利であることや，賃貸人の義務の履行の態様が人によって大差がないことなどがその理由である。

イ×　不履行があっても契約目的を達しうる場合も，催告解除は可能である。

本肢は，「かつ，債務の不履行があったとしても契約をした目的を達することができるときを除き」の部分が誤り。これは**無催告解除**の場合の要件であり（542条1項3～5号），本肢のような催告解除の要件ではない（541条）。

履行を催告したのに履行されずに解除する**催告解除の場合は，「不履行の軽微性」が解除の消極要件とされているが，それ以外には消極要件はない。**

ウ○　定期行為では，履行がないまま時期を過ぎれば催告なしに解除できる。

妥当である。本肢のように，特定の日時または一定の期間内に履行をしなければ契約をした目的を達することができないものを**定期行為**という（542条1項4号）。「結婚式当日に花束を式場に届けてほしい」と花屋に依頼する契約はその一例である。この場合，花屋が1日遅れて届けても契約の目的は達せられない。そのため，定期行為では，**その日時または期間内に履行がなければ，債権者は催告なしに解除ができる**とされている。

エ○　原状回復義務の履行として物を返還するときは，受領時以降の果実も要返還

妥当である。これは，たとえば，賃借人に賃貸中の家屋の売買契約が解除された場合には，買主は賃借人から受領した賃料（これは**法定果実**である）も売主に返還しなければならないという意味である（545条1項本文，3項）。

→No.３選択肢１

オ× **解除権者が契約の目的物を善意で加工等をしても，解除権は消滅しない。**

たとえば，売買契約で売買の目的物に欠陥があって債務の本旨に従った履行がなされていない場合には，買主に解除権が発生する。では，その場合に，買主が解除権を行使できることを知らずに，欠陥のない商品だと思って目的物を加工したりした場合はどうなるか。

法は，解除権を行使できることを知りながら加工等をした場合には解除権は消滅するが（548条本文），**知らない場合には解除権は消滅しないとする**（同項但書）。欠陥を知らないまま加工等をして，そのために解除権を奪われるのは不当だからである。

なお，解除権を行使できることを知らない場合（善意）であっても，契約の目的物を著しく損傷したりした場合には，原状回復義務の履行として損傷についての賠償責任は負わなければならない。

以上から，妥当なものは**ウ**と**エ**であり，正答は**4**である。

ポイント いずれの肢も，平成29年に公布された債権法改正によって修正もしくは新たに規定された部分が素材となっている。本改正部分は，当分の間は要注意である。

テーマ **9** 第2章　債権各論

贈与・売買

必修問題

民法に規定する売買に関する記述として，妥当なのはどれか。

【地方上級（特別区）・令和３年度】

1　**売買の一方の予約**は，相手方が売買を完結する意思を表示した時から，売買の効力を生ずるが，その意思表示について期間を定めなかったときは，予約者は，相手方に対し，相当の期間を定めて，その期間内に**売買を完結**するかどうかを確答すべき旨の催告をすることができる。

2　買主が売主に**手付**を交付したときは，相手方が契約の**履行に着手**した後であっても，買主はその手付を放棄し，売主はその倍額を現実に提供することで，契約の解除をすることができる。

3　**他人の権利**を売買の目的としたときは，売主は，その権利を取得して買主に移転する義務を負うが，他人の権利には，**権利の一部が他人に属する**場合におけるその権利の一部は含まれない。

4　引き渡された目的物が種類，品質または数量に関して，買主の責めに帰すべき事由により，**契約の内容に適合しない**ものであるときには，買主は売主に対し，目的物の**修補**による履行の追完を請求することはできるが，**代替物**の引渡しまたは不足分の引渡しによる履行の追完を請求することはできない。

5　売主が買主に売買の目的として特定した目的物を引き渡した場合において，その引渡しがあった時以後にその目的物が当事者双方の責めに帰することができない事由によって損傷したときは，買主は，その損傷を理由として，代金の減額の請求をすることができる。

難易度　＊＊

必修問題の解説

1 ◎ 売買の予約者は，相手方に対し，売買を完結するかどうかを催告できる。

妥当である。まず，**売買の予約とは，将来売買契約を締結することを予約することを**いう。たとえば「金鉱山の開発で，金鉱石が出るかどうかは掘ってみないとわからない。そこで，金鉱石が出れば予約完結の意思表示をして売買を成立させる」などである。当事者の一方が本契約成立の意思表示（**予約完結の意思表示**）をできる権利を持つのが**売買の一方の予約**，双方ができる権利を持つのが**売買の双方の予約**である（通常は前者の場合が一般的である）。

この売買の予約は，予約段階ですでに「将来売買契約を締結する」との合意が成立している。したがって，あとは予約完結の意思表示をすれば，それで売買契約は成立する（556条1項）。

ただ，予約完結の意思表示について期間を定めなかったときは，売買の成立・不成立がいつまでも確定しない状態が続き，予約者は不安定な状態に置かれることから，その場合は，相手方に対し，相当の期間を定めて，その期間内に売買を完結するかどうかを確答すべき旨の催告をすることができる（同条2項前段）。→民法Ⅰテーマ1「制限行為能力者」No.11オ

2 × 相手方が契約の履行に着手した後では，解約手付けによる解除はできない。

解約手付が交付されている場合，相手方が履行に着手すれば解約ができなくなる（557条1項但書）。

これは，履行に着手した者は必要な費用を支出し（例：売買目的物の整備や業者への配送依頼など），また契約の履行に多くの期待を寄せていたはずなので，そのような**履行着手者の利益を保護する**必要があるからである。

3 × 他人の権利（一部を含む）の売買では，権利を取得して移転する義務を負う。

他人の権利（権利の一部が他人に属する場合におけるその権利の一部を含む）を売買の目的としたときは，売主は，その権利を取得して買主に移転する義務を負う（561条）。

たとえば，住宅を建てるために土地の売買契約を締結したところ，その一部が他人の所有であることがわかったなどという場合は，売主は，所有者からその部分を取得して，これを買主に移転する義務を負う。

4 × 契約不適合が買主の帰責事由による場合には，買主は追完請求できない。

本肢で，「履行の追完を請求することはできる」とは，買主が売主に権利として追完を請求できるという意味である。しかしながら，買主が自分のミスで契約不適合状態を招いたにもかかわらず，追完請求を権利として主張させるというのはいかにも不合理である。

法も，買主に帰責事由がある場合には，目的物の修補，代替物の引渡し，不足分の引渡しによる履行の追完のいずれも認められないとする（562条2項）。

5 × **売買で目的物が引き渡された後の滅失等の責任は，買主が負う。**

売買で，目的物として特定されたものを売主が引き渡したら，**売主はそれですべての責任を果たしたことになる**。したがって，その後に地震等の当事者双方の責めに帰することができない事由によってその物が損傷したとしても，その不利益を売主が負担させられるいわれはない。その場合，買主は損傷を理由として代金減額の請求はできない（567条1項前段）。

正答 1

FOCUS

贈与と売買では，売買の方が問題数も多く，出題の大半を占めている。また，いずれも平成29年公布の債権法改正によって変更された部分が多く素材として取り上げられている。ただ，今のところ新法をベースにした判例が蓄積されていないことから，条文が素材とされることが多い。したがって，条文の文言を丁寧に整理しておくことが必要であろう。

POINT

重要ポイント 1 贈与

①贈与は，当事者の一方が他方に無償で財産を与える意思を表示し，相手方がこれを受諾することによって成立する契約である。

すなわち，相手方の受諾がなければ贈与契約は成立しない。

②書面によらない贈与は，履行が終わっていない部分については，これを解除することができる。

この解除権は時効によっては消滅しない。

また，詐欺・強迫などの取消事由があった場合には，それらを理由として法律行為を取り消すことができる。すなわち，書面によらない贈与が詐欺（または強迫，錯誤）によって行われた場合には，贈与が書面によらないことを理由に解除してもよいし，詐欺を理由に取り消してもよい。

このような「原因の競合」の問題は，民法の随所で生じるが，競合する権利の一方が他方の効果発生を阻止するような関係にない限り，「どちらを主張してもよい」と考えておけばよい。

③贈与を受ける側が贈与者に対して一定の給付を負担する贈与を負担付贈与という。

負担は贈与の対価ではないので，負担付贈与は無償契約である。

④負担付贈与における負担は，実質的には「負担が行われるので贈与を行う」という対価的性質を有しているため，公平を図る見地から，当事者は負担と贈与の同時履行を主張できる。

重要ポイント 2 売買

(1) 売買の予約

①売買の予約とは，当事者間で，将来売買の本契約を締結すべきことを約する契約をいう。

②民法の定める売買の予約は，当事者の一方のみが予約完結の意思表示を行う権利（**予約完結権**）を有するものである。

これを，**売買の一方の予約**という。

③売買の一方の予約において，予約完結権を有する一方当事者が予約完結の意思表示をすると，相手方の承諾を必要とすることなく，売買契約が成立する。

④Aのみが予約完結権を有する売買の一方の予約において，予約完結権の行使期間を定めなかったときは，相手方BはAに対して，相当の期間を定めて，その期間内に売買を完結するかどうかを確答すべき旨を催告できる。Aがその期間内に確答をしないときは，法律関係はその時点の状態（いまだ売買契約は成立していない）で確定するので，売買の一方の予約はその効力を失う。

(2) 手付

①手付とは，契約の成立に際して当事者の一方から他方へ交付される金銭その他の有価物である。

②手付は金銭に限られず，貴金属や株券など，金銭以外の有価物でもかまわない。

③手付の種類には，契約成立の証拠としての意味を有する**証約手付**，手付金額を失うことを条件に契約成立後において契約の任意解除を認める**解約手付**，債務不履行があった場合には没収するという趣旨で交付される**違約手付**，手付の交付が契約成立の要件となる**成約手付**などがある。

　このうち，成約手付は売買契約が当事者の合意だけで成立するという性質（諾成契約）に反することから，手付をこの趣旨で解釈することは許されない。

④解約手付は，たとえば買主Ａが100万円の解約手付を売主Ｂに交付したとすると，買主Ａは100万円を放棄して，また売主Ｂは倍額の200万円を買主Ａに現実に提供して，契約を解除できるとするものである。

　売主Ｂは倍額（200万円）を現実に提供しなければならないが，買主Ａからすでに100万円を受け取っているので，損失は買主Ａと同じく100万円である。

⑤売主Ａが解約手付によって解除するには，買主Ｂに対して手付の倍額（200万円）を現実に提供することを要する。

⑥手付は原則として解約手付と推定される。

　これは，手付の額が売買価格に比して著しく少ない場合でも同様である。

⑦解約手付による解除ができるのは，相手方が履行に着手するまでであり，それ以後は認められない。

　履行着手後の解除が制限されるのは，履行に着手した者の利益を保護するためであるから，自分だけが履行に着手し，相手方が履行に着手していない間は，自分の利益を放棄すればよいので，解除は可能である。

⑧解約手付による解除が制限される「**履行の着手**」とは，客観的に外部から認識できるような形で履行行為の一部を行い，または履行の提供のために不可欠の前提行為を行うことをいう。

　その時期は，履行期の前であると後であるとを問わない。

（3）売買の効力・その他

①代金の支払いと売買の目的物の引渡しの双方がいまだ履行されていない段階では，売買の目的物から生じた果実は，売主の側がこれを収穫・取得する権利を有する。

②売買契約において，買主は，売主に目的物の交付と代金支払いの同時履行を主張する場合のほか，売買の目的について権利を主張する者があって買主が買い受けた権利の全部または一部を取得できないか失うおそれがあるとき，ならびに，買い受けた不動産につき，契約の内容に適合しない先取特権，質権または抵当権の登記があるときにおいても，代金の支払いを拒絶できる。

③買戻しの特約は，売買契約と同時にしなければ，買戻しとしての効力を生じない。

④売買契約に買戻しの特約を付した場合において，その売買契約の売主は，買戻しの期間内に買主が支払った代金および契約の費用を提供しなければ，買戻しをすることができない。

⑤買戻しの期間は10年を超えることができず，特約でこれより長い期間を定めたときは，その期間は10年とする。

買戻しについて期間を定めたときは、その後にこれを伸長することができず，期間を定めなかったときは、５年以内に買戻しをしなければならない。

いずれも，買戻しの性質が「解除権の留保」であることにかんがみ，法律関係を早期に安定させる趣旨である。

実戦問題❶　基本レベル

No.1 ＊ **贈与に関する次の記述のうち，妥当なものはどれか。**

【地方上級・平成６年度改題】

1 贈与はこれを受ける者に一方的に利益を与えるものであるから，贈与の有効な成立には必ずしも相手方の承諾は必要でない。

2 贈与は無償で行われるので，贈与された物の種類・品質・数量が契約内容と適合しなくとも，贈与者はなんらの責任も負わない。

3 贈与契約が有効に成立した場合でも，履行が終わっていない部分については，それが書面による贈与であるか否かを問わず，贈与者はこれを解除することができる。

4 書面によらない贈与について，履行前であることを理由とする解除権は，贈与契約で定められた履行期日から５年を経過すれば時効によって消滅する。

5 負担付贈与において，贈与者は負担が履行されなければ贈与も行わないと主張することができ，また負担が履行されない場合には贈与契約を解除することもできる。

No.2 ＊ **AがBに不動産を贈与する契約を締結した場合に関する次の記述のうち，妥当なものはどれか。**

【地方上級・令和元年度】

1 この不動産が第三者の所有に属する場合，A・B間の契約は他人物贈与となり，無効である。

2 この贈与契約が口頭で締結された場合に，この不動産について，登記がAからBへ移転されたが，引渡しはされていないときは，Aは贈与契約を解除することができる。

3 この贈与契約が口頭で締結された後，AとBがこの贈与契約について書面を作成した場合は，書面による贈与には当たらず，Aは贈与契約を解除することができる。

4 この贈与契約が，BがAを介護するという負担付贈与契約であった場合，Bがまったく介護をしないときでも，Aは贈与契約を解除することができない。

5 この贈与契約が，Aが死んだらBに不動産の所有権を移転するという内容であった場合には，その性質に反しない限り，遺贈に関する規定が準用される。

No.3 ＊＊ **Aは友人Bにカーナビ付きの中古車を売ることになり，売買契約が締結された。これに関する次の記述のうち，妥当なものはどれか。**

【地方上級・令和４年度】

1 Ａが，引渡しの前日に，鍵をかけ忘れていたため当該自動車が盗難にあい，引渡しができなかった。この場合，ＢはＡに対して損害賠償請求を行うことはできない。

2 引渡しの当日に，当該自動車が事故で全壊した。この場合，ＢはＡに対して相当の期間を定めてその履行の催告をしないと，契約の解除をすることができない。

3 当該自動車の引渡し後，カーナビに異常があることが明らかとなった。Ｂが当該カーナビの修理ではなく，新品のカーナビの付け替えを求めた場合，Ａにこれを拒否する余地はない。

4 当該自動車の引渡し後，バンパーに異常があることが明らかとなった。この場合，ＢはＡに対してバンパーの修理を請求することができる。

5 当該自動車の引渡し後，窓の開閉に異常があることが明らかとなった。この場合，ＢはＡに対して，直ちに代金の減額を請求することができる。

実戦問題1の解説

No.1 の解説 贈与

→問題はP.188 正答5

1 × **贈与は契約であり，両当事者の意思の合致がなければ成立しない。**

贈与は，**相手方の承諾がなければ有効に成立しない**（549条）。

たとえば，結婚を執拗に迫っている者からの指輪のプレゼントのように，利益であっても押し付けられることが迷惑な場合がある。そのため，贈与の成立には当事者双方の意思の合致が必要とされている。

2 × **贈与者が特定時の状態で引渡し・移転ができなければ債務不履行責任を負う。**

贈与では，贈与者は，贈与の目的である物または権利を，贈与の目的として特定した時の状態で引渡し，または移転する義務を負う（551条1項）。そのため，特定時から引渡しまたは移転までの間は善管注意義務を負い（400条），これらを履行できなければ，贈与者は債務不履行責任（415条）を負う。

3 × **書面による贈与の場合には，解除はできない。**

履行が終わっているかどうかにかかわらず，解除は認められない。

いったん契約が有効に成立すると，当事者はその契約で定められた義務を履行しなければならず，これを勝手に解除することは原則として許されない。しかし，民法は，書面によらない単なる口約束の贈与については，履行が終わっていない部分の解除を例外的に認めている（550条）。これは，相手の歓心を買うためになされたような「贈与意思が不明確な贈与」について，本当に贈与する意思があったのかどうかを争点にしばしば紛争が生じることから，そのような紛争を防止する趣旨で認められた例外である。すなわち，**贈与者が本心から贈与の意思を有していると客観的にわかるまでは解除を認め，それ以後は解除を認めない**とすることで，軽率な贈与から生じる紛争を防止しようとするものである。したがって，**贈与意思が客観的に明らかな書面による贈与の場合**には，履行が終わったか否かにかかわらず**解除は認められない**。

	履行が終わっていない部分	履行が終わった部分
書面によらない贈与（単なる口約束）	解除ができる	解除はできない
書面による贈与	解除はできない	

4 × **書面によらない贈与の解除権は，時効にはかからない。**

すなわち，時効によって消滅しない。

この場合の解除権は，相手方の歓心を買うためになされたような軽率な贈与について，後日の紛争を防止するという観点から，法が履行前に解除することを認めたものである。したがって，**履行前であればいつでも解除ができ**，これについて，特に行使期間といったものは設けられていない。

5 ◎ **負担付贈与では，負担と贈与の同時履行や負担不履行の場合の解除権がある。**

妥当である。負担は，法的には給付の制限であって贈与の対価ではない。

しかし，**実質的には対価と同様の性質を有している**。そのため，負担付贈与には双務契約に関する規定が適用されており（553条），贈与者には，負担と贈与の同時履行の主張（553条，533条）や，負担が履行されない場合の契約の解除（553条，541条）などが認められている。

No.2 の解説 贈与 →問題はP.188 正答5

1 × 他人物贈与も契約自体は有効で，贈与者は物を受贈者に移す義務を負う。

契約は，基本的に強行法規や公序良俗（90条）に反しないものであれば，その内容は当事者間で自由に定めることができる。**他人物贈与**も，これらに反するものではないので，**契約としては有効**である。

ただ，他人の所有物であるから，贈与者はそれを取得して**受贈者に所有権を移転する契約上の義務を負う**。それができなければ，債務不履行責任を問われることになる。

2 × 書面によらない不動産の贈与で移転登記が済めば，もはや解除はできない。

「贈与契約が口頭で締結された」とは，書面によらない贈与がなされたということである。そして，**書面によらない贈与については，履行が終わったといえる前であれば解除が認められている**（550条）。これは，たとえば，「相手の歓心を買おうとして，ついプレゼントすると言ってしまった」など，軽率な贈与から生じる紛争を防止するためである。

しかし，**登記の移転があれば，もはや軽率な判断に基づいたものとはいえない**ので，引渡しの有無を問わず解除は認められない（最判昭40・3・26）。

3 × 口頭の贈与でも，後に書面を作成すれば書面による贈与になり解除できない。

書面によらない贈与の場合に解除が認められるのは，相手の歓心を買うためになされたような「贈与意思が不明確な贈与」について，本当に**贈与する意思があったのかどうかを争点にしばしば紛争が生じる**ことから，そのような**紛争を防止する趣旨で認められた例外**である。

したがって，たとえ当初は口頭であっても，後に書面を作成した場合は，その時点で贈与意思が明確になるので，もはや贈与契約の解除はできない。

4 × 負担付贈与で負担が履行されない場合には，贈与者は契約を解除できる。

法的には，負担は贈与の対価ではなく給付の制限とされる。対価でないということは，負担付贈与は**双務契約**（＝当事者双方が対価的性質を有する債務を負担する契約）ではないことを意味する。

しかし，負担付贈与では，贈与者は負担があるからこそ贈与するのであって，**実質的に負担は対価にほかならない**。そこで，法は「性質に反しない限り，双務契約に関する規定を準用する」としており（553条），負担不履行の場合には（特に性質に反することはないので）債務不履行に基づく解除の規定（541条）を準用して契約の解除ができる（最判昭53・2・17）。

5 ◎ **死因贈与については，性質に反しない限り遺贈に関する規定が準用される。**

贈与者の死亡によって効力を生ずる贈与を**死因贈与**という。

この死因贈与は，契約すなわち両当事者の合意で成立する点で，相手方の同意なしに単独で行われる遺贈（遺言による贈与，964条）と異なる。しかし，効果として死亡時に財産が移転することは同じであるから，法は，「その性質に反しない限り，遺贈に関する規定を準用する」としている（554条）。

No.3 の解説　売買

→問題はP.189　**正答4**

1 × **売主の帰責事由で履行不能となった場合，買主は損害賠償を請求できる。**

まず，中古車は「同じものが二つとないもの」すなわち**特定物**であるから，債務者は，引渡しまで**善良な管理者の注意**をもってその物を保存しなければならない（400条）。ところが，債務者は，鍵をかけ忘れていたため当該自動車が盗難に遭って引渡しができなかったというのであるから，この注意義務に違反して履行不能に陥ったことになる。すなわち，**債務者に帰責事由がある履行不能**である。

したがって，債権者Ｂは債務者Ａに対して，債務不履行に基づく損害賠償を請求できることになる（415条１項本文）。

2 × **債務不履行が履行不能による場合，債権者は催告なしに解除ができる。**

売買の目的物は代替性のない特定物であり，それが全壊しているので履行ができなくなっている。したがって，**履行を催告しても意味がないので無催告解除ができる**（542条１項１号）。

3 × **契約不適合を理由とする交換請求に対して，修理で対処できる場合もある。**

売買の目的物が特定物である中古車であっても，買主はそれを乗用車として使用するはずであるから，カーナビに異常があれば，それは「債務の本旨に従った履行」とはいえず，売主には**追完請求権**が発生する（562条１項本文）。

本問で，買主は，新品のカーナビの付け替えを求めているが，中古車であることを踏まえれば，購入契約時に取り付けてあったカーナビが正常に機能すればよいはずである。したがって，**部品の交換等によって正常な機能が回復すれば，あえて新品に取り替える必要はない**。売主Ａとしては，その方法で対処が可能であれば，Ａは新品との交換を拒否して修理を選択することもできる（同項但書）。

4 ◎ **契約不適合がある場合，買主は売主に追完請求として修理を請求できる。**

妥当である。バンパーに異常があることは，**契約不適合**に他ならない。その場合，買主は売主Ａにバンパーの修理を請求することができる（562条１項本文）。

5 × **追完請求の催告に売主が期間内に応じない場合は，代金減額を請求できる。**

契約不適合がある場合，買主が相当の期間を定めて履行の追完の催告をし，その**期間内に履行の追完がないとき**は，買主は，その不適合の程度に応じて**代金の減額を請求することができる**（563条１項）。本肢は「直ちに」が誤り。

実戦問題2　応用レベル

＊＊
No.4 民法に規定する贈与に関する記述として，判例，通説に照らして，妥当なのはどれか。　【地方上級（特別区）・令和元年度改題】

1　贈与とは，当事者の一方が自己の財産を無償で相手方に与える意思を表示し，相手方が受諾をすることによって，その効力を生じる契約のことをいい，契約類型として，契約によって当事者双方が債務を負担しそれが互いに対価たる意義を有する双務契約であり，契約が成立するために物の引渡しを必要とする要物契約である。

2　贈与者は，贈与の目的である物または権利を，贈与の目的として特定した時の状態で引き渡し，または移転することを約したものと推定されるが，負担付贈与の場合は，その負担の限度において，売主と同じく担保の責任を負うものではない。

3　定期の給付を目的とする贈与は，贈与者または受贈者の死亡によって，その効力を失うが，当該贈与が終期の定めのない無期限贈与または終期の定めのある期間付贈与である場合は，特約の有無にかかわらず，それによってその効力を失わない。

4　最高裁判所の判例では，不動産の贈与契約において，当該不動産の所有権移転登記が経由されたときは，当該不動産の引渡しの有無を問わず，贈与の履行が終わったものと解すべきであり，当事者間の合意により，移転登記の原因を形式上売買契約としても，履行完了の効果を生ずるについての妨げとなるものではないとした。

5　最高裁判所の判例では，売主から不動産を取得した贈与者がこれを受贈者に贈与した場合，贈与者が司法書士に依頼して，登記簿上の所有名義人である売主に対し，当該不動産を受贈者に譲渡したので売主から直接受贈者に所有権移転登記をするよう求める旨の内容証明郵便を差し出したとしても，それは単なる第三者に宛てた書面であるから，贈与の書面に当たらないとした。

＊＊
No.5 売買に関する次の記述のうち，妥当なものはどれか。

【国税専門官・平成７年度】

1　解約手付が交付されている売買契約について，当事者の一方がすでに履行に着手している場合には，いずれの当事者も当該契約を解除することができないとするのが判例である。

2　他人の物を目的とする売買契約において，売主が目的物を取得して買主に移転することができない場合には，買主は，それが他人の所有であることを知っていたか否かにかかわらず，当該契約を解除することができる。

3　売買契約の成立以後は，目的物がいまだ買主に引き渡されていない場合であっても，当該目的物から生じた果実は，買主の所有に属する。

4 売主が担保責任を一切負わない旨の特約がある場合には，売主は，売買の目的物に瑕疵があることを知りながら買主に告げなかったときであっても，担保責任を免れることができる。

5 売買代金支払いの時期について特約がある場合を除き，買主が代金の支払いを拒絶することができるのは，同時履行の抗弁権を主張しうる場合に限られる。

＊＊
No.6 **売買に関する次の記述のうち，妥当なのはどれか。ただし，争いのあるものは判例の見解による。** 【国家一般職・令和４年度】

1 売買契約において，買主が売主に手付を交付した場合，その交付に当たって当事者が手付の趣旨を明らかにしていなかったときは，交付された手付は，違約手付と推定される。

2 売買契約の目的物である土地の一部が他人の所有に属していた場合のように，権利の一部が他人に属する場合であっても，売買契約は有効である。そのため，他人の権利を売買の目的とした売主は，その権利を取得して買主に移転する義務を負う。

3 売買契約において，引き渡された目的物が種類，品質または数量に関して契約の内容に適合しないものであり，その不適合が買主の責めに帰すべき事由によるものでない場合，買主は，売主に対し，目的物の修補，代替物の引渡しまたは不足分の引渡しによる履行の追完を請求することができる。その際，売主は，買主が請求した方法によらなければ履行の追完をしたことにはならない。

4 売買契約において，引き渡された目的物が種類，品質または数量に関して契約の内容に適合しないものであり，その不適合が買主の責めに帰すべき事由によるものでない場合，買主は，売主に対し，その不適合の程度に応じて代金の減額を請求することができる。その際，買主は，売主が代金全額を受け取る機会を与えるため，必ず相当の期間を定めた履行の追完の催告をしなければならない。

5 売買契約において，引き渡された目的物が種類，品質または数量に関して契約の内容に適合しないものである場合に，買主の救済手段として，一定の要件の下に，追完請求権や代金減額請求権が認められる。これらは紛争の早期解決を目的とする民法上の特則であるため，買主は，追完請求権や代金減額請求権を行使することができるときは，民法第415条の規定による損害賠償の請求や同法第541条の規定による解除権の行使をすることはできない。

＊＊
No.7 **売買に関するア～オの記述のうち，妥当なもののみをすべて挙げているのはどれか。ただし，争いのあるものは判例の見解による。**

【国家総合職・令和３年度】

ア：売買契約において，引き渡された目的物が種類，品質または数量に関して契約の内容に適合しないものであり，その不適合が買主の責めに帰すべき事由によるものでない場合，買主は，売主に対し，目的物の修補，代替物の引渡しまたは不足分の引渡しによる履行の追完を請求することができ，売主は，買主に不相当な負担を課するものでなくても，買主が請求した方法と異なる方法により履行の追完をすることはできない。

イ：売買契約において，買主が売主に手付を交付した場合，その交付に当たって当事者が手付の趣旨を明らかにしていなかったときは，交付された手付は，債務不履行の際の損害賠償額の予定と推定される。

ウ：売買契約において，引き渡された目的物が種類，品質または数量に関して契約の内容に適合しないものであり，その不適合が買主の責めに帰すべき事由によるものでない場合，買主は，売主に対し，相当の期間を定めて履行の追完の催告をし，その期間内に履行の追完がないときは，その不適合が売主の責めに帰すべき事由によるものでなくても，その不適合の程度に応じて代金の減額を請求することができる。

エ：甲土地の売買契約において，甲土地の一部が他人の所有する土地であり，売主が甲土地全部の所有権を買主に移転することができず，そのことにつき売主の責めに帰すべき事由がある場合でも，買主は，契約締結時に甲土地の一部を売主が所有していないことを知っていたときは，売主に損害賠償請求をすることができない。

オ：売買契約において，売主が種類または品質に関して契約の内容に適合しない目的物を買主に引き渡した場合，買主がその不適合を理由に損害賠償の請求をするには，売主が引渡しの時にその不適合を知り，または重大な過失によって知らなかったときを除き，買主がその不適合を知った時から１年以内にその旨を売主に通知する必要があるが，訴訟の提起や損害額を明示して損害賠償を請求することまでは要しない。

1 ア，イ
2 ア，エ
3 イ，ウ
4 ウ，オ
5 エ，オ

実戦問題❷の解説

No.4 の解説　贈与

→問題はP.193　正答４

1 ×　贈与は，当事者の一方のみが債務を負担する片務契約である。

贈与は契約であって，両当事者の合意がなければ成立しないので，前半は正しい（549条）。

しかし，**贈与は当事者の一方がある財産を無償で相手方に与えるもの**で，債務を負うのは贈与者のみである。このような契約を**片務契約**といい，当事者双方が対価的性質を有する債務を負担する双務契約とは異なる。したがって，後半は誤り。

2 ×　負担付贈与の贈与者は，負担の限度で売主と同じく担保の責任を負う。

贈与は無償契約であるから，贈与者の通常の意思は「たとえ瑕疵があってもそのままの状態で引き渡せばよい」として合意しているものと推定されている（551条１項）。したがって，前半は正しい。

しかし，負担付贈与の場合は，贈与者は負担があるからこそ贈与するのであって，**実質的に負担は対価にほかならない**。すなわち，負担付贈与は単純に無償行為とはいえず，その負担部分については有償行為である売買と同様に扱うのが妥当である。そこで，法も「贈与者は，その負担の限度において，売主と同じく担保の責任を負う」としており（同条２項），後半は誤り。

3 ×　無期限贈与や期間付贈与も，特約があれば期間の途中で贈与は終了する。

まず，定期の給付を目的とする贈与を**定期贈与**という。たとえば，家計が厳しい中で勉強を続けて大学に合格した甥に，伯父が「大学を卒業するまで，毎月10万円を援助する」などという場合である。この場合，伯父が死亡したり，在学中に甥が死亡すれば，定期贈与は終了する（552条）。したがって，前半は正しい。

一方，終期の定めのない無期限贈与とは，たとえば「生存中は援助する」などという場合，また，終期の定めのある期間付贈与とは「来月から５年間，毎月10万円を贈与する」などという場合である。前者では，定期贈与と同様に当事者いずれかの死亡によって終了すると解されており，後者も特約があれば終了すると解されている。したがって，後半は誤り。

なお，無期限贈与や期間付贈与が出題されることはほとんどなく，本肢は惑わし肢と考えてよい。知識として，あえてここまで覚える必要はない。

4 ◎　不動産の贈与で移転登記が済めば，履行が終わったものと解してよい。

妥当である。本肢の事案は，口頭で贈与を約束した，いわゆる**書面によらない贈与**の効力が争われたものである。そして，書面によらない贈与について，法は「書面によらない贈与は，各当事者が解除をすることができる。ただし，履行の終わった部分については，この限りでない」と規定する（550条）。

そこで，移転登記が本条にいう「履行の終わった」に当たるかであるが，この点について判例は，「不動産の贈与契約において，不動産の所有権移転登記が経由されたときは，当該不動産の引渡の有無を問わず，贈与の履行を

終ったものと解すべき」とする（最判昭40・3・26）。→No.2選択肢2

5× **受贈者でなく第三者に宛てた書面でも，贈与の書面に当たる場合がある。**

贈与者が，司法書士に「受贈者に不動産を贈与したので登記してほしい」という依頼文書を内容証明郵便で差し出せば，**贈与の意思はそこに明確に表れている**。したがって，第三者に宛てた書面であるからといって，贈与の書面に当たらないとすることはできない。

判例は，本肢の事例で，「その作成の動機・経緯，方式及び記載文言に照らして考えるならば，贈与者の慎重な意思決定に基づいて作成され，かつ，贈与の意思を確実に看取しうる書面というのに欠けるところはなく，民法550条にいう書面に当たる」とする（最判昭60・11・29）。

No.5 の解説　売買

→問題はP.193　**正答2**

1× **相手方が履行に着手していなければ，手付による解除が認められる。**

解約手付が交付されている場合でも，相手方が履行に着手すれば解約ができなくなる（557条1項）。これは，履行に着手した者は必要な費用を支出し（例：売買目的物の整備や業者への配送依頼など），また契約の履行に多くの期待を寄せていたはずなので，そのような**履行着手者の利益を保護する**必要があるからである。

したがって，自分だけが履行に着手している段階では，自らの利益を放棄して契約を解除することはなんらかまわない（最判昭40・11・24）。

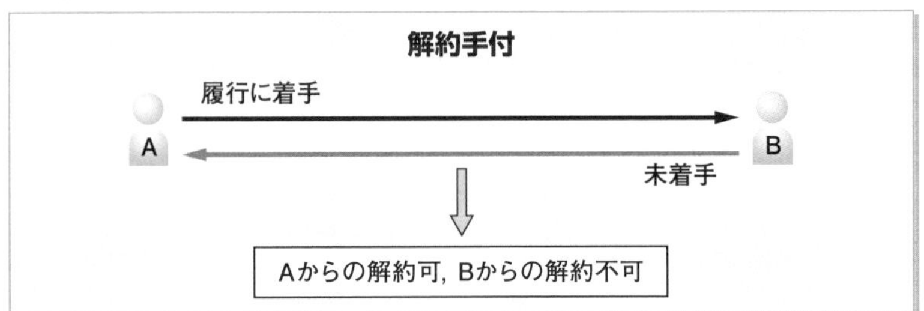

2◎ **他人物売買の買主も，所有権を移転できない場合は契約を解除できる。**

妥当である。他人物売買の買主も，目的物が他人の物であることを知っていても，**売主が所有者から所有権を取得して自分に移転することを期待してよく**，それができなければ契約を解除することが認められる（561条，415条，541条，542条）。

たとえば，本屋で注文して出版元から本を取り寄せてもらうような場合がその例である。買主が悪意（他人の物であることを知っている）の場合に解除ができないとすると，売主が解除しない限り延々と契約の拘束が続くことになるが，それは不都合であろう（注文した月刊誌を数年後に本屋が取り寄せた場合にも購入の義務があることになる）。そもそも売主が所有権を移転できないこの場合は，単なる債務不履行にすぎないので，買主が善意かどうかを問題にする必要はない。

3 × **目的物がいまだ買主に引き渡されていない場合，果実は売主が収取する。**

売主が売買の目的物を引き渡しておらず，また，買主が代金を支払っていないという段階では，果実は売主の側がこれを収穫・取得する権利を有する（575条1項）。したがって，売主は果実を買主に引き渡す必要はない。

これは，たとえば，みかん畑の売買において，履行期が過ぎているかどうかにかかわらず，買主が代金を支払うまでは，売主はみかんを収穫してこれを自分のものにできるということである。

すなわち，目的物の所有権は特約がない限り売買契約の成立と同時に買主に移転するので，本来ならば目的物から生じた果実も買主に帰属するはずである。しかし，**所有権の移転を認めるのであれば，公平の見地から代金も直ちに支払うべきことを認めてよく，そうなると，契約の成立後は遅延利息が発生し始める**ことになる。しかしこのような法律関係を認めるのは面倒である。そこで**果実収取権と利息とを一挙に決済して法律関係を簡明に処理することにした**のが575条1項である。同項によれば，目的物が買主に引き渡されていない間は，売主は果実収取権を有するとされる。

4 × **不担保特約があっても，知りながら告げなかった瑕疵には責任を負う。**

不担保特約も，公序に反するものとはいえないので有効である。しかし，そのような特約も，信義に反する行為まで正当化できるわけではない。すなわち，**売買の目的物に瑕疵があることを知りながら買主に告げなかった**ときには，売主は**担保責任を免れることができない**（572条）。

5 × **売買においては，同時履行の抗弁権のほか，特殊な代金支払拒絶権がある。**

売買においては，双務契約において公平の見地から認められる同時履行の抗弁権のほか，次のような特殊な代金支払拒絶権が認められている。

①	**売買の目的について権利を主張する者があるなどのために，買主が買い受けた権利の全部または一部を取得できない，または失うおそれがあるとき（576条）** →その危険の程度に応じて，代金の支払いの全部または一部の支払いを拒絶できる。たとえば，売主Aと買主Bが甲土地の売買契約を締結したところ，第三者Cが甲土地の一部は自分の所有地であると買主Bに主張してきたような場合である。
②	**買い受けた不動産について，契約の内容に適合しない先取特権，質権または抵当権の登記があるとき（577条）** →買主が担保不動産の評価額に相当する金額を担保権者に提供して担保権を消滅させる手続（379条，**抵当権消滅請求手続**，なお先取特権や質権の場合にも準用）が終了するまで，買主は売主に代金の支払いを拒絶できる。この手続が終了した場合，買主は売買代価から担保権者に提供した金額を差し引いた額を売主に支払えばよい。

No.6 の解説　売買

→問題はP.194　**正答2**

1 ×　手付の趣旨が明らかでなければ，交付された手付は解約手付と推定される。

わが国の取引慣行上，**手付は解約手付の趣旨で交付される**（最判昭29・1・21）。そのため，手付が解約手付ではない（それ以外の種類の手付である）と主張する者は，手付が解約手付ではないことを自ら証明しなければならない。解約手付でないことを証明できなければ，その手付は解約手付と解釈される。

●手付の役割（一般的な解約手付の例）

なぜ手付を渡すかというと，とりあえず売価の１～２割程度の手付を打って（＝渡して）物件を押さえておくのである（たとえば2,000万円の不動産なら，手付が２割なら400万円というかなりの高額になる）。残額は，目的不動産の登記移転と引換えに支払うとしておけば，慌てて全額を用意する必要はない。売主としても，手付が交付されると，「相手は本気で買うつもりだ」と予測できるので，別の買い手を探す手間が省ける。これが，不動産売買などで手付が交付される理由である。

ただ，買うつもりでいた者が，「他にもっとよい物件が見つかったのでキャンセルしたい」と考えた場合はどうなるか。その場合は手付を放棄しなければならず，前例でいうと手付として渡した400万円はあきらめなければならない。これがいわゆる解約手付である。

そして，これは買主だけでなく売主の場合も同様で，売主が，「2,500万円で買うという人が現れたのでそちらに売りたい」となった場合には，「手付倍返し」つまり前例でいうならば400万円×２＝800万円を手付の交付者に返さなければ解約ができない（それでも受け取った手付の400万円は，もともと相手のお金なので，800万円の返還といっても実質損は400万円であり，物件が2,500万円で売れれば100万円の利益は出る）。

このようにして，手付で相手を拘束しておくわけである。

なお，手付の放棄（買主側）や手付倍返し（売主側）で解約ができるのは，あくまで相手が履行に着手する前に限られる。相手がいったん履行に着手したら，もう解約はできなくなる。

2 ◎　一部が他人の権利の売買では，買主は権利を取得して移転する義務を負う。

妥当である（561条）。→必修問題選択肢３

3 ×　契約不適合で，売主は，買主が請求した方法以外を選択できる場合がある。

引き渡された目的物が種類，品質または数量に関して契約の内容に適合しないものであるときは，買主は，売主に対し，目的物の修補，代替物の引渡しまたは不足分の引渡しによる履行の追完を請求することができる（562条１項本文）。したがって，前半は正しい。

ただし，売主は，**買主に不相当な負担を課するものでないときは，買主が請求した方法と異なる方法による履行の追完をすることができる**ので（同項但書），本肢は後半が誤り。→No.３選択肢３

4 ×　追完不能など一定の場合には，買主は催告なしに代金減額請求ができる。

契約不適合が買主の責めに帰すべき事由によるものでない場合，買主は追完請求ができるが（562条），買主が相当の期間を定めて履行の追完の催告をしたにもかかわらず，その**期間内に履行の追完がないときは，買主は，その不適合の程度に応じて代金の減額を請求することができる**（563条１項・３項）。したがって，前半は正しい。

ただし，履行の追完が不能であるときや，売主が履行の追完を拒絶する意思を明確に表示したときなど，一定の場合には，**相当の期間を定めた催告をしても意味がない**ので，**催告なしに直ちに代金減額を請求できる**（563条２項）。

5 × **追完請求権等を行使できる場合でも，損害賠償請求権や解除権の行使可。**

売買の効力について定めた560条以下の規定は，売買の特性に合わせて債務不履行責任の具体化として買主の保護について規定したものであるから，**債務不履行責任そのものを排除するものではない**。したがって，基本的な責任追及の手段として損害賠償請求権や解除権を行使することは可能である（564条）。

No.7 の解説　売買

→問題はP.195 **正答４**

ア × **契約不適合で，売主は，買主が請求した方法以外を選択できる場合がある。**

売主は，買主に不相当な負担を課するものでないときは，買主が請求した方法と異なる方法による履行の追完をすることができる（562条１項但書）。

なお，前半は正しい（同条１項本文，２項）。→No.6選択肢３

イ × **手付の趣旨が明らかでなければ，交付された手付は解約手付と推定される。**

手付けには，証約手付（契約成立の証拠目的で交付される手付）や，違約手付（債務不履行があった場合には没収するという趣旨の手付，違約罰や**損害賠償額の予定**などがこれに当たる），成約手付（交付を契約成立の要件とする手付）など，さまざまな趣旨のものがあるが，**当事者が手付の趣旨を明らかにしていなかったときは解約手付と推定される**（最判昭29・１・21）。

→No.６選択肢１

ウ ○ **契約不適合があれば，売主に帰責事由がなくても追完請求権の行使が可能。**

妥当である（562条１項本文，563条１項）。→No.３選択肢３

なお，売主に帰責事由があれば，買主は損害賠償の請求もできる（415条１項本文）。

エ × **一部他人の権利の売買で，買主悪意でも売主に帰責事由があれば賠償請求可。**

たとえば，住宅用地の売買で，「一部が他人の所有地だが，すでにその部分も購入が決まっているので安心して契約してほしい」などと偽りの事実を提示して売りつけたような場合がその例である。

買主が，一部他人の土地であることを知っているとしても，売主に帰責事由があれば，買主は損害賠償を請求できる（565条，564条，415条）。

オ ○ **目的物の種類または品質に関する担保責任の追求には１年の期間制限がある。**

妥当である（566条）。売買から何年も経た後に契約不適合責任の追及がなされたのでは，売主にとってあまりに酷である。そこで，法は，**法律関係の早期安定のために1年の期間制限**を設けた。

ただ，損害賠償の算定などには時間を要することも考えられるので，買主が責任追及を躊躇することがないように，**1年以内にその旨を売主に通知すればよく，訴訟の提起や損害額を明示して損害賠償を請求することまでは必要でない。**

なお，売主が引渡しの時にその不適合を知り，または重大な過失によって知らなかったときには，**売主側の「履行はすべて済んだ」という期待は保護する必要はなく**，そのための期間制限を設ける必要もないので，1年という期間制限の除外対象となっている。

以上から，妥当なものは**ウ**と**オ**であり，正答は**4**である。

消費貸借・賃貸借

必修問題

賃貸借に関するア～オの記述のうち，妥当なもののみをすべて挙げているのはどれか。ただし，争いのあるものは判例の見解による。

【国税専門官／財務専門官／労働基準監督官・令和３年度】

ア：土地の賃借人は，当該土地上に同居する家族名義で**保存登記**をした建物を所有している場合であっても，その後当該土地の所有権を取得した第三者に対し，借地借家法第10条第１項により当該土地の賃借権を対抗することはできない。

イ：建物の賃貸借契約終了に伴う賃借人の建物明渡債務と賃貸人の敷金返還債務とは，敷金返還に対する賃借人の期待を保護する観点から，**同時履行**の関係に立つ。

ウ：民法，借地借家法その他の法令の規定による賃貸借の対抗要件を備えた不動産の賃借人は，当該不動産の占有を第三者が妨害しているときは，当該第三者に対して**妨害の停止の請求**をすることができる。

エ：土地の賃貸借契約において，適法な**転貸借関係**が存在する場合，賃貸人が賃料の不払を理由として賃貸借契約を解除するには，特段の事情のない限り，転借人に通知等をして賃料の代払の機会を与えることが信義則上必要である。

オ：賃貸人は，賃借人が賃貸借に基づいて生じた金銭の給付を目的とする債務を履行しないときは，敷金をその債務の弁済に充てることができる。また，賃借人も，賃貸人に対し，敷金をその債務の弁済に充てることを請求することができる。

1　ア，ウ
2　ア，オ
3　イ，エ
4　イ，オ
5　ウ，エ

（参考）借地借家法
（借地権の対抗力）
第10条　借地権は，その登記がなくても，土地の上に借地権者が登記されている建物を所有するときは，これをもって第三者に対抗することができる。
２　（略）

難易度　＊＊

必修問題の解説

ア○ 借地借家法による土地賃貸権の対抗力承認には，賃借人名義の登記が必要。

妥当である。まず**保存登記**とは，未登記の不動産について最初に行われる所有権の登記のことである（例：新築建物について，木造○○平米で所有者はだれといったことなどが保存登記で登記簿に記載される）。

本肢は土地の賃貸借のケースであるが，土地の賃貸借であろうが建物のそれ（つまり借家）であろうが，**賃貸借**契約は債権契約であるから，物権のように誰に対しても（当事者以外の第三者にも）権利主張できるというものではなく，**契約の相手方にだけ，契約当事者としての履行の請求ができる**という性質のものである。

ということは，本肢のように土地の所有権が第三者に譲渡された場合，第三者は契約当事者ではないから，本来であれば，「土地を貸す」という契約の履行を請求できる相手ではない。そうなると，第三者が土地の所有権を主張して，「自分は貸していないし，貸すつもりもないので建物を撤去して欲しい」と言われると，これに応じざるを得ない。ただ，それでは，建物の保護（居住の場の確保を通じた生活の安定）をあまりにも疎かにするとして，法は**居住者保護の見地から，土地・建物の賃借権の強化**を図っている。

まず民法は，不動産の賃借権は債権ではあるが特別に登記が認められているので（不動産登記法３条８号），**賃借権の登記をすれば物権と同じく第三者対抗力を認めて**，本肢のような場合にも第三者に賃借権を主張できる（結果として，第三者は賃貸人の地位を引き継がされることになる。→テーマ８「契約総論」No.６ア）とする（605条）。

ただ，**賃貸人が費用と手間のかかる登記に応じることはまれ**で，そうなると，賃借人の保護はほぼ期待できない状態になってしまう。そこで特別法が制定されて，**借地権者が建物を登記しているときは，これをもって第三者に対抗できる**とされた（借地借家法10条１項）。

問題は，その登記が賃借人本人名義でなければならないか，それとも家族名義でもよいかという点である。**判例は，本人名義でなければならないとした**（最判昭47・６・22）。建物の登記はあくまで民法の賃借権登記の代用物であり，その民法の賃借権登記は「賃貸人と賃借人の両者の名」で行われるので，その代用物となるには，建物の登記名義は賃借人でなければならないとするのである。

ただし，これには学説の反対が強い。借地借家法の趣旨は，居住の場の確保を通じた生活の安定という点にあったはずである。そうであれば，上記のように杓子定規に考えるのではなく，土地を買おうとする者は，まず現地を調査して，そこに建物があって家族の生活があれば，次に登記を調べ，そこで「名義人の家族が住んでいる」ことがわかれば対抗力を認める要件としては十分ではないかとするのである。

ただ，判例は，条文の文言を重視する立場から，上記のような解釈をしているので，とりあえず本肢については，判例はそのような立場だとして覚えておくべきことになる。

イ× **賃貸借終了による建物の明渡しと敷金の返還とは同時履行の関係に立たない。**

建物の明渡しが敷金の返還よりも先である（622条の２第１項１号）。

→テーマ８「契約総論」No.１ア

ウ○ **賃貸借の対抗要件を備えた不動産の賃借人は，自ら妨害停止請求できる。**

妥当である（605条の４第１号）。「賃貸借の対抗要件を備えた」とは，**賃借権が物権と同じ効力を備えたと考えればよい**。物権であれば，妨害の予防・停止・排除のどれも請求が可能である。そして，本肢の賃借権も同様である。

エ× **賃借人に賃料不払いがあれば，転借人に通知等をせずに契約を解除できる。**

賃貸人は，転借人に対してなんら義務を負っていないので，賃借人に賃料不払いがあれば，転借人に代払の機会を与えるための通知等をすることなく賃貸借契約を解除できる（最判昭37・３・29）。

オ× **賃借人が，「今月の賃料は敷金から支払う」などと請求することは不可。**

敷金とは，賃貸借終了までに生じた不払い賃料や，賃借物の修理費用など，賃借人が賃貸人に負うべき債務の「担保」として賃貸人に交付される金銭である（622条の２第１項柱書カッコ書き）。

すなわち，それは賃料に関していえば，賃借人が支払いを怠った場合に備えた，賃貸人のセーフティーネットともいうべきものであるから，それを先に使うように請求する権利などは賃借人にはない（同条第２項後段）。

なお，前半は正しい（同項前段）。

以上から，妥当なのは**ア**と**ウ**であり，正答は**1**である。

正答 1

FOCUS

本テーマでは賃貸借を中心に出題される。そして賃貸借では，借地借家法という特別法が登場する。この法律は民法の規定をいろいろな部分で修正しているので，賃貸借は売買などの他の典型契約に比べて複雑な印象を受ける。どの部分がどのように修正されているのかをすべてフォローしようとすると学習効率が悪いので，過去問に登場した修正箇所，もしくはそれに関連する部分に限定して知識を整理するような対策が望ましい。

POINT

重要ポイント 1 賃貸借契約の成立と効力

(1) 賃貸借契約の成立

①賃貸借契約は当事者の合意のみによって成立する（諾成契約）。
　賃借物の引渡しは契約の成立要件ではない。

②賃料は目的物の使用の対価であるから，賃貸借契約が有効に成立しても，賃貸人が目的物を引き渡さない間は賃料債務は発生しない。

(2) 賃貸人の義務

①賃貸人には，賃借人が目的物を使用・収益できる状態にしておくという積極的な義務が課されている。
　これは，借主が目的物を使用・収益するのを単に認容するという消極的な義務にとどまる地上権との相違点の一つである。

②賃貸人には目的物の修繕義務がある。
　賃借人が代わって修繕した場合，賃借人は直ちにその費用（必要費）の償還を賃貸人に請求できる。

③賃借人が有益費を支出した場合には，賃貸人は，賃貸借終了時に，賃借人が支出した費用または増価額のいずれかを選択して，これを賃借人に償還しなければならない。

④賃借人が有益費を支出した後，目的物の所有権譲渡により賃貸人が交替したときは，特段の事情のない限り，新賃貸人において旧賃貸人の権利義務一切を承継するため，新賃貸人は，当該有益費の償還義務を負う。

(3) 賃借人の義務

①賃借人は，物の使用の対価として，賃料を支払う義務を負う。

②賃借人は，賃借物の保管に関して善良な管理者の注意義務を負う。

③賃借人は，賃貸借の終了の際には，賃借物を原状に復してこれを返還しなければならない。

④賃借人が失火によって目的物を焼失させたときは，賃借人に重過失がなくても，軽過失がある限り，賃借人は賃貸人に対して債務不履行責任を負う。

(4) 賃借権の対抗力

①不動産の賃借権は，登記をすれば，これを第三者にも対抗できる。

②建物の所有を目的とする借地権（賃借権および地上権）の場合は，借地権の登記がなくても，地上建物について所有権の登記がなされていれば，その所有権登記で借地権についても対抗力が認められる（借地借家法による民法の原則の修正）。

③建物の賃貸借においては，賃借権の登記がなくても，建物の引渡しがあれば，借家人はその賃借権を第三者に対抗できる（借地借家法による民法の原則の修正）。

重要ポイント2 賃借権の譲渡・転貸

①賃借人が第三者に賃借権を譲渡または賃借物を転貸するには，賃貸人の承諾が必要である。

②賃貸人の承諾を得ないでなされた賃借権の譲渡または転貸契約は無効ではないが，その効果を賃貸人に対抗できない。

また，賃貸人は無断譲渡・転貸を理由に，賃借人との賃貸借契約を解除できる。

③無断譲渡・転貸が行われても，それが賃貸人に対する背信行為に当たらないと認められる特段の事情がある場合には，賃貸人に契約の解除権は発生しない。

④無断転貸を理由に，賃貸人が転借人に賃借物の返還を請求するには，賃貸借契約を解除しておく必要はない。

⑤賃貸人の承諾を得ないで転貸借契約が締結された場合でも，賃貸人が賃貸借契約を解除できるのは，転借人が目的物の使用を開始した場合に限られる。

すなわち，いまだ目的物の使用を開始していない段階では解除はできない。

⑥借地人が借地上に建物を建築した後に，それを第三者に賃貸しても，土地の無断転貸には当たらない。

⑦賃貸人の承諾を得て転貸が行われた場合には，転借人は賃貸人に対して直接に義務を負う。そのため，賃貸人は転借人に賃料を請求できる。

この場合，転借人は転貸人に転借料を前払いしていることを理由として賃貸人からの賃料請求を拒絶することはできない。

⑧賃貸人が転借人に直接に賃料を請求できる場合，その額は，賃貸人が賃借人に請求できる賃料の額と転借人が転貸人に支払うべき賃料の額の両者によって制限を受ける。

⑨賃貸人の転借人に対する賃料請求は権利であって義務ではない。

したがって，賃借人が賃料の支払いを怠る場合には，賃貸人は転借人に賃料を請求することなく，賃借人の債務不履行を理由に賃貸借契約を解除できる。

重要ポイント3 敷金

①敷金は，賃貸借関係から賃借人に生じる一切の債務を担保する目的で，賃貸人に交付されるものである。

②賃貸借契約終了後，明渡しまでの間の使用利益（賃料相当額）も敷金によって担保される。したがって，敷金返還請求権が発生するのは賃借人が賃借物を明け渡した後である。

それゆえ，賃借物の明渡しと敷金返還とは同時履行の関係に立たない。

③賃借権の存続期間中に賃貸人が交代した場合には，原則として敷金関係は新賃貸人に承継される。

④賃貸借契約終了後，目的物の明渡しまでの間にその目的物が譲渡されても，賃貸人の交代は生じない。

したがって，敷金関係は新所有者には引き継がれない。

⑤賃借権が適法に譲渡されて賃借人が交代した場合には，原則として敷金関係は承継されない。

すなわち，旧賃借人が差し入れた敷金は，賃借人の交代の時点で延滞賃料等を差し引いて旧賃借人に返還される。

重要ポイント4 賃借権の終了

①他人の物の賃貸を目的とする賃貸借契約も当事者間では有効であるが，賃借人が所有者から目的物の返還を請求された場合には，その時点から賃貸人の貸す債務が履行不能となるので，その時点以降，賃借人は賃貸人からの賃料請求を拒絶できる。

②転借人の転借権が賃貸人に対抗できない場合において，賃貸人が転借人に目的物の返還を請求した場合には，その時点以降，転借人は転貸人からの賃料請求を拒絶できる。

③期間の定めのない動産賃貸借（民法の原則がそのまま妥当する賃貸借）において，賃貸人が解約を申し入れたときは，一定期間経過後に賃貸借は終了する。

この場合，解約申入れに正当事由は必要でない。

実戦問題❶ 基本レベル

* **No.1** **民法に規定する賃貸借に関する記述として，通説に照らして，妥当なのはどれか。** 【地方上級（特別区）・平成15年度】

1 賃貸借の存続期間については，特段の定めがなく，当事者の自由にゆだねられている。

2 賃貸人は，賃借人に目的物を使用および収益させる義務を負うとともに，それに必要な修繕をなす義務を負う。

3 賃借人は，賃貸人に賃料を支払う義務を負うが，賃料は，支払時期について特約がなければ先払いである。

4 賃貸人は，賃借人が賃貸人の承諾なく第三者に賃借物の一部を使用または収益させた場合であっても，契約を解除することが一切できない。

5 賃借人は，存続期間の定めのない賃貸借においては，いつでも解約申入れをすることができ，当該賃貸借は，解約申入れ後直ちに終了する。

** **No.2** **賃貸借に関するア～オの記述のうち，妥当なもののみをすべて挙げているのはどれか。** 【国家一般職・令和２年度】

ア：賃貸人が賃借人の意思に反して保存行為をしようとする場合において，そのために賃借人が賃借をした目的を達することができなくなるときは，賃借人は，当該行為を拒むことができる。

イ：賃借人は，賃借物について有益費を支出したときは，賃貸人に対し，直ちにその償還を請求することができる。

ウ：賃借物の全部が滅失その他の事由により使用および収益をすることができなくなった場合には，賃貸借は，これによって終了する。

エ：当事者が賃貸借の期間を定めなかったときは，各当事者は，いつでも解約の申入れをすることができるところ，動産の賃貸借については，解約の申入れの日から３か月を経過することによって終了する。

オ：賃借人が賃貸借に基づいて生じた金銭の給付を目的とする債務を履行しないときは，賃貸人は敷金をその債務の弁済に充てることができるが，賃借人が，賃貸人に対し，敷金をその債務の弁済に充てることを請求することはできない。

1 ア，ウ
2 ア，オ
3 イ，ウ
4 イ，エ
5 ウ，オ

＊No.3 使用貸借に関する次の記述のうち，妥当なのはどれか。

【国家一般職・令和３年度】

1 使用貸借契約は，当事者の一方が無償で使用および収益をした後に返還することを約して相手方からある物を受け取ることによって，その効力を生ずる。

2 使用貸借契約の貸主は，書面による場合を除き，借主が借用物を受け取るまで，その契約を解除することができる。

3 使用貸借契約の借主は，自らの判断で自由に，第三者に借用物の使用または収益をさせることができる。

4 使用貸借契約は，借主が死亡しても，特約のない限り，その相続人と貸主との間で存続する。

5 使用貸借契約における借用物の保管に通常必要な費用は，貸主が負担しなければならない。

実戦問題1の解説

No.1 の解説　賃貸借

→問題はP.208　**正答2**

1 ×　賃貸借には存続期間の定めがある（604条1項）。

債権である賃借権は期間を限定し，それ以上長期の利用権設定については物権である地上権や永小作権によるという役割分担に基づく制限である。

2 ◎　賃貸人は目的物を使用・収益させる義務を負い，必要な修繕義務を負う。

妥当である。賃貸借は，相手方に目的物を使用・収益させて，その対価として賃料を得ることを内容とする契約である（601条）。したがって，賃貸人には，契約上の義務として相手方に**目的物を使用・収益させる義務**があり，またその一環として，目的物を使用・収益に適した状態にしておくために必要な修繕義務が課されている（606条1項本文）。

3 ×　賃料は，支払時期について特約がなければ後払いである。

賃料は，**動産，建物および宅地については毎月末，その他の土地については毎年末の後払いが原則である**（614条本文）。

賃料は，目的物の使用・収益の対価であるから，使用・収益していない段階で支払う（前払い）のではなく，使用・収益した段階で支払う（後払い）のが原則とされている。

4 ×　賃貸人の承諾なく第三者に使用・収益させれば，契約の解除原因となる。

賃貸借は，だれが使用・収益するかによって目的物の傷み具合などに大きな差が生じるため，特にその相手を信頼して結ぶ契約であるとされている。したがって，たとえ一部であっても賃貸人の承諾なく第三者に賃借物を使用・収益させた場合，それが契約上の義務に違反する行為ないしは**信頼関係を損なう行為**と認められれば，賃貸人は契約を解除できる（612条参照）。

5 ×　期間の定めのない賃貸借は，解約申入れの後，一定期間経過後に終了する。

土地の賃貸借は1年，建物の賃貸借であれば3か月など，所定の期間を経過した時点で終了する（617条1項）。

No.2 の解説　賃貸借

→問題はP.208 正答5

ア× 賃借人は，意に反する場合も，賃貸人の行う保存行為を拒絶できない。

保存行為は賃貸物の価値を維持するために必要なものであるから，賃貸人にとっては所有権の行使に他ならず，それが賃借人の意に反するものであったとしても，賃借人はこれを拒絶することはできない（606条2項）。

しかし，たとえば，保存工事が大規模かつ長期にわたって行なわれるため，賃借建物を利用できないなど，賃貸人の行う保存行為が**賃借人の意思に反する**もので，当該保存行為のために賃借人が**賃借をした目的を達することができなくなる**場合は，賃借人から賃貸借契約を**解除**することができる（607条）。

イ× 賃借人が有益費の償還を請求できるのは，賃貸借終了時である。

ここで**有益費**とは，たとえばトイレを温水洗浄便座に変えるなど，賃借物の価値を客観的に高めるために費やした費用をいう。そして，法が有益費の償還請求権を賃借人に認めているのは，有益費の支出により価値が高められたことで，その利益を受ける者（賃貸人）がいる場合に，利益の現存する限度で償還を認めようというものである。すなわち，その**償還は利益の現存することが要件**であるから，それを請求できるのは賃貸借終了時である（608条2項本文）。

ウ○ 賃借物を使用・収益できなくなった場合は，賃貸借は終了する。

妥当である。賃貸借契約は，賃貸人が目的物を賃借人に使用・収益させ，賃借人がその対価として賃料を支払うという契約である（601条）。

したがって，賃借人が賃借物を使用・収益できなくなった場合は，**契約を存続させておく意味がないので，賃貸借は終了する**（616条の2）。

エ× 期間を定めない動産賃貸借では，解約申入れの日から1日経過で終了する。

当事者が賃貸借の期間を定めなかったときは，各当事者は，いつでも解約の申入れをすることができ，動産の賃貸借においては解約の申入れの日から1日を経過することによって賃貸借は終了する（617条1項柱書3号）。

オ○ 賃借人が，「今月の賃料は敷金から支払う」などと請求することは不可。

妥当である（622条の2第2項）。→必修問題オ

以上から，妥当なものは**ウ**と**オ**であり，正答は**5**である。

No.3 の解説　使用貸借

→問題はP.209　**正答2**

1 ×　使用貸借契約は，要物契約ではなく，合意によって成立する諾成契約である。

使用貸借とは無償で行う物の貸し借りのことである。自転車をちょっと借りるなど，日常的によく見かける契約である。

具体的には，一方がある物を貸す（引き渡す）ことを約し，相手がそれを無償で使用・収益をして契約が終了したときに返還をすることを約することで効力を生ずる（593条）。

つまり，この契約は**合意があればそれで成立する諾成契約**であり，物の引渡しが効力要件とされる要物契約ではない。

2 ◎　使用貸借では，貸主に，目的物引渡し前の解除権が認められている。

妥当である。安易に「貸す」と言ってしまったものの，軽率な判断だったという場合に，解除を認めようというものである（593条の２本文）。

ただ，書面による場合には，慎重な判断に基づくものとして，契約の解除は認められない（同条但書）。

3 ×　借りたものを，貸主の承諾なく勝手に他人に使用収益させることはできない。

貸借契約では（使用貸借だけでなく賃貸借も同様である），貸主は，借主が**目的物を大切に扱ってくれると信頼して貸している**ので，借主が自らの判断で，自由に第三者に借用物の使用または収益をさせることは許されない（594条２項）。

4 ×　使用貸借は借主の死亡で終了し，特約がなければ相続人に承継されない。

使用貸借契約は，親密さや恩義などといった借主との**個人的な信頼関係に基いて，あえて無償で使用・収益させている**ので，借主が死亡した場合には契約は終了する（597条３項）。

借主の相続人と貸主の間に，そのような信頼関係があるとは限らないからである。

なお，貸主が死亡しても使用貸借は終了せず，借主は引き続き目的物を使用収益できる。借主が物を大切に扱ってくれるだろうとの信頼が，貸主の死亡によって消滅するわけではないことが理由である。

5 ×　使用貸借契約で，借用物の保管に通常必要な費用は，借主が負担する。

必要費は，貸主ではなく借主が負担する（595条１項）。

無償で貸してもらっている以上，借用物の通常の必要費は借主が負担するのが道理である。

実戦問題2　応用レベル

＊＊
No.4　賃貸借契約に関するア～オの記述のうち，判例に照らし，妥当なもののみをすべて挙げているのはどれか。　【国家一般職・平成23年度】

ア：建物の賃貸借契約の終了時において，賃借人は建物の原状回復義務を負っているので，社会通念上通常の使用をした場合に生じる建物の劣化または価値の減少に係る補修費用について賃借人が負担することが明確に合意されていなかったとしても，賃貸人は，当該補修費用を差し引いて敷金を返還することができる。

イ：建物の賃貸借契約の終了時において，賃貸人の敷金返還債務と賃借人の建物明渡債務は同時履行の関係にあり，賃借人は，敷金が返還されるまで建物の使用を継続することができる。

ウ：居住用建物の賃貸借における敷金について，賃貸借契約の終了時にそのうちの一定金額を返還しない旨の特約が合意された場合には，災害により当該建物が滅失し賃貸借契約が終了したときであっても，特段の事情がない限り，賃借人は賃貸人に対し当該一定金額の返還を請求することはできない。

エ：建物の賃貸借契約において，賃貸人の承諾を得た適法な転貸借関係が存在する場合に，賃貸人が賃借人の賃料の不払いを理由に当該契約を解除するには，特段の事情のない限り，転借人に通知等をして賃料の代払いの機会を与えなければならないものではない。

オ：建物の賃貸借契約において，賃借人が賃貸人の承諾なく当該建物を第三者に転貸した場合においても，賃借人の当該行為が賃貸人に対する背信的行為と認めるに足らない特段の事情があるときは，賃貸人は当該契約を解除することができない。

1　ア，ウ
2　ア，オ
3　イ，ウ
4　ウ，エ
5　エ，オ

No.5 ＊＊ **賃貸借に関する次の記述のうち，妥当なものはどれか。**

【国家一般職・平成９年度改題】

1　賃借人は，目的物を改良するための有益費を支出した場合には，支出した費用またはそれによる目的物の価格の増加額のいずれかを選択して，賃貸人に対し直ちに償還するよう請求することができる。

2　賃借人は，たとえば借家の屋根に損傷があって雨漏りがするといったような場合には，賃貸人に対し目的物の使用収益に必要な修繕をするように請求することができるから，これを理由として賃貸借契約を解除することはできない。

3　他人の所有物を所有者に無断で賃貸した場合でも，賃貸借契約は有効であるが，賃借人が所有者から目的物の返還またはその使用収益による不当利得の返還を請求されたときは，賃借人は賃貸人に対し賃料の支払いを拒絶することができる。

4　賃借人が賃貸人の承諾を得ずに第三者に目的物を転貸し使用収益させることは許されないから，賃借人が目的物である土地上に建てた建物を第三者に賃貸した場合には，賃貸人は無断転貸を理由として賃貸借契約を解除することができるとするのが判例である。

5　賃借人が賃貸人の承諾を得て第三者に賃借権を譲渡した場合には，賃借人の契約上の地位は当該第三者に移転するから，賃借人が賃貸人に敷金を交付していたときは，敷金に関する権利義務関係も原則として当該第三者に承継されるとするのが判例である。

No.6 ＊＊ **Ａの所有する土地がＢに賃貸され，さらにＣに転貸されて，実際にＣがその土地を使用している事例に関するア～オの記述のうち，判例に照らし，妥当なもののみをすべて挙げているのはどれか。**　【国家一般職・平成19年度】

ア：Ａに無断で転貸借契約がされた場合には，Ｃの土地の使用によりＡＢ間の信頼関係が破壊されているか否かを問うことなく，Ａは賃貸借契約を解除することができる。

イ：Ａの承諾を得て転貸借契約がされ，その後，Ｃが土地の所有権を取得した結果賃貸人の地位を有するに至った場合であっても，転貸借関係は，BC 間でこれを消滅させる合意が成立しない限り当然には消滅しない。

ウ：Ａの承諾を得て転貸借契約がされ，その後，Ｂが賃料の支払を延滞したためＡが賃貸借契約を解除しようとする場合には，特段の事情のない限り，Ａは，解除前にＣに対して当該延滞賃料を支払う機会を与えなければならない。

エ：Ａの承諾を得て転貸借契約がされ，その後，Ｂの債務不履行を理由にＡが賃貸借契約を解除した場合には，転貸借契約は，原則としてAがCに対して土地の返還を請求した時に，BのCに対する転貸人としての債務の履行不能により終了する。

オ：Aに無断で転貸借契約がされた場合には，Aは賃貸借契約を解除しなくても，Cに対して所有権に基づき土地の明渡しを請求することができる。

1 ア，イ，ウ
2 ア，ウ，オ
3 ア，エ，オ
4 イ，ウ，エ
5 イ，エ，オ

＊＊
No.7 賃貸借に関するア～オの記述のうち，妥当なもののみをすべて挙げているのはどれか。ただし，争いのあるものは判例の見解による。

【国家一般職・平成30年度】

ア：不動産の賃借人は，賃借権に基づいて，賃貸人に対して当然にその登記を請求する権利を有する。

イ：賃貸借契約の解除をした場合には，その解除は契約締結時に遡ってその効力を生ずるが，解除以前に生じた損害賠償請求権は消滅しない。

ウ：建物の賃借人が有益費を支出した後，建物の所有権譲渡により賃貸人が交替した場合には，特段の事情のない限り，新賃貸人が当該有益費の償還義務を承継し，旧賃貸人は償還義務を負わない。

エ：貸主Aが借主Bとの間で建物の賃貸借契約を締結し，さらにBがAの同意を得てCとの間で当該建物の転貸借契約を締結した場合において，AB間の賃貸借契約がBの債務不履行を原因として解除により終了したときであっても，AはCに当該建物の返還を請求することはできない。

オ：AがBに対して建物所有を目的として土地を賃貸しており，その契約中にBがAの承諾を得ずに借地内の建物の増改築をするときはAは催告を要せずに契約の解除ができる旨の特約があるにもかかわらず，BがAの承諾を得ずに建物の増改築をした場合において，当該増改築が借地人の土地の通常の利用上相当であり，土地賃貸人に著しい影響を及ぼさないため，賃貸人に対する信頼関係を破壊するおそれがあると認めるに足りないときは，Aは当該特約に基づき解除権を行使することができない。

1 ア，イ　**2** ア，ウ　**3** イ，エ
4 ウ，オ　**5** エ，オ

＊＊
No.8 **Aは自己所有の建物をBに賃貸し，Bは当該建物をCに転貸して，Cが当該建物を実際に使用している。この事例に関するア～オの記述のうち，妥当なもののみをすべて挙げているのはどれか。ただし，争いのあるものは判例の見解による。**
【国家総合職・令和３年度】

ア：ＢＣ間の転貸借契約がＡの承諾を得ている場合において，Ｃが建物の所有権を取得して賃貸人の地位を有するに至ったときは，原則として，ＢＣ間の転貸借関係も終了する。

イ：ＢＣ間の転貸借契約がＡの承諾を得ている場合において，ＡＢ間の賃貸借契約が合意解除されたときであっても，Ａは，その解除の当時，Ｂの債務不履行による解除権を有していたときを除き，その解除をもってＣに対抗することができない。

ウ：ＢＣ間の転貸借契約がＡの承諾を得ている場合において，ＡがＢの債務不履行を理由にＡＢ間の賃貸借契約を解除したときは，ＢＣ間の転貸借契約は，原則として，ＡがＣに対して建物の返還を請求した時に，ＢのＣに対する債務の履行不能により終了する。

エ：ＢＣ間の転貸借契約がＡの承諾を得ている場合において，ＡＢ間の賃貸借契約が，ＡがＢから安定的に賃料収入を得ることを目的としてＣに転貸することを当初から予定して締結され，Ｃもそのことを認識していたとしても，Ａのした転貸の承諾は，Ｃに対してＢの有する賃借権の範囲内で使用収益する権限を付与したものにすぎないから，当該賃貸借契約がＢの更新拒絶により終了したときは，Ａはその終了を当然にＣに対抗することができる。

オ：ＢＣ間の転貸借契約がＡの承諾を得ていない場合において，Ａは，あらかじめＡＢ間の賃貸借契約を解除しまたはＢの承諾を得なければ，Ｃに対して直接建物の返還を請求することができない。

1 ア，ウ
2 ア，オ
3 イ，ウ
4 イ，エ
5 エ，オ

実戦問題2の解説

No.4 の解説　建物の転貸借　→問題はP.213　正答5

ア×　通常の使用による賃借物の劣化・価値の減少の補修費用は賃貸人が負担する。

すなわち，補修費用を賃借人が負担するとの明確な合意がなければ，これを敷金から差し引くことは許されない（最判平17・12・16，621条本文）。

通常の使用をした場合に生じる建物の劣化や価値の減少に係る補修費用を，賃貸人と賃借人のいずれが負担すべきかという点に関して，判例は，賃借人に負担させるためには，その旨の明確な合意（**通常損耗補修特約**）がなければならないとする。このような合意がなければ，これを賃借人に負担させることは許されないので，敷金から差し引くことは許されない。

イ×　賃貸借終了による家屋の明渡しと敷金の返還とは同時履行の関係に立たない。

敷金は，賃貸借契約成立からその終了と目的物引渡しまでの間に発生した一切の延滞賃料や損害金などを差し引いて，これらを清算したうえで返還されるというものである。すなわち，**引渡しがあって初めて清算ができる**のであるから，引渡しと敷金返還は同時履行の関係には立たない（最判昭49・9・2，622条の2第1項1号）。

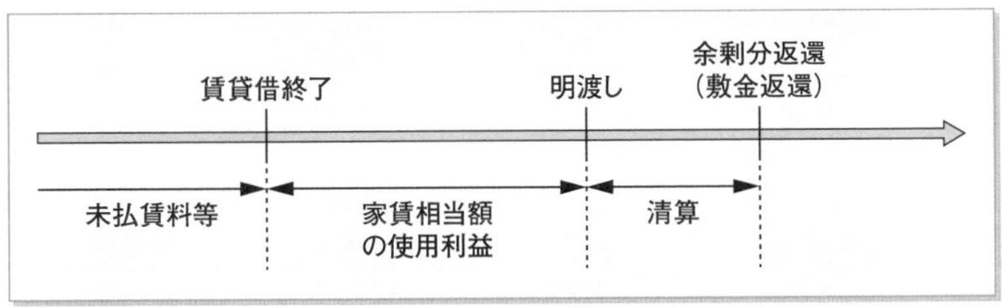

ウ×　災害で賃貸家屋が滅失して契約が終了した場合，敷引特約は適用できない。

賃借建物が被災して滅失したために賃貸借が終了した場合には，賃貸借終了時に敷金から一定金額を返還しないという合意（**敷引特約**という）をそのまま適用することはできない（最判平10・9・3）。

判例は，その理由として，「賃貸借契約が火災，震災，風水害その他の災害により当事者が予期していない時期に終了した場合についてまで敷引金を返還しないとの合意が成立していたと解することはできない」からとする。

エ○　賃借人に賃料不払いがあれば，転借人に通知等をせずに契約を解除できる。

妥当である。**賃貸人は，転借人に対してなんら義務を負っていない**ので，賃借人に賃料不払いがあれば，転借人に催告することなく賃貸借契約を解除できる（最判昭37・3・29）。

オ○　無断譲渡・転貸があっても，信頼関係を破壊しないものなら解除はできない。

妥当である。法は，賃借権の無断譲渡・転貸があった場合に，賃貸人に契約の解除権を認めている（612条2項）。ただし，その趣旨は賃貸人の利益を保護しようとする点にあるので，賃借物の使用状況になんらの変化がないなど，賃貸人の利益保護に支障がない（**背信的行為と認められるような特段の**

事情がない）場合には，**解除権の行使は認められない**（最判昭28・9・25）。

たとえば，ともに建築設計士である親子B・Cが共同で仕事をするために，当初は父B名義で所有者Aからビルの一室を借りていたが，父Bが引退し，その後は子Cがもっぱらその事務所を使って仕事を続け，賃料も子Cが引き続き支払っていたという場合に，父Bが子Cに賃借権を転貸するなどがその例である。

以上から，妥当なものは**エ**と**オ**であり，正答は**5**である。

なお，本問は**ア**や**ウ**の知識がなくても，残りの選択肢の正誤判断で正答できる。

No.5 の解説　賃貸借

→問題はP.214　**正答3**

1×　賃借人が有益費の償還を請求できるのは，賃貸借終了時である。

本肢は次の２点で誤っている。

①賃借人が有益費を支出した場合，賃借人は賃貸人にその償還を請求できるが，償還請求の時期は支出後「直ちに」ではなく，賃貸借終了時である（608条２項本文）。

賃借物の使用に支障を来した場合の修理費用などの**必要費**は，本来賃貸人が負担すべき費用であることから，賃借人はその支出後直ちに償還を請求できる（608条１項）。これに対して，浴室に新たにシャワー設備を施した場合のようないわゆる**有益費**（賃借物の価値を高める費用）の場合は，本来賃貸人が支払いを義務づけられるものではない。したがって，賃貸借終了時において**増加価値が現存している場合に限り，その時点で償還を請求できる**とされている。

②支出費用またはそれによる目的物の価格の増加額のいずれかを選択できるのは，賃借人ではなく賃貸人のほうである（608条２項，196条２項）。

有益費は，本来賃貸人が支払いを義務づけられるものではないので，賃貸人の利益を考慮して，支出費用と増価額のいずれを支払うかの選択権は賃貸人の側にあるとされている。

2×　賃貸借の目的を達成できないときは，直ちに契約を解除できる。

雨漏りの程度がひどく，また梅雨の時期を控えているのに修理に相当な期間を要するなど，**借家契約をした目的が達成できないとき**は，修繕を要求することなく直ちに契約を解除できる（559条，564条）。

3◎　他人の所有物を所有者に無断賃貸した場合でも，賃貸借契約は有効である。

妥当である。ただし，所有者から目的物の返還を請求された場合には，その時点で賃借人は賃借物を使用･収益することができなくなるので，賃貸人に対して賃料支払いを拒絶できる（最判昭50･4･25）。また，所有者から不当利得（目的物の使用利益）の返還を請求された場合にも，賃料との二重弁済を強いられることになるので，同様に賃料の支払いを拒絶できる。

4 × 賃借地上に賃借人が建てた建物を第三者に賃貸しても無断転貸にならない。

土地の賃借人が借地上に建てた建物を第三者に賃貸しても，土地の賃借人は建物所有のために自ら土地を使用している者であるから，賃借地そのものを第三者に転貸したというわけではない。すなわち，**土地の無断転貸に当たらない**以上，土地の賃貸人は無断転貸を理由に賃貸借契約を解除することはできない（大判昭8・12・11）。

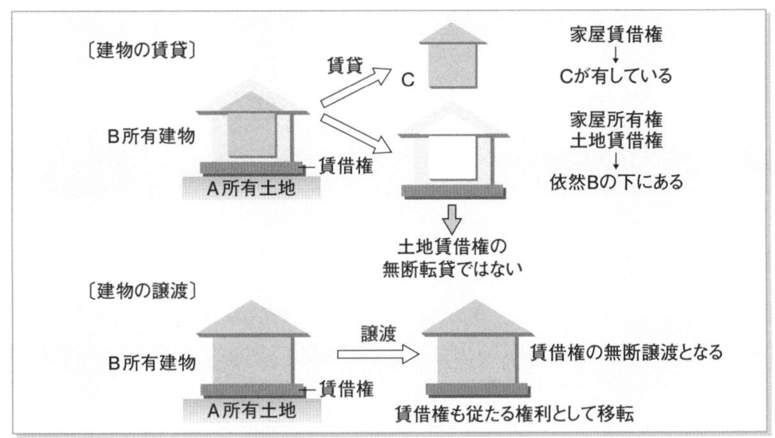

5 × 賃借人の交代の場合，敷金関係は原則として新賃借人に引き継がれない。

賃貸人の交代の場合と異なり，賃借人の交代の場合には，原則として敷金関係は第三者（新賃借人）に引き継がれない（622条の2第1項2号）。

敷金は，賃貸人が賃借人から賃料や修理代金などを取り損なうことがないように，これらの債権の**担保として賃借人に差入れを要求するもの**である。

したがって，敷金の担保としての機能に照らし，賃借人が交代して旧賃借人が賃料や修理代金などに関する**債務者でなくなった場合には，旧賃借人に敷金を返還しなければならない**。

仮に敷金が当然に承継されることを認めると，新賃借人が新たに発生させた修理費用や未払い家賃などを旧賃借人の敷金で賄うことになる。しかしそれは，旧賃借人の利益を損なうもので不当である。

したがって，旧賃借人から新賃借人へ敷金返還請求権が譲渡された場合など，特段の事情がある場合を除き，敷金関係は新賃借人へは承継されない。

●賃貸人が交代した場合の敷金関係

この場合には，敷金関係は旧賃貸人から新賃貸人に引き継がれる（605条の2第4項・1項，605条の3）。

その理由は，賃貸人の交代という突然の事情によって，賃借人がその都度，旧賃貸人との間で敷金に関して清算を行い，新賃貸人に新たに敷金を差し入れるなどという面倒な手間や，敷金調達にかかる負担を省くことができるからである。すなわち，敷金は，新賃貸人にそのまま引き継いでもらったほうが賃借人にとって有利なのである。

第2章 債権各論

No.6 の解説　転貸借をめぐる法律関係

→問題はP.214　正答５

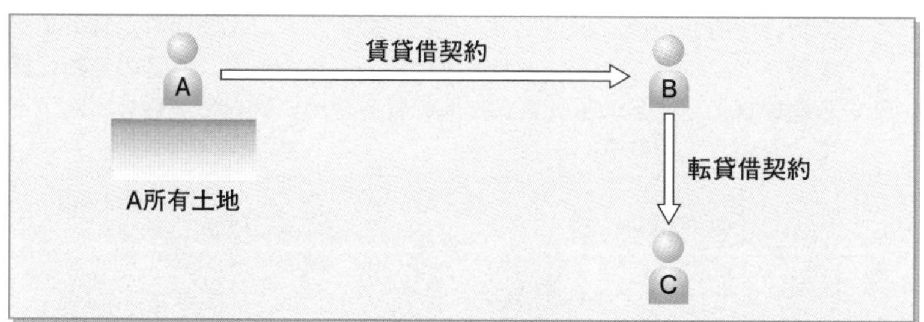

ア×　無断譲渡・転貸があっても，信頼関係を破壊しないものなら解除はできない。

信頼関係が破壊されているとは認められない特段の事情があれば，契約の解除は認められない（最判昭28・９・25）。→No.４オ

イ○　賃貸人と転借人の地位が同一人に帰した場合でも，転貸借は消滅しない。

妥当である。Ｃが土地所有権取得によってＡの賃貸人の地位を承継した場合には，単にＡＢ間の賃貸借契約の貸主がＣに入れ替わるだけで，既存の２つの契約である賃貸借契約と転貸借契約は影響を受けずにそのまま存続する。土地所有権取得という理由だけでＣから土地利用権（賃借権）を奪う必要はなく，また，そのように解してもなんらＢの利益を損なうことはないからである。そのため，判例は，**転貸借関係は，ＢＣ間でこれを消滅させる合意が成立しない限り当然には消滅しない**とする（最判昭35・６・23）。

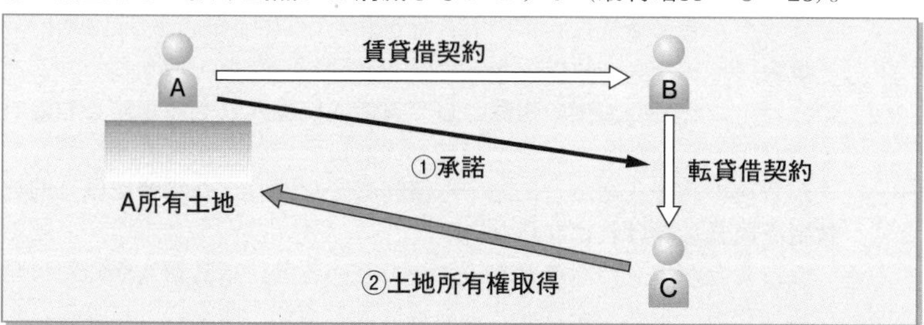

ウ×　賃借人に賃料不払いがあれば，転借人に通知等をせずに契約を解除できる。

賃貸人は，転借人に対してなんら義務を負っていないので，賃借人に賃料不払いがあれば，転借人に催告することなく賃貸借契約を解除できる（最判昭37・３・29）。→No.４エ

エ○　賃借人の債務不履行後に転借人が返還請求を受けた時に，転貸借は終了する。

妥当である。転貸借契約は賃貸借契約を基礎として成立しているので，賃貸人が賃借人の債務不履行を理由として賃貸借契約を解除した場合には，賃貸人は転借人に目的物の返還を請求できる。そして，**返還請求が行われた場合**には，転借人は目的物を賃貸人に引き渡さなければならない。したがって，**その時点で転貸借契約は履行不能となり終了する**（最判平９・２・25）。

このように，転貸借契約の終了時が，賃貸人が賃貸借契約を解除した時点ではなく，転借人に対して目的物の引渡しを請求した時点であることに注意。

その理由は，判例によれば，「賃貸人が転借人に直接目的物の返還を請求するに至った以上，転貸人が賃貸人との間で再び賃貸借契約を締結するなどして，転借人が賃貸人に転借権を対抗し得る状態を回復することは，もはや期待し得ない」からとされている。すなわち，転貸人が賃貸人と再度契約を締結できれば，転貸人は転借人に使用・収益させる義務があるので，転貸借契約はそのまま存続できるが，賃貸人が転借人に目的物の引渡請求を行った場合には，そのような契約の締結はもはや期待できない。したがって，その時点で履行不能を認定すべきという意味である。

オ○ **無断転貸の場合，賃貸借契約を解除しなくても転貸人に明渡請求ができる。**

妥当である。Aに無断で転貸借がなされても，転借人Cは土地の利用権をAに対抗できない。すなわち，Aとの関係では，Cは土地の不法占拠者になるので，Aは賃貸借契約を解除することなしに，直ちにCに土地の明け渡しを請求できる（最判昭26・5・31）。

以上から，妥当なものは**イ**，**エ**，**オ**であり，正答は**5**である。

No.7 の解説 賃貸借

→問題はP.215 正答4

ア× **賃借権は債権であるから，不動産の賃借人には登記請求権はない。**

賃貸借契約は，簡単にいえば「使用料（賃料）を払うから貸してほしい」ということを内容とする契約である（601条）。そこには**登記の要求は含まれていない**（大判大10・7・11）。つまり，登記するかどうかはあくまで任意であって，賃貸人が登記に応じたとしても，それは賃貸人の好意に基づくものである。物権の場合のような，**権利としての登記請求権があるわけではない**。

イ× **賃貸借契約の解除の効力は，将来に向かって生ずる。**

同じく解除であっても，売買のような1回で完結する契約と，賃貸借契約のように継続的な契約の場合では，解除の効力にもその性質に応じた違いがある。

前者では，「契約は最初からなかったことにする」とするのが一般の感覚に合っている。したがって，解除の効果は遡及する，つまり契約締結の時点に遡って（戻って）「契約は締結されなかった」としてかまわない（**解除の遡及効**）。

しかし，賃貸借のような継続的契約関係では，これと同じように考える（解除に遡及効を認める）ことは無理である。毎月の家賃や修理代金の返還等々，法律関係はいたずらに複雑なものとなる。そこで，**賃貸借のような継続的契約関係においては，解除の効力は遡及せず，将来に向かってのみ生ずる**とされている（620条本文）。

ウ○ **譲渡で賃貸人が交替する場合は，新賃貸人が有益費償還義務を承継する。**

妥当である。有益費は，賃借人にとって利益になるからこそ，その償還が認められている（608条２項本文，196条２項）。したがって，本肢は，これらの費用が旧賃貸人と新賃貸人のどちらに有利かを考えてみればよい。

たとえ**旧賃貸人の時点で有益費が支出されても，それによる利益は新賃貸人に承継される**はずである。そうであれば，建物の所有権譲渡により賃貸人が交替した場合には，新賃貸人が当該有益費の償還義務を承継し，旧賃貸人は償還義務を負わないことになる（最判昭46・２・19）。

エ× **賃貸人は，債務不履行を理由に解除した場合，転借人に返還請求ができる。**

転貸借契約は賃貸借契約を基礎として成立しているので，賃貸人Ａが賃借人Ｂの債務不履行を理由として賃貸借契約を解除すれば，Ａは転借人Ｃに目的物の返還を請求できる（613条３項但書）。

オ○ **増改築禁止特約があっても，増改築が信頼関係を破壊しなければ解除は不可。**

妥当である。判例は，「賃貸借契約中に，賃借人が賃貸人の承諾を得ないで賃借地内の建物を増改築するときは，賃貸人は催告を要しないで，賃貸借契約を解除することができる旨の特約があるにかかわらず，賃借人が賃貸人の承諾を得ないで増改築をした場合においても，この増改築が借地人の土地の通常の利用上相当であり，土地賃貸人に著しい影響を及ぼさないため，**賃貸人に対する信頼関係を破壊するおそれがあると認めるに足りない**ときは，賃貸人が前記特約に基づき**解除権を行使することは，信義誠実の原則上，許されない**」とする（最判昭41・４・21）。

以上から，妥当なものは**ウ**と**オ**であり，正答は**4**である。

No.8 の解説　賃貸借　→問題はP.216　正答３

ア× **賃貸人と転借人の地位が同一人に帰した場合でも，転貸借は消滅しない。**

判例は，転貸借関係は，ＢＣ間でこれを消滅させる合意が成立しない限り当然には消滅しないとする（最判昭35・６・23）。→No.６イ

イ○ **賃貸借契約を合意解除しても，転借人にはその効果を対抗（主張）できない。**

妥当である。債務不履行によってＡＢ間の賃貸借契約が解除された場合と異なり，ＡＢ間で賃貸借契約を合意解除しても，その効果をＣには対抗できない（613条３項本文）。したがって，ＡはＣに建物の返還を請求できない。

ＡＢ間の合意で，適法に成立している第三者の権利を消滅させることは許されないからである（398条，538条などにこの法理が表れている）。

（抵当権の目的である地上権等の放棄）

398条　地上権又は永小作権を抵当権の目的とした地上権者又は永小作人は，その権利を放棄しても，これをもって抵当権者に対抗することができない。

（第三者の権利の確定）

538条１項　前条（第三者のためにする契約）の規定により第三者の権利が発生した後は，当事者は，これを変更し，又は消滅させることができない。

ウ○ 賃借人の債務不履行後に転借人が返還請求を受けた時に，転貸借は終了する。

妥当である（最判平9・2・25，613条3項）。→No.6エ

エ× 賃借人の更新拒絶での賃貸借終了を，賃貸人が転借人に対抗不可の場合あり。

本肢の事案は，賃借人Bが，Cへの転貸について採算がとれないとして，「転貸をやめるのでAとの賃貸借契約も更新せずに終了する」との申し入れをしたことから，Aは，AB間の賃貸借契約の終了を理由に，Cに立ち退きを求めたというもの。ただ，Aは，BC間の転貸借契約締結に際して積極的な役割を果たしていたという事情があった。

判例は，「（Aは）転貸借を承諾したにとどまらず，本件転貸借の締結に加功し，Cによる転貸部分の占有の原因を作出したものというべきであるから，Bが更新拒絶の通知をして（AB間の）賃貸借が期間満了により終了しても，Aは，信義則上，本件賃貸借の終了をもってCに対抗することはできず，Cは，本件転貸借に基づく転貸部分の使用収益を継続することができる」とした（最判平14・3・28）。

オ× 無断転貸の場合，賃貸借契約を解除しなくても転貸人に明渡請求ができる。

Aとの関係では，Cは土地の不法占拠者になるので，Aは賃貸借契約を解除することなく，あるいはBの承諾を得ることなく，Cに対して直接建物の返還を請求できる（最判昭26・5・31）。→No.6オ

以上から，妥当なものは**イ**と**ウ**であり，正答は**3**である。

ポイント **エ**は国家総合職特有の細かな判例である。これがわからなくても，他の肢の知識で十分に正答を導き出せる。

その他の典型契約

必修問題

民法に規定する請負または委任に関する記述として，通説に照らして，妥当なのはどれか。 【地方上級（特別区）・令和元年度】

1 請負は，当事者の一方がある仕事を完成することを約し，相手方がその仕事の結果に対してその報酬を支払うことを約することによって，その効力を生ずる**有償，双務および諾成契約**である。

2 注文者が**破産手続開始の決定**を受けたとき，請負人は，契約の解除をすることができるが，この場合に，請負人は，すでにした仕事の報酬に含まれていない費用について，破産財団の配当に加入することができない。

3 委任は，各当事者がいつでもその解除をすることができるが，当事者の一方が相手方に不利な時期に委任の解除をしたときは，その当事者の一方は，必ず相手方の損害を賠償しなければならない。

4 委任は，特約の有無にかかわらず，委任者または受任者の死亡，委任者または受任者が後見開始の審判を受けたことおよび受任者が破産手続開始の決定を受けたことによって終了する。

5 受任者は，委任の本旨に従い，善良な管理者の注意をもって，委任事務を処理する義務を負うが，委任事務を処理するについて費用を要するときであっても，当該委任事務を履行した後でなければ，これを請求することができない。

難易度 ＊＊

必修問題の解説

1◎ 請負は，相互に対価的性質を有する有償・双務契約で，かつ諾成契約である。

妥当である。法は，「請負は，当事者の一方がある仕事を完成することを約し，相手方がその仕事の結果に対してその報酬を支払うことを約することによって，その効力を生ずる」と規定する（632条）。

そして，「報酬を支払う」とは**有償契約**であること，また，「一方は報酬を支払い，他方は仕事を完成する」とは，双方が債務を有する**双務契約**であること，さらに，「約することで効力を生ずる」とは合意があればそれだけで成立する**諾成契約**であることを意味する。

2× 注文者に破産手続開始の決定があっても，既発生の報酬等は配当加入できる。

破産手続というと難しく考えられがちだが，要するに，債務者が全債務を返済できるめどが立たなくなったので，裁判所から選任された破産管財人が，その現有財産をピックアップして，それを債権者にそれぞれの債権額に応じ配当するという手続きである。

そこで，問題は請負契約の行方であるが，**破産手続開始の決定があっても契約自体はそのまま存続**する。契約の存続と破産手続きによる現有財産のピックアップとは関係がないからである。ただ，そうなると，請負人は仕事を完成しても報酬全額を得られる見込みがなくなるので，請負人に著しく不利となる。そのため，**法は請負人からの契約解除を認めている**（642条1項本文）。したがって，前半は正しい。

次に，解除前の「すでにした仕事の報酬」や「それに含まれていない費用」については，**すでに発生している費用**なので，これについては少しでも回収を認めるべきである。そのため，これらについては，**法は破産財団の配当に加入することを認めている**（同条2項）。したがって，後半は誤り。

3 × **不利な時期の委任の解除も，やむをえぬ事由があれば損害賠償義務を免れる。**

委任は当事者間の信頼関係が契約の基礎になっているので，当事者**双方に自由な解除権が認められている**。信頼のなくなった相手のために事務を処理する（受任者），あるいは事務処理をゆだねる（委任者）というのは不合理だからである（651条1項）。

ただし，**相手方に不利な時期に契約を解除**した場合は，それが**やむをえない事由によるものでなければ，相手の損害を賠償しなければならない**（同条2項柱書本文1号）。一方で，やむをえない事由によるものであれば免責される（同条2項柱書但書）。

4 × **委任は，特約があれば，委任者の死亡によっては終了しない。**

委任者の**死亡は委任の終了原因**であるが（653条1号），**特約で終了させないとすることもできる**。たとえば，死亡後の病院への入院費用の支払いや葬儀を行うことを依頼するような場合である（最判平4・9・22）。

5 × **委任事務の処理費用について，受任者は前払いを請求できる。**

報酬はともかく，他人に事務処理を依頼する以上は，そこにかかる費用は前払いである（649条）。なお，前半は正しい（644条）。

正答 1

FOCUS

典型契約にはさまざまな種類のものがあるが，そのうち「贈与・売買」と「賃貸借」以外で出題されるのは，「請負」「委任」「組合」の3つにほぼ集約される。これら3つは，比較的マイナーな分野であることや，出題数が「贈与・売買」や「賃貸借」に比べて少ないことから，出題は特定のテーマに集中する傾向が見られる。

POINT

重要ポイント 1 請負

①請負とは，当事者の一方（請負人）が他方（注文者）から依頼された仕事を完成することを約束し，他方（注文者）がその仕事の結果に対して報酬を支払うことを約束することによって成立する（有償双務契約）。

②請負では，請負人は注文どおりの仕事を完成すればよいので，下請禁止特約が結ばれている場合でない限り，請負人は下請負人に仕事をさせることができる。

③目的物の所有権移転時期は，材料の全部または主要部分を注文者が提供したときは，完成と同時に注文者に帰属し，請負人が提供したときは請負人に帰属する。後者の場合，請負人から注文者への所有権の移転は目的物の引渡しによって行われる。なお，当事者の合意で所有権移転時期を別途定めてもよい。

④請負人が仕事を完成しない間は，注文者はいつでも請負人の損害を賠償して契約を解除できる。

⑤注文者が破産手続開始の決定を受けたときは，請負人は契約を解除できる。

重要ポイント 2 委任

(1) 意義・性質

①委任とは，当事者の一方が他方に事務処理を委託する契約である（法律行為を委託した場合は委任，それ以外の事務処理を委託した場合は準委任と呼ばれる）。

②委任は原則として無償契約である。

③委任は当事者の信頼関係を基礎に成立しており，受任者には委任事務処理に関して自己執行義務がある。したがって，復委任は委任者の許諾またはやむをえない事由がなければ許されない。ただし，履行補助者を用いることは差し支えない。

④委任は当事者の信頼関係を基礎に成立しているので，当事者双方はいつでも自由に委任契約を解除できる。これは，委任が受任者の利益のためにもなされた場合であっても同様である。ただし，相手方が不利な時期に解除するときは，やむをえない事由がある場合を除いて，相手方の損害を賠償しなければならない。

⑤当事者の一方について破産手続開始の決定があると，その者に対する他方の信頼が失われるので，委任契約は終了する。また，当事者の一方の死亡も委任契約の終了原因である。さらに，受任者が後見開始の審判を受けたときも，受任者の事務処理能力に対する信頼が失われるので，契約は終了する。

(2) 効力

①受任者は，善良な管理者の注意義務をもって事務を処理しなければならない。

②履行の途中で契約が終了した場合には，受任者は履行の割合に応じた報酬を委任者に請求できる。

③委任事務の処理に必要な費用は前払いである。一方，報酬は後払いである。

④受任者は，委任事務を処理するに当たって受け取った金銭その他の物または収取した果実を委任者に引き渡さなければならない。これは速やかに行うべきものであるから，報酬の支払いとは同時履行の関係に立たない。

重要ポイント3 組合

①組合は，２人以上の当事者が，それぞれ出資を行って共同事業を営むことを約束することによって成立する（合同行為）。

②組合契約においては，すべての当事者が出資を履行しなければならないが，その出資は金銭に限られず，財産的価値のあるものならなんでもよい。したがって，信用や労務による出資も認められる。

③ある特定の組合員の出資義務が不可抗力により履行不能となった場合でも，他の組合員の出資義務は消滅しない。

④組合の目的たる事業は当事者で自由に定めることができる。営利・非営利，公益・私益を問わない。また，継続的なものではなく一時的な事業であってもよい。

⑤組合の業務は，組合員の過半数の同意によって決せられる。

⑥組合員の脱退に際して持分の払戻しが行われる場合，払戻しは，組合員の出資の種類いかんにかかわらず，これを金銭で行うことができる。

実戦問題❶ 基本レベル

No.1 ＊＊ **請負に関するア～オの記述のうち，妥当なもののみをすべて挙げているのはどれか。** 【国税専門官／財務専門官／労働基準監督官・令和２年度】

ア：請負代金の支払時期は，仕事の目的物の引渡しを要しない場合には，請負人を保護する観点から，先払いとされている。

イ：注文者の責めに帰することができない事由によって仕事を完成することができなくなった場合において，請負人が既にした仕事の結果のうち可分な部分の給付によって注文者が利益を受けるときは，その部分は仕事の完成とみなされ，請負人は，注文者が受ける利益の割合に応じて報酬を請求することができる。

ウ：建物建築工事を元請負人から一括下請負の形で請け負った下請負人は，注文者との関係では，元請負人の履行補助者的立場に立つものにすぎず，注文者のためにする当該工事に関して元請負人と異なる権利関係を主張し得る立場にはないとするのが判例である。

エ：注文者が破産手続開始の決定を受けたときは，請負人は，仕事の完成後であっても，請負契約を解除することができる。

オ：請負人が仕事を完成しない間は，注文者は，正当な理由があるときに限り，損害を賠償して請負契約を解除することができる。

1 ア，イ
2 ア，オ
3 イ，ウ
4 ウ，エ
5 エ，オ

No.2 ＊ **委任に関する次の記述のうち，妥当なものはどれか。**

【市役所・平成26年度】

1 委任は，有償・無償を問わず，受任者は善良なる管理者の注意をもって委任事務を処理しなければならない。

2 受任者は，委任事務が終了した後でなければ委任事務を処理するのにかかる費用を委任者に請求できない。

3 委任者，受任者ともに，相手方に不利な時期に委任契約を解除することはできない。

4 受任者が後見開始の審判を受けたときでも，委任契約は終了しない。

5 委任者または受任者が死亡しても，委任契約は終了しない。

No.3 民法に規定する組合に関する記述として，妥当なのはどれか。

【地方上級（特別区）・令和３年度】

1 金銭を出資の目的とした場合において，組合員がその出資をすることを怠ったときは，その利息を支払わなければならないが，損害賠償責任は負わない。

2 各組合員は，組合の業務の決定および執行をする権利を有しないときは，その業務および組合財産の状況を検査することができない。

3 組合員は，死亡，破産手続の開始の決定を受けたことおよび後見開始の審判を受けたことによってのみ，脱退する。

4 組合員の除名は，正当な事由がある場合に限り，他の組合員の一致によってすることができ，その場合には除名した組合員にその旨を通知しなくてもその組合員に対抗することができる。

5 清算人の職務は，現務の結了，債権の取立ておよび債務の弁済，残余財産の引渡しであり，清算人は，これらの職務を行うために必要な一切の行為をすることができる。

実戦問題1の解説

No.1 の解説　請負　→問題はP.228　正答3

ア×　目的物の引渡しを要しない場合，請負代金は仕事完成後に支払えばよい。

請負とは，仕事の完成を依頼されること，そして，それに対して報酬が支払われることである（632条）。たとえば，「こういう部品を作って欲しい」とか「庭木の剪定をして欲しい」などがその例である。

その場合，依頼内容は「部品を完成させること」や「剪定を仕上げること」であるから，報酬はそれが完了した段階で支払われることになる。すなわち，**報酬は後払い**である。そして，前者のように**目的物の引渡しを要する場合はその引渡しと同時に支払い**（633条本文），後者のように**目的物の引渡しを要しない場合は仕事が完成した後に支払うこととされている**（同条但書，624条1項）。

イ○　仕事が途中で終了しても，それまでの仕事で利益があれば，報酬請求可。

妥当である（634条1号）。たとえば，庭木の剪定の例でいえば，庭の半分の剪定を終えたところで庭師が体調不良になって仕事を続けられなくなった。そのため，残りの部分は別の庭師に依頼してすべての剪定を終えたという場合，最初に依頼した庭師の仕事部分については，注文者が受ける利益の割合に応じて報酬を支払うべきだということである。

ウ○　注文者と元請負人との約定は，原則として下請負人にも適用される。

妥当である。本肢は判例の一部を抜粋したものであるが，当該事案の主要論点の部分ではないので内容が今一つわかりにくい。

本事案は，注文者と元請負人との間で，「契約が中途で解除された場合，当該時点までの完成部分（出来形部分）については，注文者に所有権が帰属する」旨の約定がなされていた。ただ，元請負人から一括して当該工事を請け負った下請負人は，自ら材料を提供して出来形部分を築造しており，当該出来形部分の所有権は自分（＝下請負人）にあるとして争ったものである。

判例は，本肢のような理由から，「注文者と下請負人との間に格別の合意があるなど特段の事情のない限り，当該出来形部分の所有権は注文者に帰属する」とした（最判平5・10・19）。

要するに，本事案では，元請負人と注文者間で「中途解除の場合，出来形部分の所有権は注文者に帰属する」との約定があった。そして，下請負人は元請負人の手足（履行補助者）であるから，「下請負人＝元請負人」である。ならば，**元請負人と注文者との約定はそのまま下請負人にも適用される**。それを回避したければ，下請負人は，注文者と別途所有権の帰属に関する特約を結んでおくべきだったということである。

エ×　仕事完成後に注文者が破産手続開始の決定を受けたときは，契約解除は不可。

注文者が破産手続開始の決定を受けたときは，請負人は契約の解除をすることができる（642条1項本文）。これは，仕事を完成しても約定の報酬を得られる見込みがないので，**請負人にそれ以上損失を膨らませないようにする**

ための配慮からである。

ただ，**仕事が完成した後は，このような配慮は必要でない**ので，あとは請負人も破産財団に配当加入するほかはない（同条２項）。そのため，上記のような特別な解除権は認められていない（同条１項但書）。

オ× **仕事未完成の間は，注文者は何時でも損害を賠償して契約を解除できる。**

注文者側で途中に事情が変わって**仕事の完成の必要がなくなった**ような場合に，なお仕事を続行させることは無意味である。そのため，注文者は，請負人の**損害を賠償していつでも契約を解除できる**とされている。解除に正当な理由は必要ではない（641条）。

以上から，妥当なものは**イ**と**ウ**であり，正答は**3**である。

ポイント 本問は消去法で解く問題である。**ア**と**オ**は基礎知識の範疇で，いずれも誤り。これで選択肢を**3**と**4**に絞れる。**ウ**は両者に共通なので解く必要はなく，**エ**は債権法改正の際に新たに付加されたもので，知らなくてもやむを得ない。残るのは**イ**の正誤判断で，これは一般常識で考えれば妥当だろうと推測できる。これで**3**の正答を導ける。

No.2 の解説 委任

→問題はP.228 **正答 1**

1◎ **受任者は，有償・無償を問わず善良なる管理者の注意で事務処理をすべき。**

妥当である。たとえ委任契約が無償（報酬がない）でも，受任者は**善良なる管理者の注意義務**（善管注意義務）をもって事務を処理しなければならない（644条）。有償委任の場合も同様である。

委任契約は，他人（委任者）の事務を処理する契約である。他人の事務（一般には重要な事務であることが多い）の処理であるから，たとえ無償であっても，その他人（委任者）の利益を損なうことがないように，**誠実に事務処理を行う必要がある**。そのため，受任者の注意義務の程度は「自己の財産におけると同一の注意義務」ではなく，それよりも高度な「善良なる管理者の注意義務」とされている。

2× **委任事務の処理に必要な費用は「前払い」である。**

たとえば，不動産の登記を他人（受任者）に依頼する場合には（656条），登録免許税などの登記に**必要な費用**は，「受任者がいったん立て替えて，後で委任者に請求できる」のではなく，**委任者が事前に前払い**しておかなければならない（649条）。委任事務の終了後に請求できるのは，費用ではなく報酬のほうである（648条２項本文）。

3× **解除は自由だが，相手方に不利な時期の解除では損害賠償の義務を負う。**

委任は**当事者間の信頼関係が契約の基礎になっている**ことから，当事者双方に**自由な解除権**が認められている。信頼のなくなった相手のために事務を処理する（受任者），あるいは事務処理を委ねる（委任者）というのは不合理だからである（651条１項)。ただし，相手方に不利な時期に契約を解除した場合は，それがやむをえない事由によるものでない限り，相手の損害を賠償しなければならない（同条２項１号)。いったん信頼を得て事務処理を開始した以上，途中解約の場合でも「誠実な終了」が求められる。

4 × 受任者が後見開始の審判を受けたときには，委任契約は終了する。

受任者が後見開始の審判によって成年被後見人（一時的に判断能力が回復することもあるが，通常の状態としては判断能力がないという常況にあり，後見開始の審判を受けた者）となったときは，**受任者の事務処理能力の欠如**が明らかになったので，委任契約は終了する（653条３号)。

なお，委任者が後見開始の審判によって成年被後見人となったとしても，受任者の委任事務の処理には支障がないし，また正常な判断能力を有していた時点で委任者が受任者に寄せていた信頼が後見開始の審判によって損なわれるわけではない。そのため，委任者が後見開始の審判を受けた場合は委任契約の終了原因とはされていない。

5 × 委任者または受任者が死亡したときは，委任契約は終了する。

委任が当事者間の信頼を基礎に成立していることが，終了の理由である（653条１号)。

No.3 の解説　組合

→問題はP.229　正答5

1 ×　金銭の出資の懈怠について，組合員は利息とともに損害賠償責任を負う。

組合員が出資を怠ったことで，たとえば組合の立ち上げが遅れて，その結果，決まっていた取引きがキャンセルされるなどで組合に損害が生じた場合には，その損害についても賠償の責任を負わなければならない（669条）。

2 ×　各組合員は，業務決定や執行権を有しなくても，財産状況の検査はできる。

組合は法人とは異なり，権利能力が認められていないので，**組合の債務について，各組合員は個人的な負担を強いられる**。そのため，各組合員は，業務の決定および執行をする権利を有しないときであっても，組合業務が順調に推移して所定の利益を上げているかなど，**業務および組合財産の状況を検査する権利が認められている**（673条）。

3 ×　脱退事由は，死亡，破産手続の開始の決定，後見開始の審判，除名の４つ。

組合員が業務執行に当たって不正の行為を行ったなどの場合には，組合の業務を正常化するための方策が用意されていなければならない。その方策として，法は除名という方法を認めている（679条）。

4 ×　除名した場合は，その旨を通知しなければ，除名をその者に対抗できない。

組合員の除名は，正当な事由がある場合に限り，他の組合員の一致によってすることができるが，除名した組合員にその旨を通知しなければ，これをもってその組合員に対抗することができない（680条）。通知によって除名の事実を知ることができるからである。

5 ◎　清算人は，その職務を行うために必要な一切の行為をすることができる。

妥当である（688条１項・２項）。

実戦問題❷　標準レベル

No.4 ＊＊ **請負に関するア～オの記述のうち，妥当なもののみをすべて挙げているのはどれか。** 【国家一般職・令和３年度】

ア：注文者Ａと請負人Ｂが完成後に建物を引き渡す旨の約定で建物建築工事の請負契約を締結した場合には，ＡＢ間で特約がない限り，Ａは，その建物の引渡しと同時にＢに報酬を支払わなければならない。

イ：建物建築工事の請負契約の注文者Ａの責めに帰することができない事由によって請負人Ｂが仕事を完成することができなくなった場合には，Ｂが既にした仕事の結果のうち可分な部分の給付によってＡが利益を受けるときであっても，ＢはＡに対して報酬を請求することができない。

ウ：建物建築工事の請負契約の目的物として請負人Ｂから引渡しを受けた建物に欠陥があった場合において，注文者Ａがその欠陥があることを知った時から１年以内にその旨をＢに通知しなかったときは，建物をＡに引き渡した時に，Ｂがその欠陥の存在を知り，または重大な過失によって知らなかったときを除き，Ａは，その欠陥の存在を理由としてＢに建物の修補を求めることができない。

エ：建物建築工事の請負契約において，注文者Ａは，請負人Ｂがその工事を完成しない間は，損害を賠償することなく，いつでもその契約を解除することができる。

オ：注文者Ａと請負人Ｂが，契約が中途で解除された際の出来形部分の所有権はＡに帰属する旨の約定で建物建築工事の請負契約を締結した後に，Ｂがその工事を下請負人Ｃに一括して請け負わせた場合において，その契約が中途で解除されたときであっても，Ｃが自ら材料を提供して出来形部分を築造したのであれば，ＡＣ間に格別の合意があるなど特段の事情のない限り，その出来形部分の所有権はＣに帰属するとするのが判例である。

1　ア，イ
2　ア，ウ
3　イ，エ
4　ウ，オ
5　エ，オ

No.5 ＊＊ **委任に関するア～オの記述のうち，妥当なもののみをすべて挙げているのはどれか。** 【国税専門官・令和元年度】

ア：受任者は，委任者の請求があるときは，いつでも委任事務の処理の状況を報告し，委任が終了した後は，遅滞なくその経過および結果を委任者に報告しなければならない。

イ：委任は無償契約であり，受任者は，自己の財産におけるのと同一の注意をもって，委任事務を処理する義務を負う。

ウ：本人・代理人間で委任契約が締結され，代理人・復代理人間で復委任契約が締結された場合において，復代理人が委任事務を処理するに当たり受領した物を代理人に引き渡したとしても，復代理人の本人に対する受領物引渡義務は消滅しないとするのが判例である。

エ：委任事務を処理するについて費用を要するときは，委任者は，受任者の請求により，その前払をしなければならない。

オ：受任者は，委任事務を処理するため自己に過失なく損害を受けた場合，委任者に当該損害の発生について過失があるときに限り，委任者に対して当該損害の賠償を請求することができる。

1 ア，イ
2 ア，ウ
3 ア，エ
4 イ，エ，オ
5 ウ，エ，オ

No.6 ＊＊ **委任に関するア～オの記述のうち，妥当なもののみをすべて挙げているのはどれか。ただし，争いのあるものは判例の見解による。**

【国家一般職・平成28年度】

ア：委任契約が成立するためには，委任者と受任者との間の事務処理委託に関する合意のほかに，委任者から受任者に対する委任状など書面の交付が必要である。

イ：有償の委任契約においては，受任者は，委任の本旨に従い，善良な管理者の注意をもって事務を処理する義務を負うが，無償の委任契約においては，受任者は，委任の本旨に従い，自己の事務をするのと同一の注意をもって事務を処理する義務を負う。

ウ：委任契約の受任者は，事務処理の過程で委任者の要求があれば，いつでも事務処理の状況を報告する義務があり，委任が終了した後は，遅滞なくその経過および結果を報告しなければならない。

エ：委任契約の受任者は，事務処理に当たって受け取った金銭その他の物および収取した果実を委任者に引き渡さなければならない。

オ：委任契約は，委任者の死亡により終了するから，委任者の葬式を執り行うなど委任者の死亡によっても終了しないという趣旨の委任契約が締結された場合であっても，かかる委任契約は委任者の死亡により終了する。

1 ア，イ
2 ア，ウ
3 イ，オ
4 ウ，エ
5 エ，オ

＊＊
No.7 **A，BおよびCは，Aが自らの所有する土地を，BおよびCがそれぞれ金銭を出資して，民法上の組合（以下「甲組合」という。）を設立する契約を締結した。この事例に関するア～オの記述のうち，妥当なもののみをすべて挙げているのはどれか。なお，当該組合契約には業務執行者に関する定めはないものとする。**

【国家総合職・平成30年度】

ア：甲組合の財産が第三者であるDによって侵害された場合に発生する損害賠償請求権について，Aは，自らの持分については単独でDに対し履行を請求することができるとするのが判例である。

イ：組合員が組合を脱退する場合には，持分の払戻しが行われるが，Aが甲組合を脱退する場合であっても，Aの出資した土地を返還する必要はなく，金銭で払い戻すことができる。

ウ：甲組合に対して債権を有する者は，まず甲組合の財産に対してその権利を行使しなければならず，それによって債権の満足が得られない場合に限り，各組合員の個人財産に対しても行使することができる。

エ：当該組合契約に，組合員は，やむを得ない事由があっても甲組合を任意に脱退することはできない旨の定めがあったとしても，当該規定は組合員の脱退に関する民法の強行法規に反するものであり無効であるとするのが判例である。

オ：AおよびCが期日を過ぎても当該組合契約に基づく出資を怠っている場合において，Aがすでに出資を完了したBから出資の履行を請求されたときは，AはCが出資を怠っていることを理由として当該請求を拒むことができる。

1　ア，ウ
2　ア，エ
3　イ，エ
4　イ，オ
5　ウ，オ

実戦問題2の解説

No.4 の解説　請負　→問題はP.234　正答2

ア○　報酬支払義務と目的物の引渡義務は同時履行の関係に立つ。

妥当である（633条本文）。仮に，請負人が仕事を完成した段階で報酬を支払うべきとするならば，注文者は「報酬は支払ったが建物を引き渡してもらえない」という不都合な事態に直面するおそれがある。**当事者の公平を期すのであれば，報酬の支払いと目的物の引渡しを同時履行としておくほうがよい**。また，そのように解しても，請負人に特段の不都合は生じない。

イ×　仕事が途中で終了しても，それまでの仕事で利益があれば，報酬請求可。

注文者の責めに帰することができない事由によって仕事を完成することができなくなった場合に，請負人がすでにした仕事の結果のうち**可分な部分の給付によって注文者が利益を受けるときは，その部分は仕事の完成とみなされ**，請負人は，注文者が受ける利益の割合に応じて報酬を請求することができる（634条柱書1号）。→No.1イ

ウ○　担保責任の追及には，注文者が不適合を知って1年内に通知する必要あり。

妥当である（637条）。請負人の担保責任は，債権法改正によって売買と足並みをそろえる形で債務不履行責任として統一され，566条（目的物の種類または品質に関する担保責任の期間の制限）と同様の規定で規律されている。

566条を準用する形にしなかったのは，売買と異なり，請負では目的物の引渡しを要しない場合があるからである。

エ×　仕事未完成の間は，注文者は何時でも損害を賠償して契約を解除できる。

注文者側で途中に事情が変わって仕事の完成の必要がなくなったような場合に，なお仕事を続行させることは無意味である。そのため，注文者は，請負人の損害を賠償していつでも契約を解除できるとされている。

ただ，このような**解除は注文者の自己都合によるもの**であるから，解除によって**請負人に損害が生じる場合には，それについては賠償の責任を負う**ことになる（641条）。

オ×　注文者と元請負人との約定は，原則として下請負人にも適用される。

判例は，「注文者と下請負人との間に格別の合意があるなど特段の事情のない限り，当該出来形部分の所有権は注文者に帰属する」とする（最判平5・10・19）。→No.1ウ

以上から，妥当なものは**ア**と**ウ**であり，正答は**2**である。

No.5 の解説　委任

→問題はP.235　正答3

ア○　受任者には事務処理状況や，経過や結果についての報告義務がある。

妥当である（645条）。受任者が行うのは，「委任者のための」事務処理である。したがって，事務処理の進行状況や処理方法が適切かなどについて委任者は利害を有しているので，**随時その報告を受任者に求めることができる**。また，**委任が終了した後は，遅滞なくその経過および結果を報告しなければならない**。

イ×　受任者は，有償・無償を問わず善良なる管理者の注意で事務処理をすべき。

委任契約は，他人（委任者）の事務を処理する契約であるから，たとえ無償であっても，その他人（委任者）の利益を損なうことがないように，誠実に事務処理を行うべきであり，その**注意義務は善管注意義務である**（644条）。→No.２選択肢１

ウ×　復代理人が受領物を代理人に引き渡せば，本人に対しても責任を免れる。

復代理人が受領物を代理人に引き渡せば，あとは代理人が本人にそれを引き渡せばよい（646条１項前段）。復代理人の**受領物引渡義務**は，それによって消滅する（最判昭51・４・９）。

エ○　委任事務の処理に必要な費用は「前払い」である。

妥当である。委任事務の処理に必要な費用は，「受任者がいったん立て替えて，後で委任者に請求できる」のではなく，委任者が事前に前払いしておかなければならない（649条）。→No.２選択肢２

オ×　委任者は，受任者に無過失で生じた損害について賠償の責任を負う。

なんら落ち度のない受任者に不利益を被らせないようにするために，**過失の有無を問わず委任者に賠償義務が認められている**（650条３項）。

以上から，妥当なものは**ア**と**エ**であり，正答は**3**である。

No.6 の解説　委任

→問題はP.236　**正答4**

ア×　書面性は委任契約成立の要件とはされていない（643条）。

なお，書面性が要求されるものとしては，下の３つを覚えておけば，公務員試験対策としては十分である。

●民法上書面性が要求されているもの（主なもの）
①抵当不動産の第三取得者による抵当権消滅請求手続（383条）
②保証契約（446条２項）
③遺言（967条）

（参考）これ以外で書面がかかわってくる主なものとして，151条（協議を行う旨の合意による時効の完成猶予），472条の４第４項（免責的債務引受による担保の移転），548条の３（定型約款の内容の表示），587条の２（書面でする消費貸借等），593条の２・657条の２（書面による使用貸借や寄託の解除），739条（婚姻の届出）などがある。これらは，問題として出題された場合にチェックしておけばよい。

イ×　受任者は，有償・無償を問わず善良なる管理者の注意で事務処理をすべき。

委任契約は，他人（委任者）の事務を処理する契約であるから，たとえ無償であっても，その他人（委任者）の利益を損なうことがないように，誠実に事務処理を行うべきである（644条）。→No.２選択肢１

ウ○　受任者は，委任者の要求に応じて何時でも事務処理状況の報告義務がある。

妥当である（645条）。受任者が行うのは，「委任者のための」事務処理である。したがって，**事務処理の進行状況や処理方法が適切かなどについて委任者は利害を有している**ので，随時その報告を受任者に求めることができる。また，委任が終了した後は，遅滞なくその経過および結果を報告しなければならない。→No.５ア

エ○　事務処理に当たって受領した物等は委任者に引き渡さなければならない。

妥当である（646条１項）。受任者が受け取った金銭その他の物や，収取した果実の所有権は委任者に属する。したがって，受任者はこれを委任者に引き渡さなければならない。

オ×　委任者の死亡後も事務処理を行う旨の当事者間の合意は有効である。

法は，委任契約は，委任者の死亡によって終了する旨を定めるが（653条１号），これは任意規定であり，これと異なる合意の効力を否定する趣旨ではない（最判昭31・６・１）。

本肢にあるように「委任者の葬式を執り行う」など，死亡によって委任が直ちに終了するのではなく，死亡後も一定の事務処理を委任するということは，何も**公序良俗に反するわけではない**。したがってそのような契約が締結された場合には，その契約は有効である。

以上から，妥当なものは**ウ**と**エ**であり，正答は**4**である。

No.7 の解説 民法上の組合

→問題はP.237 **正答3**

ア× 組合の損害について，組合員が個人的にその持分での賠償請求はできない。

組合財産の侵害に対する賠償請求権を，**組合員が単独で持分に基づいて行使することは認められない**（676条２項）。

それは，組合員が個人的に組合の財産を処分することを認める結果になるからである。

イ○ 払戻しは，脱退組合員の出資の種類を問わず，金銭で行うことができる。

妥当である（681条２項）。組合の事業の継続を図る必要から，出資した現物ではなく，金銭での払戻しが認められている。

ウ× 組合債権者は，組合と組合員の財産のいずれにも任意に請求できる。

組合の債務について，各組合員は組合といわば併存的に責任を負う。「組合財産への執行が先で，各組合員の責任は二次的なもの」というわけではない。それが組合の特徴である。すなわち，組合員は，債権者に対して先に組合財産に執行するように求めることはできない（675条２項）。

エ○ やむをえない事由によっても任意脱退を許さない旨の約定は無効である。

妥当である。判例は，「やむを得ない事由があっても任意の脱退を許さない旨の組合契約は，**組合員の自由を著しく制限するものであり，公の秩序に反する**」として，このような約定は効力を有しないとする（最判平11・２・23）。

オ× 出資未履行の組合員は，他に未履行者がいることを理由に出資を拒めない。

未履行者も，組合契約上の出資義務を負っている以上，他に未履行者がいることを履行拒絶の理由にすることはできない。さらに，他の未履行者との同時履行も主張することはできない（組合に関する667条の２第１項の規定は同時履行の抗弁権に関する533条の規定の適用を排除している）。

以上から，妥当なものは**イ**と**エ**であり，正答は**3**である。

債権の総合問題

必修問題

債権の性質に関するア～オの記述のうち，妥当なもののみをすべて挙げているのはどれか。　　【国家一般職・平成20年度】

ア：物権には**絶対性**があるが，債権には絶対性がなく，債務者に対する相対的権利なので，そもそも第三者には対抗することができない。したがって，債権には対抗要件は存在しない。

イ：債権は，物権と異なり，原則として自由に譲渡することができない。したがって，債権を譲渡するには，当初の債権者と債務者の間で特別の約定をしておく必要がある。

ウ：債権は，物権と異なり，**支配権**ではないので，債務者が任意に履行しなかったとしても，損害賠償請求権を有するだけで，裁判所に強制履行を請求することはできない。

エ：物権には絶対性があるので，侵害されると不法行為が成立するが，債権には**相対性**があるにすぎないので，第三者に侵害されても不法行為は成立しない。

オ：物権には**排他性**があり，原則として一つの物について同一の内容の物権は一つしか成立しないが，債権には排他性がないので，同一の給付内容を目的とする複数の債権が成立し得る。

1　ア，イ
2　イ
3　ウ，エ
4　エ，オ
5　オ

難易度　＊

必修問題の解説

ア× 債権にも譲渡や二重譲渡の場合に必要なので，対抗要件が存在する。

ここにいう絶対性・相対性とは，だれに対しても主張できる権利か（**物権の絶対性**），それとも特定人にのみ主張できる権利か（**債権の相対性**）という違いのことである。ただ，相対的権利とされる債権の中には，不動産賃借権のように，その性質が物権（具体的には地上権）と極めて近似するものがあり，法もそのような性質に着目して，不動産賃借権についての登記を対抗要件として認めている（605条）。

イ× 債権も物権と同様に財産権であって，自由な譲渡が認められている。

財産の自由な処分は，経済生活の基本をなすものであって，譲渡が認められるのは，債権も物権も同じである（466条1項本文）。

ウ× 債権が履行されなければ，裁判所に強制執行を請求することは可能である。

本肢の「債権は，物権と異なり，支配権ではない」というのは，債権では，権利者が満足を得るのに義務者（債務者）の行為を必要とするのに対し，物権ではそれを必要としない（**直接支配性**）ということである。

いずれの場合にも，それが**法的な権利である以上，裁判手続を経て，その満足を得るための手段が用意されている**。そして，債務者が履行しない場合には，強制履行を請求することが認められている（414条1項）。

エ× 第三者による債権侵害については不法行為が成立する。

債権であっても，それが法的に認められた権利である限り，第三者がこれを侵害することは許されない。そのため，債権もその侵害行為に対しては，一定の要件のもとに不法行為の成立が認められている（大判昭18・12・14など，いわゆる**第三者による債権侵害**）。

オ○ 債権では，同一の給付内容を目的とする複数の債権が成立しうる。

妥当である。**物権の排他性とは，一つの物について同一内容の物権が複数存在しえないことを意味する**（ただ，物権には地役権のように排他性がないものも存する）。債権は，物権のような目的物に対する直接支配権ではなく，人に対する請求権であるから，このような排他性はない。そのため，同一の給付内容を目的とする複数の債権が成立しうる。

以上から，妥当なものは**オ**のみであり，正答は**5**である。

正答 5

FOCUS

契約をテーマにして，契約法全般から幅広く知識を問う問題は，主に国税専門官で出題される。ただし，単に浅く広くではなく，理論的に踏み込んだ内容のものも問われており，国税専門官試験の特徴の一端が現れている。債権法の重要な論点については，学説の対立についても一応の理解を尽くしておく必要がある。

POINT

重要ポイント1 契約総論

①両当事者が互いに継続的に給付をなすべき契約において，当事者の一方は，相手方が前の時期における給付を履行しなかったことを理由に，後の時期における自己の給付の履行を拒むことができる。

②第三者のためにする契約において，第三者は，受益の意思表示をした場合でも契約当事者になるわけではない。したがって，契約当事者に認められた権利である取消権や解除権は行使できない。

③解除の効果を巡っては，直接効果説と間接効果説の対立がある。前説は，解除の効果は遡及的に生じるとするもので，契約はそもそも締結されなかったことになるとする。判例・通説はこの立場である。後説は，解除の遡及効を認めず，当事者間に原状回復のための債権債務関係が生じるとする。

④給付内容が可分であっても，全部の給付がなければ契約の目的を達せられない場合には，債権者は債務者の履行の一部の遅滞を理由に契約全部を解除できる。

⑤買主は，解除による原状回復義務の内容として，引渡しを受けていた目的物の使用利益を不当利得として売主に返還しなければならない。

重要ポイント2 典型契約

①使用貸借において，当事者が返還の時期および使用・収益の目的を定めなかった場合には，貸主はいつでも返還の請求ができる。

②金銭消費貸借においては，金銭の交付に限られず，小切手など金銭に代わる物の交付でもよい。

実戦問題

＊
No.1 契約に関する次の記述のうち，妥当なものはどれか。

【国税専門官・平成６年度】

1 両当事者が互いに継続的に給付をなすべき契約においては，当事者の一方は相手方が前の時期における給付を履行しなかったことを理由として，後の時期における自己の給付の履行を拒むことはできない。

2 第三者のためにする契約においては，第三者の権利は同人の受益の意思表示によって生じ，受益の意思のない第三者は，当該契約を解除しまたは取り消すことができる。

3 債務者が債務の履行の一部を怠っている場合において，債務者のなすべき給付の内容が数量的に可分であるときは，すでに履行された部分を含む契約全部の解除が認められる余地はないとするのが判例である。

4 債権者は，催告において特約所定の期間より短い期間を指定した場合であっても，当該催告の時から特約所定の期間を経過し，かつ，その期間が相当と認められるときは，契約を解除することができるとするのが判例である。

5 売買契約が解除された場合には，両当事者は原状に回復すれば足り，買主は引渡しを受けていた目的物を利用していたとしても，その使用による利益を不当利得として売主に返還する義務を負わないとするのが判例である。

実戦問題の解説

No.1 の解説　契約

→問題はP.245　**正答4**

1 ×　継続的契約で未払い代金がある場合は，未払い代金の支払いが先である。

たとえば，利用者が前月の電話代の支払いをしない場合には，電話会社は，翌月の通話サービスの供給をストップさせることができる。そうでないと，前の時期の給付の履行（前月の電話代の支払い）を確保できないし，また，後の時期においても一方的に（電話代の支払いがないまま）自己の給付のみを続けさせられるおそれがあり，当事者の公平を失することになって不当だからである（最判昭42・6・29）。→テーマ８「契約総論」No.１エ

2 ×　第三者のためにする契約において，第三者に契約の解除権や取消権はない。

契約の解除権や取消権といった権利は，契約の当事者（または相続人のようにその地位を引き継ぐ者）のみが行使できる権利である。第三者のためにする契約において，第三者は契約の当事者ではない。したがって，第三者は解除権や取消権などを行使することはできない。

これは，受益の意思表示をしたかどうかとは関係がない。

第三者のためにする契約とは，契約当事者の一方が第三者に対して直接債務を負担するという契約である（537条１項）。

たとえば，売主Ａと買主Ｂとの間で，買主Ｂが代金を自然保護団体Ｃに活動資金として支払う旨の売買契約を締結するような場合である。自然保護団体Ｃは，利益を受ける旨の受益の意思表示をすれば，買主Ｂに対して請求権を取得する。しかし，買主Ｂが代金を支払わない場合でも，ＡＢ間の契約を解除するようなことはできない。

3 ×　給付が可分でも，一部履行遅滞を理由に契約全部を解除できる場合がある。

判例は，給付内容が可分であっても，全部の給付がなければ契約の目的を達せられないという場合には，履行の一部の遅滞を理由に契約全部を解除できるとする（最判昭52･12･23）。

4 ◎　相当期間より短い期間の催告でも，相当期間が経過すれば解除が可。

妥当である（最判昭44･４･15）。催告で相当期間を定めることが必要とされるのは，債務者が債権者の催告に応じて履行を決意した場合に，履行の完了に必要な時間的余裕を与えようとするものである。

したがって，たとえ催告で指定された期間が相当期間（履行の完了に必要な期間）より短くても，相当期間が経過した時点で，債権者は契約を解除できる。

5 ×　解除に伴う原状回復として，目的物の使用利益も返還しなければならない。

買主は，解除による原状回復義務の内容として，引渡しを受けていた目的物の使用利益を不当利得として売主に返還しなければならない（最判昭51･２・13）。

解除がなされると，売買契約は当初から締結されなかったものとして扱われる。そして，契約がなかったとすると，本来その物の使用によって得られ

た利益は売主が取得しているはずである。

したがって，原状回復といえるためには，使用した分の利益の返還が必要である。

事務管理・不当利得

必修問題

民法に規定する不当利得に関する記述として，判例，通説に照らして，妥当なのはどれか。　【地方上級（特別区）・令和４年度】

1　善意で法律上の原因なく他人の財産または労務によって利益を受け，そのために他人に損失を及ぼした者は，その受けた利益に利息を付して返還しなければならない。

2　債務の弁済として給付をした者は，その時において，債務の存在しないことを過失によって知らなかったときには，その給付したものの返還を請求することができる。

3　債務者が，錯誤によって，**期限前の債務の弁済**として給付をしたときには，不当利得とはならず，債権者に対し，債権者が給付により得た利益の返還を請求することができない。

4　債務者でない者が，錯誤によって，債務の弁済をした場合において，債権者が善意で時効によってその債権を失ったときには，その弁済をした者は，返還の請求をすることができる。

5　**不法原因給付**をした者は，その給付したものの返還を請求することができず，また，給付を受けた不法原因契約を合意の上解除し，その給付を返還する特約をすることは，無効である。

難易度　＊

必修問題の解説

1 ×　**善意の受益者は，その利益の存する限度において返還する義務を負う。**

法律上の原因がないのに，その利益を適法に得ていると信じて（善意）取得した者は，それを**自分のものとして扱うので，容易に費消してしまう**。それを後ですべて返還させるのは酷なので，法は**「その利益の存する限度において」返還すればよい**としている（703条）。

2 ◎ 債務の不存在を知って任意に弁済したのでなければ不当利得の返還請求可。

妥当である。債務の存在しないことを知って弁済した場合は，そのような者を法で保護する必要はないので，返還請求は認められない（705条）。しかし，そのことを知らずに弁済した場合は，返還請求が認められる。

ここでは，**知っていたかどうかが問題なのであるから，過失の有無は問題ではなく**，過失によって知らなかったとしても返還請求は認められる（大判昭16・4・19）。

3 × 錯誤で期限前の弁済をした場合は，期限までの利益の返還請求ができる。

まだ期限が到来していないのに，期限前に債務の弁済をした場合は，期限の未到来を理由に返還を請求できない（706条本文）。実際に債務を負っていることや，弁済を自分の責任で行っていることが理由である。

ただ，期限が到来していると誤解して，**錯誤で弁済**したような場合には，相手に**期限までの利息などの給付により得た利益の返還を請求することができる**（同条但書）。

4 × 他人の債務の弁済により，債権者が債権を時効にかけたときは返還請求不可。

債務者でない者が，錯誤によって債務の弁済をしたため，債権者が弁済が済んだので債権は消滅したと安心して時効の更新措置をとらず，債権を時効にかけてしまったときは，弁済者は返還請求ができない（707条1項）。

これは，**善意で弁済を受領した債権者を保護するため**である。

5 × 不法原因給付物を任意に返還する特約は有効である。

違法賭博で払った掛け金などの不法な原因に基づいて給付したものについては，給付者は返還請求ができない。**自ら不法な行為を行っておきながら，「取り戻すので手助けして欲しい」などと身勝手に法に頼ることは許されない**からである（708条本文）。

しかし，これは，**救済に法が手を貸さないというだけであって，当事者の合意で返還するのは構わない**。その場合は合意に効力を認めてよい（最判昭28・1・22）。

正答 2

FOCUS

不当利得は，テキストなどでこれに本格的に取り組もうとすると，複雑で難解な迷路に入り込むおそれがある。ところが，公務員試験の出題範囲は特定部分に限定されており，理論的に難解な部分からの出題はほとんどない。したがって，過去問に登場した範囲で知識を整理しておけば，この分野の問題には十分に対処できる。

POINT

重要ポイント1 事務管理

①事務管理とは，法律上の義務がないのに，他人のためにその事務を処理することをいう。

民法は，むやみに他人のことに干渉すべきではないとして，報酬請求を認めないなど，事務管理に関して消極的な立場をとっている。

②いったん事務管理を始めた場合には，管理者は本人またはその相続人，法定代理人が管理できるようになるまで，事務管理を継続しなければならない（管理継続義務)。

③管理者には，原則として**善管注意義務**が課せられている。

④管理者は，本人に対して費用の償還は請求できるが，報酬の支払いは請求できない。

また，管理者が自己に過失なく被った損害についても，本人に賠償の請求はできない。

⑤管理者が本人のために有益な債務を負担した場合，管理者は本人に対して管理者に代わってその債務を弁済するよう請求できる。

しかし，債権者は本人に直接支払いを請求することはできない。

重要ポイント2 不当利得

(1) 意義・要件

①不当利得とは，法律上の原因なく他人の財産や労務によって利益を受け，これによって他人に損失を及ぼした場合に，そこで得た利益を返還させる制度である。

②時効による取得は法律上の原因に基づく取得であって，不当利得ではない。

③「利益を受けた」（受益した）には，財産が積極的に増加した場合だけでなく，消極的に財産の減少を免れた場合も含まれる。

④「損失を及ぼした」には，財産が減少した場合だけでなく，本来得られたはずの財産が得られなかった場合も含まれる。

⑤婚姻が成立しなかった場合，結納金を交付した者は相手方にその返還を請求できる。

⑥受益と損失との間には直接の因果関係が必要である。単に，事実上なんらかの因果関係があるだけでは足りない。

⑦契約に基づく給付が，契約の相手方だけでなく第三者にも利益を与えたという場合に，給付者が第三者に対しても利得の返還を請求できるという権利を**転用物訴権**という。

判例は，賃借人Ｃの依頼に基づいてＡが賃借物の修理をしたところ，賃借人Ｃが無資力になったためＡが修理代金の支払いを受けられなくなったという事案で，Ａは所有者（賃貸人）Ｂに不当利得の返還請求ができるとした。

(2) 効果

①善意の受益者は，現存利益の範囲で返還義務を負う。

これに対して悪意の受益者は，利得の全部に利息を付して返還しなければならず，損害があればそれについても賠償責任を負う。

②704条後段の規定は，悪意の受益者が不法行為の要件を充足する限りにおいて，不法行為責任を負うことを注意的に規定したものにすぎず，悪意の受益者に対して不法行為責任とは異なる特別の責任を負わせたものではない。

③受益者は，法律上の原因なく利得した代替性のある物を第三者に売却処分した場合には，損失者に対し，売却代金相当額の金員の不当利得返還義務を負う。

(3) 特殊な不当利得

①債務が存在しないことを知りながら任意に弁済した者には，不当利得の返還請求権は認められない（**非債弁済**）。

これに対して，錯誤や強迫に基づく弁済など，任意になされたものでない場合には，不当利得の返還請求が認められる。

②債務者が弁済期前であることを知りながら任意に弁済した場合には，給付物や期限までの利息の返還請求はできない。

これに対して，錯誤によって期限前の弁済をした場合には，給付物は返還請求できないが，期限までの利息などの利得は返還請求できる。

③不法な原因に基づいて給付をした者は，その給付物の返還を請求できない（**不法原因給付**）。返還請求が認められない結果，給付によって反射的に所有権が受益者に移転する。

④不法原因給付にいう不法とは，単に強行法規に違反することだけでは足りず，倫理的に非難されるものであることが必要である。

⑤不法な原因に基づく給付があったといえるためには，不動産の場合，未登記建物は引渡しでよいが，既登記建物の場合には登記の移転まで済ませることが必要である。

⑥不法な原因に基づく給付がなされた場合でも，給付を行った者の不法性より給付を受けた者の不法性のほうが大きい場合には，返還請求が認められる。

両者の不法性の程度に差がある場合には，不法性の程度の大きい者の側がより強く非難されるべきであるから，両者の利益が対立する場合には，法はより不法性の程度の大きい者の保護を拒否することになる。

⑦不法原因給付がなされた後，新たに受益者がその受益を任意に返還する特約をした場合，その特約は有効である。

不法な原因に基づいて給付された物については，法は取戻しに助力を与えないとしているにすぎない。そのため，当事者の合意で受益を返還するのであれば，合意に効力を認めてよい。

実戦問題❶　基本レベル

No.1 ＊ **Aは，他人の飼い犬が自宅に迷い込んできたので，飼い主が見つかるまでこれを飼育することにした。この事例に関する次の記述のうち，妥当なものはどれか。** 【地方上級・平成10年度】

1　いったん世話を始めた以上，Aは飼い主が見つかるまでこの犬を飼育しなければならない。

2　Aがこの犬を飼育し始めてから１か月経過しても飼い主が見つからなかった場合，Aはこの犬の所有権を取得する。

3　この犬が病気になったので，Aが動物病院へ連れて行きAの名で診療を受けさせた後に，飼い主が名乗り出てきた場合，動物病院は，飼い主に対して診療報酬を請求することができる。

4　この犬の飼い主が見つかった場合，Aは，飼い主に対して飼育期間中の報酬を請求することができると解することに異論はない。

5　Aは，好意で他人の飼い犬を飼育しているのであるから，犬の飼育については，自己の財産におけると同様の注意を尽くせばよい。

No.2 ＊ **民法に規定する事務管理に関する記述として，判例，通説に照らして，妥当なのはどれか。** 【地方上級（特別区）・平成26年度】

1　管理者は，本人またはその相続人もしくは法定代理人が管理をすることができるに至るまで，いかなる場合であっても，事務管理を継続しなければならない。

2　事務管理が成立するためには，他人の利益のみを図る意思をもって他人の事務を管理することが必要であるので，他人の利益を図る意思と自分の利益を図る意思が併存している場合には，事務管理は成立しない。

3　事務管理とは，最も本人の利益に適合する方法によって，その事務の管理をすることをいい，保存行為，利用行為および改良行為は事務管理に含まれるが，処分行為は含まれない。

4　管理者は，本人の身体，名誉または財産に対する急迫の危害を免れさせるために事務管理をしたときは，悪意または重大な過失があるのでなければ，これによって生じた損害を賠償する責任を負わない。

5　管理者は，本人のために有益な費用を支出したときは，本人に対し，報酬を請求することができるが，その費用の償還を請求することはできない。

＊＊
No.3 民法に定める不当利得に関する記述として，妥当なのはどれか。

【地方上級・平成15年度】

1 不当利得成立の要件の一つとして，他人の財産または労務によって利益を受けたことが挙げられ，これは，財産が積極的に増加した場合を意味し，本来生じるはずであった財産の減少を免れた場合は含まれない。

2 不当利得は，個人間の利得と損失との均衡を図る制度であるから，一方に法律上の原因のない利得があっても，他方にこれに対応する損失がなければ不当利得は成立しない。

3 双務契約が取り消され，両当事者に不当利得返還請求権が発生した場合は，この返還請求権相互間に同時履行の関係は認められず，双方の請求権は独自に存在すると解される。

4 不当利得が成立すると，受益者と損失者との間に不当利得返還の債権債務関係が生じ，返還の方法は，価格返還を原則とするが，損失者にとって原物返還が有利である場合には，損失者は，特約により原物返還を求めることができる。

5 債務がないにもかかわらず弁済として金銭を給付した場合，不当利得返還請求を行うことができる要件は，弁済者が給付した事実のみであり，債務の不存在についての善意・悪意は要件とならない。

実戦問題1の解説

No.1 の解説　事務管理

→問題はP.252　正答 1

他人の飼い犬が自宅に迷い込んだとしても，Aにはなんらこれを飼育する義務は存しないが，それにもかかわらずAはこれを飼育している。このように，なんら法律上の義務がないのに，他人が生活上なすべきこと（他人の事務）をその他人に代わって行う場合を**事務管理**という（697条1項）。そして，民法はこれについて，次のような態度をとっている。

①**管理者に管理継続義務がある**…管理者は，いったん管理を始めた以上は，責任をもって本人や相続人，法定代理人が管理をできるようになるまで事務の管理を継続すべきである。途中で勝手にこれを放棄することは許されない。
②**管理費用の請求は認める**…本人に請求できる。
③**報酬の請求は認めない**…本人から頼まれたわけではなく，管理者がいわば勝手に始めた事務であるから，報酬の請求までは認められない（通説）。

1◎ いったん迷い犬の世話を始めれば飼い主が見つかるまで飼育する義務がある。

妥当である。いわゆる管理継続義務である（700条本文，上記①）。

2× 飼い犬は遺失物の扱いを受け，公告後３か月を経過すれば所有権を取得可。

他人の飼い犬の場合は**遺失物**の扱いを受ける。したがって，所有権を取得できるのは公告してから３か月以内に所有者が見つからない場合である（240条）。

キツネやカモシカといった「家畜以外の動物」が他人に飼われていたという場合であれば，飼い主の占有を離れた時から１か月以内に飼い主（所有者）からの回復請求がなければ，善意の占有者はその動物の所有権を取得できる（195条）。しかし，犬は「家畜以外の動物」ではないので195条の対象にはならない。本問の犬は他人の飼い犬なので遺失物規定（240条）によって処理される。

3× 迷い犬の治療費について，動物病院は飼い主に診療報酬請求できない。

診療報酬は，診療の対価として診療契約に基づいて請求するものである。そして，動物病院に犬の診療を依頼したのはAであり，**診療契約は動物病院とAとの間に成立**している。したがって，動物病院は，契約の相手方であるAには報酬を請求できるが，契約の相手方ではない飼い主には診療報酬の請求はできない。

なお，診療報酬が管理費用に当たれば（通常はそうだが），管理者から飼い主に対して診療報酬相当額の請求はできる。

4× 事務管理において，管理者は報酬の請求はできない。

本人から頼まれたわけではなく，あくまで自己判断で管理を行っているので報酬の請求はできない（上記③）。

5 × **管理者は，善良なる管理者の注意をもって管理を継続しなければならない。**
義務がないにもかかわらず自らの判断で事務の管理を始めた以上，管理者は責任を持って管理を継続すべきである。この点から，管理者の義務としては，原則として**善良な管理者の注意義務**が要求されている。

No.2 の解説　事務管理

→問題はP.252　**正答4**

1 × **本人の意思に反したり本人に不利なことが明白であれば管理を中止すべき。**
事務管理の継続が本人の意思に反し，または本人に不利であることが明らかなときは管理を中止しなければならない（700条但書）。

2 × **他人と自分の双方の利益を図る意思が併存しても，事務管理は成立する。**
事務管理は，義務なくして「他人のためにする意思」でその事務の管理を始めることであり（697条1項），この要件を満たす限り，それが**「自分のためにする意思」と重複していてもかまわない**。たとえば，台風の前に，留守宅である隣家の補強をするような場合がそれである（窓ガラスの飛散防止のための応急処置などは，自家への危害防止という考慮もある）。

3 × **最も本人の利益に適合すればよく，処分行為もこれに含まれる場合がある。**
事務管理では，**「最も本人の利益に適合する方法によって」事務を管理することが要件**とされる。たとえば，腐敗しやすい物の処分のように，場合によっては処分行為がこの要件に適合することも考えられる。そのため，判例・通説は管理行為（保存・利用・改良行為）か処分行為かで区別せずに，この要件に合致するか否かで判断しており，そのため処分行為も含まれるとされる（大判大7・7・10）。

4 ◎ **緊急事務管理では，管理者は悪意・重過失がなければ賠償責任を負わない。**
妥当である。**急迫の場合**には注意義務の程度は軽減されており，管理者は**悪意または重過失がなければ損害賠償責任を負わなくてよい**（698条，緊急事務管理）。
たとえば急流で溺れている子を助けるときに，「流水の抵抗を減らすために上着を剥ぎ取って流水の中に放る」ような場合である。この場合，上着が流されて，所有者が所有権を喪失することになっても，救助者は上着の価格相当額について損害賠償の責任を負わない。

5 × **管理者は，報酬は請求できないが，有益費の償還請求はできる。**
本肢は両者が逆である。すなわち，費用の償還は請求できるが（702条1項），報酬の請求はできない。→No.1 前提解説②・③

No.3 の解説　不当利得

→問題はP.253　正答２

1 ×　本来生じるはずであった財産の減少を免れた場合も不当利得となる。

たとえば，間違って他人の財布で代金を支払ってしまったような場合である。本来生じるはずであった自分の財布の中身の減少を免れているので，その分は不当利得として財布の持ち主に返さなければならない。

2 ◎　一方の利得に対応する損失が他方になければ，不当利得は成立しない。

妥当である。たとえば近くに大型のショッピングセンターができて生活の利便性が高まり，そのために売却を予定していた土地の価格が上昇したとしても，その上昇分をショッピングセンターに渡さなければならないわけではない。

3 ×　契約が取り消された場合の双方の原状回復義務は，同時履行の関係に立つ。

判例は，この場合の当事者双方の原状回復義務は同時履行の関係にあるとする（最判昭47・９・７）。

各当事者は，もともと１個の双務契約を原因として金品を引き渡しているので，それが取り消された場合にも，各当事者の返還義務は同時に履行させるのが公平に資するからである。

4 ×　不当利得の返還では，利得したその物（現物）を返還するのが原則である。

したがって，それが他に処分されている場合には，取り戻して返還する（不代替物で取戻しが可能な場合，大判昭16・10・25），同種・同量の物で返還する（代替物の場合，大判昭18・12・22）などが必要となる。そして，それらが不可能な場合にはじめて価格返還が認められる。

5 ×　非債弁済で不当利得返還請求ができるのは，弁済者善意の場合に限られる。

不当利得返還請求を行うことができるのは，債務の不存在を知らずに弁済した場合に限られる（705条，非債弁済）。

債務が存在しないことを知りながら給付する行為は贈与にほかならない。そのような行為について，不当利得として取戻しを認める必要はない。これに対して，債務が存在しないことを知らないで弁済する行為については，不当利得として取戻しを認める必要がある。→必修問題選択肢２

実戦問題2　応用レベル

＊＊
No.4　事務管理に関するア～オの記述のうち，妥当なもののみをすべて挙げているのはどれか。　【国家総合職・令和元年度】

ア：事務の管理が，本人の意思に反することが明らかである場合であっても，その本人の意思が強行法規や公の秩序または善良の風俗に反するときは，事務管理の成立は妨げられないとするのが判例である。

イ：ある建物を，A所有の物と信じてAのためにする意思で修繕したが，実は当該建物がB所有の物であった場合，BのためではなくAのためにする意思があるとして事務管理が成立する。

ウ：本人の財産に対する急迫の危害を免れさせるために事務管理をした場合，管理者は，悪意または重大な過失があるのでなければ，これによって生じた損害を賠償する責任を負わない。

エ：管理者は，本人から請求がある場合には，事務管理の処理の状況を報告しなければならないが，事務管理を始めたことを遅滞なく本人に通知したときは，この限りでない。

オ：管理者は，その事務管理が本人の意思に反しない場合に，本人のために有益な費用を支出したときは，本人に対しその償還を請求することができるが，請求時にその費用の支出が有益でなくなっているときは，償還請求は認められない。

1　ア，ウ
2　ア，オ
3　イ，ウ
4　イ，エ
5　エ，オ

第2章 債権各論

＊＊ No.5 民法に規定する事務管理に関する記述として，妥当なのはどれか。

【地方上級（特別区）・令和２年度】

1 管理者は，事務の性質に従い，最も本人の利益に適合する方法によって，その事務の管理をすることができるが，本人の意思を知っているときに限り，その意思に従って事務管理をしなければならない。

2 管理者は，事務管理の継続が本人の意思に反するときであっても，本人またはその相続人もしくは法定代理人が管理をすることができるに至るまで，事務管理を継続しなければならない。

3 管理者は，本人の身体，名誉または財産に対する急迫の危害を免れさせるために事務管理をしたときは，悪意または重大な過失があるのでなければ，これによって生じた損害を賠償する責任を負わない。

4 管理者は，本人のために有益な費用を支出したときは，本人に対して，その償還を請求することができるが，本人の意思に反して事務管理をしたときは，その費用を一切請求することができない。

5 管理者は，本人のために有益な債務を負担した場合，本人に対し，自己に代わってその弁済をすることを請求することができるが，この場合において，その債務が弁済期にないときであっても，相当の担保を供させることはできない。

＊＊ No.6 民法に規定する不当利得に関する記述として，判例，通説に照らして，妥当なのはどれか。

【地方上級（特別区）・平成24年度】

1 債務者は，弁済期にない債務の弁済として給付をしたときは，その給付したものの返還を請求することができないが，債務者が錯誤によってその給付をしたときは，期限の利益を放棄したことにはならないので，その給付したものの返還を請求することができる。

2 債務者でない者が錯誤によって債務の弁済をした場合に，債権者が担保を放棄しその債権を失ったときは，弁済を受けた債権者を保護する必要があるので，債権者の善意悪意にかかわらず，その弁済をした者は，返還の請求ができない。

3 最高裁判所の判例では，不当利得者が当初善意であった場合には，当該不当利得者は，後に利得に法律上の原因がないことを認識したとしても，現存する利益の範囲で返還すれば足りるとした。

4 最高裁判所の判例では，贈与が不法の原因に基づく給付であったとして贈与者の返還請求を拒みうるとするためには，既登記の建物にあっては，その引渡しをしただけでは足りず，所有権移転登記手続がなされていることをも要するとした。

5 最高裁判所の判例では，不法の原因のため給付をした者にその給付の返還請求を認めないとしたのは，かかる給付者の返還請求に法律上の保護を与えないということを趣旨とするので，当事者が，先に給付を受けた不法原因契約を合意の上解除してその給付を返還する特約をすることは，許されないとした。

＊＊
No.7 **民法に規定する不当利得に関する記述として，判例，通説に照らして，妥当なのはどれか。** 【地方上級（特別区）・平成30年度】

1 債務者は，弁済期にない債務の弁済として給付をしたときは，その給付したものの返還を請求することができないが，債務者が錯誤によってその給付をしたときは，債権者は，これによって得た利益を返還しなければならない。

2 債務者でない者が錯誤によって債務の弁済をした場合において，債権者が善意で証書を滅失させもしくは損傷し，担保を放棄し，または時効によってその債権を失ったときは，その弁済をした者は，返還の請求をすることができるため，債務者に対して求償権を行使することができない。

3 最高裁判所の判例では，不法の原因のため給付をした者にその給付したものの返還請求することを得ないとしたのは，かかる給付者の返還請求に法律上の保護を与えないということであり，当事者が，先に給付を受けた不法原因契約を合意の上解除してその給付を返還する特約をすることは許されないとした。

4 最高裁判所の判例では，不当利得者が当初善意であった場合には，当該不当利得者は，後に利得に法律上の原因がないことを認識したとしても，悪意の不当利得者とはならず，現存する利益の範囲で返還すれば足りるとした。

5 最高裁判所の判例では，贈与が不法の原因に基づく給付の場合，贈与者の返還請求を拒みうるとするためには，既登記の建物にあっては，その占有の移転のみで足り，所有権移転登記手続がなされていることは要しないとした。

実戦問題2の解説

No.4の解説 事務管理 →問題はP.257 正答1

ア○ 本人の意思が公序良俗に反する場合，その意思に反しても事務管理は成立。

妥当である。事務管理は，本人からの依頼なしに管理者がいわば勝手に行うのであるから，それが違法でないとされるためには，**管理行為は本人の意思や利益に適合したものでなければならない**。

ただ，そこでいう本人の意思は適法なものであることを要する。たとえば自殺しようしている者を救助する場合のように，**本人の意思が強行法規や公序良俗に反するような場合には，その意思に反しても事務管理は成立する**（大判大8・4・18）。

イ× 事務管理は本人のためにすることを要するが，本人は特定してなくてよい。

事務管理は，本人の意思や利益に適合すれば，**それが本人からの依頼なしに行われても違法とはしない**というものである（したがって，勝手に始めたとしても賠償請求などは行えない）。その趣旨は，事務管理が社会全体として見れば利益になると判断されることによる。

そうであれば，「本人の意思や利益に適合する」という場合の本人は必ずしも特定していなくてもよい。本肢のように，本人を誤った場合であっても，また，迷い犬を一時的に保護する場合のように本人を特定できていなくてもかまわない。

ウ○ 緊急事務管理では，管理者は悪意・重過失がなければ賠償責任を負わない。

妥当である。急迫の場合には注意義務の程度は軽減されており，管理者は**悪意または重過失がなければ損害賠償責任を負わなくてよい**（698条）。

→No.2選択肢4

エ× 本人に事務管理を通知した場合も，請求があれば処理状況の報告を要する。

事務管理の開始を通知さえすれば，あとは「管理者が自分の思い通りに事務処理をするだけ」ということにはならない。本人からの請求があれば，管理者は事務管理の処理の状況を報告しなければならない（701条による645条の準用）。

オ× 有益費償還請求にいう有益かどうかの判断基準時は支出の時点である。

たとえば，台風被害を受けた隣家（留守宅）の雨漏りの応急修理を業者に依頼したが，依頼が殺到していて一時的に修理費用が高くなったなどという場合，後日，通常料金に戻った価格でしか請求できないとするのは管理者の保護をおろそかにする。そのため，**償還費用は支出の時点を基準に判断される**（702条1項）。

以上から，妥当なものは**ア**と**ウ**であり，正答は**1**である。

No.5 の解説　事務管理

→問題はP.258　**正答3**

1 ×　本人の意思を推知できれば，その意思に従って管理しなければならない。

前半は正しい（697条1項）。しかし，管理者は，本人の意思を知っているときだけでなく，これを推知できるときにも，その意思に従って事務管理をしなければならない（同条2項）。したがって，後半は誤り。

これは，できるだけ，本人の意思に沿って管理を行うべきという趣旨である。

2 ×　管理継続が本人の意思に反するときは，管理を中止しなければならない。

管理者は，本人またはその相続人もしくは法定代理人が管理をすることができるに至るまで，事務管理を継続しなければならないが（700条本文），事務管理の継続が本人の意思に反し，または本人に不利であることが明らかなときは管理を中止しなければならない（同条但書）。→No.２選択肢１

3 ◎　緊急事務管理では，管理者は悪意・重過失がなければ賠償責任を負わない。

妥当である。**急迫の場合には注意義務の程度は軽減されており，**管理者は悪意または重過失がなければ損害賠償責任を負わなくてよい（698条，**緊急事務管理**）。→No.２選択肢４

4 ×　意思に反する場合でも，有益費は現に利益を受けている限度で償還請求可。

この場合も，本人がそれによって利益を得ている分については，管理者に償還させるのが公平に資するからである（702条３項）。

5 ×　代弁済請求で債務が弁済期になければ，管理者は相当の担保を供させうる。

管理者には，「有益な費用」の償還請求権が認められているが（702条１項），それと同じように，**「有益な債務」については，代わって本人に支払わせることができる**（702条２項，650条２項前段，いわゆる**代弁済請求権**）。これは，いったん管理者が支払ったうえ，「有益な費用」として本人に償還を請求するという面倒な手間を省くためである。

この場合において，その債務が弁済期にないときは相当の担保を供させることができる（702条２項，650条２項後段）。弁済を確実にさせようという意図に基づくものである。

No.6 の解説 不当利得

→問題はP.258 正答4

1 × **期限前の弁済が錯誤による場合でも，給付物の返還請求はできない。**

本肢の「弁済期にない債務の弁済」とは，**期限前の弁済**のことである。そして，債務者が弁済期前であることを知って任意に弁済した場合には，給付物や期限までの利息の返還請求はできない（706条本文）。

これに対して，錯誤によって期限前の弁済をなした場合には，給付物は返還請求できないが，期限までの利息などの利得は返還請求できる（同条但書）。給付物はいずれ弁済すべきものであるから，**利息等の返還で調整するのが合理的**だからである。

2 × **債権者が善意で担保の放棄等をしたときは給付物の返還請求はできない。**

他人の債務を自己の債務と誤信して（錯誤）弁済しても，その弁済は法律上の原因のない給付に当たるから，弁済者は不当利得として給付物の返還を請求できるのが原則である。

しかし，債権者がそれを**有効な第三者の弁済**（474条1項本文）**と信じて受領した結果，債権者が善意で証書を滅失・損傷し，または担保の放棄や本来の債務者に履行を請求せずに債権の消滅時効が完成した**ような場合にまで不当利得の成立を認めると，債権者は**不測の損害**を被るおそれがある。そこで，善意の債権者を保護するために，このような場合には給付物の返還を請求できないとされている（707条1項）。

3 × **悪意の受益者に転換した後の利得は，すべて返還しなければならない。**

判例は，不当利得者が当初善意であった場合でも，後に利得に**法律上の原因がないことを認識した**場合，その後の利得については**悪意の受益者**としての返還義務を負うとする（最判平3・11・19）。

	利益	利息	損害賠償
善意の受益者	現存利益のみ返還	×	×
悪意の受益者	利得のすべてを返還	○	○

4 ◎ **既登記建物では，移転登記がなければ不法原因給付があったとはいえない。**

妥当である。民法は，不法の原因のため給付をした者は，その給付した物の返還を請求することができないと規定する（708条，**不法原因給付**）。そのような給付が不当利得に該当しても，法はその返還に助力しないというのが708条である。なお，ここで**不法**とは，単に強行法規に違反した不適法なものであることだけでなく，**社会で要求される倫理，道徳を無視した醜悪なもの**であることを要する（最判昭37・3・8）。

では，たとえば妾関係を維持するために女性にマンションを贈与した場合，それが既登記であれば，引渡しだけで不法原因「給付」があったといえるか，それとも移転登記まで必要か。この点について，判例は移転登記まで必要であるとする（最判昭46・10・28）。

不動産が未登記か既登記かで扱いを異にするので，以下にまとめておく。

①**登記済みの建物**…引渡しがあっても，登記が移転されない限り，返還を請求できる。

②**未登記建物**…引渡しが済めば，返還請求はできない。

→未登記建物は，引渡しがあれば返還請求ができなくなる。たとえ，給付者が引渡後に保存登記したうえで返還を求めても同じである（返還請求できない）。返還を求めることができない以上，給付者の側に所有権を認めても意味がない。そのため，所有権は給付を受けた者の側に反射的に移るとされる。したがって，引渡しの時点で給付者は無権利者となる。仮に，給付後に保存登記をしても，それは無権利者による無効な登記でしかない。

5 × **不法原因給付物を任意に返還する特約は有効である。**

不法な原因に基づいて給付された物については，法は取戻しに助力を与えないとしているにすぎない。給付者が返還を求めることができない結果，給付者の側に所有権を認めていても意味がないので，所有権は給付を受けた者の側に反射的に移るとされるだけである。すなわち，**不法原因給付は受領者の側に積極的に権利取得を認める制度ではない**。そのため，当事者の合意で所有権を返還するのであれば，合意に効力を認めてよい（最判昭28・1・22）。

No.7 の解説　不当利得

→問題はP.259　正答 1

1 ◎ 錯誤で期限前の弁済をした場合は，期限までの利益の返還請求ができる。

妥当である（706条）。ただし，返還請求ができるのは錯誤によって期限前であることを知らずに弁済した場合に限られる。→必修問題選択肢３

2 × 他人の債務の弁済で債権者が善意で証書を滅失させた場合，返還請求不可。

債権者が善意で担保の放棄等をした場合に不当利得の成立を認めると，債権者は不測の損害を被るおそれがある。そこで，このような場合には給付物の返還を請求できないとされている（707条１項）。→No.６選択肢２

3 × 不法原因給付物を任意に返還する特約は有効である。

不法原因給付は受領者の側に積極的に権利取得を認める制度ではない。そのため，当事者の合意で所有権を返還するのであれば，合意に効力を認めてよい（最判昭28・１・22）。→No.６選択肢５

4 × 利得に法律上の原因がないことを認識すれば，以後は悪意の利得者になる。

判例は，「善意で不当利得をした者の返還義務の範囲が利益の存する限度に減縮されるのは，利得に法律上の原因があると信じて利益を失った者に不当利得がなかった場合以上の不利益を与えるべきでないとする趣旨に出たものであるから，利得者が**利得に法律上の原因がないことを認識した後の利益の消滅は，返還義務の範囲を減少させる理由とはならない**」とする（最判平３・11・19）。

5 × 既登記建物では，移転登記がなければ不法原因給付があったとはいえない。

判例は，不法原因給付にいう給付があったとして贈与者の返還請求を拒みうるとするためには，「既登記の建物にあっては，その占有の移転のみでは足りず，所有権移転登記手続が履践されていることをも要する」とする（最判昭46・10・28）。→No.６選択肢４

実戦問題3　難問レベル

＊＊＊
No.8　不当利得に関するア〜オの記述のうち，判例に照らし，妥当なもののみをすべて挙げているのはどれか。　【国家総合職・令和２年度】

ア：Aは，Bからだまし取った金銭で自己の債権者Cに対して債務を弁済した。この場合，Cがこの事実を知らなかったことについて重大な過失があったとしても，Bは，Cに対し，不当利得として弁済金相当額の返還を請求することはできない。

イ：Aは，Bに対する自己の金銭債務の消滅時効が完成していることを知らずに，Bに対して当該債務を弁済した。この場合，Aは，Bに対し，時効を援用して，不当利得として弁済金相当額の返還を請求することができる。

ウ：Aは，B所有の家屋を賃借した際に，Bに権利金を支払わない代わりに，Aが当該家屋の修繕義務を負うこととする特約をBと結んだ。後日，Cが，Aとの間の請負契約に基づき，当該家屋の修繕工事をしたが，AはCに工事代金を支払う前に無資力となってしまった。この場合，Cは，Bに対し，不当利得として工事代金相当額の返還を請求することはできない。

エ：Aは，Bから強迫を受け，Bの言うままに，Aを借主としてCと金銭消費貸借契約を締結し，Cに指示してDに貸付金を交付させたところ，後日，Aが強迫を理由にCとの当該契約を取り消した。この場合において，AとDとの間に事前に何らの法律上または事実上の関係がないと認められるときは，Cは，Aに対し，不当利得として貸付金相当額の返還を請求することはできない。

オ：既婚者Aは，Bとの愛人関係を維持するため，Bに対して，自己が所有する未登記の建物を贈与し，当該建物をBに引き渡した。この場合，Aの贈与は不法原因給付に当たり，Aは，Bに対し，不当利得として当該建物の返還を請求することはできないが，当該贈与契約そのものが無効であるため，所有権に基づいて当該建物の返還を請求することはできる。

1　ア，イ
2　ア，オ
3　イ，ウ
4　ウ，エ
5　エ，オ

実戦問題3の解説

No.8 の解説 不当利得 →問題はP.265 正答4

ア× 横領金での弁済だと重過失で知らずに受領した場合は，不当利得となる。

重過失は悪意と同視される。本肢でいえば，「定職にも就かず日頃から金銭に窮しているAが，アルバイトを始めてすぐに大金を一気に返済してきた」など，違法な金であることに気付いて当然という場合には，Cは横領の被害者であるBからの不当利得返還請求を拒絶できない（最判昭49・9・26）。

イ× 消滅時効完成を知らずに弁済しても，不当利得返還請求はできない。

判例は，「時効の完成後，債務者が債務の承認をすることは，時効による債務消滅の主張と相容れない行為であり，**相手方においても債務者はもはや時効の援用をしない趣旨であると考えるであろうから**，その後においては債務者に**時効の援用を認めないものと解するのが，信義則に照らし，相当である**」として，たとえ時効完成を知らずに弁済したとしても不当利得返還請求はできないとする（最大判昭41・4・20）。

→民法Ⅰテーマ9「時効」必修問題エ

ウ○ 賃借人が権利金代わりに修繕義務を負った場合の工事代金は不当利得でない

妥当である。判例は，「建物の所有者であるBがCのした工事により受けた利益は，建物を営業用建物として賃貸するに際し通常であれば賃借人であるAから得ることができた**権利金の支払を免除したという負担に相応するもの**というべきであって，法律上の原因なくして受けたものということはできず」**不当利得には当たらない**。したがって，Cは，Bに対し，工事代金相当額の返還を請求することはできないとする（最判平7・9・19）。

エ○ 第三者と関係なく，その者に交付された貸付金は不当利得には当たらない。

妥当である。一般に，借主が金融機関等の貸主に指示して第三者に金銭を交付させる場合というのは，借主が第三者に債務を負っていて，その弁済のためにするなど，借主と第三者との間に事前に何らかの法律上または事実上の関係が存在するのが通常である。そして，その場合には，借主は貸主による第三者への金銭の交付によって，利得を得ているということができる。

ところが，本肢の場合には，借主Aと第三者Dとの間に事前に何らの法律上または事実上の関係がなく，借主AはBの強迫を理由に貸主Cとの契約を取り消しているというのであるから，**借主Aは振込みによって何らの利益を受けなかった**というべきである。そのため，判例は，貸主Cは，借主Aに対し，**不当利得として貸付金相当額の返還を請求することはできない**とする（最判平10・5・26）。

オ× 未登記不動産を不法原因給付で引き渡せば，もはや返還請求はできない。

判例は，708条は，「**みずから反社会的な行為をした者**に対しては，その**行為の結果の復旧を訴求することを許さない**趣旨を規定したものと認められるから，給付者は，不当利得に基づく返還請求をすることが許されないばかりでなく，目的物の所有権が自己にあることを理由として，給付した物の返還を請求することも許されない」とする（最大判昭45・10・21）。

→No.６選択肢４

以上から，妥当なものは**ウ**と**エ**であり，正答は**4**である。

ポイント 本問は，**イ**と**オ**の知識があれば，それで解ける。いずれも既出の知識なので，それで判断すればよい。あえて，**ウ**や**エ**の知識までは必要ではない。

不法行為

必修問題

不法行為に関する次の記述のうち，妥当なものはどれか。

【地方上級（全国型）・令和元年度】

1 不法行為の成立要件としての**過失**は，刑法における過失犯の成立要件としての過失とまったく同一の概念である。

2 不法行為が成立するには，加害者の行為と損害の発生との間に**因果関係**が必要であるが，原則として，被害者の側が因果関係の存在を証明しなければならない。

3 不法行為が成立するには，加害者に責任能力が認められなければならないが，動物による加害行為の場合，動物には責任能力はないので，飼い主が不法行為責任を負うことはない。

4 未成年者には**責任能力**が認められないので，他人に損害を加えても，未成年者は不法行為責任を負わない。

5 加害者が過失によって一時的に責任能力を欠く状態を招き，その間に他人に損害を加えた場合には，その加害者は不法行為責任を負わない。

難易度 ＊

必修問題の解説

不法行為制度は，制裁を目的とするものではなく，「損害の公平な分担」を図るためのものである。この「損害の公平な分担」は不法行為分野のキーワードであり，この視点だけで解ける問題も多い。そこで，この言葉を意識しながら問題にあたってみよう。

1 × 不法行為にいう過失は，刑法の過失犯にいう過失とは異なる概念である。

民法の不法行為にいう過失概念と刑法のそれとは異なっている。理由は，両者の**制度目的が異なる**からである。

刑法は，犯罪処罰を通じて社会の秩序を維持することを目的とする。ただ，処罰は，たとえ過失犯であっても身体の拘束などの重大な人権の制約を伴うことから（例：刑法211条の業務上過失致死罪は最高５年の懲役刑となっている），間違っても無実の者が処罰されることがないように，厳格な要件が必要とされる。

一方，民法の**不法行為法は損害の公平な分担を目的とする**。すなわち，加害者の制裁は目的としていない。そのため，刑法のような厳格さは要求されず，**経験則から過失が推定できるような場合には，「過失あり」として賠償責任が肯定される**。

2 ◎ 不法行為の成立要件である因果関係の立証責任は被害者の側にある。

妥当である。まず，前半については，損害が発生した場合に，それが加害者の行為によって生じたという関係（**因果関係**）がなければ，不法行為責任は発生しない。

後半については，因果関係を含めた不法行為の要件に該当する事実の**立証責任は，損害賠償という法律効果の発生を求める被害者の側が負う**べきものとされる。なぜなら，これを加害者に負わせて，加害者が立証すればするほど自らの責任が明確になるというのは矛盾だからである。

ただ，たとえば「高度な科学技術上の欠陥で被害が生じた」などという場合に，専門知識を持たない者が立証するのはなかなか困難である。そこで判例（最判昭50・10・24）は，「損害の公平な分担」という不法行為法の制度目的に照らして，社会生活上の経験則から判断して，まず間違いないと認められれば（そこまでは被害者側が立証する），それによって因果関係を肯定しようとする（例：ほかの原因が見当たらない。ならば，これに違いない，など）。

なお，同判例の判旨部分は，過去に空欄の語句選択形式として何度か出題されており，要注意である。

「訴訟上の因果関係の立証は，一点の疑義も許されない自然科学的証明ではなく，経験則に照らして全証拠を総合検討し，特定の事実が特定の結果発生を招来した関係を是認しうる高度の蓋然性を証明することであり，その判定は，通常人が疑いを差し挟まない程度に真実性の確信を持ちうるものであることを必要とし，かつ，それで足りるものである。」（最判昭50・10・24）

※上記のうち，　　の部分が国家Ⅰ種・平成23年度の（複数の語句からの）空欄選択部分，下線部が国家Ⅱ種・平成15年度の同様の部分である。

3 × 動物の占有者は，その動物が他人に加えた損害を賠償する責任を負う。

動物による加害行為は，社会生活においてしばしば経験するところである。法は，動物の飼育に責任を有する者に被害防止の管理責任を負わせ，被害が生じた場合には，その者が損害賠償の責任を負うことを規定している（718条1項本文）。

4 × **未成年者も責任能力を有していれば，不法行為責任を問われる。**

まず，**一般的な不法行為の要件**は，①故意・過失，②法的に保護されるべき権利・利益の侵害（違法性），③それによって（因果関係），④損害を発生させたことであり，⑤それが責任能力のある者の行為によって行われることが必要である。

そこで責任能力であるが，**未成年者は制限行為能力者**とされるが，これは取引上の判断能力が十分でないとして，その財産保護のために認められる能力であり，**不法行為にいう責任能力とは異なる**。不法行為の責任能力は，「自己の行為が違法であることを認識しうる能力」とされる。もう少しわかりやすくいうと，次のようになる。

●責任能力が必要とされる理由

不法行為の要件として責任能力が要求される意味については，おおよそ次のように考えておけばよい。自己の行為によって他人に損害を生じさせることを理解できない者は，不法行為を起こさないようにしようという意味での行動の抑制が効かないので，いとも簡単に損害を発生させてしまう。このような者については，第三者に損害を発生させないようにするために監督義務者が相応の注意を尽くすべきであって，監督義務者こそが責任を問われる主体である。責任能力を欠く者の行為について不法行為の成立を認めて，その者に過大の賠償責任を負担させるのは妥当ではない。

つまり，**「自己の行為が違法に他人に損害を生じさせるか」を理解できるかどうかで責任能力の有無が決まる**。そして未成年者の場合，通常，この能力は，11～12歳頃には身についているとされ（ケース・バイ・ケースの判断になるが），**この能力が備わっていれば，未成年者であっても責任能力があるとされて不法行為責任を負う**ことになる。

5 × **一時的な責任無能力者の状態で加害行為をした者は不法行為責任を負う。**

一時的に責任無能力の状態を招いて他人に損害を与えた者は，責任能力が欠けているわけではないので，むしろ**一時的にでもそのような状態を招かないように注意すべき**である。そのため，このような者については損害賠償責任が肯定されている（713条但書，**原因において自由な行為**という）。

正答 2

FOCUS

不法行為分野（不法行為法と呼ぶ）は，不法行為の一般的な要件を定める一般的不法行為と，特殊なケースでの不法行為の要件を定める特殊的不法行為に大別できる。このうち，前者のみに焦点を絞った問題は少なく，後者と不法行為の効果からの出題が多数を占めている。特に，「責任無能力者の監督者の責任」と「使用者責任」からの出題が多く，これらは要注意である。

POINT

重要ポイント1 一般的不法行為

①不法行為とは，故意・過失に基づく加害行為によって他人に損害を加えた場合に，加害者に被害者の被った損害を賠償させる制度である。

②不法行為制度の目的は，加害者の制裁ではなく，損害の公平な分担という点にある。

③一般的不法行為の成立要件は，(1)加害者に故意または過失があること，(2)他人の権利または法律上保護される利益を違法に侵害したこと，(3)それによって損害が発生したこと，(4)加害行為と損害との間に因果関係があること，(5)行為者に責任能力が備わっていることの５つである。

④故意または過失によって自ら一時の心神喪失を招いたときは，行為当時に責任能力を失っていても，不法行為責任を負う。

⑤過失の存否の判断は，民事責任と刑事責任とで異なる場合がある。

⑥加害者に過失がある限り，被害者に過失があっても不法行為は成立する。双方の過失が相殺されて不法行為の成立自体が否定されるというわけではない。

⑦不法行為の成立要件については，原則として被害者側に立証責任がある。

⑧失火責任については失火責任法に特則が設けられており，失火が軽過失による場合には不法行為責任は成立しない。

　責任無能力者の監督義務者については，監督義務の懈怠について重過失がなければ失火責任は成立しない。一方，使用者責任の場合は，被用者に重過失があれば，使用者に選任監督上の過失が軽過失でも失火責任が成立する。

⑨示談書で，「被害者は加害者に対する今後の請求権を一切放棄する」と定めた場合，そこで放棄された請求権は，示談当時予想していた範囲の損害に限られる。したがって，示談成立当時予想できなかった損害については，被害者はなお追加的に賠償の請求ができる。

重要ポイント2 特殊的不法行為

(1) 責任無能力者の監督者の責任

①未成年者や精神障害者など責任能力がない者による不法行為の場合は，行為者自身は責任を負わず，これらの者を監督すべき法定の義務がある監督義務者または代理監督者が不法行為責任を負う（この場合は714条の責任）。

ただし，未成年者も，責任能力を有する場合は自ら不法行為責任を負う。この場合，監督義務者の義務の懈怠と損害の発生との間に因果関係が認められれば，監督義務者も不法行為責任を負う（この場合は709条の責任）。

②責任無能力者の監督義務者は，その義務を怠らなかったことを立証すれば，714条の監督義務者の責任を免れる。

③代理監督者に使用者があり，その者が使用者責任を負う場合でも，代理監督者は自らの不法行為責任を免れない。

(2) 使用者責任

①ある事業のために他人を使用する者は，被用者がその事業の執行について第三者に加えた損害を賠償する責任を負う。これを使用者責任という。

使用者は，被用者の選任・監督に相当の注意をしたこと，または相当の注意をしても損害が発生したであろうことを証明した場合には，この責任を免れる。

②使用者責任は，「利益のあるところに損失もまた帰する」という報償責任の原理に基づいて認められているものである。

③使用者責任が成立するには，被用者に不法行為の要件が備わっていなければならない。

④使用者責任は，被用者に賠償能力がない場合に補充的に負う責任ではなく，使用者が被用者とともに第一次的に負うべき責任である。

⑤「事業の執行について」とは，厳密な意味での事業の執行行為に属していなくても，外形的に見て使用者の事業の範囲内に属していると認められればよい（外形理論）。

⑥使用者が損害を賠償した場合，使用者は信義則上相当と認められる限度において被用者に求償することができる。

⑦被用者が使用者の事業の執行について第三者に損害を加え，その損害を賠償した場合には，被用者は，損害の公平な分担という見地から相当と認められる額について，使用者に求償することができる（いわゆる逆求償）。

(3) その他の特殊的不法行為

①土地工作物の占有者の責任は過失責任であるが，所有者の責任は無過失責任である（不法行為分野における唯一の無過失責任である）。

②注文者は，注文または指図についてその注文者に過失があった場合でなければ，請負人がその仕事について第三者に加えた損害を賠償する責任を負わない。

重要ポイント3 不法行為の効果

(1) 一般的効果

①不法行為が成立すると，その効果として損害賠償請求権が発生する。原状回復は，法律の定めまたは特約がある場合でない限り認められない。

②被害者が死亡した場合には，父母・配偶者・子に，財産的損害のみならず精神的損害についても固有の賠償請求権が認められる。

また，被害者受傷の場合は，「死亡にも比肩しうべき精神的苦痛を受けた」と認められれば，同様に精神的損害の賠償請求権（慰謝料請求権）が認められる。

③被害者自身の慰謝料請求権は一身専属権ではなく，相続の対象となる。

④交通事故の被害者が事故後に別の原因により死亡した場合には，死亡後に要したであろう介護費用をその交通事故による損害として請求することはできない。

⑤不法行為による損害賠償請求権の消滅時効期間は，被害者またはその法定代理人が損害と加害者の双方を知った時から３年（人の生命・身体侵害の場合は５年），不法行為の時から20年である。

なお，損害賠償債権を行使することが事実上不可能な場合においては，その状況が止んだ時から時効が進行する。後遺症の場合は，後日その治療を受けるようになるまでは，その治療に要した費用すなわち損害についての時効は進行しない。

⑥不法行為により発生する損害の性質上，加害行為が終了してから相当の期間が経過した後に損害が発生する場合には，当該損害の全部または一部が発生した時が消滅時効の起算点となる。

(2) 過失相殺

①被害者に過失がある場合には，損害の公平な分担という観点から，その過失分を考慮して賠償額を減額することが認められている。これを過失相殺という。

②不法行為の場合，過失を考慮して賠償額を減額するかどうかは裁判所の裁量にゆだねられている。すなわち，不法行為における過失相殺は義務的なものではない（債務不履行の場合にも同様の制度があるが，こちらは義務的なものとされている）。

③過失相殺を行うには，被害者に責任能力まで備わっている必要はないが，事理弁識能力は備わっていなければならない。

④被害者の過失には，被害者本人だけでなく，「被害者側の過失」も含まれる。被害者側とは，「被害者と身分上ないしは生活関係上一体をなすと認められるような関係にある者」をいう。保育園の保育士はこれに含まれない。

⑤加害者の不法行為が無過失で成立する場合であっても，また重過失がなければ成立しない場合であっても，裁判所は被害者の過失を考慮して賠償額を減額できる。

⑥被害者の心因的素因や，被害者の罹患していた疾患等の身体的素因は，ともに賠償額算定の際の減額の要素として考慮できる。しかし，被害者が本来的に有していた身体的特徴によって発生・拡大した損害については，特段の事情がない限り，被害者の素因を理由に賠償額を減額することはできない。

実戦問題1　基本レベル

◆ **No.1** * **民法に規定する不法行為に関する記述として，妥当なのはどれか。**

【地方上級（特別区）・平成26年度】

1　未成年者は，他人に損害を加えた場合において，自己の行為の責任を弁識するに足りる知能を備えていなかったときは，その行為について賠償の責任を負わない。

2　責任無能力者が第三者に損害を加えたときは，責任無能力者を監督する法定の義務を負う者は，監督義務を怠らなくても損害が生ずべきであった場合であっても，その責任無能力者が第三者に加えた損害を賠償する責任を負う。

3　数人が共同の不法行為によって他人に損害を加えたときは，各自が連帯してその損害を賠償する責任を負うが，行為者を教唆した者および幇助（ほう）した者は，損害を賠償する責任を負わない。

4　他人の不法行為に対し，第三者の権利または法律上保護される利益を防衛するため，やむをえず加害行為をした者であっても，損害賠償の責任を負うので，被害者から不法行為をした者に対して，損害賠償を請求することはできない。

5　裁判所は，被害者の請求により，被害者の名誉を毀損した者に対して，名誉を回復するのに適当な処分を命ずるときは，被害者の請求があっても，その処分とともに損害賠償を命ずることはできない。

No.2 * **不法行為に関するア～エの記述のうち，判例に照らし，妥当なもののみをすべて挙げているのはどれか。**

【国税専門官・平成21年度】

ア：X社の代表者Aは，Yの過失による交通事故で負傷した。X社がいわゆる個人会社であり，AにX社の機関としての代替性がなく，AとX社が経済的に一体の関係にあるような場合，X社はYに対して，Aの負傷のため逸失した利益について損害賠償を請求することができる。

イ：Aは，Yの過失による交通事故で死亡した。Aが即死の場合でも，Aは損害賠償請求権を取得することになるから，Aの相続人であるXは，Aの逸失利益についての損害賠償請求権を相続することができる。

ウ：Aは，Yの過失による交通事故で死亡した。慰謝料請求権は本人の主観的な感情が根拠となっている一身専属的な権利であるから，Aが生前に請求の意思を表明しない場合，Aの相続人であるXは，慰謝料請求権を相続することができない。

エ：Xは，Z社の車を運転していたZ社の従業員Yの過失による交通事故で負傷した。Yの運転が，客観的にはYの職務行為の範囲内に属するものと認められる場合でも，Yが私用のためにZ社の車を使っていたときは，XはZ社に対して損害賠償を請求することができない。

1 ア，イ
2 ア，ウ
3 ア，エ
4 イ，エ
5 ウ，エ

No.3 ＊ **Aは，所有している土地への建物の建築をBに注文し，請け負ったBは建物を建てた。その後，CはAからその土地および建物を購入し，Cは建物をDに賃貸した。ところが，通行人Eがその建物の付近を通った際，建物の塀が倒れて，Eが重傷を負った。塀が倒れた原因は，すべて請負人Bの過失にあった。これに関する次の記述のうち，妥当なものの組合せはどれか。** 【市役所・令和４年度】

ア：ＥはＡに対して損害賠償を請求することができる。
イ：Ｄが，塀が倒れないように必要な対策をしていたとしても，ＥはＤに対して損害賠償を請求することができる。
ウ：ＣもＤも，塀が倒れないように必要な対策をしていたとしても，ＥはＣに対して損害賠償を請求することができる。
エ：ＣまたはＤは，Ｅに対して損害賠償をした場合に，Ｂに対して求償することはできない。

1 ア
2 ウ
3 ア，イ
4 イ，エ
5 ウ，エ

実戦問題1の解説

No.1 の解説　不法行為　→問題はP.274　正答1

本問は条文の問題である。

1◎ 責任能力のない者の加害行為については，不法行為は成立しない。

妥当である。(712条)。自己の行為の責任を弁識するに足りる知能を責任能力といい，この能力を欠く者（責任無能力者）は不法行為責任を負わず，その加害行為については**責任無能力者の監督者が責任を負う**（714条1項本文)。→必修問題選択肢4

2× 責任無能力者の監督者に義務の懈怠がなかった等の場合は責任を負わない。

監督義務者がその義務を怠らなかったとき，またはその義務を怠らなくても損害が生ずべきであったときは責任を負わない（714条1項但書)。

3× 教唆者および幇助者も，共同不法行為者として損害賠償責任を負う。

民法における不法行為は**損害の公平な分担**を図る制度であるから，教唆者や幇助者も**損害の発生に一定の関与をしている**以上，不法行為責任を負わなければならない（719条2項)。

4× やむをえず加害行為をした者は損害賠償の責任を負わない。

他人の不法行為に対し，第三者の権利または法律上保護される利益を防衛するため，やむをえず加害行為をした場合には，不法行為責任を負わない(720条1項本文)。これを**正当防衛**という。この場合は，被害者は不法行為者に対して賠償請求ができる（同条但書)。

損害発生の原因を作り出しているのは，やむをえず加害行為をした者ではなく，不法行為者のほうである。したがって，原因を作り出している者が賠償責任を負うのが公平に資するといえる。

5× 名誉毀損に対しては，損害賠償とともに名誉回復の適当な処分を命じうる。

裁判所は，被害者の請求により，損害賠償に代えて，または損害賠償とともに名誉を回復するのに適当な処分を命ずることができる（723条)。

謝罪広告など，**名誉を回復するのに適当な処分だけでは，損害を賄うのに，なお十分ではない場合もある**からである。

No.2 の解説　不法行為

→問題はP.274　正答 1

ア○ 法人とは名ばかりの個人企業の代表者が被害者の場合，会社も賠償請求可。

妥当である。本肢のような事実関係のもとでは，X社イコールAと認定できるので，X社の損害賠償請求は認められる（最判昭43・11・15）。

なお，「X社イコールA」である以上，X社が実際に賠償を得た場合には，Aが改めて個人として賠償を請求することはできない。

イ○ 被害者即死の場合でも，逸失利益の損害賠償請求権は相続の対象となる。

妥当である（大判大15・2・16）。逸失利益とは，不法行為による加害行為がなかったならば，被害者が将来得ることができたであろう利益（将来得ることのできる給与等）をいう。

本肢で問題となったのは，次のような点である。すなわち，仮に被害者が重傷でしばらく存命し，その間に逸失利益について賠償金が支払われ，その後に被害者が死亡したという場合，その賠償金は当然に相続の対象となる。ところが即死の場合には，被害者が逸失利益を請求する余地はない。その場合，遺族はその固有の損害を請求すべきことになるが，それは，「扶養を受けられたはずの利益」であって，逸失利益と同額ではない。なぜなら，被害者が逸失利益のすべてを扶養に回すとは限らないからである。そうなると，**即死と重傷の間にアンバランスが生じる**ことになる。

そこで判例は，両者の間で差が出るのは公平を欠くとして，「即死の場合にも重傷と死亡との間には観念上時間の間隔があるので，瀕死の時点で逸失利益の賠償請求権を取得し，死亡によってそれが遺族に相続される」と理論構成して（**極限概念説**），遺族による被害者の逸失利益の賠償請求を認めている。

ウ× 被害者が請求の意思を表示せずに死亡しても，慰謝料は相続の対象となる。

判例は，「慰謝料請求権が発生する場合における被害法益は当該被害者の一身に専属するものであるけれども，これを侵害したことによって生ずる慰謝料請求権そのものは，財産上の損害賠償請求権と同様，単純な金銭債権であり，相続の対象となりうる」とする（最判昭42・11・1）。

この場合も**イ**と同様に，重傷状態の間に請求し，その後に死亡した場合とのアンバランスを解消するために，このような結論になっている。

エ× 客観的に被用者の職務行為の範囲内であれば，使用者は賠償責任を負う。

客観的にYの職務行為の範囲内に属するものと認められれば，Z社は使用者としての損害賠償責任を負う（最判昭37・11・8）。

ある事業のために他人を使用する者は，被用者がその事業の執行について第三者に加えた損害を賠償する責任を負う（715条1項本文）。これを**使用者責任**という。その趣旨は，他人を使用して自己の活動範囲を広げている者は，それによって利益を得ているのであるから，**利益をあげる過程で他人に損害を与えた場合には，その利益の中から賠償させるのが公平にかなう**という点にある。

そして，この趣旨から，使用者責任の要件である「事業の執行について」とは，「その行為の外形から観察して，被用者の職務の範囲内の行為に属するものとみられる場合をも包含する」とされ，たとえ私用であっても，**使用者の支配領域内の行為**については賠償責任が肯定されている。

以上から，妥当なものは**ア**と**イ**であり，正答は**1**である。

No.3 の解説　注文者の責任および土地の工作物責任　→問題はP.275　正答2

ア×　注文者は，過失がなければ，請負人の仕事について賠償責任を負わない。

注文者は，自身が**請負人にした注文や指図について過失があったとき**でなければ，請負人がその仕事について第三者に加えた損害を賠償する責任を負わない（716条）。請負人は，基本的に，注文者から独立して自己の裁量で仕事を行うからである。

本肢では，通行人Ｅは建物の塀が倒れて重傷を負っているが，その原因はすべて請負人Ｂの過失にあったというのであるから，Ｅに対して賠償責任を負うのは請負人Ｂのみである。

イ×　占有物からの損害発生防止に必要な注意をすれば，占有者は責任を負わない。

土地の工作物から被害が生じた場合には，それを管理する**占有者が第一次的な責任**を負う。しかし，占有者が被害の発生防止に必要な対策を講じていた場合には，占有者は責任を負わない（717条１項）。

ウ○　工作物責任で，占有者に過失がなければ所有者が無過失責任を負う。

妥当である。建物の塀など土地の工作物から被害が生じた場合に，占有者が被害の発生防止に必要な対策を講じていた場合には，所有者が責任を負わなければならない（717条１項但書）。

たとえ**所有者に過失がなかったとしても，そのような工作物を設けなければ被害は生じなかったはず**であるから，工作物の設置に伴うリスクは所有者に負わせるのが妥当だからである。

エ×　工作物責任で賠償した者は，他に責任を負う者があればその者に求償できる。

本問で，占有者または所有者が被害者に賠償した場合，損害の公平な分担という観点から，法は，「損害の原因について他にその責任を負う者があるときは，占有者又は所有者は，その者に対して求償権を行使することができる」としている（717条３項）。

したがって，ＣまたはＤは，Ｅの損害を賠償した場合には，Ｂに求償することができる。

以上から，妥当なものは**ウ**のみであり，正答は**2**である。

実戦問題2 応用レベル

＊＊
No.4 Aの子Bは，4歳になる。Bが私立保育園でおもちゃの取り合いからCの4歳の子Dとけんかをし，Bは負傷した。

この事例に関する次の記述のうち，妥当なものはどれか。ただし，争いがある場合は判例による。 【地方上級（全国型）・平成11年度】

1 この事故について，保育園の保育士に過失があっても，保育園の経営者が使用者として責任を負うので，保育士自身は，損害賠償責任を負わない。

2 AからCに対して損害賠償を請求した場合，この事故について，Bを監督すべき立場にあった保育士にも過失があったときは，保育士の過失を斟酌して損害賠償額を減額することができる。

3 この事故について示談が成立した後に，Bに示談当時予想もしなかった後遺症が発現し，治療を要することとなっても，いったん示談が成立した以上，Bは，後遺症による損害賠償を請求することができない。

4 Bの受傷によって，Aが，Bが死亡した場合と異ならないような精神的苦痛を受けたとしても，Bは生存しているのであるから，A自身が固有の慰謝料を請求することはできない。

5 事故はCの監督の及ばない保育園で起こったものであるとしても，Dの保護者であるCは，一般的な監督義務を怠らなかったことを立証できなければ，この事故について責任を負わなければならない。

＊＊
No.5 民法に規定する不法行為に関する記述として，判例，通説に照らして，妥当なのはどれか。 【地方上級（特別区）・令和４年度】

1 不法行為の成立には，その行為によって損害が発生したことが必要となるが，この損害とは，財産的な損害であり，精神的な損害などの非財産的損害は含まない。

2 緊急避難とは，他人の不法行為に対し，自己または第三者の権利または法律上保護される利益を防衛するため，やむを得ず行う加害行為であり，その加害行為をした者は損害賠償の責任を負わない。

3 最高裁判所の判例では，不法行為による損害賠償額を過失相殺するには，被害者に責任能力がなければならず，被害者が未成年者である場合には，その過失は一切斟酌されないとした。

4 数人が共同の不法行為によって他人に損害を加えたときは，行為者間に共同の認識がなくても，客観的に関連共同している場合には，各自が連帯してその損害を賠償する責任を負う。

5 人の生命または身体を害する不法行為による損害賠償請求権は，被害者またはその法定代理人が，損害および加害者を知った時から３年間行使しないときには，時効によって消滅し，不法行為の時から20年間行使しないときも，同様である。

No.6 ＊＊ **不法行為の使用者責任に関するア～オの記述のうち，判例に照らし，妥当なもののみをすべて挙げているのはどれか。ただし，自動車損害賠償保障法については考慮する必要はない。** 【国家一般職・平成30年度】

ア：兄Aが，その出先から自宅に連絡して弟BにA所有の自動車で迎えに来させた上，Bに自動車の運転を継続させ，これに同乗して自宅に帰る途中でBが運転を誤りCに損害を生じさせた場合において，Aが同乗中に助手席でBに運転上の指示をしていたなどの事情があるときは，Aは，Cに対して，民法第715条に基づく損害賠償責任を負う。

イ：大臣秘書官Aが，私用のために国が所有する自動車を職員Bに運転させてこれに乗車していたところ，当該自動車がCの運転する自動車と衝突してCに損害を生じさせた場合には，国は，Cに対して，民法第715条に基づく損害賠償責任を負わない。

ウ：銀行Aの支店長Bが，会社Cとの間で，Aの内規・慣行に反する取引を行ったところ，Cがその取引によって損害を被った場合において，Bの当該取引行為が，その外形からみて，Aの事業の範囲内に属するものと認められるときであっても，Cが，当該取引行為がBの支店長としての職務権限を逸脱して行われたものであることを知り，または，重大な過失によりそのことを知らないで，当該取引をしたと認められるときは，Cは，Aに対して，民法第715条に基づく損害賠償を請求することができない。

エ：会社Aの従業員Bが，一緒に仕事をしていた他の従業員Cとの間で業務の進め方をめぐって言い争った挙げ句，Cに暴行を加えて損害を発生させたとしても，Aは，Cに対して，民法第715条に基づく損害賠償責任を負わない。

オ：会社Aの従業員Bが，Aの社用車を運転して業務に従事していたところ，Bの過失によりCの車に追突して損害を生じさせたため，AがCに対して修理費を支払った場合には，Aは，自らに過失がないときに限り，Bに対してその全額を求償することができる。

1 ア，ウ
2 ア，エ
3 イ，エ
4 イ，オ
5 ウ，オ

＊＊
No.7 不法行為に関するア～オの記述のうち，判例に照らし，妥当なもののみをすべて挙げているのはどれか。 【国家総合職・令和３年度】

ア：親権者の直接的な監視下にない子の行動についての日頃の指導監督は，ある程度一般的なものとならざるを得ないから，通常は人身に危険が及ぶものとはみられない行為によってたまたま人身に損害を生じさせた場合は，当該行為について具体的に予見可能であるなど特別の事情が認められない限り，親権者が子に対する監督義務を尽くしていなかったとすべきではない。

イ：追突事故により頸部に傷害を負った被害者が，疾患ではないが平均的体格に比して首が長く多少頸椎が不安定であるという身体的特徴を有しており，それによって被害者の損害が拡大した場合には，特段の事情のない限り，損害賠償額を定めるに当たり，その身体的特徴をしんしゃくすることができる。

ウ：良好な景観に近接する地域に居住し，その恵沢を日常的に享受している者は，良好な景観が有する客観的な価値の侵害に対して密接な利害関係を有するものというべきであり，これらの者が有する良好な景観の恵沢を享受する利益（景観利益）は，法律上保護に値する。また，ある行為が景観利益に対する違法な侵害に当たるといえるためには，少なくとも，その侵害行為が刑罰法規や行政法規の規制に違反するものであったり，公序良俗違反や権利の濫用に該当するものであるなど，侵害行為の態様や程度の面において社会的に容認された行為としての相当性を欠くことが求められる。

エ：内縁の夫が内縁の妻を同乗させて運転する自動車と第三者が運転する自動車とが衝突し，それによって傷害を負った内縁の妻が第三者に対して損害賠償を請求する場合，内縁の夫婦は婚姻の届出をしていないことから，損害賠償額の算定に当たり，内縁の夫の過失をいわゆる被害者側の過失として考慮することはできない。

オ：交通事故と医療事故という加害者および侵害行為を異にする二つの不法行為が順次競合した共同不法行為においては，各不法行為は加害者および被害者の過失の内容も別異の性質を有するものではあるが，被害者が共同不法行為者のいずれからも全額の損害賠償を受けられるとすることにより被害者保護を図ろうとする民法第719条の趣旨に照らし，各不法行為の加害者と被害者との間の過失の割合だけでなく，他の不法行為者と被害者との間における過失の割合をもしんしゃくして過失相殺をするべきである。

1 ア，イ　**2** ア，ウ　**3** イ，エ
4 ア，ウ，オ　**5** ウ，エ，オ

＊＊＊
No.8 **過失相殺に関する次の記述のうち，判例に照らし，妥当なのはどれか。**

【国家一般職・平成17年度】

1　過失相殺は，不法行為者が責任を負うべき損害賠償の額を定めるにつき，公平の見地から損害発生についての被害者の不注意を斟酌するかどうかの問題であるから，被害者が未成年者の場合，特段の事情のない限り，未成年者に行為の責任を弁識する能力があるときのみ，過失相殺の対象となる。

2　被害者に対する加害行為と被害者の疾患とがともに原因となって損害が発生した場合において，当該疾患の態様，程度などに照らし，加害者に損害全額を賠償させるのが公平でないときは，過失相殺の規定を類推することができる。

3　被害者が平均的な体格ないし通常の体質と異なる身体的特徴を有しており，それが損害の発生に寄与し，またはそれによって損害が拡大した場合，当該身体的特徴が疾患によるものでなければ，特段の事情のない限り，過失相殺の規定を類推することができる。

4　被害者の心因的要因が損害の拡大に寄与した場合は，身体的特徴が損害の拡大に寄与した場合と異なり，過失相殺の規定を類推することができない。

5　過失相殺は公平の理念によるものであるから，被害者の過失には，被害者本人と身分上または生活関係上一体を成すとみられるような関係がある者の過失を包含すべきものと解される。したがって，特段の事情のない限り，被害者が通っていた保育園の保育士の過失を被害者側の過失として斟酌することができる。

実戦問題2の解説

No.4 の解説　監督義務者の責任　→問題はP.279　正答5

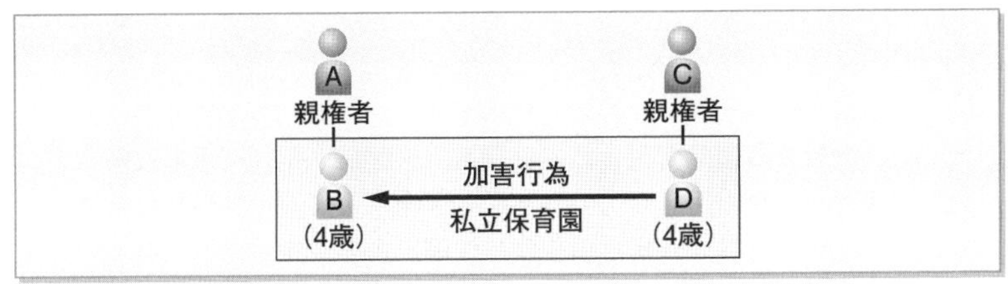

1 × **使用者が使用者責任を負う場合でも，被用者もまた不法行為責任を負う。**

保育士に過失があれば，保育士は不法行為責任（責任無能力者の監督者の責任，714条２項）を負う。

保育士は，**責任無能力者**（自己の行為が違法であることを認識できる能力を欠く者）である園児が，危険な行動をとって他の園児を加害しないように監督すべき責任を負っている（親権者などに代わって責任を負うので**代理監督者**と称する）。そして，保育士がこの責任を怠ったために他の園児に損害を生じた場合には，保育士は被害者である園児に対して不法行為責任を負う（714条２項）。

ただ，保育士は私立保育園の被用者であるから，被用者である保育士が不法行為を行った場合には，使用者である私立保育園の経営者もまた不法行為責任（**使用者責任**，715条１項）を負うことになる。

そこで両責任の関係が問題となるが，両者はともに損害額全額について第一次的な賠償責任を負うとされている。そのほうが，被害者の保護を十分に図ることができるからである。

したがって，保育士は弁済資力が自分よりも上の使用者（私立保育園）が責任を負うからといって，自らは責任を負わなくてよいということにはならない。

2 × **保育士は加害者であって，「被害者側の過失」にいう被害者側の者ではない。**

したがって，保育士の過失を斟酌（考慮）して損害賠償額を減額することは認められない（最判昭42・6・27）。

被害者側に過失があった場合には，裁判所はこれを考慮して損害賠償額を減額することができる（722条２項，同前判例）。そして，ここにいう**被害者側の過失**とは，たとえば被害者に対する監督者である父母ないしはその被用者である家事使用人などのように，**「被害者と身分上ないしは生活関係上一体をなす」とみられるような関係にある者の過失**をいう。

しかし，保育士はこれに該当しない（最判昭42・6・27）。被害者から見れば，保育士は第三者であって，その者の過失分を賠償額から減額することは，保育士の過失を被害者の負担に帰せしめるもので，その分加害者の責任を免除することになる。しかし，それは被害者からすれば不当な減額であろう。保育士の過失を被害者側の過失に含めることはできない。

3 × **示談当時予想もしなかった後遺症については，賠償請求が可能である。**

示談当時予想もしなかった後遺症については，いったん示談が成立した場合であっても，なお損害賠償を請求できる（最判昭43・3・15）。

損害額をめぐって加害者と被害者との間に意見の隔たりがあっても，被害者が**治療費等を必要としている場合，被害者は裁判で長々と争っている時間のゆとりはない**。そのため，しばしば当事者間で示談が行われている。その場合，加害者側は示談書に「今後の請求権を一切放棄する」との一文の付加を要求するのが常であるが，被害者は治療費等の確保の必要からこれに応じざるをえない。しかし，後に**予想外の損害が発生した場合**でも，この一文によって請求が封じられるとすると，**被害者にあまりに酷である**。そのため判例は，**請求権の放棄は「その当時予想していた損害」の範囲に限定される**とする。

4 × **子の死亡にも匹敵する精神的苦痛については，親固有の慰謝料請求が可能。**

子の死亡にも匹敵するような精神的苦痛を受けたと認められる場合には，親は被害者である子とは別に自らの権利として**慰謝料を請求できる**（最判昭42・1・31）。したがって，被害者Bの親権者Aは自己固有の慰謝料の請求ができる。

民法は，被害者が死亡した場合，父母・配偶者・子は慰謝料請求ができると定めている（711条）。そこで，近親者の慰謝料請求がこの条文の場合に限定されるのかが問題になった。判例は，被害者が死亡した場合に限らず，死亡に匹敵するような傷害を受けた場合には，近親者から慰謝料請求ができるとしている（前掲判例）。

5 ◎ **責任能力のない子の親権者も監督義務者の不法行為責任を負う立場にある。**

妥当である。**親権者**には，家庭生活の中で，子供のしつけを行う，あるいは保育園に子供の性格等を知らせて注意を喚起するなど，**生活全般にわたる監督義務が課せられている**。したがって，その義務を怠らなかったことを立証できなければ，たとえ事故が親権者Cの監督の及ばない保育園で起こったものであっても，親権者Cは監督義務者として不法行為責任を負わなければならない（714条1項）。

No.5 の解説　不法行為

→問題はP.279　**正答4**

1 × **不法行為における損害には，財産的損害と精神的損害の両者を含む。**

精神的損害も不法行為がなかったならば生じなかったはずの損失であり，法は明文で賠償の対象に含めている（710条）。

2 × **他人の不法行為に対してやむを得ずに行う加害行為は正当防衛である。**

民法は，**人からの加害と物**（動物など）**からの加害とを区別**しており，このうち前者を**正当防衛**の対象とし（720条1　項本文），後者を**緊急避難**の対象としている。この区別は刑法とは異なるので注意が必要である。

民法にいう緊急避難（同条２項）は，刑法の緊急避難（刑法37条）とは異なり，いわば対物防衛であり，反撃の対象も危難を生じさせたその物に限られる。たとえば，他人の犬に襲われて第三者の家に逃げ込んだ際にその家の垣根を壊したという場合は，緊急避難は成立せず，垣根の損壊については賠償責任を負わなければならない。

これは，相手が物の場合には，その物に対して反撃してこれを損壊すれば済むという意図とされている（ただし，合理性には疑問が投げかけられている）。

	侵害の相手	違法性阻却
正当防衛	人	加害者または第三者への防衛行為
緊急避難	物	その物を損傷

3 × **未成年者に事理を弁識するに足る知能が具わっていれば過失相殺できる。**

行為の責任を弁識する能力（**責任能力**）までは必要でない（最大判昭39・6・24）。

自己の行為が損害賠償という重大な結果を招くことが理解できない者の場合は，不法行為責任は未成年者自身ではなく，親権者などの監督義務者が負うべきもので，そのために，不法行為の成立には，「行為の責任を弁識する能力」（責任能力）が必要とされている（714条１項本文）。

これに対し，**過失相殺**は，被害者の不注意によって損害が拡大した分については，公平の見地から加害者に転嫁すべきではないので，その分は全損害額から差し引くという制度である。すなわち，**損害額の算定において，公平の観点から被害者の行為を考慮する**というものであるから，そこでは「道路から飛び出したら危ない」など，道理をわきまえる能力（**事理弁識能力**）があればよいとされる。

4 ◎ **不法行為が客観的に関連共同していれば，各自が連帯して賠償責任を負う。**

妥当である。これは，たとえばＡとＢがそれぞれ有害物質を川に流し，Ｃの農作物に被害を与えたという場合，ＡＢ間に共同して行う認識がなくても，それが**客観的に一個の不法行為と認められれば**，ＡＢはそれぞれ被害額全額について連帯責任（**不真正連帯債務**）を負うべきということである（最判昭43・４・23，719条１項）。これは，それによって**被害者の救済を厚くしようとする趣旨**である。

5 × **生命または身体を害する不法行為における短期の消滅時効期間は５年である。**

物の損壊のような通常の不法行為の場合は，損害賠償請求権の短期の消滅時効期間は３年であるが（724条柱書１号），**人の生命または身体を害する不法行為の場合は５年に延長されている**（724条の２）。

これは，たとえば加害行為により，被害者が長期入院を強いられ，回復までに相当期間を要したなどという場合に，**賠償請求に時間的な余裕を持って臨めるようにするため**である。

No.6 の解説　不法行為

→問題はP.280　正答 1

使用者責任の趣旨は，**他人を使用して自己の活動範囲を広げている**者は，それによって利益を得ているのであるから，利益をあげる過程で他人に損害を与えた場合には，**その利益の中から賠償させるのが公平にかなう**という点にある。

この点から，判例の見解を検討してみよう。

ア○　運転者に運転上の指示をするなどの事情があれば，使用者責任を肯定できる。

妥当である。判例は，兄が出先から弟に兄所有の自動車で迎えに来させたことや，弟に自動車の運転を継続させたうえで，これに同乗して助手席で運転上の指示をしていたことなどから，兄と弟との間には兄を自動車で自宅に送り届けるという仕事につき，使用者・被用者の関係が成立していたとして，兄に使用者責任を認めている（最判昭56・11・27）。

イ×　客観的に職務行為の範囲に属すると判断されれば，使用者は責任を負う。

判例は，「本件自動車の運転は，たとえ，秘書官の私用をみたすためになされたものであっても，なお，国の官庁の運転手の職務行為の範囲に属するものとして，同官庁の事業の執行と認めるのを相当とする」として，国に使用者責任を認めている（最判昭30・12・22）。

使用目的が私用かどうかという主観面ではなく，「それによって活動範囲を広げて利益（利便性などを含む）を得ている」という客観面を重視して判断しているわけである（いわゆる**外形標準説**）。

ウ○　外形上職務行為の範囲内でも，被害者に悪意・重過失があれば賠償請求不可。

妥当である。判例は，「被用者のなした取引行為が，その行為の外形からみて，使用者の事業の範囲内に属するものと認められる場合においても，その行為が被用者の職務権限内において適法に行なわれたものでなく，かつ，その行為の**相手方がその事情を知りながら，または，少なくとも重大な過失によりその事情を知らないで**，取引をしたと認められるときは，**被害者は損害の賠償を請求することができない**」とする（最判昭42・11・2）。

被害者は被害を防止できたはずであり，損害の公平な分担という不法行為制度の趣旨に照らし，賠償請求を認めなくても不合理ではないからである。

エ×　事業の執行行為と密接な関連を有する行為については使用者責任が成立する。

判例は，本肢のような事実関係のもとにおいて，Ｂの加害行為は「Ａ会社の事業の執行行為を契機とし，これと密接な関連を有すると認められる行為によって加えたものであるから，被用者であるＢが会社の事業の執行につき加えた損害に当たるというべきである」とする（最判昭44・11・18）。

事業の執行行為との密接関連性を考慮した結果である。

オ×　使用者責任における被用者への求償には信義則上の制限がある。

使用者は，被用者の労務によって利益を得ている。そのため，損害の公平な分担という見地から，求償の範囲は賠償額全額ではなく，**信義則上相当と**

認められる限度に制限されている（最判昭51・7・8）。

すなわち，A会社は，無過失ならば被用者Bに全額を求償できるなどというわけではない。

以上から，妥当なものは**ア**と**ウ**であり，正答は**1**である。

No.7 の解説 不法行為

→問題はP.281 **正答2**

ア○ 親権者は通常人身に危険が及ぶとみられない子の行為の監督責任を負わない。

妥当である。本肢の事案は，小学校の校庭でサッカーの練習をしていた11歳の男子児童（責任無能力者）が蹴ったボールが校庭横の道路に飛び出し，折からそこを自動二輪車で走行していた85歳の男性がこれを避けようとして転倒・骨折し，その後に入院中の病院で，誤嚥性肺炎で死亡したというもの。

男性の遺族が児童の親権者に対し，**責任無能力者の監督者の責任**として損害賠償を請求した。

最高裁は，本件児童の行為は校庭の日常的な使用方法として通常の行為であることや，児童がことさらに道路に向けてボールを蹴ったなどの事情はうかがわれないこと，親権者が児童に危険な行為に及ばないよう日頃から通常のしつけをしていたことなどを踏まえ，「親権者は監督義務者としての義務を怠らなかった」として，遺族側の損害賠償請求をすべて退けている（最判平27・4・9）。

イ× 平均と異なる被害者の身体的特徴を，賠償額算定で斟酌することはできない。

判例は，過失相殺の規定の類推はできないとする（最判平8・10・29）。

たとえば，たまたま人よりも首が長く，若干首のすわりが不安定であったところに追突事故によって首に傷害を受けたなど，**被害者が本来的に有していた身体的特徴によって発生・拡大した損害**については，特段の事情がない限り，被害者の素因を理由に賠償額を**減額することはできない**。

身体的特徴は，病的素因などと違って被害者がどうすることもできないものである。したがって，**通常人の平均値と若干異なる身体的特徴を有していたことを理由に賠償額を減額されるのは，身体的特徴それ自体を不利な材料として扱うことにほかならない**。しかし，それは不当である。判例も，「人の体格ないし体質は，すべての人が均一同質なものということはできないので，極端な肥満など通常人の平均値から著しくかけ離れた身体的特徴を有する場合は格別，その程度に至らない身体的特徴は，個々人の個体差の範囲として当然にその存在が予定されている」として，特段の事情の存しない限り，被害者の身体的特徴を損害賠償の額を定めるに当たり斟酌することはできないとする。

ウ○ 景観利益の侵害は，社会的に容認された行為としての相当性を欠く場合に可。

妥当である。判例は，「**景観利益**は，これが侵害された場合に被侵害者の生活妨害や健康被害を生じさせるという性質のものではないこと，景観利益の保護は，一方において当該地域における土地・建物の財産権に制限を加えることとなり，その範囲・内容等をめぐって周辺の住民相互間や財産権者との間で意見の対立が生ずることも予想されるのであるから，景観利益の保護とこれに伴う財産権等の規制は，**第一次的には，民主的手続により定められた行政法規や当該地域の条例等によってなされることが予定されている**ものということができることなどからすれば，ある行為が景観利益に対する違法な侵害に当たるといえるためには，少なくとも，その侵害行為が刑罰法規や行政法規の規制に違反するものであったり，公序良俗違反や権利の濫用に該当するものであるなど，**侵害行為の態様や程度の面において社会的に容認された行為としての相当性を欠くことが求められる**」とする（最判平18・3・30）。

エ× **内縁の夫の過失は，過失相殺が認められる「被害者側の過失」に該当する。**

判例は，「**内縁の夫婦**は，婚姻の届出はしていないが，男女が相協力して夫婦としての共同生活を営んでいるものであり，**身分上，生活関係上一体を成す関係にある**とみることができる。そうすると，内縁の夫が内縁の妻を同乗させて運転する自動車と第三者が運転する自動車とが衝突し，それにより傷害を負った内縁の妻が第三者に対して損害賠償を請求する場合において，その損害賠償額を定めるに当たっては，**内縁の夫の過失を被害者側の過失として考慮することができる**」とする（最判平19・4・24）。

要するに，内縁関係であっても，法律上の婚姻関係の場合と同様に「**財布は一つ**」であるから，内縁の夫の過失で受けた内縁の妻の損害は「同一家計内の損害」として処理できる（過失相殺が認められる）ということである。

オ× **交通事故と医療事故が順次競合した場合も，各加害者は連帯責任を負う。**

交通事故と，その直後に救急車で運び込まれた病院での医師の治療ミス（医療事故）が連続した場合のように，それぞれ独立して成立する複数の不法行為が**順次競合した場合であっても，共同不法行為であることに変わりはない**。そうであれば，各不法行為者は719条1項本文にしたがい，その全額を連帯して負担すべきとするのが判例である（最判平13・3・13）。

以上から，妥当なものは**ア**と**ウ**であり，正答は**2**である。

No.8 の解説　過失相殺

→問題はP.282　**正答2**

1× **未成年者に事理を弁識するに足る知能が備わっていれば過失相殺できる。**

行為の責任を弁識する能力（**責任能力**）までは必要でない（最大判昭39・6・24）。→No.5選択肢3

2◎ **賠償額の算定で，加害行為前から存在した被害者の疾患を斟酌できる。**

妥当である。被害者の疾患によって損害が拡大した場合，それについてまで責任を加害者に転嫁するのは不公平である。そこで判例は，このような場合に「被害者に生じた損害の全部を加害者に賠償させるのは，損害の公平な分担を図る損害賠償法の理念に反する」として，過失相殺の規定の類推を認めている（最判平４・６・25）。

軽い受傷なのに，自ら重い受傷と思い込んで寝たきりの生活になってしまったなど，**損害の発生や拡大に被害者側の事情がかかわっている場合を被害者の素因という**。そして，自分で寝たきり生活になった場合の介護費用のように，被害者の素因に基づいて拡大した損害については，これを減額の対象とできるかどうかが争われている。

判例は，自分で重い受傷と思い込んだ場合のような心因的要素だけでなく，たとえば「以前に被害者がかかっていた一酸化炭素中毒症状が，今回の事故による頭部打撲を引金に再発して，被害者が呼吸麻痺に陥り死亡した」など，病的素因による損害の拡大についても減額を認めている。不法行為法の理念は損害の公平な分担の点にあり，このような**被害者側の事情に基づく損害の拡大をも加害者の負担とすることは，公平を失する**ことになるからである。

3 × **平均と異なる被害者の身体的特徴を，賠償額算定で斟酌することはできない。**

判例は，過失相殺の規定の類推はできないとする（最判平８・10・29）。

→No.７イ

4 × **心因的要因が損害拡大に寄与した場合，それを損害額の算定で斟酌できる。**

被害者の心因的要因が損害の拡大に寄与した場合，判例は，過失相殺の規定の類推適用を認める（最判昭63・４・21）。

被害者の心因的要因は被害者側の事情であり，それによって損害が拡大した場合についてまで，その責任を加害者に転嫁するのは不公平であるという考え方に基づく。そのため同判例は，「身体に対する加害行為と発生した損害との間に相当因果関係がある場合において，その損害がその加害行為のみによって通常発生する程度，範囲を超えるものであって，かつ，その損害の拡大について被害者の心因的要因が寄与しているときは，損害を公平に分担させるという損害賠償法の理念に照らし，裁判所は，損害賠償の額を定めるに当たり，民法722条２項の過失相殺の規定を類推適用して，その損害の拡大に寄与した被害者の事情を斟酌することができる」とする。

5 × **保育士は加害者であって，「被害者側の過失」にいう被害者側の者ではない。**

判例は，特段の事情のない限り，保育園の保育士の過失を被害者側の過失として斟酌することを認めない（最判昭42・６・27）。→No.４選択肢２

実戦問題3　難問レベル

◆ **No.9** ＊＊＊ **不法行為に関するア～オの記述のうち，判例に照らし，妥当なもののみをすべて挙げているのはどれか。** 【国家一般職・令和２年度】

ア：契約の一方当事者が，当該契約の締結に先立ち，信義則上の説明義務に違反して，当該契約を締結するか否かに関する判断に影響を及ぼすべき情報を相手方に提供しなかった場合には，当該一方当事者は，相手方が当該契約を締結したことにより被った損害につき，不法行為による賠償責任のみならず，当該契約上の債務の不履行による賠償責任も負う。

イ：良好な景観の恵沢を享受する利益を侵害した者は，その侵害行為が刑罰法規や行政法規の規制に違反するものであったり，または公序良俗違反や権利の濫用に該当するものであるなど侵害行為の態様や程度の面において社会的に容認された行為としての相当性を欠くか否かにかかわらず，不法行為による損害賠償責任を負う。

ウ：建物の建築に携わる設計者，施工者および工事監理者が，建物の建築に当たり，当該建物に建物としての基本的な安全性が欠けることがないように配慮すべき注意義務を怠ったために，建築された建物に建物としての基本的な安全性を損なう瑕疵があり，それにより居住者等の生命，身体または財産が侵害された場合には，設計者，施工者および工事監理者は，不法行為の成立を主張する者が当該瑕疵の存在を知りながらこれを前提として当該建物を買い受けていたなど特段の事情がない限り，これによって生じた損害について不法行為による賠償責任を負う。

エ：責任能力のない未成年者の親権者は，直接的な監視下にない子の行動についても日頃から指導監督を確実に行うべきであるから，子が，通常は人身に危険が及ぶものとはみられない行為によってたまたま人身に損害を生じさせた場合であっても，子に対する監督義務を尽くしていなかったことを理由として，常に民法第714条に基づく損害賠償責任を負う。

オ：法定の監督義務者に該当しない者であっても，責任無能力者との身分関係や日常生活における接触状況に照らし，第三者に対する加害行為の防止に向けてその者が当該責任無能力者の監督を現に行いその態様が単なる事実上の監督を超えているなどその監督義務を引き受けたとみるべき特段の事情が認められる場合には，その者に対し民法第714条に基づく損害賠償責任を問うことができる。

1　ア，イ　　**2**　ア，エ

3　イ，ウ　　**4**　ウ，オ

5　エ，オ

実戦問題3の解説

No.9 の解説　不法行為　→問題はP.290　正答4

ア×　契約締結の前に必要な情報を提供しなくても債務不履行責任は負わない。

判例は，いまだ**契約が締結されていない段階**での信義則上の説明義務違反は，**「契約上の義務違反である債務不履行」には当たらない**とする（最判平23・4・22）。→テーマ1「債務不履行」No.5選択肢1

したがって，本肢の場合には，相手方は不法行為に基づく責任を追及すべきことになる（同判例）。

イ×　景観利益の侵害は，社会的に容認された行為としての相当性を欠く場合に可。

判例は，ある行為が景観利益に対する違法な侵害に当たるといえるためには，その侵害行為が「態様や程度の面において社会的に容認された行為としての相当性を欠くことが求められる」とする（最判平18・3・30）。

→No.7ウ

ウ○　設計・施工者等は，契約関係にない居住者等に対しても安全性に責任を負う。

妥当である。本肢は，「建物の建築に携わる設計者，施工者および工事監理者」は，建物の安全性（建物利用者や隣人，通行人等の生命，身体または財産を危険にさらすことがないような安全性）について責任を負う。建物の購入者のように，これらの者と**契約関係にない者については，債務不履行責任は追求できないものの，不法行為責任を追及することは可能**である。すなわち，設計・施工者等は，建物の安全性を疎かにするようなずさんな設計・施工等をすべきでないという，警鐘を鳴らした判決である（最判平19・7・6）。

エ×　親権者は通常は人に危険が及ぶとみられない子の行為の監督責任を負わない。

判例は，「親権者は監督義務者としての義務を怠らなかった」として，遺族側の損害賠償の請求をすべて退けている（最判平27・4・9）。→No.7ア

オ○　監督義務を引き受けたとみるべき特段の事情がある者は714条責任を負う。

妥当である。本肢の事案は，愛知県で暮らす認知症の男性が，妻が目を離した隙に家を出てJR東海の線路に立ち入り，列車と衝突してダイヤが乱れたことから，JR東海が男性の妻や東京に暮らす長男などに対して，列車の遅延等に伴う損害賠償を請求したというもの（当時，かなり話題になった）。

法は，責任無能力者の不法行為については責任無能力者を監督する法定の義務を負う者が賠償責任を負うとしている（714条1項）。ここで，**法定の監督義務者とは，未成年者については親権者**（820条）**と未成年後見人**（857条），**成年被後見人については成年後見人**（858条）**のこと**である。

では，これ以外の者は監督義務者としての責任を負わないかというと，そうではなく，判例は，本肢にあるように「**監督義務を引き受けたとみるべき特段の事情**が認められる場合」には，「法定の監督義務者に準ずべき者（**準監督義務者**）として，714条1項が類推適用され，法定の監督義務を負う者と同視してその者に対し**民法714条に基づく損害賠償責任を問うことができる**」とする（最判平28・3・1）。

なお，どのような場合が「同視できる者」（準監督義務者）に当たるかについて，同判例は，「その者が精神障害者を現に監督しているかあるいは監督することが可能かつ容易であるなど衡平の見地からその者に対し**精神障害者の行為に係る責任を問うのが相当といえる客観的状況が認められるか否か**という観点から判断すべき」とする。

結論として，本肢の事案の場合には，妻も長男も法定の監督義務者に準ずべき者に当たるということはできないとして，最高裁はJR側の賠償請求を退けている。

以上から，妥当なものは**ウ**と**オ**であり，正答は**4**である。

ポイント 本問は，近年において社会的に注目された**エ**や**オ**などの判決を中心に構成されているが，まともに解こうとするとかなり難度の高いものである。ただ，本問は長文なので読むのに時間がかかり，内容もわかりにくいとして簡単にパスするのではなく，問題文中のいくつかの手がかりをヒントに時間をかけずに解く方法を考えてみよう。

最初に注目するのは**イ**で，「相当性を欠くか否かにかかわらず」というのはいかにも怪しいので，これは「×」と判断する（**1**と**3**が外せる)。次は，**オ**で「法定の監督義務者に該当しない者であっても…特段の事情が認められる場合には…損害賠償責任を問うことができる」というのはもっともらしいので，これは「○」と判断する（**4**と**5**に対象を絞れる)。そこで最終的に判断が必要なのは**ウ**と**エ**の正誤であるが，**エ**は内容がわかりにくいのに対し，ウは文章は長いが内容はわかりやすそうなのでこちらを読んでみると，何となくもっともらしいので，これは「○」として「**4**を正答と判断する」などである。

必ず正解できるとは限らないが，これだと時間もかからずに正答の確率を高めることができる。最初から捨て問にするよりも，不確かではあっても正答が増える方法を考える工夫をしたい。

第３章
家族法

第3章 家族法

試験別出題傾向と対策

試験名		国家総合職					国家一般職					国家専門職（国税専門官）				
年度		21-23	24-26	27-29	30-2	3-5	21-23	24-26	27-29	30-2	3-5	21-23	24-26	27-29	30-2	3-5
頻出度	テーマ　出題数	3	3	3	6	5	3	4	3	3	3	4	3	3	3	3
B	15 婚姻	1			2	2	1	3					1	1	2	1
B	16 親子	1	1	2	1	1			1	2	1			1		
A	17 相続		2	1	2	2	1		1	1	1	2	2	1		1
C	18 遺言・遺留分	1			1		1	1	1		1	2			1	1

家族法は財産法と比べると細かな部分まで条文が整っており，また論点も比較的少ないことから，民法の中での出題数はそれほど多くはない。出題内容は，以前は単純な知識問題や法定相続分の簡単な計算など，主要な条文の知識だけで十分に対処できるものが大半を占めていたが，近時は論点問題が増加する傾向が見られる。また，民法全体の傾向として，ここ数年は計算問題が増加する兆しを見せており，家族法は，相続分や遺留分など計算問題が作りやすい箇所が多いので，これらの問題への対処にも注意が必要である。

● 国家総合職（法律）

出題範囲は広く，家族法のほぼ全範囲にわたっている。判例を中心とした知識問題が多いが，従来この分野ではあまり見られなかった事例形式の問題も登場するようになっており，若干の傾向の変化が見られる。この分野は，同一の論点から繰り返し出題されるという点が大きな特徴であるが，テーマの重複にかかわらず内容の重複が少ないことから，頻出箇所においては周辺知識も含めて，ある程度掘り下げて対策を講じておく必要がある。

● 国家一般職

毎年１問がこの分野に充てられている。従来は条文を素材とした知識問題が出題の大半を占めていたが，ここ数年は，長文の論理問題など，次第に思考力を試す問題が増加してきている。また，条文の知識問題も依然として多数出題されているので，主要条文の知識の整理は必須である。対策としては，各制度の意義や機能を十分に理解して，重要部分をある程度絞り込んだうえで知識を整理しておくという方法が効率的といえよう。

● 国家専門職（国税専門官）

従来は家族法からの出題はなかったが，平成21年度以降，毎年１問が出題されている。親族法分野の出題も見られるものの，相続法分野の問題が多いのが特徴である。相続や遺留分は，国税専門官という職種に関連するともいえるので，計算

	地方上級（全国型）					地方上級（特別区）					市役所（C日程）				
	21-23	24-26	27-29	30-2	3-4	21-23	24-26	27-29	30-2	3-5	21-23	24-26	27-29	30-2	3-4
		1		1	1	3	3	2	3	3	1	1			3
テーマ15						1		1	1						1
テーマ16		1			1	1	1	1		2	1				1
テーマ17				1		1						1			
テーマ18							2		2	1					1

問題を含めて十分に知識を固めておきたい。

● **地方上級（全国型）**

出題箇所は，相続などの主要テーマに限られる。ただ，平成25年度に親権の問題が登場しているが，これは近時の法改正を踏まえたもので時事的な要素が強い。全体的には，主要条文の知識があれば十分に対処できるので，対策としては，出題箇所の絞り込みと，その部分の条文の知識の整理で十分であろう。ただ，家族法分野は，近年法改正や重要判例が相次いでおり，これらを素材とした出題も予想されるので，最新事情には注意しておきたい。

● **地方上級（特別区）**

毎年1問が家族法から出題される。出題箇所は全体に分散していて，特定の箇所に集中する傾向はみられない。ただ，遺留分に関する問題が比較的多く出題されている点は要注意である。やや難解な分野だけに，理解を深めておくことと計算問題に慣れておくことに注意しておきたい。

● **市役所**

全体として出題数は少ないが，その中では相続に関する問題が多い。相続分などの計算問題が出題されているので，簡単な事例形式の問題を解いて計算に慣れておくとよい。素材は条文が中心なので，主要条文について知識を固めておけば十分である。

婚　姻

必修問題

婚姻に関するア～オの記述のうち，妥当なもののみをすべて挙げているのはどれか。

【国税専門官・令和4年度】

ア：配偶者のある者が重ねて婚姻をした場合において，後婚が離婚によって解消されたときは，特段の事情がない限り，後婚が**重婚**に当たることを理由として，その取消しを請求することは許されないとするのが判例である。

イ：**事実上の夫婦**の一方が他方の意思に基づかないで婚姻届を作成・提出した場合において，その当時，両名に夫婦としての実質的生活関係が存在しており，かつ，後に他方の配偶者が届出の事実を知ってこれを**追認**したとしても，無効な行為は追認によってもその効力を生じないため，当該婚姻の届出は無効であるとするのが判例である。

ウ：**詐欺**または**強迫**による婚姻の取消権は，当事者が，詐欺を発見し，若しくは強迫を免れた後3か月を経過し，または追認をしたときは，消滅する。

エ：成年被後見人が婚姻をするには，その成年後見人の同意が必要である。

オ：婚姻が取り消された場合には，婚姻の当時，取消しの原因があることを知らなかった当事者であっても，婚姻によって得た利益の全部を返還しなければならない。

1　ア，イ
2　ア，ウ
3　イ，オ
4　ウ，エ
5　エ，オ

難易度　＊＊

必修問題の解説

ア○ 重婚で後婚が離婚解消された場合は，後婚の取消請求は許されない。

妥当である。判例は，その理由として，「婚姻取消の効果は離婚の効果に準ずるのであるから（民法748条，749条），**離婚後，なお婚姻の取消を請求することは**，特段の事情がある場合のほか，**法律上その利益がない**ものというべきだからである」と判示している（最判昭57・9・28）。

イ× 他方に無断で婚姻届を出しても，追認により届出当初に遡って有効となる。

判例は，追認により婚姻届出の意思の欠缺が補完されること，追認に遡及効を認めることは当事者の意思に添い，実質的生活関係を重視する身分関係の本質に適合すること，また，**第三者は，実質的生活関係の存在と戸籍の記載に照らし，婚姻の有効を前提として行動するのが通常**なので，追認に遡及効を認めてもその利益が害されるおそれに乏しいことなどの理由から，このように解している（最判昭47・7・25）。

ウ○ 詐欺・強迫を免れて３か月経過し，または追認の場合，婚姻取消権は消滅。

妥当である。３か月という期間内に取消しがなされなければ，その婚姻を追認したと見なしてよいからである（747条２項）。

エ× 成年被後見人が婚姻をするには，その成年後見人の同意は必要でない。

成年被後見人が有効に婚姻をするには意思能力があれば足り，成年後見人の同意は必要ではない（738条）。したがって，同意がないことを理由に取消しを請求することはできない。

これは，**婚姻においては相互の信頼と協力のもとに婚姻共同体を維持するという意思こそが最も重要な要素**だからである。反面からいえば，当事者が信頼し合って婚姻を望んでいるのに，後見人が同意しないので婚姻届が出せないというのでは，成年被後見人は婚姻の機会を失うことになりかねない。このようなことは不当・無用な干渉でしかない。

オ× 婚姻時に取消原因について善意の当事者は，現受利益を返還すればよい。

婚姻の時においてその取消しの原因があることを**知らなかった当事者**が，婚姻によって財産を得たときは，**現に利益を受けている限度において，その返還をしなければならない**（748条２項）。

以上から，妥当なものは**ア**と**ウ**であり，正答は**2**である。

正答 2

FOCUS

婚姻の問題はバラエティに富んでいる。そのため，覚える知識の量が多い。ただ，身近な問題としてイメージしやすい箇所なので，知識を具体的なイメージとリンクさせておくと，比較的容易に問題を処理できる。

POINT

重要ポイント 1 婚姻

（1）婚姻の成立

①婚姻とは，法的に承認された男女間の結合体である。この婚姻によって形成される共同体は，社会の最も基礎的な単位を構成するものであり，夫婦や子といった共同体の構成員だけでなく社会にとってもきわめて重要な機能を営むために，法はこれに対してさまざまな保護を与えている。

②婚姻の無効原因は，**当事者に婚姻意思がない**ことと，**届出がない**ことの２つである。なお，婚姻意思は届出の時点で存在することが必要である（離婚の場合も同様に届出の時点で離婚意思が存在していることが必要）。

③婚姻の届出がなされれば，たとえ戸籍簿に記載されなくても婚姻は有効に成立する。

④事実上の夫婦の一方が他方の意思に基づかないで婚姻届を作成・提出した場合において，当時その両名に夫婦としての実質的生活関係が存在しており，かつ，のちに他方の配偶者が届出の事実を知ってこれを追認したときは，当該婚姻は追認によりその届出の当初にさかのぼって有効となる。

要　件	①夫婦としての実質的生活関係の存在 ②他方が届出の事実を知って追認したこと
効　果	・婚姻は届出の当初にさかのぼって有効になる。
理　由	①追認により婚姻届出の意思の欠缺は補完される。 ②遡及効を認めることは，実質的生活関係を重視する身分関係の本質に適合する。 ③取引の安全も害しない。 →第三者は，右生活関係の存在と戸籍の記載に照らし，婚姻の有効を前提として行動するのが通常なので，追認に遡及的効力を認めることによって，その利益を害されるおそれが乏しい。

⑤婚姻障害は次の３つである。これらの婚姻成立のための要件を満たさないものについては，婚姻の取消しが認められている（2024年３月31日迄は再婚禁止期間も障害事由）。

婚姻障害	**・婚姻適齢に達していること**	・婚姻適齢は男女とも満18歳
	・重婚でないこと	
	・近親婚でないこと	・近親婚とは直系血族または３親等内の傍系血族間の婚姻をいう

⑥成年被後見人が婚姻をするには意思能力があれば足り，成年後見人の同意は必要ではない。

⑦婚姻の取消しは，当事者や子の身分関係に大きな影響を与えるので，裁判所への請求（訴えまたは審判）によって行うものとされている。

⑧婚姻の取消しの効果は遡及しない。したがって，婚姻が取り消された場合でも，婚姻中に出生した子は嫡出子（ちゃくしゅつし）としての身分を失わない。

(2) 婚姻の効力

①夫婦は，婚姻の際に定めるところに従い，夫または妻の氏を称する。これ以外の氏を称することはできない。

②夫婦間で契約をしたときは，その契約は，婚姻中いつでも夫婦の一方からこれを取り消すことができる。ただし，これは，夫婦間の契約を当事者の道義にゆだねるのが妥当との判断から規定されたものであるから，婚姻が実質上破綻している場合には適用されず，その場合の取消しは認められない。

③夫婦は日常家事に関して生じた債務について，連帯責任を負う。また，夫婦は日常家事に関する法律行為につき，相互に代理権が認められる。ただし，第三者に対し責任を負わない旨を予告していた場合には，連帯責任を負わなくてよい。

④夫婦の一方が婚姻前から有する財産および婚姻中に自己の名義で得た財産は，その特有財産（夫婦の一方が単独で有する財産）とされる。

重要ポイント２　婚姻の解消

①婚姻の解消には死亡解消と離婚の２種があり，両者はともに婚姻関係の解消という点では共通するが，以下のような点で差異が見られる。

	死亡解消（死別）	離　婚
復　氏	復氏しない ただし，任意の復氏届によっていつでも婚姻前の氏に復することができる	原則として復氏する ただし，離婚の日から３か月以内の届出によって復氏しないこともできる
子の監護者・親権者	生存配偶者	離婚の際に監護者・親権者を決定しなければならない
姻族関係	消滅しない ただし，生存配偶者が姻族関係終了の意思表示をした場合には終了する （要届出）	当然に消滅する 特別の意思表示は必要でない
財産関係	婚姻費用の分担や日常家事に関する連帯責任などは消滅する	
	相続が開始する	財産分与請求権を通して夫婦財産関係の清算が行われる

②失踪宣告がなされると，被宣告者の死亡が擬制されるので，被宣告者との間の婚姻関係は宣告によって解消する。なお，これは死亡解消であって離婚ではない。

③有責配偶者からの離婚請求は，原則として認められない。しかし，子を養育上不利な立場に立たせることもなく，また夫の収入に生計を依存している妻の生活を危うくすることもないなど，離婚を認めないことによって得られる客観的な利益が存在しない場合には，例外的に認められることがある。

④婚姻の取消しの場合と異なり，離婚の取消しの効果は遡及する。すなわち，離婚が取り消されると，当初から離婚はなかったものとして扱われる。その結果，離婚の取消前に相手が再婚していた場合には重婚状態を生じることになる。

⑤離婚による財産分与がなされても，それが損害賠償を含めた趣旨と解せられない

か，そうでないとしてもその額および方法において請求者の精神的苦痛を慰謝するには足りないと認められるときは，別に慰謝料を請求することができる。

⑥夫婦が事実上の婚姻関係を継続しつつ，単に生活扶助を受けるための方便として協議離婚の届出をした場合でも，その届出が真に法律上の婚姻関係を解消する意思の合致に基づいてされたものであるときは，当該協議離婚は無効とはならない。

重要ポイント３ 内縁

①**内縁**とは，婚姻の実質を有しながら唯一婚姻の届出がない状態をいう。

②内縁においては，婚姻の実質自体は存在するので，婚姻に関する民法の規定は，その性質が許す限り内縁にも準用される。ただし，民法は法律婚主義をとっているので，法律上の婚姻の効果として夫婦に認められた相続権などは，内縁配偶者には認められない。

③内縁配偶者には内縁期間の長短にかかわらず相続権は認められないが，ほかに相続人がいない場合には，特別縁故者として相続財産の全部または一部を分与されることはありうる。

④配偶者間の同居・協力・扶助義務や，婚姻費用の分担，離婚に伴う財産分与請求権などは内縁関係にも準用される。

⑤結婚に関する合意の履行を裁判上請求することはできない。

⑥内縁の不当破棄は不法行為を構成し，相手方に損害賠償義務を発生させる。

実戦問題1　基本レベル

＊
No.1 親族に関する次の記述のうち，妥当なのはどれか。

【国家一般職・平成29年度】

1 親族は，6親等内の血族および3親等内の姻族とされており，配偶者は1親等の姻族として親族に含まれる。

2 血族関係は，死亡，離縁および縁組の取消しにより終了するため，養子と養親の血族との血族関係は，養親の死亡により終了する。

3 養子は，養子縁組の日から養親の嫡出子の身分を取得し，養子縁組以前に生まれた養子の子は，養子縁組の日から当該養親と法定血族の関係が生じる。

4 自然血族は，出生による血縁の関係にある者をいうが，婚姻関係のない男女から生まれた子については，認知がなければ父や父の血族との血族関係は生じない。

5 姻族関係は，婚姻により発生し，離婚，婚姻の取消しおよび夫婦の一方の死亡により当然に終了する。

＊＊
No.2 民法に規定する婚姻に関するA～Dの記述のうち，妥当なものを選んだ組合せはどれか。

【地方上級（特別区）・令和2年度】

A：養子若しくはその配偶者または養子の直系卑属若しくはその配偶者と養親またはその直系尊属との間では，離縁により親族関係が終了した後であれば，婚姻をすることができる。

B：近親者間の婚姻の禁止の規定に違反した婚姻は，各当事者，その親族または検察官から，その取消しを家庭裁判所に請求することができるが，検察官は，当事者の一方が死亡した後は，これを請求することができない。

C：婚姻の時においてその取消しの原因があることを知っていた当事者は，婚姻によって得た利益の全部を返還しなければならず，この場合において，相手方が善意であったときは，これに対して損害を賠償する責任を負う。

D：離婚の届出は，当事者双方および成年の証人2人以上が署名した書面で，またはこれらの者から口頭でしなければならず，この規定に違反して当該届出が受理されたときは，離婚の効力を生じない。

1 A，B
2 A，C
3 A，D
4 B，C
5 B，D

No.3 夫婦の財産関係に関する次の記述のうち，妥当なものはどれか。

【市役所・平成10年度】

1 判例は，日常家事による債務を夫婦の連帯責任とする民法の規定は，同時に日常家事による債務について夫婦が相互に他方を代理することができることをも意味すると解している。

2 夫婦のおのおのが婚姻以前から所有していた不動産は，婚姻前に夫婦財産契約を登記した場合を除き，夫婦の共有と推定される。

3 判例は，夫名義で取得した財産であっても，妻が協力しているような場合には，夫婦の共有になるとしている。

4 判例は，婚姻費用は夫婦が分担して負担することになるとする民法の規定の内縁関係への準用を認めていない。

5 夫が妻に財産を贈与する約束をしたときは，夫は妻の同意のない限り，この贈与の約束を取り消すことができない。

親等の計算方法

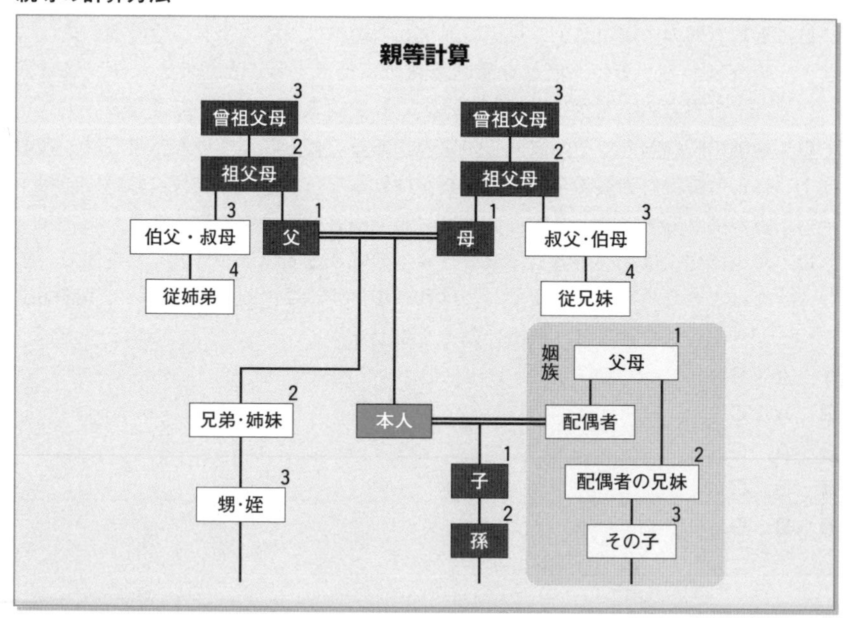

実戦問題1の解説

No.1 の解説　親族

→問題はP.301　正答4

1 ×　配偶者は親族中特別な地位にあり，血族でも姻族でもなく親等もない。

親族とは，①**6親等内の血族**，②**配偶者**，③**3親等内の姻族**とされている（725条）。

親族の範囲を定める意味は，相続や扶養などの法的な関係を一定範囲の者に認める点にあるが，配偶者の場合には，法は婚姻の項で詳細な規定を設けており（750条以下），いわば特別な地位にある者として親等は設けられていない。

2 ×　養子と養親の血族との血族関係は，養親の死亡によっては終了しない。

たとえば，養親に父母（養子から見て祖父母）がいた場合，養親の死後において養子が祖父母の扶養義務を負うなどという場合である（877条1項）。

養子は縁組の日から嫡出子として扱われるので（809条），養親の死亡によって養親の血族との血族関係が終了しないのは当然である（727条・729条）。

3 ×　養子縁組以前に生まれた養子の子は，養親と法定血族の関係を生じない。

養子は，養子縁組の日から養親の嫡出子の身分を取得する（809条）。すなわち，**養子が養親の嫡出子となるのは，養子縁組の日から**である。したがって，それ以前に養子に子がいたとしても，その子は嫡出子（である時）の子ではないので，養親との間に法定血族の関係は生じない。

4 ◎　婚姻関係にない男女間の出生子は，父の認知で父方との親族関係を生じる。

妥当である。認知は，親子であることを法的に認める行為であるから，**認知があると**，それによって**親子の間に認められた法的効果が出生時に遡って一挙に発生する**。父の親族との血族関係もまた同様である。

5 ×　夫婦の一方の死亡によっては，姻族関係は当然には終了しない。

姻族関係の終了事由は次のようになっている。

◆姻族関係の終了◆

婚姻の解消事由	姻族関係の終了・継続	理　由
離　婚	終了	離婚は婚姻によって生じたすべての親族関係を終了させるから ⬇ 離婚は当事者の意思による婚姻共同体関係継続の拒否であるから，そのような者に姻族関係（その効果としての扶養義務）を強制するのは不適当。
死　別 （死亡解消）	継続	配偶者の死亡によって姻族間の親族としての関係が損なわれるわけではない。 ⬇ 姻族関係を終了させるか否か（扶養義務を果たすかどうか）は生存配偶者の自由意思にゆだねられる。 ⬇ 姻族関係終了の意思表示によって終了

姻族関係とは，配偶者を介した親族関係であるが，**離婚の場合と異なり，死別の場合には姻族関係は当然には消滅しない**。姻族関係を認める大きな要因は扶養義務（877条２項）にあり，たとえば「妻が夫の死後も夫の親の面倒を見る」ような場合があることに備えて，当然には終了しないとされている。

ただ，死別後にそのような義務を負いたくないという場合もあるので，**生存配偶者が終了の意思表示をすれば姻族関係は終了する**（728条２項）。

No.2 の解説　婚姻

→問題はP.301　**正答４**

A ×　養親と養子の間では，離縁した後も婚姻ができない。

法は，**いったん親と呼び，子と呼んだ者どうしが婚姻という性的結合関係を持つのは倫理的に好ましくない**として，本肢のような者の間の婚姻を制限している（744条１項，736条，取り消すことができる婚姻となる）。

B ○　近親婚の禁止に違反した婚姻は，取り消すことのできる婚姻である。

妥当である。まず，**直系血族または３親等内の傍系血族の間**では婚姻をすることができない（734条１項本文，**近親婚の禁止**）。３親等内の傍系血族とは，おじ・おばと，甥・姪の関係がそれにあたる。これらの者の婚姻については，優生学的な配慮と倫理的な配慮の双方が合わさって婚姻ができないとされている。

そして，**近親婚の禁止に違反した婚姻は，各当事者，その親族または検察官が，その取消しを家庭裁判所に請求できる**（744条１項）。この中に検察官が含まれているのは，公益の代表者として婚姻関係に関する法的秩序を維持しようとしたためである。ただ，当事者の一方が死亡した後は，公益という観点が消滅するため，検察官の請求権もまた失われる。

C ○　婚姻の取消しでも，一般の取消しと同様の不当利得の返還義務がある。

妥当である（748条３項）。

D ×　規定に違反した離婚届が受理された場合，その離婚は有効である。

離婚の届出は，婚姻の届出と同様の方式，すなわち「当事者双方及び成年の証人２人以上が署名した書面で，又はこれらの者から口頭でしなければならない」ので（764条，739条２項），前半は正しい。

しかし，離婚の届出は法令の規定に違反しないことを認めた後でなければ，受理できないとされているが（765条１項），**いったん受理されてしまえば離婚は効力を妨げられない**とされているので（同条２項），後半は誤り。

以上から，妥当なものは**B**と**C**であり，正答は**4**である。

No.3 の解説 夫婦の財産関係

→問題はP.302 正答 1

1 ◎ 日常家事の連帯責任の規定には夫婦相互の代理権を認める趣旨が含まれる。

妥当である（最判昭44・12・18）。民法は，夫婦の一方が日常家事に関して第三者と法律行為を行った場合，そこで生じた債務について夫婦は連帯責任を負うと規定している（761条本文）。

この規定の中には，日常家事に関して相互の代理権を認める趣旨が含まれると解されている。

夫婦の日常家事とは，夫婦が日常の共同生活を営むために必要な行為をいう。アパートを借りる，生活に必要な家電製品や自動車を買う，電気や水道の供給契約を締結するなどがその例である。

夫婦の一方が他方名義でこのような行為をする場合に，他方から代理権の授与を受けている必要はない。**共同生活を営むうえでの利便性や，夫婦がともに連帯責任を負う点などから，相互に代理権を認めるのが合理的**とされている。

2 × 夫婦の一方が婚姻前から所有する財産は，その者の単独財産である。

夫婦の一方が婚姻前から所有する財産は，その者の特有財産（夫婦の一方が単独で有する財産）とされる（762条1項）。

いわゆる**夫婦の財産的独立**の一つの現れである。

3 × 夫婦の一方が婚姻中自己の名で得た財産は，その者の単独財産となる。

夫婦の一方が婚姻中自己の名で得た財産は，夫婦の共有ではなく，その者の**特有財産**とされる（762条1項）。これは，妻がその財産の取得に協力した場合も同様である（最判昭36・9・6）。

判例は，夫の財産取得に対する妻の寄与に関しては，「民法には，別に財産分与請求権，相続権ないし扶養請求権等の権利が規定されており，これらの権利を行使することにより，結局において夫婦間に実質上の不平等が生じないよう立法上の配慮がなされている」として，妻の寄与のある財産を夫の特有財産としても不合理ではないとする。

4 × 内縁夫婦は，婚姻夫婦に準じて婚姻費用を分担して負担する義務を負う。

判例は，婚姻費用は夫婦が分担して負担するとする民法の規定（760条）の内縁関係への準用を認めている（最判昭33・4・11）。

内縁とは，**婚姻の実質を有しながら唯一婚姻の届出だけがなされていない状態**をいう。内縁においては，婚姻の実質自体は存在するので，判例は可能な限り婚姻に関する民法の規定を内縁に準用している。

そして，婚姻費用の分担は婚姻の届出を前提として初めて当事者（夫婦）間に生じる義務ではないので，内縁夫婦にも準用されている。

5 × 夫婦間の契約は，婚姻中いつでも夫婦の一方から取り消すことができる。

夫婦間の契約は，法によって強制するよりも当事者間の道義にゆだねるのが妥当と考えられたためである（754条本文）。

実戦問題❷　応用レベル

No.4（＊＊） **婚姻に関するア～オの記述のうち，妥当なもののみをすべて挙げているのはどれか。ただし，争いのあるものは判例の見解による。**

【国家総合職・令和元年度】

ア：債務超過に陥っているAはBとの離婚に際して財産分与を行った。この場合，当該財産分与がAの一般債権者の共同担保を減少させる結果になるとしても，それが民法の財産分与の規定の趣旨に反して不相当に過大であり，財産分与に仮託してされた財産処分であると認めるに足りるような特段の事情のない限り，当該財産分与は，詐害行為として債権者による取消しの対象とはならない。

イ：姻族関係は，離婚によって終了する。また，夫婦の一方が死亡した場合には，婚姻関係が直ちに終了するため，夫婦の一方が死亡した時点で姻族関係も終了する。

ウ：被保佐人が協議離婚をする場合，被保佐人に意思能力がある限り，保佐人の同意を要しないが，成年被後見人が協議離婚をする場合，成年被後見人に意思能力がある場合であっても，成年後見人の同意が必要である。

エ：AとBが内縁関係にある場合において，Aが内縁関係を正当な理由なく破棄したときは，Bは，Aに対し，婚姻予約の不履行を理由として債務不履行による損害賠償請求を行うことができるとともに，不法行為による損害賠償請求を行うこともできる。

オ：離婚の際の財産分与に関し，裁判所が財産分与の額や方法を定めるに当たっては，当事者双方の一切の事情を考慮すべきであり，婚姻継続中における過去の婚姻費用の分担の態様についても考慮の対象に含まれ得る。

1　ア，イ，エ
2　ア，ウ，オ
3　ア，エ，オ
4　イ，ウ，エ
5　イ，ウ，オ

No.5 夫婦に関する次の記述のうち，妥当なのはどれか。

【国家総合職・令和４年度】

1 離婚は婚姻を廃絶するものであるから，離婚請求は，民法全体の指導理念である信義誠実の原則に照らして容認され得るものである必要があるところ，いわゆる有責配偶者からの離婚請求は，自らその原因を作った者が相手方を婚姻関係から排斥することになりかねず，著しく社会正義に反し妥当でないことから，認められることはないとするのが判例である。

2 夫婦の財産関係について，法定財産制と異なる契約をした場合，これを夫婦の承継人および第三者に対抗するためには，婚姻の届出までにその登記をしなければならない。また，夫婦の財産関係は，婚姻の届出後は，原則として変更することができない。

3 財産分与がいまだなされていない段階で，離婚当事者の一方が，他方に対して財産分与請求および有責行為によって離婚をやむなくされ精神的苦痛を被ったことに対する慰謝料請求をすることは認められるが，財産分与がなされた後においては，当事者の財産関係が既に確定しているため，慰謝料請求が認められることはなく，当該財産分与の額や方法が請求者の精神的苦痛を慰謝するには足りないと認められる場合であっても同様であるとするのが判例である。

4 子を監護している親に対し，子を監護していない親とその子との面会交流を許容することを命ずる審判において，面会交流の日時または頻度，各回の面会交流の長さ，子の引渡しの方法等が具体的に定められているなど，当該子を監護している親がすべき給付の特定に欠けるところがない場合であっても，身分関係は強制執行になじまないことから，当該審判に基づき当該監護親に対して間接強制を決定することはできないとするのが判例である。

5 内縁の夫婦の一方の死亡により内縁関係が解消した場合には，内縁が婚姻に準ずる法律関係であり，そこから生ずる利益は法律上の保護に値すると解されるから，法律上の夫婦の離婚に伴う財産分与に関する民法の規定を類推適用することができるとするのが判例である。

＊＊
No.6 内縁関係にあるＡＢ間の法律関係に関する次の記述のうち，妥当なものはどれか。

【国家一般職・平成６年度】

1 内縁の夫または妻には配偶者としての相続権が認められないから，ＡとＢが長年にわたって内縁関係にあり生計を同じくしていたとしても，Ａの相続財産をＢが取得する余地はない。

2 半年以内に婚姻の届出をするという合意を信頼してＢがＡとの内縁関係に入ったものであり，かつ，当該合意がなければＢはＡとの内縁関係に入らなかったという事情がある場合において，Ａが婚姻の届出に応じないときは，ＢはＡに対し当該合意の履行を裁判上請求することができる。

3 Ａが正当の理由なくして内縁を破棄した場合には，ＢはＡに対し婚姻予約の不履行を理由とする損害の賠償を請求することができるが，不法行為を理由として損害賠償を求めることはできないとするのが判例である。

4 離婚による財産分与の請求を認める民法768条の規定は内縁の破綻には適用されないから，ＡＢ間の内縁関係の解消に当たって，財産の分与に関する協議が調わない場合であっても，ＡまたはＢは家庭裁判所に対し協議に代わる処分を請求することはできない。

5 内縁関係解消前にＢが支出した医療費はＡＢ間で分担すべきものであるから，Ｂは内縁関係解消後であっても，当該費用のうちその資産，収入等を考慮した相当の分担額の支払いをＡに対して請求することができる。

実戦問題2の解説

No.4 の解説　婚姻　→問題はP.306　正答3

ア○　財産分与として相当であれば，詐害行為取消権の対象にはならない。

妥当である。財産分与には，**離婚後の妻の生存を保障する**という趣旨が含まれており，その額が相当であれば，詐害行為として取消しの対象とはならない（最判昭58・12・19）。→テーマ2「債権者代位権」No.５選択肢３

イ×　夫婦の一方の死亡によっては，姻族関係は当然には終了しない。

死別の場合に残された配偶者が姻族関係を終了させるには，その旨の意思表示が必要である（728条２項）。→No.１選択肢５

ウ×　成年被後見人に意思能力があれば，協議離婚に成年後見人の同意は不要。

理屈は，必修問題エと同じである。すでに当事者が婚姻を継続する意思を失っているのに，後見人が同意しないので離婚届が出せないというのは，不当・無用な干渉でしかない（764条，738条）。

エ○　正当の理由なくして内縁を破棄した場合には，不法行為が成立する。

妥当である。判例は，「内縁が正当の理由なく破棄された場合には，故意又は過失により権利が侵害されたものとして，不法行為の責任を肯定できる」として，損害賠償の請求を認める（最判昭33・４・11）。

オ○　離婚の際の財産分与額に，過去の婚姻費用の分担額を含めることができる。

妥当である。判例は，「離婚訴訟において裁判所が**財産分与の額及び方法を定めるについては当事者双方の一切の事情を考慮すべき**ものであるところ，婚姻継続中における**過去の婚姻費用の分担の態様はその事情のひとつ**にほかならないから，裁判所は，当事者の一方が過当に負担した婚姻費用の清算のための給付をも含めて財産分与の額及び方法を定めることができる」とする（最判昭53・11・14）。

以上から，妥当なものは**ア**，**エ**，**オ**の３つであり，正答は**3**である。

第3章　家族法

No.5 の解説　婚姻

→問題はP.307　正答２

1 ×　有責配偶者からの離婚請求であっても，認められる場合がある。

自ら婚姻の破綻を招いた**有責配偶者からの離婚請求**は，原則として認められない。自ら不貞を働きながら，不貞の相手との生活のために配偶者に離婚を求めるようなことは許すべきではないからである（最判昭27・2・19参照）。

しかしながら，すでに婚姻の実質がまったく失われてしまっているような場合にまでこの原則を貫くことは，事案によっては不都合なことがある。たとえば，すでに婚姻の破綻から数十年の歳月が流れており，現在の時点で離婚を認めても，子を養育上不利な立場に立たせることもなく，また夫の収入に生計を依存している妻の生活を危うくすることもないなど，**離婚を認めないことによって得られる客観的な利益が存在しない**場合である。

このような場合には，むしろ現状に即した法的処理をした方が妥当と考えられることがある。

そこで判例は，**離婚を認めることで離別した家族が苛酷な状況に置かれるような事情がない**などの一定の要件を満たした場合において，例外的に**有責配偶者からの離婚請求を認めることがある**（最大判昭62・9・2，最判昭62・11・24，最判昭63・12・8など）。

2 ◎　夫婦の財産関係は，婚姻の届出後は，原則として変更することができない。

妥当である。まず，**法定財産制**とは，たとえば夫婦の一方が婚姻前から有する財産や婚姻中に相続や贈与などで得た財産はその者の**特有財産**（単独所有財産）とする（762条1項）とか，夫婦のいずれに属するか明らかでない財産は**共有財産**と推定する（同条2項）などである。

夫婦は，婚姻前にこの法定財産制と異なる財産契約をすることができるが，婚姻までに登記（**夫婦財産契約登記**）をしておかなければ第三者等に対抗できない（756条）。

そして，この財産関係は，信頼保護のために，婚姻の届出後は原則として変更できないとされている（758条1項）。

3 ×　財産分与がなされた後においても，慰謝料請求が認められることがある。

離婚における財産分与の制度は，夫婦が婚姻中に有していた実質上**共同の財産を清算分配し，かつ，離婚後における一方当事者の生計の維持を図ることを目的とする**もので，基本的にそこに慰謝料の趣旨は含まれていない。しかし，裁判所は当事者双方の一切の事情を考慮して分与の額を決定すべきとされるので，その中に精神的損害の賠償を含めることは可能である。

そこで問題となるのは，財産分与に慰謝料が含まれているかどうかである。婚姻の破綻につき，一方配偶者に責任がある場合には，他方配偶者は慰謝料の請求ができる。そして，財産分与に慰謝料全額が含まれていると解されれば，財産分与とは別に慰謝料の請求はできない。しかし，**財産分与に慰謝料が含まれていない**場合，あるいは，慰謝料が含まれていても，その額および方法において**請求者の精神的苦痛を慰謝するには足りない**と認められる場合には，**別途慰謝料を請求することが認められる**（最判昭46・7・23）。

4 ×　面会交流につき，監護親がすべき内容に欠けるところがなければ間接強制可。

離婚後に，子を監護する親が，元配偶者と一切の関わりを持ちたくない等の理由で，「一定の要件下で面会交流させる」旨の審判が確定したにもかかわらず，当該監護親が面会交流を拒絶している場合，これについて**間接強制**ができるかは問題である。

判例は，「子の面会交流に係る審判は，**子の心情等を踏まえたうえでされている**」などの点を踏まえたうえで，面会交流についての**給付の特定に欠けるところがなければ間接強制も認められる**とした（最決平25・3・28）。

5 ×　内縁配偶者が死亡した場合，他方の内縁配偶者は財産分与請求をできない。

まず，財産分与（768条）は婚姻夫婦が「離婚」する際に認められるものであるから，内縁夫婦についても「離別による内縁解消」の場合であれば類推は可能である。

しかし，配偶者の死亡の場合，婚姻配偶者であれば「相続」が開始することとなるが，内縁配偶者の場合には相続権は認められていない。したがって，**内縁配偶者に財産分与を認めることは，死亡者の財産がすべて相続人に承継されるとする現行の相続制度と相いれない**ものとなる。したがって，財産分与の規定（768条）を内縁配偶者の死亡の場合に類推することは認められないとするのが判例である（最決平12・3・10）。

No.6 の解説　内縁　→問題はP.308　正答5

内縁とは，両当事者が婚姻意思を有して共同生活を営み，社会的にも夫婦として認められているにもかかわらず，届出を欠いているために，法律上は夫婦として認められていないという男女の結合関係をいう。すなわち，婚姻成立の実質的な要件を満たしているが，唯一届出を欠いている状態が内縁である。したがって，内縁は単なる同棲とは異なる。内縁では，実質的に夫婦の要件を満たしているので，準婚関係として**法律婚に準じた保護**が与えられている。これに対して，当事者が互いに扶養義務を負わない，あるいは共同生活の解消についての制約もないといった，男女間の自由な共同生活であるところの同棲は，婚姻の実質的な要件を満たしていないために，内縁と異なり法律婚に準じた保護は認められていない。

土地によっては，都会の中でも，最近まで女（妻）が後継ぎを産むまでは入籍を認めず（離縁しやすいように），男の子が生まれた場合に初めて入籍を認めるという風習が残っているところもあった（足入れ婚。何代も続いた商家などに多く見られた）。このような場合でも，実質的に夫婦としての生活を営んでいる以上，内縁夫婦（特に内縁の妻）に法律上の夫婦に準じた保護を与えるべきである。

1 ×　内縁配偶者も，特別縁故者として相続財産を取得できる場合がある。

内縁の夫または妻は，相続人が不存在の場合には，特別縁故者として相続財産の全部もしくは一部の分与を受けることができる場合がある（958条の３第１項）。

●特別縁故者

相続人が不存在の場合，相続財産は国庫に帰属する（959条，例外255条）。しかしそうなると，夫が届出を渋ったために婚姻届を提出できなかった内縁の妻などは，夫とともに生活の本拠としていた夫名義の家屋からの退去を余儀なくされ，生活の基盤を奪われる。そこでそのような不合理を是正するために昭和37年に民法が一部改正され，特別縁故者への財産分与が認められた。ただし，民法が法律婚主義をとっている以上，この財産分与はあくまで相続人が不存在の場合に限られる。

2 ×　結婚に関する合意の履行を裁判上請求することはできない。

身分関係に関する合意の履行については当事者の意思が優先し，これを法的手続によって強制することは基本的に許されない。本人に履行の意思がなければ，たとえ強制的に身分関係を成立させても，そこからもたらされる効果（夫婦の場合は相互扶助など）が期待できないことや，身分関係を強制することが本人の人格権を著しく侵害するおそれがあるからである。本肢のような場合には，損害賠償で対処する以外にはない。

3 ×　正当の理由なくして内縁を破棄した場合には，不法行為が成立する。

判例は，「内縁が正当の理由なく破棄された場合には，故意又は過失により権利が侵害されたものとして，不法行為の責任を肯定できる」として，損害賠償の請求を認める（最判昭33・４・11）。

前述の例でいえば，後継ぎの男の子がなかなか生まれないので，ある日突然，「別の女性を家に入れる」として実家に戻されたような場合である。この場合，内縁の妻は実質的な婚姻関係を一方的・強制的に解消させられており，**実質的な夫婦としての法的権利（扶養請求権等）を侵害されたもの**として，**不法行為の成立**が認められる。

4 ×　離婚に伴う財産分与請求を認める民法の規定は内縁の破綻にも準用される。

したがって，ＡまたはＢは家庭裁判所に対し協議に代わる処分を請求できる。

法定相続権のように法律婚（届出）を前提として認められる効果については内縁関係にこれを準用することはできないが，それ以外の効果については性質が許す限り内縁関係に準用すべきとされている。そして，**財産分与請求権**（768条１項）は婚姻中に共同で蓄えた財産の清算や離婚後の扶養などを目的とするので，その趣旨は「届出」を前提として妥当するものではなく，共同生活という事実関係を前提として妥当するものである。そのため，この権利は内縁関係にも準用されると解されている。

5 ◎ **内縁解消前に生じた医療費については，他方に分担を求めることができる。**

妥当である。**婚姻配偶者間の同居・協力・扶助義務**（752条）は夫婦関係の基本をなすものであるから**内縁配偶者にも当然に準用される**ものであり，この中には病気の看護も含まれる。そして，婚姻共同生活の維持のために夫婦は婚姻費用を分担するものとされており（760条），医療費はこの婚姻費用に含まれると解されるので，内縁解消前に生じた医療費については分担を求めることが可能である。

16 親　子

必修問題

親子に関するア～オの記述のうち，判例に照らし，妥当なもののみをすべて挙げているのはどれか。　【国家一般職・令和３年度】

ア：父母が婚姻前から既に内縁関係にあり，婚姻をした後に出生した子は，婚姻の成立の日から**200日以内に出生**した場合であっても，父の認知を要することなく，出生と同時に当然に**嫡出子**たる身分を有する。

イ：妻が子を懐胎した時期に，夫が遠隔地に居住していたなど，嫡出子としての推定を受ける前提を欠く場合であっても，子と夫との間の父子関係の存否を争うときは，**親子関係不存在確認の訴え**によるのではなく，**嫡出否認の訴え**によらなければならない。

ウ：嫡出でない子について，**血縁上の父**から嫡出子としての出生届がされ，それが受理された場合，その出生届には事実に反するところがあるものの，出生した子が自己の子であることを承認し，その旨申告する意思の表示が含まれており，その届は**認知届**としての効力を有する。

エ：15歳未満の他人の子を実子として届け出た者の**代諾**によるその子の養子縁組は，代理権を欠く一種の無権代理と解されるから，その子が15歳に達した後にこれを**追認**した場合は，当初に遡って有効となる。

オ：親権者が，第三者の債務を担保するために，子を代理して子の所有する不動産に抵当権を設定する行為は，親権者自身の利益のためにするものではないが，子に経済的不利益をもたらすものであり，民法第826条にいう**利益相反行為**に当たる。

1　ア，イ
2　ウ，オ
3　ア，イ，オ
4　ア，ウ，エ
5　ウ，エ，オ

（参考）民法
（利益相反行為）
第826条　親権を行う父又は母とその子との利益が相反する行為については，親権を行う者は，その子のために特別代理人を選任することを家庭裁判所に請求しなければならない。
（第２項略）

難易度　＊＊

必修問題の解説

ア○ 婚姻の成立の日から200日以内に出生した子も，当該夫婦の嫡出子となる。

妥当である（大連判昭15・1・23）。なお，令和6年4月施行の改正772条は，1項前段で「妻が婚姻中に懐胎した子は，当該婚姻における夫の子と推定する」としたうえで，同項後段で「女が婚姻前に懐胎した子であって，婚姻が成立した後に生まれたものも，同様とする」と規定する。これにより，**婚姻の成立の日から200日以内に出生した子は当該婚姻における夫の子と推定され**，出生と同時に**当然に嫡出子たる身分を有する**ことになる。

イ× 嫡出推定の前提を欠く場合は，親子関係不存在確認の訴えで父子関係を争う。

妻が子を懐胎した時期に，夫が海外赴任などで遠隔地に居住していてその間の往来もなかったとか，夫が服役していたなど，およそ夫の子を懐胎する可能性がなく，嫡出子としての推定を受ける前提を欠くという場合について，判例は，嫡出否認の訴えではなく，**親子関係不存在確認の訴え**（人事訴訟法2条2号）によって子と夫との間の父子関係の存否を争うべきとする（最判平10・8・31）。

ウ○ 妻以外の女性との子についてした嫡出子出生届には，認知届の効力がある。

妥当である。判例は，「（嫡出子）出生届にも，父が，戸籍事務管掌者に対し，子の出生を申告することのほかに，**出生した子が自己の子であることを父として承認し，その旨申告する意思の表示**が含まれており，当該届が戸籍事務管掌者によって受理された以上は，これに認知届の効力を認めて差支えない」とする（最判昭53・2・24）。

エ○ 無効な代諾養子縁組も，満15歳に達した本人の追認で有効なものとなる。

妥当である。養子縁組をする際に，養子となる者が15歳未満であるときは，その法定代理人が子に代わって縁組の承諾をすることができる（797条1項）。これを**代諾養子縁組**という。

本肢では，15歳未満の他人の子を実子として届け出た者の代諾によって養子縁組がなされているが，「他人の子を実子として届け出た」としても，その者は親権者ではないので法定代理人とはなり得ない。したがって，その代諾養子縁組は代諾の有効要件を満たしておらず無効である。

では，無効な代諾養子縁組について，満15歳に達した本人が追認すれば有効となり得るか。民法は，法律行為（財産行為）である無権代理について追認によって有効となしうる旨の規定を設けているが（113条1項，116条本文），本肢のような「身分行為」の無権代理も追認によって有効となし得るか問題となる。

判例はこれを肯定し，「わが民法上，**養子縁組が要式行為であるからといって，追認が，これと全く相容れないものの如く解することはあやまりである**」として，「適法に追認がなされたときは，縁組は，これによって，はじめから，有効となる」とする（最判昭27・10・3）。

オ × **親権者と子の利益が相反する場合ではないので，利益相反行為ではない。**

親は子の法定代理人として代理権や同意権を有するが，親と子の利害が対立する場合には，子の利益を保護する見地から，親は代理権や同意権を行使できず，家庭裁判所へ特別代理人の選任を請求しなければならない。これを**利益相反行為**という（826条）。そして，この利益相反行為については，**特別代理人**が子を代理し，または同意を行うことになる。

では，本肢の場合はどうか。

利益相反行為は，親権者と子の利益が相反する場合である。本肢の場合は，**親権者の債務の担保のために子の財産に担保を設定するわけではない**ので，親と子の間に民法第826条にいう利益相反の関係はない。したがって，利益相反行為には当たらず，特別代理人の選任は必要でないとするのが判例である（最判昭35・7・15）。

以上から，妥当なものは**ア**，**ウ**，**エ**の３つであり，正答は**4**である。

正答 4

FOCUS

民法の規定する親子法は「**子のための親子法**」と称され，子の福祉を中心に規定が設けられている。したがって，この分野では，子の福祉をいかに図るかという視点から問題を見ていく必要がある。

POINT

重要ポイント 1　親子

(1) 嫡出子

①婚姻関係にある男女間に懐胎・出生した子を嫡出子という。

②婚姻の成立の日から200日以内に生まれた子は，婚姻前に懐胎したものと推定され，婚姻の成立の日から200日を経過した後または婚姻の解消若しくは取消しの日から300日以内に生まれた子は，婚姻中に懐胎したものと推定される。

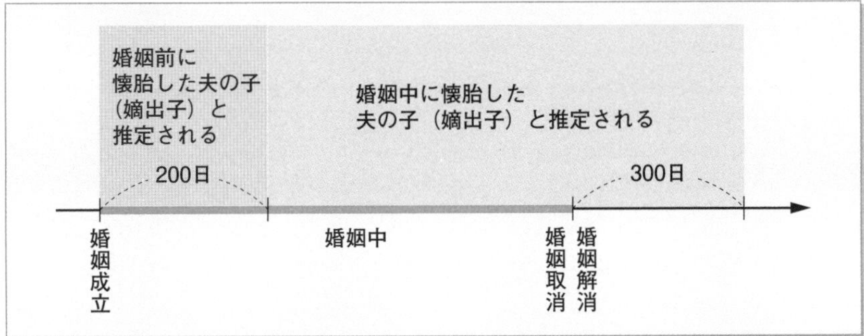

※2024年4月1日の改正法施行前は，婚姻成立後200日以内に生まれた子には嫡出の推定は及ばないとされていたため，その子について嫡出子として届出がなされた場合には「推定されない嫡出子」となり，嫡出否認の訴えではなく親子関係不存在確認の訴えによって子の嫡出性を争うこととされていた。しかし，法改正後は，婚姻成立後200日以内に生まれた子にも嫡出子としての推定が及ぶことになったことから，改正法施行後は親子関係不存在確認の訴えではなく，嫡出否認の訴えによって嫡出性を争うことになる。

③内縁中に内縁の妻が内縁の夫によって懐胎し，その後適法に婚姻した後に出生した子は，たとえ婚姻の届出から200日以内の出生であっても，出生と同時に嫡出子としての身分を有する。

④認知された子の父母が婚姻した場合には，その子は当該婚姻によって嫡出子たる身分を取得する（**婚姻準正**）。また，父が母と婚姻後に母の子を認知したときにも，婚姻の時にさかのぼって嫡出子たる身分を取得する（**認知準正**）。

⑤嫡出推定を受ける子は，嫡出否認の訴えまたは審判によらなければ嫡出子としての身分を奪われない。なお，この訴えは，父のほかに子や母にも提起権が認められている（2024年３月31日までは父のみが提起権者）。

⑥嫡出否認の訴えの相手方は，父が訴える場合は子または親権を行う母であり，子および母が訴える場合は父である（子・母は改正法施行後）。

⑦嫡出否認の訴えには，原則３年の出訴期間の制限が設けられている（2024年３月31日までは１年）。

⑧夫が子の出生後において，その嫡出であることを承認したときは，夫は自分の子であるか否かにかかわらず否認権を失う。ただし，夫が嫡出子としての出生届を提出しても，そのことは嫡出性の承認には当たらず，否認権は失われない。

⑨胎児も生きて生まれれば，出生前に死亡した父を相続できるし，遺贈を受けることもできる。

(2) 認知

①民法は，嫡出でない子は，その父または母が認知することができると規定する。しかし，母の場合は出産の事実によって親子関係が明らかなので，認知を待たずに親子関係が発生するとされる。そのため，認知が必要なのは父と子の間となる。なお，認知は遺言によってすることもできる。

	任意認知	強制認知
方式	認知届の提出によって行う	訴えによって行う
性質	意思表示	形成の訴え →認知によって親子関係を形成
要件	意思能力があれば足りる →制限行為能力者の場合も法定代理人の同意は不要 同意が必要な場合 ①成年の子→本人の同意が必要 ②胎児→母の同意が必要	意思能力があれば独立して訴えを提起できる →行為能力までは必要でない 提起権者 →子・その直系卑属・これらの者の法定代理人 出訴期間 ①父の生存中は期間制限はない ②死亡後は死後３年以内
効果	親子関係に認められるすべての効果が出生時にさかのぼって発生する（ただし，第三者の権利を害することはできない）	

②認知がなされると，親子関係が発生し，子は親を相続できるようになる。ただし，父が子を認知しても，親権者や氏を変更するには別途手続が必要である。

③子が胎児の場合でも認知は可能である。ただし，父が胎児を認知するには母の承諾を得なければならない。

④子がすでに死亡している場合には，その子に直系卑属がいなければ子を認知することはできない。

⑤父または母が制限行為能力者であるときでも，認知には法定代理人の同意は不要である。

⑥子は，父が死亡した場合でも，３年以内であれば認知の訴えを提起できる。子が成年に達していた場合も同様である（子の年齢を問わない)。また，子の法定代理人は，子に代わって認知の訴えを提起できる。

⑦嫡出でない子について，父から嫡出でない子としての出生届がされた場合，この出生届は認知届としての効力を有する。また，妻以外の女性との間に出生した子について，父が妻との間の嫡出子として出生届をし，これが受理された場合は，同様に認知届としての効力を有する。

⑧認知者の意思によらず認知者以外の者が認知者の氏名を冒用して認知届を出した場合，その認知届は無効である。

⑨たとえ十分な金銭的対価を得ていても，認知請求権を放棄することは認められない。これを認めると，経済力のある父が相当な対価を給付する見返りとして，子

に認知請求権の放棄を強要する危険性があること（例：父が，婚姻外で子をもうけたことを妻や社会に知られるのをおそれ，子に金銭面で十分に援助する代わりに認知請求をしないように約束させる）などがその理由である。

⑩血縁上の父子関係がないにもかかわらずされた認知は無効であり，そのことを知りながら子を認知した父も，認知無効の訴えにより自らした認知の無効を主張できる。

(3) 養子

①養子は，縁組の日から養親の嫡出子たる身分を取得する。

②養子を養子としてではなく，実子として取り扱う制度を特別養子縁組という。この縁組は，普通養子縁組のように当事者の合意に基づいて成立させることはできず，必ず家庭裁判所の審判によらなければならない。

③特別養子縁組は，養子を実子と同様に扱う制度であるから，子の福祉の見地から，養親となる者は配偶者のある者でなければならず，また養子となる者の年齢は原則15歳未満とされている。

④特別養子縁組においては，原則として離縁は認められないが，養親による虐待等があり，かつ実父母が相当の監護をすることができるなど，一定の厳格な要件のもとに例外的に離縁が認められる場合がある。

重要ポイント2 親権

(1) 親権一般

①親権は共同行使が原則であるが，親権の剥奪（はくだつ）などによって父母の一方が親権を行使できない場合には，例外的に他の一方が単独で親権を行使する。

②子の出生前に父母が離婚したときは，子の親権は母が有する。

③養子の親権は養親がこれを行使する。

④成年被後見人は親権を行使できない。

⑤やむをえない事由がある場合には，子の福祉の観点から親権を辞することが認められている。

⑥第三者が未成年者に無償で財産を与えるにつき，当該財産を親権者に管理させない旨の意思表示をした場合には，親権者はその財産に関する管理権を行使できない。

(2) 利益相反行為

①親は子の法定代理人として代理権や同意権を有するが，親と子の利害が対立する場合（これを**利益相反行為**という）には，子の利益を保護する見地から，親は代理権や同意権を行使できず，家庭裁判所へ特別代理人の選任を請求しなければならない。利益相反行為については，特別代理人が子を代理し，または同意を行うことになる。

②利益相反関係にあるか否かは，外形的に判断される。実質的に利益相反の関係にない場合でも，外形的に利益相反関係に該当する場合には，特別代理人の選任が必要である。

③父母のうち父（または母）とだけ利益相反関係にある場合には，父（または母）に関する関係で特別代理人の選任を請求し，家庭裁判所によって選任された特別代理人と母（または父）とが共同で子を代理し，または同意を行うことになる。

④利益相反行為につき，親権者が民法の規定に違反して子を代理して行った行為は無権代理行為となる。したがって，子が成年に達した後にこれを追認しなければ，当該行為の効果は子に帰属しない。

実戦問題1　基本レベル

No.1 * 認知に関する次の記述のうち，妥当なものはどれか。

【地方上級（全国型）・平成６年度】

1 死亡した子は，その子に直系卑属があるときに限り，これを認知することができる。

2 認知は遺言ですることができず，また，胎児を認知することも認められていない。

3 未成年者が認知をするには，法定代理人の同意が必要である。

4 認知された子は，当該認知が事実と反する場合であっても，その無効を主張することができない。

5 父が，認知していない子の母と婚姻したときは，その子は当該婚姻の時から嫡出子となる。

No.2 * 特別養子縁組に関する次の記述のうち，妥当なのはどれか。

【国家一般職・平成27年度】

1 特別養子縁組は，原則として家庭裁判所の審判によって成立するが，一定の要件を満たせば，父母または未成年後見人と養親となる者との合意のみによって成立する。

2 特別養子縁組において養親となる者は，配偶者のある者でなければならない。

3 特別養子縁組における養子の年齢は18歳未満とされており，18歳以上の者を養子とするには，家庭裁判所の許可を得なければならない。

4 特別養子縁組により養子と養親および養親の親族との間に法定血族関係が発生するが，原則として実方との親族関係も引き続き存続する。

5 特別養子縁組については，家庭裁判所がその成立に厳格に関与することから，縁組の無効・取消しは制度上想定されておらず，離縁を認める規定も存在しない。

No.3 * 親権に関する次の記述のうち，妥当なのはどれか。

【市役所・平成７年度】

1 父母が生存し，婚姻中であるときは，父母は常に共同で親権を行使する。

2 嫡出でない子が父から認知されたときは，父母双方が親権者となる。

3 子の出生前に父母の離婚が成立したときは，その子の親権は父が有する。

4 未成年者が特別養子になると，実父母の親権を脱して養親の親権に服することになる。

5 夫婦が未成年者を養子とした場合は，夫婦の一方が単独で親権を行使することもできるし，夫婦共同で親権を行使することもできる。

第3章 家族法

実戦問題❶の解説

No.1 の解説　認知　→問題はP.321　正答 1

1◎ 死亡した子は，その子に直系卑属があるときに限り，これを認知できる。

妥当である。子がすでに死亡している場合には，その子に直系卑属（子や孫など）がいなければ認知はできない（783条2項）。

認知がなされると，認知した父と子との間に法律上の親子関係が生じる。そのため，子は父を**相続**できるようになる。そして**認知はそのような法律関係を発生させるために行われる**ものであるから，子がすでに死亡している場合には原則として認知は認められない。なぜなら，子が存在しないのに，認知の効果としての相続権を認めても意味がないからである。

しかし，その子に**直系卑属（子や孫など）がある場合**には代襲相続によって財産を承継させられるという法的な意義が存在する。そのため，**認知が認められている**。

2× 認知は遺言ですることができるし，遺言で胎児を認知することもできる。

本肢は次の2点で誤っている。

①**認知は遺言ですることができる**（781条2項）。生存中は認知がはばかられる社会的事情があって単に養育にとどめていたが，父が死亡した後は相続により財産を承継させ，子の生育や生活の安定を図りたいという場合に備えて，民法はこれを認める規定を設けている。

②**胎児を認知することも可能である**（783条1項前段）。父が病床にあって子の出生時までの生存が危ぶまれる状態にあるとか，父が危険地域に赴く必要があるときなどに，万一の場合に備えてあらかじめ父子関係を確定させ，子の相続を可能ならしめる必要があるからである。

3× 未成年者が子を認知するには，法定代理人の同意は必要でない。

未成年者が婚姻外で子をもうけた場合であっても，その未成年者は法定代理人の同意を得ずに子を認知することができる（780条）。

認知は父子関係を明確にするという身分行為なので，**本人の意思が尊重**されなければならない。したがって，**法定代理人の同意は必要でない**。

4× 認知が事実と反する場合，認知された子はその無効を主張できる。

事実と異なる認知に対しては，子は反対の事実を主張して，認知無効の訴えによって認知の無効を主張できる（786条）。

たとえば，真実の父でない者から無断で認知届が出されたような場合である。判決で認知の無効が確認されれば，その認知は無効となる。

5× 父が，非認知の子の母と婚姻しても，認知がなければ嫡出子とはならない。

非嫡出子と父との間に事実としての父子関係が存在しても，認知がなされるまでは法律上の父子関係は生じない。したがって，父が認知をしていない子の母と婚姻した場合でも，**認知がなければその子は単なる「妻の連れ子」にすぎず**，嫡出子としての扱いにはならない。なお，その後に認知があれば，父母の婚姻の時にさかのぼって嫡出子として扱われることになる（これを**認知準正**という)。

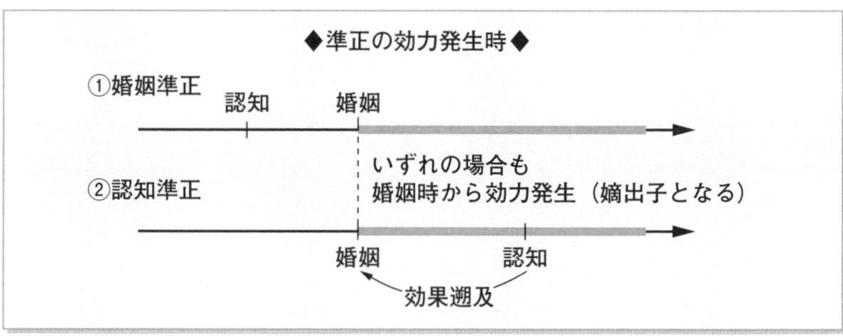

No.2 の解説　特別養子縁組

→問題はP.321　**正答2**

特別養子縁組とは，実親および実親の親族（実方）との親族関係をすべて断ち切って，養子縁組により養親の実子として扱おうとする制度である。

養子の場合，戸籍に養子である旨の記載がなされるため，子は戸籍を見れば自分が養子であることがわかる。これに対して，特別養子縁組の場合は戸籍に実子として記載されるため，養親を実の親としてその庇護や愛情のもとに成長できるとして，子の福祉の観点からこのような制度が設けられた。

1×　特別養子縁組は，家庭裁判所の審判によってのみ成立する。

普通養子縁組は身分契約型の養子，**特別養子縁組**は**国家宣言型の養子**と呼ばれ，後者を当事者の合意だけで成立させることは認められていない。

特別養子縁組は実親との関係を断ち切って養子とするものであるから，子の福祉に対する配慮が強く要請され，家庭裁判所の慎重な審理・判断によって成立させるのが妥当と解されたためである（817条の２第１項）。

2◎　特別養子縁組において養親となる者は，配偶者のある者でなければならない。

妥当である（817条の３第１項）。特別養子縁組は子の健全な育成を図ることを目的とする制度であるから，そのためには両親が共にそろっていることが望ましいこと，そのほうが戸籍上自然な記載ができること，などがその理由とされている。

3×　特別養子縁組における養子の年齢は，原則として15歳未満とされている。

以前は，特別養子縁組の年齢は原則として６歳未満とされていた。ただ，近年の児童虐待の増加等に対処する一方策として，児童養護施設に入所中の児童等に家庭的な養育環境を提供するなどの目的で，令和元年に年齢を15歳未満に引き上げる法改正が行われた（817条の５第１項前段）。同改正法は令和２年（2020年）４月１日から施行されている。

なお，**15歳未満という要件は審判申立ての時点で満たしていればよい**（同項前段）。ただし，審判が確定する時点までに18歳に達すると特別養子は認められないので注意（同項後段）。

4 ×　特別養子縁組の成立により，実方との親族関係は終了する。

特別養子縁組は，養子を完全に養親の実子として扱おうとするものである。そのため，縁組によって「本当の親」の側との親族関係は終了することになる（817条の９本文）。

5 ×　特別養子縁組の離縁も例外的に認められており，その旨の規定も存在する。

特別養子縁組の場合，原則として離縁は認められないが（817条の10第２項），次の要件を満たした場合には例外的に離縁が認められている（同条１項）。

●特別養子縁組における離縁の要件

①ｉ）養親による虐待，悪意の遺棄その他養子の利益を著しく害する事由があり，
　ii）かつ，実父母が相当の監護をすることができること。
　→いずれか一方のみでは離縁は認められない点に注意
②養子の利益のために特に必要があると認められること
③家庭裁判所の審判があること

ただしこれらの要件は極めて厳格であり，離縁が認められるのはかなり例外的な場合に限られる。たとえば，婚姻外で出産して行方をくらました妹の子を姉夫婦が実子として育てる目的で，その子を特別養子としたとする。その後に，行方をくらました妹が，子の実の父と婚姻して子を引き取りたいと申し出て，姉夫婦がこれを承諾したとしても，それだけでは離縁の要件を満たすことはできない。これに加えて，さらに姉夫婦による子の虐待や家庭裁判所の審判といった要件をすべて充足することが必要である（当事者だけで解決しようと思えば，実父母との養子縁組という形をとらざるをえない。この場合，法律上は実父母が養父母とされることになる）。

なお，家庭裁判所がその成立に厳格に関与することから，縁組の無効・取消しが制度上想定されていないとする点は正しい。

No.3 の解説　親権

→問題はP.321 正答4

1 ×　親権は共同行使が原則である（親権共同行使の原則，818条3項本文）。

ただ，たとえば，父母の一方が服役中であるなど事実上親権を行使できない場合や，子を虐待して親権を剥奪されるなど法律上親権を行使できない場合には，例外的に他の一方が単独で親権を行使する（同項但書）。

2 ×　父が嫡出でない子を認知しても，親権者は依然として母である。

認知があると，その効果として親子関係が発生する。具体的には，相続権，扶養義務，親権などである。ただし，父母が婚姻していない場合は，親権はどちらか一方が行使するので（本肢の場合は母），父が認知した子の親権者となるためには，父母の協議または家庭裁判所の審判で父を親権者と定める必要がある（819条4項・5項）。

子が母と平穏な暮らしをしている場合に，その生活を親権の変更によってむやみに乱さないようにする必要があるからである。

3 ×　子の出生前に父母が離婚したときは，子の親権は母が有する（819条3項）。

出産の時点で夫婦がすでに離婚している場合，その子に最も愛情を注げるのは母であろうから，子の福祉を考慮して母を親権者と定めたものである。

4 ◎　特別養子縁組では，実方との親族関係が終了し，子は養親の親権に服する。

妥当である。なお，子が未成年のときは，養子縁組がなされると実親の親権は養親に移転する（818条2項）。これは普通養子縁組でも特別養子縁組でも同じである。ただ，**特別養子縁組では，実方との親族関係が終了する**ため，より強い意味で子は養親の親権に服することになる。

5 ×　親権は共同行使が原則である。

親権は，子が養子であるか実子であるかを問わず，原則として父母が共同で行使しなければならない（**親権共同行使の原則**，818条3項本文）。

実戦問題❷ 応用レベル

＊
No.4 認知に関する次の記述のうち，妥当なものはどれか。ただし，争いがある場合は判例による。 【地方上級・令和４年度】

1 認知は，戸籍法の定めるところにより届け出ることによって行うが，遺言によって行うことはできない。

2 認知をするには，父が未成年者または成年被後見人であるときは，その法定代理人の同意を要する。

3 認知は，出生の時にさかのぼってその効力を生ずるものではなく，認知をした時から効力を生ずる。

4 血縁上の父子関係がないことを知りながら認知をした者は，自らした認知の無効を主張することができない。

5 認知請求権は，長年月行使しない場合であっても，行使することができなくなるものではない。

＊＊
No.5 普通養子縁組に関するア～オの記述のうち，妥当なもののみをすべて挙げているのはどれか。 【国家総合職・令和２年度】

ア：15歳未満の者は，その者の法定代理人が本人に代わってする承諾または家庭裁判所の許可のいずれかがあれば，自らが養子となる縁組をすることができる。

イ：後見人が被後見人を養子にすることは，未成年後見では家庭裁判所の許可があれば認められるが，成年後見ではおよそ認められない。

ウ：配偶者のある者が養子となる縁組をするには，配偶者とともに縁組をする場合または配偶者がその意思を表示することができない場合を除き，その配偶者の同意を得なければならない。

エ：ＡとＢが婚姻し，Ｂには前の配偶者Ｃとの間に未成年の子Ｄがいる場合において，ＡとＤが養子縁組をした後，ＡとＢが離婚したときは，AD間の養親子関係も解消される。

オ：養親Ａと養子Ｂが離縁した場合，縁組後に生まれたＢの子ＣとＡとの親族関係も当然に終了する。

1 ア，イ
2 ア，エ
3 ウ，オ
4 ア，ウ，オ
5 イ，エ，オ

＊＊
No.6　民法に規定する特別養子縁組に関する記述として，妥当なのはどれか。

【地方上級（特別区）・令和３年度】

1　家庭裁判所は，養親となる者または養子となる者の請求により，実方の血族との親族関係が終了する，特別養子縁組を成立させることができる。

2　養親となる者は，配偶者のある者であることは要しないが，25歳に達していなければならない。

3　特別養子縁組が成立するまでに18歳に達した者は，養子となることができない。

4　特別養子縁組の成立には，養子となる者の父母がその意思を表示することができない場合に限り，父母の同意を要しない。

5　家庭裁判所は，養親，養子または検察官の請求により，特別養子縁組の当事者を離縁させることができるが，実父母の請求により離縁させることはできない。

No.7 ＊＊ **次のア～オのうち，利益相反行為に当たるものをすべて挙げているのはどれか。ただし，争いのあるものは判例の見解による。**

【国家総合職・平成28年度】

ア：未成年者Ａの親権者Ｂが，Ｃの債務を連帯保証するとともに，Ａを代理してＣの債務を連帯保証し，さらにＢが，同債務を担保するため，ＡおよびＢの共有不動産について，共有者の一人およびＡの代理人として抵当権を設定した場合におけるＡのための当該連帯保証契約および抵当権設定行為

イ：Ａが死亡し，その子Ｂ，Ｃ，ＤおよびＥが共同相続人となったが，ＤおよびＥは未成年者だったため，ＤおよびＥの親権者で相続権を有しないＦがＤおよびＥを代理して遺産分割協議を行い，Ａの遺産をすべてＢに帰属させる旨の協議が成立した場合における当該遺産分割協議

ウ：Ａが死亡し，その子Ｂ，Ｃ，ＤおよびＥが共同相続人となったが，ＣおよびＤの後見人であったＢが，自ら相続放棄した後に，ＣおよびＤを代理して相続放棄した場合において，Ｂが後見人としてＣおよびＤを代理して行った当該相続放棄行為

エ：未成年者Ａの父Ｂが，Ｃに対して債務を負い，Ａの母かつＢの妻であるＤとともにＡを代理して，Ｂの債務の代物弁済としてＡ所有の不動産をＣに譲渡した場合における当該譲渡行為

オ：未成年者Ａの親権者Ｂが，自己の事業を行うためにＡを代理してＣから金銭を借り入れ，その債務につきＡ所有の不動産に抵当権を設定した場合における当該抵当権設定行為

1 ア，ウ
2 エ，オ
3 ア，イ，エ
4 イ，ウ，オ
5 ウ，エ，オ

＊＊＊
No.8 **親子関係に関するア～エの記述のうち，判例に照らし，妥当なもののみをすべて挙げているのはどれか。** 【国家総合職・令和３年度】

ア：婚姻の成立の日から200日を経過した後または婚姻の解消若しくは取消しの日から300日以内に妻が子を出産した場合，夫と妻との婚姻関係が終了してその家庭が崩壊しているとの事情があっても，それだけで嫡出の推定が及ばなくなるわけではないが，妻がその子を懐胎すべき時期に夫が遠隔地に居住して夫婦間に性的関係を持つ機会がなかったことが明らかであるなどの事情があるときには，嫡出の推定は及ばない。

イ：自己の子でないことを知りながら他人の子を自己の子として育てる意図の下に認知の届出をした場合，当該認知の届出は事実に反するため無効であるが，認知者が，被認知者を自己の養子とすることを意図し，その後，被認知者の法定代理人と婚姻した事実があるときは，当該認知届をもって養子縁組届とみなし，有効に養子縁組が成立したものと解することができる。

ウ：両親と血縁関係がある子が，別の子と両親との間に実親子関係が存在しないことの確認を求めている場合，両親である夫婦とその別の子との間に実の親子と同様の生活の実体がある期間が長期におよび，判決をもって実親子関係の不存在を確定することによって関係者に著しい精神的苦痛，経済的不利益が生じるなどの諸般の事情を考慮すると，実親子関係の不存在を確定することが著しく不当な結果をもたらすものといえるときであっても，親子関係が血縁によって発生することに鑑み，実親子関係が存在しないことが明白であれば，当該確認請求を認めるべきである。

エ：夫が自己の精子を保存し死亡した後に，妻が当該精子を用いて体外受精により出産した場合，民法の実親子に関する法制は，血縁上の親子関係を基礎において出生により当然にその親との間に法律上の親子関係を形成するものとしているのであるから，出産した母親と子との間のみならず，死亡した夫と子との間にも親子関係が認められる。

1　ア
2　イ
3　ア，ウ
4　イ，エ
5　ウ，エ

実戦問題2の解説

No.4 の解説　認知

→問題はP.326　**正答5**

1 × **認知は戸籍法の定めにより届出によって行うが，遺言ですることもできる。**

認知は，遺言によってすることもできる（781条）。→No.1選択肢2①

2 × **未成年者や成年被後見人も，認知に法定代理人の同意は必要でない。**

認知には行為能力は必要でなく，**意思能力があれば足りる**。そして，行為能力が不要ならば，法定代理人の同意も必要とされない（780条）。

行為能力は，財産管理上の必要から要求されるものであるが，認知は父子関係を明確にするという身分上の行為であって，財産的行為ではない。**認知のような身分上の行為については，本人の意思が尊重されなければならず**，未成年者・成年被後見人の父・母が子を認知するには，法定代理人の同意は不要である（780条）。

3 × **認知は，出生児にさかのぼってその効力を生ずる。**

認知とは，自分の子と認めるということである。その場合，たとえば認知の時に子が５歳なら，「５歳からは自分の子であるが，５歳以前は自分の子ではない」というのはおかしいであろう。自分の子と認めるということは，**生まれた時から自分の子であったと認めること**である。すなわち，認知の効力は出生時にさかのぼって発生する（784条本文）。

4 × **血縁上の父子関係がないことを知って認知しても，認知無効を主張できる。**

判例は，「**血縁上の父子関係がないにもかかわらずされた認知は無効**というべきであるところ，認知者が認知をするに至る事情は様々であり，自らの意思で認知したことを重視して認知者自身による無効の主張を一切許さないと解することは相当でない」とする（最判平26・１・14）。

5 ◎ **認知請求権は，長年月を経ても父の生存中ならいつでも行使できる。**

妥当である。たとえば，子どもの頃は反発して父との血縁関係を認めたくなかったが，年老いた父を見て，親子関係の法的承認手続きをして，子として父の世話をしてもよい（例：介護関係の手続きは親族でないとできないなど）と考えるようになった，などという場合に認知請求ができないのは不都合だからである（787条）。

No.5 の解説　普通養子縁組

→問題はP.326　**正答3**

ア × **15歳未満の者の養子は，法定代理人の代諾によることを要する。**

15歳未満の者が自ら法定代理人の承諾を得て養子縁組を行うことはできず，養子縁組は法定代理人による**代諾縁組**によらなければならない（797条１項）。そして，この代諾縁組も含めて，未成年者を養子とするには，**原則として家庭裁判所の許可が必要**である（798条本文）。

すなわち，15歳未満の者を養子とするには，法定代理人の代諾と家庭裁判所の許可の双方が必要である。

イ× **成年・未成年とも，後見人が被後見人を養子とするには家裁の許可が必要。**

後見人が被後見人を養子にすることは，未成年被後見人でも成年被後見人でも，家庭裁判所の許可があれば認められる（794条カッコ書き）。

縁組の要件として**家裁の許可**が必要とされるのは，後見人が後見事務の処理に当たり，被後見人の財産を私的に流用するなどの**不正な財産管理を行い，それを隠蔽するために被後見人を養子とするといった弊を防止するため**である。

ウ○ **配偶者のある者は，配偶者との合意のもとに養子縁組をしなければならない。**

妥当である。まず，養子となる者が未成年の場合には，子の養育という観点から，法は養親となる夫婦が共同で縁組をしなければならないとしている（795条本文，**夫婦共同縁組の原則**）。

しかし，本肢のように，**配偶者のある者を養子とする縁組**では，養子となる夫婦はともに成年に達しているので（4条，731条），「養子を子として養育する」という配慮は必要ではない。そのため，養子となる者をその配偶者とともに縁組することも要求されておらず，**養子となる一方配偶者を単独で養子とすればよい**（ただし，夫婦をともに養子とすることは構わない－796条但書）。

ただ，その場合に配慮が必要となるのは，養子となる者の配偶者の「意思」である。すなわち，養子となる者の配偶者は，縁組が成立すると，新たな親族関係の成立など，自身の法律関係に影響が生じることから，その意思を尊重する必要がある。

そのため，法は，本肢のような縁組の場合には，配偶者とともに縁組をする場合または配偶者がその意思を表示することができない場合を除き，その**配偶者の同意を得なければならない**としている（796条）。

エ× **養親が離婚しても，離婚の効果として養親子関係まで消滅するわけではない。**

一方配偶者が，他方配偶者の前婚における子と養子縁組した後，その他方配偶者と離婚したからといって，当該離婚の効果として当然に養親子関係も解消となるわけではない。

民法上，**養親子関係を解消する方法は離縁のみ**とされているので（811条）AがBとの離婚後に，Bの前婚における子Dとの間の養親子関係を解消しようと思えば，さらに離縁の手続きを取ることが必要である。

オ○ **離縁の効果として，縁組後に生まれた養子の子との親族関係も終了する。**

妥当である。**離縁とは，それ以上親族関係を維持したくないということ**であるから，縁組の当事者である養親と養子の間だけで親族関係が終了するのではなく，養親の親族と養子の親族との関係もまた終了することになる。

法が，「養子及びその配偶者並びに養子の直系卑属及びその配偶者と養親及びその血族との親族関係は，離縁によって終了する」と規定するのは（729条），その意味である。

したがって，養子の直系卑属である「縁組後に生まれたBの子C」と養親

Aとの親族関係も当然に終了することになる。

以上から，妥当なものは**ウ**と**オ**であり，正答は**3**である。

ポイント **ウ**～**オ**は，知識としての難度は高い。これらに比べれば，**ア**と**イ**はまだ「基礎」の範疇にある。そして，本問は，**ア**＝×，**イ**＝×で正答の**3**を選択できる。知識の範囲を広げるよりも，基礎となる知識の正確さを高めることを重視しよう。

No.6 の解説 特別養子縁組

→問題はP.327 **正答3**

1× **養子となる者の請求によって特別養子縁組を成立させることはできない。**

特別養子縁組の制度は，子の養育を希望する者が**子を実子として育てたい**という要望と，それが子の福祉にかなうとして制度化されたものである。したがって，その請求権者は養親となることを希望する者に限られる（817条の２第１項）。

2× **特別養子縁組の養親となる者は，配偶者のある者でなければならない。**

特別養子縁組は，子の福祉の見地から，**配偶者がともに子の養育に責任を負うという環境を子に提供する**ことを目指しているものである。そのため，**養親となる者は配偶者のある者でなければならない**（817条の３第１項）。

なお，養親となる者は，25歳に達していなければならず，この点は正しい。ただ，夫婦の一方が25歳に達していない場合においても，その者が20歳に達しているときは，養親となることができる（817条の４）。これらは，養親に子を養育する精神的・経済的な成熟性を求めたことによる。

3◎ **特別養子縁組が成立するまでに18歳に達した者は，養子となり得ない。**

妥当である。特別養子縁組の制度は，子を実子として育てようとする制度であるから，縁組の時期はできるだけ子が幼い年齢の時であることが望ましい。法はその限界について，**請求の時に15歳**に達している者は**養子となることができず**，また，「特別養子縁組が**成立するまでに18歳**に達した者についても，同様とする」としている（817条の５第１項）。

4× **父母による虐待や悪意の遺棄等がある場合にも，父母の同意は不要である。**

子を虐待しながらも，一方で縁組により子を奪われることを拒絶するような親もいることから，父母がその意思を表示することができない場合だけでなく，**虐待や悪意の遺棄等の場合にも親の同意は不要**とされている（817条の６但書）。

5× **相当の監護をできる場合は，実父母からの離縁の請求も認められる。**

血縁上の親に養育の機会を与えることが望ましいと認められる場合もあるからである（817条の10第１項柱書）。

No.7 の解説　利益相反行為

→問題はP.328　**正答3**

利益相反行為とは，親権者と子との利益が相反する行為について親権が制限されるというものである（826条）。親権者は子の財産管理権を有しているが（824条本文），それは子の福祉のために認められた権限であるから，親権者はその目的に従ってこれを行使しなければならない。ところが，**親権者と子との間の利益が相反する行為**については，親といえども自己の利益を優先させ，子の利益をおろそかにするおそれがある。そこで，このような場合に子の利益を保護する見地から，**親権者の財産管理権を制限し，当該行為を家庭裁判所の選任した特別代理人によって行わせることとした**のが，この利益相反行為の制度である。

問題は，**利益相反行為に該当するか否かの判断基準**をどのように解するかであるが，判例は**当該行為の外形で判断すべき**であり，親権者の意図やその行為の実質的な効果を問題とすべきではないとする（最判昭48・4・24）。その理由は，**このように解しておかないと，親権者と取引をする相手方は常に親権者の意図その他の実質関係の調査を強いられる**ことになり，相手方に無用の負担や不測の損害を生じさせることになるという点を考慮したためである。

なお，類型的に利益相反行為に該当しても子に有利である場合も考えられるので，**利益相反行為は無効な行為ではなく，追認が可能な無権代理行為**と解されている（最判昭46・4・20）。

ア○　子の財産の競売代金で親の責任が軽減される行為は利益相反行為となる。

利益相反行為に当たる。判例は，本肢のような場合，債権者が抵当権の実行を選択するときは，**不動産における子らの持分の競売代金が弁済に充当される限度において親権者の責任が軽減**され，その意味で親権者が子らの不利益において利益を受けることになる。そして，この理屈は連帯保証の場合も同様で，本肢の抵当権設定行為，連帯保証はともに利益相反行為に当たるとする（最判昭43・10・8）。

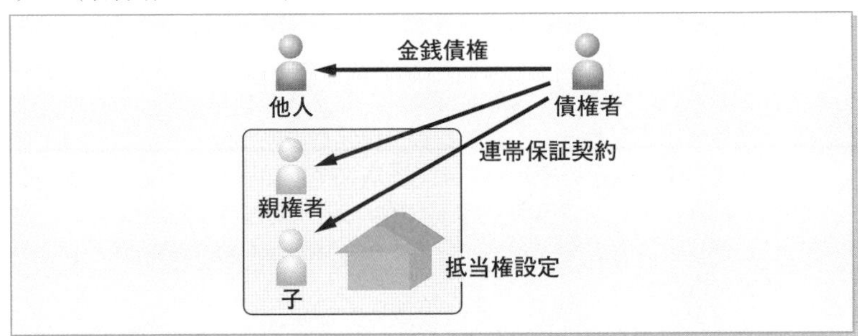

イ○　親権者が複数の子を代理して行った遺産分割協議は利益相反行為に当たる。

利益相反行為に当たる。遺産分割は，通常，相続人間で利害が対立する性質のものである。したがって，一人の親権者が「複数の子」を代理することは，**「一方に有利，他方に不利な分割」が行われる可能性がないとはいえない**。そのため，判例は，このような代理行為は利益相反行為に当たるとする（最判昭48・4・24）。

ウ× **相続放棄した者が子を代理して相続放棄しても利益相反行為とはならない。**

なぜなら，すでに後見人（相続権を有する親族である後見人）は相続を放棄しており，子を代理して子について相続放棄をしても，それによって後見人が利益を得るという利益相反の関係に立たないからである（最判昭53・2・24）。

エ○ **親が事業の債務のために子の不動産を代物弁済する行為は利益相反となる。**

利益相反行為に当たる。外形的に見れば，利益相反行為に当たるのは明らかである（最判昭35・2・25）。

オ× **子の債務の担保として子の不動産に抵当権を設定しても利益相反ではない。**

判例は，「親権者が子の法定代理人として，子の名において金員を借受け，その債務につき子の所有不動産の上に抵当権を設定することは，仮に借受金を親権者自身の用途に充当する意図であっても，かかる意図のあることのみでは，利益相反する行為とはいえない」とする（最判昭37・10・2）。

以上から，利益相反行為に当たるのは**ア**，**イ**，**エ**の3つであり，正答は**3**である。

No.8 の解説　親子関係

→問題はP.329　**正答 1**

ア○ **夫の子を懐胎する機会の不存在が明らかな場合は，嫡出推定は及ばない。**

妥当である。判例は，「民法772条2項所定の期間内に妻が出産した子について，妻がその子を懐胎すべき時期に，既に夫婦が事実上の離婚をして夫婦の実態が失われ，又は遠隔地に居住して，**夫婦間に性的関係を持つ機会がなかったことが明らかであるなどの事情が存在する場合**には，上記子は実質的には同条の推定を受けない嫡出子に当たるということができるから，同法774条以下の規定にかかわらず，**親子関係不存在確認の訴え**をもって夫と上記子との間の父子関係の存否を争うことができる」とする（最判平26・7・17）。

なお，この内容は2024年4月施行の改正法の影響を受けるものではない。

イ× **虚偽の認知届をもって，これを養子縁組届の代わりとすることはできない。**

他人の子を自己の子として育てる意図で認知届を行っても，その届出は無効であり，また，届出者が当該届出によって認知するはずであった者を自己の養子とする意思を有していても，当該届出には**養子縁組届としての効力も認められない**。

その理由として，判例は，「養子縁組は，養親となる者と養子となる者又はその法定代理人との間の合意によって成立するものであって，認知が認知者の単独行為としてされるのとはその要件，方式を異にし，また，認知者と被認知者の法定代理人との間の婚姻が認知者と被認知者の養子縁組に関する何らかの意思表示を含むものということはできない」といった点を挙げている（最判昭54・11・2）。

ウ× **訴訟で実子でないことの確認を求めることが権利濫用に当たる場合がある。**

本肢は，両親が，自分たち夫婦以外の子Ｙを実子として届け出て養育し，その後Ｙは約35年にわたって両親の家族として過ごしてきた（「藁の上からの養子」といわれる）。ところが，両親の他界から数年後に両親の実の娘Ｘ（戸籍上の姉）との間に遺産を巡る紛争が生じ，姉ＸがＹは両親の子ではないから相続権はないとして，Ｙと両親との間の親子関係不存在確認の訴えを提起したというもの。

そこで問題は，どんな事情があっても，戸籍上の記載と実際の血縁関係とを正確に一致させるべきか，それとも，事情によっては両者が一致しなくてもやむを得ない場合があるかという点である。

判例は，後者の立場を認め，両親の子でないと裁判で宣告されることの精神的苦痛等の「諸般の事情を考慮し，**実親子関係の不存在を確定することが著しく不当な結果をもたらす**ものといえるときには，当該確認請求は**権利の濫用に当たり許されない**」とした（最判平18・7・7）。

エ× **保存精子を用いて男性死亡後に懐胎しても法律上の親子関係は認められない。**

判例は，本肢のような事案での親子関係は，それを「認めるか否か，認めるとした場合の要件や効果を定める**立法によって解決されるべき問題**であるといわなければならず，そのような**立法がない以上，死後懐胎子と死亡した父との間の法律上の親子関係の形成は認められない**」とする（最判平18・9・4）。

以上から，妥当なものは**ア**のみであり，正答は**1**である。

第3章 家族法

17 相　続

必修問題

民法に規定する相続に関する記述として，妥当なのはどれか。

【地方上級（特別区）・平成29年度】

1 被相続人の子が，相続開始以前に死亡したとき，または相続の放棄もしくは**廃除**によって，その相続権を失ったときは，その者の子が**代襲**して相続人となる。

2 相続財産の管理に関する費用は，相続人の過失により生じさせた費用も含めて相続人全体の負担となり，その相続財産の中から支弁しなければならない。

3 相続人は，自己のために相続の開始があったことを知った時から３か月以内に，単純または限定の承認をしなかったときは，相続を放棄したものとみなす。

4 相続の承認は，自己のために相続の開始があったことを知った時から３か月以内であれば，撤回することができる。

5 相続人が数人あるときは，**限定承認**は，共同相続人の全員が共同してのみこれをすることができる。

難易度　＊＊

必修問題の解説

相続とは，死亡を原因として，その死亡者（被相続人）が有していた財産法上の地位を，一身専属権を除いて相続人に承継させる制度である。「財産法上の地位」とは，被相続人が有した権利だけでなく，その義務（債務など）も含まれる。

1 × **相続の放棄は代襲原因ではなく，放棄者の直系卑属は代襲相続できない。**

代襲相続とは，たとえば「子が父より先に死亡した」などという偶然の事情によって，「父から子へ，さらに子から孫へ」という財産の承継ができなくなったときに，父から孫への相続を認めて財産を承継させようというものである。法は，**代襲相続が生じる原因**として，**相続人の死亡，欠格，廃除の3つ**を規定している（887条2項本文）。

一方，**相続の放棄は，明確な相続の拒否**であり，偶然の事情で相続できなかったわけではない。そのため，**代襲原因とはされていない**。

2 × **相続人の過失に基づく費用は，その相続人が負担するのが公平に資する。**

財産目録の作成などの相続財産の管理に関する費用は，相続人が共同で負担すべきものであるから，相続財産の中から支弁するものとされる（885条本文）。

ただし，**相続人の過失により生じさせた費用は，その者が自ら負担すべき**であって（同条但書），これを他の相続人に転嫁することは許されない。

3 × **相続を知って3か月以内に単純・限定承認をしなければ相続承認とみなす。**

たとえば，「行方知れずの父について，死亡通知がその死から数か月後に役所から届いた」などという場合，父を相続すべきか否かは，その財産状況を調べてみないとわからない。そこで法は，その**調査期間として3か月を用意し**（915条1項本文，2項），**その間に判断して相続の放棄や限定承認**（922条，資産の限度で負債を相続するという制度）**ができる**とした。

ただ，これらをしないまま3か月の期間が経過すれば，単純承認したものとみなされる（921条柱書，2号）。これは，「相続はすでに開始しているので，何もしなければその状態で確定する」ということである。

4 × **いったん相続を承認すれば，3か月の熟慮期間内であっても撤回できない。**

撤回を許すことは，法律関係に無用な混乱を生じさせることになるからである（919条1項）。

5 ◎ **限定承認は，共同相続人が全員で行うべきものとされている。**

妥当である（923条）。これは，限定承認した者とそうでない者とで，負債の配分などが複雑になるのを避け，**手続きの平明さを確保するため**である。

なお，詳しくはNo.2選択肢4で説明する。

正答 5

FOCUS

相続は，財産の承継に関する部分であることから紛争を生じやすく，そのため民法は公正で客観的な基準を設けて関係当事者間の利害の調整を図っている。ただ，基準の設定が緻密になっているので，覚える知識の量が多い。できるだけ具体的な状況をイメージしながら，知識を正確なものにしておきたい。

POINT

重要ポイント 1 相続

(1) 相続の意義

①相続とは，自然人の死亡後にその者の有した財産上の権利・義務を特定の者に包括的に承継させることである。相続においては，資産（積極財産）のみならず負債（消極財産）も承継し，また契約上の地位なども承継される。これに対して，被相続人の一身に専属する権利は承継されない。

②相続開始の原因は被相続人の死亡のみである。ただし，失踪宣告がなされると被宣告者の死亡が擬制されるので，この場合にも相続が開始することになる。

(2) 相続人

①法定相続人は以下のとおりである。

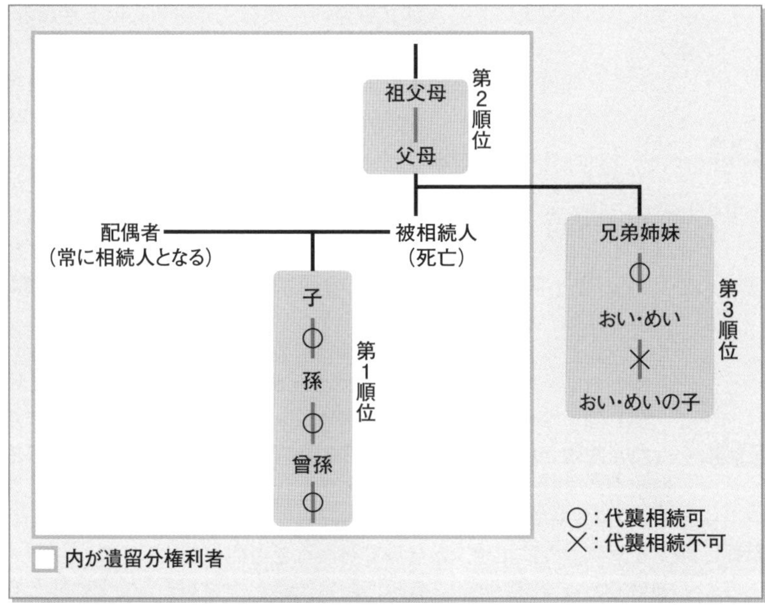

②上図にいう配偶者には内縁の配偶者は含まれない。すなわち，内縁の配偶者は法定相続人ではない。

③胎児も，生きて生まれることを条件に，相続人となることができる。

④被相続人が死亡する以前に，推定相続人である子・兄弟姉妹が死亡し，または廃除・相続欠格によって相続権を失った場合には，その者の直系卑属が，その者に代わってその者の相続分を相続する。これを**代襲相続**という。

⑤代襲原因は，相続開始以前の**死亡**，**廃除**，**相続欠格**の３つに限られる。したがって，**相続の放棄**は代襲原因とはならない。また，相続人自身が相続欠格者である場合は代襲相続人にはなれない（この場合は，さらにその相続人が代襲相続する）。

⑥直系卑属については，**再代襲相続**（また再再代襲相続も）が認められているが，

兄弟姉妹については，**再代襲相続**は認められていない（代襲相続までしか認められない）。

⑦養子縁組前に生まれた養子の子は，養親と血族関係にないので，養親を相続（代襲相続）することはできない。これに対して，養子縁組後に生まれた養子の子は，養親の直系卑属になるので，養親を相続（代襲相続）することができる。

⑧法定相続分は以下のとおりである。

相続人	法定相続分	
配偶者と子	配偶者$\left(\frac{1}{2}\right)$	子$\left(全員で\frac{1}{2}\right)$
配偶者と直系尊属	配偶者$\left(\frac{2}{3}\right)$	直系尊属$\left(全員で\frac{1}{3}\right)$
配偶者と兄弟姉妹	配偶者$\left(\frac{3}{4}\right)$	兄弟姉妹$\left(全員で\frac{1}{4}\right)$

⑨**相続欠格**とは，法定の欠格事由に該当する者の相続権を法律上当然に奪う制度である。欠格事由は以下のとおり。

◆相続欠格に該当する事由◆

①	被相続人または先順位もしくは同順位の相続人を故意に殺害し，または殺害しようとして刑に処せられた者 →既遂・未遂を問わないが，過失犯は含まない →刑に処せられたことが必要
②	被相続人が殺害されたことを知っていながら告訴・告発しなかった者 ただし，その者に是非の弁別がない場合，または殺害者が自己の配偶者もしくは直系血族であったときは除外される →客体は被相続人のみ
③	詐欺・強迫によって被相続人の遺言の作成・取消し・変更を妨げた者
④	詐欺・強迫によって被相続人に相続に関する遺言をさせ，またはその取消し・変更をさせた者
⑤	相続に関する被相続人の遺言書を偽造・変造・破棄・隠匿した者

⑩**廃除**は，被相続人に対する虐待または重大な侮辱，その他の著しい非行を理由に，被相続人の請求に基づいて，家庭裁判所の審判・調停によって推定相続人（相続が開始した場合に相続人となるべき者）の相続権を奪う制度である。

(3) 相続財産

①系譜，祭具および墳墓の所有権は，被相続人が指定する者がなければ，慣習に従って祖先の祭祀を主宰すべき者がこれを承継するが，被相続人が指定する者があ

第3章 家族法

れば，その者がこれを承継する。

②占有も相続によって承継される。相続人がその物の存在を認識していなくても，相続人は相続開始と同時にその物に関する占有権を取得する。

③生活保護受給権は相続の対象とならない。未払い分が残っている場合でも，相続人はその支払いを国に請求できない。

④死亡退職金の受給権者について民法の相続順位決定原則と異なる定め方がされている場合，死亡退職金の受給権は相続財産に属さず，受給権者たる遺族が自己固有の権利として取得する。

⑤ゴルフクラブの会員が死亡した場合に，同クラブの規約に会員が死亡した場合にはその資格を失う旨の条項がある場合には，当該会員の会員権は相続の対象にならない。これに対して，そのような規約がない場合には，相続の対象となる。

(4) 相続の承認・放棄

①被相続人が勝手に作った借金で相続人の生活が破壊されるのは好ましくないので，相続人は被相続人の財産上の地位を承継するか否かを自由に選択することが認められている。その方法として，民法は，**単純承認**，**限定承認**，**相続の放棄**の３種を認めている。このうち，限定承認と相続の放棄は，家庭裁判所への申述の方法によって行う。

②相続の承認・放棄は，相続人が「自己のために相続の開始があったことを知った時」から３か月以内にしなければならない（相続開始＝被相続人の死亡時からではない)。「自己のために相続の開始があったことを知った時」とは，相続の原因である被相続人の死亡の事実を知り，それによって自分が相続人となったことを知った時をいう。

③相続開始後に相続人が承認も放棄もしないで死亡した場合には，その者の相続人が承認・放棄の権利を承継する。これを**再転相続**という。その場合，承認・放棄の熟慮期間である３か月は，再転相続人が「自己のために相続の開始があったことを知った時」から起算する。

④相続によって得た資産額の限度でのみ負債を負担するという相続の方法も認められており，これを**限定承認**という。限定承認は，共同相続人全員の共同でなければこれを行うことができない。

⑤３か月の熟慮期間中に相続人が相続財産の全部または一部を処分したときや，限定承認・相続の放棄をしないまま３か月の熟慮期間を徒過したとき，または限定承認もしくは相続の放棄を行った者が相続財産の全部または一部を隠匿し，ひそかに消費し，悪意で財産目録に記載しなかったときは，単純承認をしたものとみなされる。これを**法定単純承認**という。ただし，被相続人の葬式費用を相続財産から拠出しても法定単純承認とはならない。

⑥相続開始以前に相続を放棄しても，その放棄は無効である。

⑦相続の承認・放棄は被相続人の財産上の地位の承継に関する行為であるから，相続人がこれを行うには行為能力が必要である。したがって，未成年者が法定代理人の同意を得ないで行った相続の承認・放棄は，**制限行為能力**を理由に取り消す

ことができる。

⑧詐欺を理由とする相続の承認・放棄の取消しは，家庭裁判所への申述の方法によらなければならない。

（5）配偶者居住権・配偶者短期居住権

①配偶者居住権は，死亡配偶者名義の不動産を，残された配偶者が遺産分割によって取得できなかった場合に，居住権を保障することで，残された他方配偶者が生活の場を失うことを防止し，「余生を安心して暮らせる」ようにする制度である。

②配偶者居住権が認められるには，被相続人の財産に属した建物に相続開始の時に居住していて，かつ，遺産分割により残存配偶者の配偶者居住権取得が認められるか，もしくは配偶者居住権が遺贈の目的とされていることを要する。

③被相続人の財産に属した建物に相続開始の時に無償で居住していたが，配偶者居住権の要件を満たさないという場合でも，遺産分割により居住建物の帰属が確定した日，または相続開始時から6か月を経過する日の，いずれか遅いほうの日までは無償でその建物に居住できる。これを配偶者短期居住権という。

重要ポイント2 遺産分割

①相続開始によって共同相続人全員の共有財産となった相続財産は，遺産分割によって各相続人に帰属する。

②被相続人が遺言で相続分を指定していた場合であっても，相続人は，各相続人間の協議によって，これと異なる遺産分割をすることができる。

③遺産分割の効果は相続開始時にさかのぼる。すなわち，分割された相続財産は，遺産分割の時点から各相続人の個別財産になるのではなく，相続の時点で被相続人から直接各相続人に承継されたものとして扱われる（これを相続の宣言主義という）。

④相続人は，分割を禁止する特別の定めがない限り，いつでも自由に遺産分割を請求できる。

⑤遺産分割は，被相続人の遺言，共同相続人の協議，家庭裁判所の審判によってこれを一定期間禁止できる。被相続人は，遺言で，相続人の全員あるいは一部の者に対して，遺産の全部あるいは一部の分割を禁止できる。

⑥一部の相続人を除外してなされた遺産分割協議は無効である。

⑦遺産分割前の譲渡も，譲渡契約としては有効に成立する。

⑧被相続人が特定の財産を指示して特定の相続人に相続させる遺言をした場合，指示された相続財産を特定の相続人が取得するためには，遺産分割の手続を経る必要はない。

⑨遺産分割は現物分割が原則である。これは家庭裁判所による審判分割の場合も同様である。

⑩遺産分割後に認知された者については，現物による返還請求は認められず，価額の返還請求の方法のみが認められている。

実戦問題❶　基本レベル

💎 **No.1*** **以下の事例におけるCおよびDの法定相続分の組合せとして妥当なのはどれか。**

【国税専門官・平成21年度】

（事例）Xは相続財産1億円を残して死亡した。Xは遺言で相続分を指定していない。残されたXの家族は，配偶者A，母B，姉C，子DおよびEであるが，Eは相続を放棄している。

	C	D
1	0円	2,500万円
2	0円	3,750万円
3	0円	5,000万円
4	2,500万円	2,500万円
5	2,500万円	3,750万円

💎 **No.2*** **相続が開始し（無遺言とする），被相続人の妻Aと，その子Bが相続人になった場合に関する次の記述のうち，妥当なものはどれか。**

【市役所・平成11年度】

1　Bが相続を放棄した場合でも，Bの子は代襲相続をすることができる。

2　相続の承認または放棄は，A，Bともに，相続が開始した時点から起算して3か月以内にしなければならない。

3　AがBの詐欺により相続を放棄した場合，Aは，Bに対して取消しの意思表示を行って，遺産の分割を請求することができる。

4　Aが単純承認しても，Bは限定承認することができる。

5　AもBも限定承認をしたが，Bが相続財産を隠匿していた場合には，相続債権者は，相続財産をもって弁済を受けられなかった債権額の2分の1について，Bに請求することができる。

No.3 ＊ **Aには配偶者Bがあり，両人の間に子C・D・Eがあるとする。次のうち，Aを相続できる者の組合せとして，妥当なのはどれか。**

【地方上級・令和２年度】

ア：Aが死亡したときにBの胎内にあり，後に出生した者
イ：BがAより前に死亡していた場合のAの父
ウ：CがAより前に死亡していた場合のCの子
エ：DがAの遺言書を偽造した場合のDの子
オ：Eが相続放棄をした場合のEの子

1　ア，イ，エ
2　ア，イ，オ
3　ア，ウ，エ
4　イ，ウ，オ
5　ウ，エ，オ

No.4 ＊ **相続の放棄に関するア～エの記述のうち，妥当なもののみをすべて挙げているのはどれか。**

【国家一般職・令和２年度】

ア：相続の放棄をしようとする者は，相続の開始前においては，その旨を家庭裁判所に申述しなければならないが，相続の開始後においては，その意思を外部に表示するだけで足りる。
イ：相続の放棄をした者は，その放棄によって相続人となった者が相続財産の管理を始めることができるまで，善良な管理者の注意をもって，その財産の管理を継続しなければならない。
ウ：被相続人の子が相続の放棄をしたときは，その者の子がこれを代襲して相続人となることはない。
エ：一旦行った相続の放棄は，自己のために相続の開始があったことを知った時から３か月以内であっても，撤回することができない。

1　ア，イ
2　ア，ウ
3　イ，ウ
4　イ，エ
5　ウ，エ

第3章 家族法

実戦問題1の解説

No.1 の解説　法定相続分

→問題はP.342　正答3

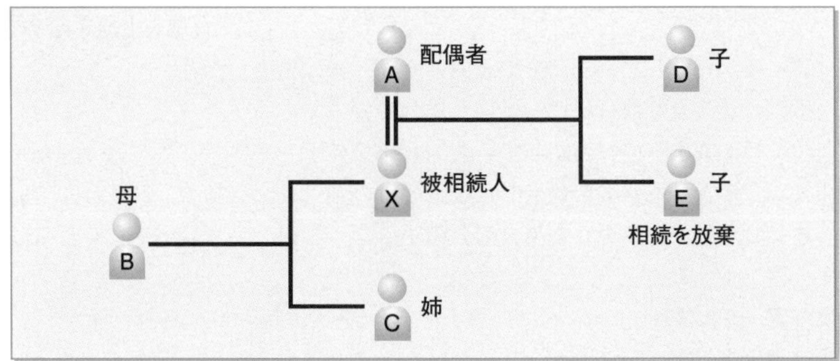

被相続人が相続分を指定していない場合に，法が定める相続分を**法定相続分**という。

民法は**法定相続人**について次のように定めている。

●法定相続人

①第一順位…子とその直系卑属（887条）
②第二順位…直系尊属（子とその直系卑属がいない場合に相続人となる，889条1項1号）
③第三順位…兄弟姉妹（第一順位，第二順位の相続人がいない場合に相続人となる，889条1項2号）
④配偶者…①～③と並んで常に相続人となる（890条）。

本問において，Ｅは相続を放棄している。そして，相続を放棄した場合には，その者は最初から相続人ではなかったものとして扱われる（939条）。したがって，子で相続人となるのはＤのみである。

また，先順位の者がいる場合，後順位の者は相続人にはならない（887条，889条）。本問では第一順位の相続人である子がいるので，直系尊属や兄弟姉妹は相続人にならない（**母Bと姉Cの相続分は0円**）。

一方，配偶者は常に相続人となる。

次に，法定相続分であるが，配偶者と子が相続人である場合には，それぞれの相続分は配偶者が２分の１，子が全員で２分の１である。Ｅが相続を放棄しているため，法定相続人である子はＤのみであるから，相続財産１億円の配分は，**配偶者Aと子Dがそれぞれ5,000万円ずつ**となる。

以上から，正答は**3**となる。

No.2 の解説　相続

→問題はP.342 正答5

1 ×　相続の放棄は代襲原因ではないので，放棄者の直系卑属は代襲相続できない。

すなわち，Bが相続を放棄した場合，Bの子は代襲相続することができない。

被相続人が死亡する以前に，推定相続人である子・兄弟姉妹が死亡し，または廃除・相続欠格によって相続権を失った場合には，その者の直系卑属が，その者に代わってその者の相続分を相続することが認められている。これを**代襲相続**という。この制度は，下の世代は上の世代の相続財産を承継できるという期待を有しており，その期待を保護するのが合理的という考え方に基づいている。

そして，代襲相続原因は，相続権の喪失である相続人の死亡，欠格，廃除の３つとされている（887条２項）。

一方，**相続の放棄**は相続権の喪失ではなく，いわば相続権の返上である。Bが相続財産の承継を拒否している以上，Bの子がやがてBを相続してそれを承継するという期待は生まれない。そのため，相続の放棄は代襲原因とはされていない。

2 ×　承認・放棄の期間は，相続の開始があったことを知った時から３か月以内。

相続の承認または放棄は，「相続が開始した時点」ではなく，「自己のために相続の開始があったことを知った時」から３か月以内にしなければならない（915条１項本文）。

相続開始の時点とは被相続人が死亡した時点である。そして，相続は被相続人が有していた権利義務を，そのまますべて相続人に承継させる制度である（896条）。そのため，たとえば，莫大な借金を残して行方知れずになった父について，ある時，死亡通知が警察から届いたが，それは父の死亡からすでに３か月以上経過していたというような場合，相続放棄の期間を「相続開始時から３か月」とすると，相続人は強制的に父の借金を承継せざるをえなくなる。しかしそれでは，民法が相続放棄の制度を認めた意義が失われる。そのため，法は明文で，**熟慮期間**を「自己のために相続の開始があったことを知った時」から３か月以内と定めている。

3 ×　詐欺による相続の放棄の取消しは，家庭裁判所への申述の方法で行う。

AがBの詐欺により相続を放棄した場合，Aは相続の放棄を取り消すことができる（919条２項）。ただし，その方法は，Bに対する意思表示ではなく，家庭裁判所への申述という方法で行われる必要がある（同条４項）。

いったん相続の放棄がなされると，それを前提に遺産分割等の手続が開始されるので，放棄の取消しは他の相続人などの利害に重大な影響を及ぼす。そのため，**家庭裁判所という公的な機関への申述を通じて詐欺の事実を明らかにし，相続の放棄について取消しがなされたことを公的に確定しておく**必要があるからである。

4 × **限定承認は，共同相続人が全員で行うべきものとされている。**

したがって，Aが単純承認していれば，Bはもはや限定承認はできない。

限定承認とは，相続によって承継した資産額を限度として負債や遺贈を弁済するという留保つきで相続を認める制度である（922条）。たとえば，資産は1,000万円あるが，負債がどの程度あるのかわからないといった場合に，限定承認の方法を選択すると，後に負債が3,000万円に達することが判明した場合でも，相続人は承継した1,000万円で負債を弁済すればよく，残額については責任を負わないで済む。そして，限定承認は，次に述べる理由によって，「共同相続人の全員が共同してのみこれをすることができる」とされている（923条）。

●限定承認の要件

相続人が数人ある場合に，法が限定承認の要件として「全員の共同」を要求したのは，手続が複雑になるのを避けようとする趣旨である。考え方としては，単独での限定承認を認めたうえで，相続財産の全部についていったん限定承認の方法での清算手続を行い，負債が生じた場合にはそれを各共同相続人の相続分に応じて分割し，限定承認をしなかった者についてこれを割り当てるという方法もないではない。しかし，この方法ではどうしても手続が煩雑になってしまう。相続債務の負担から免れようと思う者については相続の放棄という手段が認められているので，単独での限定承認を認めなければ相続人の保護がおろそかになるわけではない。そこで法は，手続の平明という利益を優先し，限定承認に「全員の共同」を要求したわけである。

5 ◎ **限定承認者の中に財産隠匿等があれば，その者は相続分に応じて責任を負う。**

妥当である。Bが相続財産を隠匿していた場合，Bは単純承認をしたものとみなされる（921条３号本文）。その結果，Bは被相続人の権利義務のうち，自己の法定相続分である２分の１を承継すべきことになる（900条１号）。そのため，相続財産で弁済してもなお負債が残っている場合には，自己の相続分に相当する２分の１について，Bは弁済の責任を負う。

なお，一部の者が単純承認とみなされることになっても，他の限定承認者の限定承認の効果に影響はない。

No.3 の解説　相続人

→問題はP.343　**正答3**

ア○　胎児は，生きて生まれることを条件に，相続権が認められる。

妥当である。胎児にも相続権を認めないと，父の子であるにもかかわらず，自身の養育等に必要な父の財産を承継できないからである（886条1項）。ただし，死産の場合には相続権は失われる（同条2項）。

●胎児に権利能力が認められる3つの場合

①不法行為に基づく損害賠償請求権（721条）
②相続（886条）
③遺贈（965条）

イ×　配偶者がすでに死亡していても，子がいれば子だけが相続人となる。

もう一度確認しておこう。相続人となり得る者は次のようになっている。

●法定相続人

①子は第一順位の相続人となる（887条1項）。子が死亡していた場合や，相続欠格，廃除の場合は，その直系卑属が第一順位を承継する（同条2項）。
②①がいない場合は直系尊属がとして相続人となる（889条1項1号，第二順位）。親等の異なる者の間では，その近い者を先にする（祖父母より父母が優先，曾祖父母より祖父母が優先，など）。
③①も②もいなければ，兄弟姉妹が相続人となる（889条1項2号，第三順位）。
④配偶者は常に相続人となる（890条前段）。子がいれば（①）子とともに，②の場合は直系尊属とともに，③の場合は兄弟姉妹とともに相続人となる（同条後段）。

子は第一順位の相続人であるから，子がいれば親は相続人とはならない。これは，配偶者がすでに死亡していても同じである。なぜなら，**相続とは，祖先から子孫へと財産を受け継がせる制度**だからである。

ウ○　子が被相続人より先に死亡していれば，子の直系卑属が相続人となる。

妥当である。子Cが親A（被相続人）より先に死亡していれば，子Cは相続人とはならないが，Cに子がいれば，その子がCを代襲相続する（887条2項本文）。これも**イ**の説明の通りで，相続とは，祖先から子孫へと財産を受け継がせる制度だからである。

エ○　遺言書の偽造は相続欠格事由となり，偽造者の子が偽造者を代襲相続する。

妥当である。**相続欠格**とは，社会的に見て「相続人としての資格を認めるべきではない」という場合に，**法律上当然に相続資格を奪うもの**である。

その事由としては，たとえば「相続財産を独り占めしようとして他の相続人を殺害し，刑に処せられた」など，相続に関して不正な利益を得ようとしたことなどが法に列挙されている（891条）。被相続人の遺言書の偽造もその一つである（891条5号）。そして，相続欠格は代襲原因であるから（887条2項本文），D（相続欠格者）の子はAを代襲相続できる。

なお，相続欠格と似た制度に**廃除**があるが，これは欠格事由には該当しないものの，「あの子には相続させたくない」などとして，**被相続人の意思表示で相続資格を奪うもの**である（家庭裁判所に請求して行う，893条）。その事由としては，被相続人に対する虐待，重大な侮辱などがある（892条）。

オ× **相続放棄は代襲原因ではないので，放棄者の子は相続人となれない。**

すなわち，Ｅが相続を放棄した場合，Ｅの子は代襲相続することができない。→No.２選択肢１

以上から，Ａを相続できるのは**ア**，**ウ**，**エ**の３者であり，正答は**3**である。

No.4 の解説 相続の放棄

→問題はP.343 **正答5**

ア× **放棄できる期間は，相続開始があったことを知った時から３か月以内である。**

相続の放棄は，自己のために**相続の開始があったことを知った時から３か月以内**に（915条１項本文），家庭裁判所に申述して行う（938条）。

放棄の制度は，相続財産を精査したうえで，相続するかどうかを判断する機会を与えるためのものであるから，相続開始前の放棄はあり得ない。

また，相続を放棄した場合，債権者は放棄者に債権の請求ができなくなるなど，**第三者の利害に及ぼす影響が大きいことから，必ず家庭裁判所に申述して行う**ものとされている。

イ× **放棄者は，自己の財産と同一の注意で財産管理を継続しなければならない。**

放棄者は，放棄によって相続人となった者が相続財産の管理を始めることができるまでは，**それまで続けてきた管理をそのまま維持すればよい**とされて，自己の財産におけるのと同一の注意をもって財産管理を継続すべきとされている（940条１項）。

ウ○ **相続の放棄は代襲原因ではないので，放棄者の直系卑属は代襲相続できない。**

妥当である（887条２項）。→No.２選択肢１

エ○ **一旦行った相続の放棄は，３か月の期間内でも撤回することはできない。**

妥当である。撤回を認めることは，法律関係を不安定化させて大きな混乱を招きかねないからである（919条１項，915条１項）。

以上から，妥当なものは**ウ**と**エ**であり，正答は**5**である。

実戦問題2　応用レベル

＊＊No.5　民法に規定する相続人に関する記述として，通説に照らして，妥当なのはどれか。　【地方上級（特別区）・平成20年度】

1　被相続人の子Ａは，子供がなく，その配偶者Ｂだけを残して被相続人と同一の海難事故により死亡し，同時死亡の推定を受けた場合には，Ａはいったん相続した後に死亡したものとされ，ＢはＡを代襲して相続人となることができる。

2　被相続人の死亡後，その子Ａが，相続に関する被相続人の遺言書を偽造したときは，相続欠格事由に該当するので，Ａは相続権を失い，Ａの子ａもこれを代襲して相続人となることはできない。

3　被相続人が死亡し，その子Ａがその相続を放棄したことで相続権を失った場合でも，Ａの子ａはこれを代襲して相続人となることができる。

4　被相続人の子Ａは養子であり，Ａに養子縁組前に生まれた子ａと養子縁組後に生まれた子ｂがおり，Ａが相続開始以前に死亡したとき，ｂはＡを代襲して相続人となることができるが，ａはＡを代襲して相続人となることはできない。

5　被相続人がその推定相続人である弟Ａによって虐待されたときは，被相続人は，Ａの廃除を家庭裁判所に請求し，その相続資格をはく奪することができる。

＊＊
No.6 **相続に関するア～オの記述のうち，妥当なもののみをすべて挙げているのはどれか。** 【国家一般職・平成24年度】

ア：Aには，配偶者BおよびAとBの子Cがいる。Cにはその子Dがおり，Dにはその子Eがいる。Aが死亡したが，Aが死亡した当時，CおよびDもすでに死亡していた場合は，Aの相続人は，Bのみである。

イ：Aには，配偶者B，Aの弟であるCおよびDがいる。AとBの間には子はなく，Aの両親はすでに死亡している。Cにはその子Eがおり，Eにはその子Fがいる。Aが死亡したが，Aが死亡した当時，CおよびEもすでに死亡していた場合は，Aの相続人は，BおよびDである。

ウ：Aには，配偶者BおよびAとBの子Cがおり，Cにはその子Dがいる。CはAに対して虐待を行ったので，Aは，Cに対する廃除の請求を家庭裁判所に対して行い，廃除の審判が確定している。Aが死亡したが，Aが死亡した当時，Cもすでに死亡していた場合は，Aの相続人は，BおよびDである。

エ：Aには，配偶者Bがおり，AとBの間には子CおよびDがいる。Dにはその子Eがいる。Aが死亡したが，DはAの相続を放棄した。この場合は，Aの相続人は，B，CおよびEである。

オ：Aには，配偶者BおよびAとBの子Cがいる。AはDとDを子とする養子縁組をしており，Dにはこの養子縁組前に出生していた子Eがいる。Aが死亡したが，Aが死亡した当時，Dもすでに死亡していた場合は，Aの相続人は，B，CおよびEである。

1 ア，イ
2 ア，オ
3 イ，ウ
4 ウ，エ
5 エ，オ

＊＊
No.7　配偶者居住権に関する次の記述のうち，妥当なのはどれか。

【国家総合職・令和３年度】

1　被相続人の配偶者は，被相続人の財産に属した建物に相続開始の時に居住していた場合において，遺産の分割により配偶者居住権を取得するものとされたときは，被相続人が相続開始の時にその居住建物を配偶者以外の者と共有していたときを除き，当該権利を取得する。

2　遺産の分割の請求を受けた家庭裁判所は，共同相続人間に被相続人の配偶者が配偶者居住権を取得することについて合意が成立している場合に限り，配偶者が配偶者居住権を取得する旨を定めることができる。

3　配偶者居住権の存続期間は，原則として遺産の分割の協議でこれを定める。ただし，遺言に別段の定めがあるとき，または家庭裁判所が遺産の分割の審判において別段の定めをしたときは，その定めるところによる。

4　配偶者居住権は登記をすることができ，居住建物の所有者は，配偶者居住権を取得した配偶者が登記をする旨を申し出た場合に限り，当該配偶者に対し，配偶者居住権の設定の登記を備えさせる義務を負う。

5　配偶者居住権を取得した配偶者は，居住建物の所有者の承諾を得れば，配偶者居住権を譲渡することができ，また，居住建物の改築若しくは増築をし，または第三者に居住建物の使用若しくは収益をさせることができる。

＊＊
No.8 平成30年の民法改正で新設された特別の寄与の制度に関する次の記述のうち，妥当なのはどれか。 【国家総合職・令和４年度】

1 共同相続人の中に被相続人の財産の維持・増加に特別の寄与をした者がいた場合にその寄与を相続の際に考慮する寄与分という制度があるが，特別の寄与の制度は，寄与分の特殊な類型である。したがって，特別の寄与の手続は，寄与分の場合と同様に，遺産分割手続の中で行われ，遺産分割における具体的相続分の確定の際の考慮事由となる。

2 特別寄与者になり得る者は，被相続人の親族である。相続人に加えて，相続人ではない者であっても被相続人の親族であれば，特別寄与者になり得る。

3 特別寄与者に対するその寄与に応じた額の金銭の支払について，当事者間で協議が整わない場合には，特別寄与者は，家庭裁判所に対して協議に代わる処分を請求することができる。また，当該金銭の額は，被相続人が相続開始の時において有した財産の価額から遺贈の価額を控除した残額を超えることができない。

4 特別の寄与とは，被相続人に対して療養看護その他の労務の提供をしたことによって，被相続人の財産の維持・増加について特別の寄与をしたことを意味し，その労務の提供が有償であるか無償であるかは問わない。

5 相続人の欠格事由に該当しまたは廃除により相続権を失った者であっても，特別の寄与をした場合には，特別寄与者にはなり得る。

実戦問題2の解説

No.5 の解説 相続人 →問題はP.349 正答4

1 × 同時死亡の推定を受けた場合には，互いに相手を相続することはできない。

相続とは，被相続人の権利義務をそのまま承継することである。したがって，承継する側には権利義務の主体となりうる地位（権利能力）が備わっていなければならない。つまり，被相続人の死亡の時点（相続が開始した時点）で生存していなければならない。ところが，**同時死亡の推定**（32条の2）を受けた場合，Ａは**相続開始時には同時に死亡している**ことになるので，その時点でＡに権利能力はなく，Ａは被相続人を相続しない。

また，代襲相続は被相続人の直系卑属に限られるので（887条２項但書），直系卑属ではないＢは代襲相続もできない。

2 × 相続欠格は代襲原因であるから，相続欠格者の直系卑属は代襲相続できる。

相続欠格とは，社会的に見て「相続人としての資格を認めるべきではない」という場合に，**法律上当然に相続資格を奪うもの**である。その事由としては，たとえば「相続財産を独り占めしようとして他の相続人を殺害し，刑に処せられた」など，相続に関して不正な利益を得ようとしたことなどが法に列挙されている（891条）。

被相続人の遺言書の偽造もその一つである（891条５号）。そして，相続欠格は代襲原因であるから（887条２項本文），ａはＡを代襲相続できる。

なお，相続欠格と似た制度に**廃除**があるが，これは欠格事由には該当しないものの，「あの子には相続させたくない」などとして，**被相続人の意思表示で相続資格を奪うもの**である（家庭裁判所に請求して行う，893条）。その事由としては，被相続人に対する虐待，重大な侮辱などがある（892条）。

3 × 相続の放棄は代襲原因ではないので，放棄者の直系卑属は代襲相続できない。

代襲相続原因は，**相続権の喪失である相続人の死亡，相続欠格，廃除の３つだけ**である（887条２項）。相続の放棄は相続権の喪失ではなく，いわば相続権の返上である。Ａが相続財産の承継を拒否している以上，Ａの子がやがてＡを相続してそれを承継するという期待は生まれない。そのため，相続の放棄は代襲原因とはされていない。

4 ◎ 養子縁組前の養子の子は，養親の血族ではないので代襲相続はできない。

妥当である。養子は，縁組の日から養親の嫡出子の身分を取得する（809条）。つまり，その効果は過去（本肢でいえば縁組前の養子の子ａの出生日）にはさかのぼらない。そのため，同じく養子の子であっても，養子縁組前に生まれた子（ａ）は縁組によっても養親（本肢でいえば被相続人）との間で法定血族関係を生じない。したがって，本肢のようにａとｂでは結論が異なることになる。

5 × 廃除の対象は，遺留分を有する推定相続人に限られる（892条）。

兄弟姉妹は遺留分権利者ではないので（1042条１項柱書），廃除はできない。

廃除の目的	特定の推定相続人の財産承継の拒否
第三者への贈与・遺贈による同様の目的達成	①遺留分を有する推定相続人……できない ∵遺留分を有する推定相続人は，その者を排除する形で第三者に贈与や遺贈がなされても，遺留分侵害額請求により財産を承継できる。 →財産を承継させないために廃除という制度を設ける必要がある。 ②遺留分を有しない推定相続人……できる ∵遺留分を有しないので，第三者への贈与・遺贈で対処できる。 →あえて廃除の制度を設ける必要はない。
結　果	兄弟姉妹は廃除の対象とされていない

No.6 の解説　相続

→問題はP.350　**正答3**

ア×　子や孫が被相続人より先に死亡しても，直系卑属がいれば再代襲相続する。

被相続人Ａが死亡した時点で，子（Ｃ）や孫（Ｄ）が先に死亡していても，直系卑属がいれば，その者が代襲相続する（887条３項，**再代襲相続**）。Ｄの子ＥはＡの直系卑属であるから代襲相続人となる。

したがって，Ａの相続人は，配偶者Ｂ（890条）と直系卑属Ｅの２人である。

イ○　兄弟姉妹の子は代襲相続できるが，その子の子は代襲相続できない。

妥当である。被相続人に直系卑属がいなければ，第二順位として直系尊属が配偶者とともに相続人になり（889条１項１号），直系尊属もいなければ第三順位として兄弟姉妹が配偶者とともに相続人になる（同項２号）。

本肢では，被相続人Ａには直系卑属も直系尊属もいないので，兄弟姉妹が配偶者Ｂとともに相続人になる。ところが，弟Ｃは相続開始前に死亡している。したがって，Ｃは相続人にはならない。

では，その子や孫はＣを代襲相続できるか。**民法は，兄弟姉妹については，代襲相続は子（被相続人のおい・めい）までしか認めない**（889条は887条３項を準用していない）。これは，おい・めいの子は被相続人とは縁が薄く，相続によってたなぼた的に財産が転がり込んでくるという，いわゆる「笑う相続人」を作らないためである。

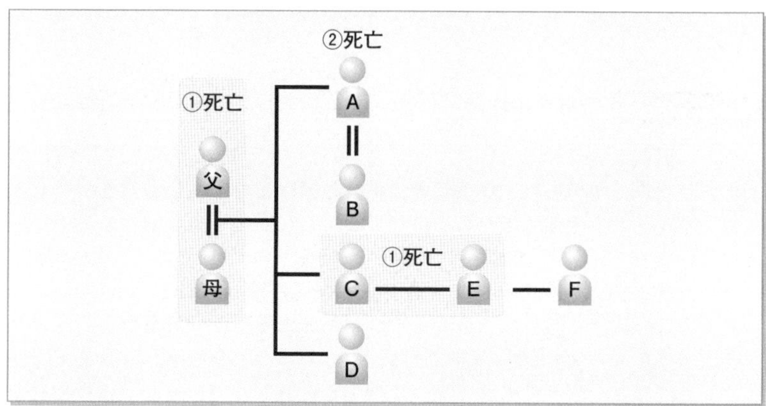

ウ○ 廃除は，相続人の死亡，相続欠格とともに代襲相続原因の一つである。

妥当である。**廃除**は代襲相続原因である（887条２項本文）。廃除されたCは，Aの相続開始以前にすでに死亡しているが，結果は変わらない。代襲相続によってDが相続人となるので，Aの相続人はBとDである。

エ× 相続の放棄は代襲原因ではないので，放棄者の直系卑属は代襲相続できない。

Ｅは相続人とならないので，Ａの相続人はＢとＣの２人である。

相続放棄は代襲相続原因ではない。したがって，相続を放棄したDの直系卑属Ｅは相続人とはならない。

代襲相続は，下の世代は上の世代の相続財産を承継できるという期待を有しており，その期待を保護するのが合理的という考え方に基づいている。しかし，**相続の放棄は相続権の喪失ではなく，いわば相続権の返上である**。Dが相続財産の承継を拒否している以上，Dの子がやがてDを相続してそれを**承継するという期待は生まれない**。

オ× 養子縁組前の養子の子は，養親の血族ではないので代襲相続はできない。

Ｅは相続人とならないので，Ａの相続人はＢとＣの２人である。

養親と養子の親族関係は，養子縁組の日から生じる（727条）。したがって，養子縁組前に出生していた子（Ｅ）は，養親の直系卑属にはならず（887条２項但書），養親の相続人にもなりえない。

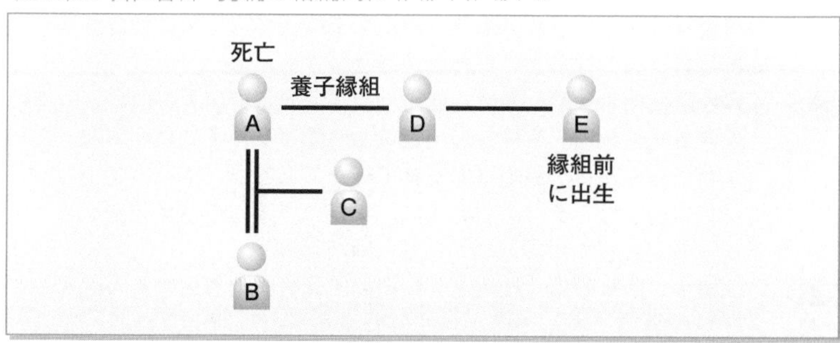

以上から，妥当なものは**イ**と**ウ**であり，正答は**3**である。

No.7 の解説　配偶者居住権

→問題はP.351　**正答 1**

配偶者居住権とは，たとえば夫が残した建物に同居して生活していた妻が，**夫の死後も終生無償でそこに住み続けられるという権利**，すなわち残存配偶者の生活保障のための権利である（1028条１項１号）。

なぜこのような権利が必要かというと，たとえばAが3,000万円の家と3,000万円の現金を残して死亡し，相続人が配偶者Bと子Cであったとする。両者の法定相続分は２分の１ずつであるから，配偶者Bがその家に住み続けようとすると，遺産分割でBが家を，子Cが3,000万円の現金を取得することになり，配偶者の元に現金は残らない。しかし，それでは配偶者の生活が脅かされる。そこで，「現金は1,500万円ずつ，家は居住権（終身，評価1,500万円）を配偶者が，所有権（評価1,500万円）を子が取得する」とすれば，配偶者の居住と生存保障の問題は解決する。これが，配偶者居住権が認められた趣旨である。

ただ，この権利は自動的に設定されるわけではなく，配偶者がこの権利を得るには，遺産分割協議や遺贈，審判などでそれが認められることが必要である（同項１・２号，1029条）。

1◎　居住建物が配偶者以外の者との共有の場合には，配偶者居住権は不成立。

妥当である。配偶者居住権は，配偶者の死亡後も残存配偶者が終生無償でそこに住み続けられるという権利である。したがって，居住建物が配偶者以外の者との共有の場合には，共有者が有する目的物の使用・収益権を，この「終生無償の居住」によって侵害することになるので，この権利は認められない（1028条１項１号）。

2×　家庭裁判所が必要と認めるときも，配偶者居住権を取得させることができる。

審判によって配偶者居住権が取得できる場合には，①共同相続人間に被相続人の配偶者が配偶者居住権を取得することについて**合意が成立している**場合と（1029条柱書１号），②配偶者が家庭裁判所に対して配偶者居住権の取得を希望する旨を申し出た場合において，居住建物の所有者の受ける不利益の程度を考慮してもなお配偶者の生活を維持するために**特に必要があると認めるとき**（同条柱書２号）の２つの場合がある。

3×　配偶者居住権の存続期間は，原則として配偶者の終身の間とされる。

配偶者居住権は，配偶者の死亡後も終生無償でそこに住み続けられるという権利であるから，**原則はあくまで終身である**（1030条本文）。ただ，「介護施設に入居したときはその時まで」などと，遺言や遺産分割協議，審判などで別段の定めをすることはできる（同条但書）。

4×　居住建物の所有者は，配偶者居住権の設定登記を備えさせる義務を負う。

登記義務は，申し出の有無を問わず所有者に課せられる（1031条１項）。

登記することで，残された配偶者の生活の安定に十全を期すとともに，取引の安全を確保するためである。

5 × **配偶者居住権は，譲渡することができない。**

配偶者居住権は，**残された配偶者の生活保障のための権利**であるから，これを第三者に譲渡することはできない（1032条２項）。

なお，居住建物の所有者の承諾を得れば，増改築したり，第三者にそれを使用または収益をさせることはできる（同条３項）。これは通常の賃貸借と同じで，所有者から居住建物を特別に無償で借りていると考えればよい。

No.8 の解説　特別の寄与の制度

→問題はP.352　**正答3**

この制度は，たとえば，２人兄弟のうち，長男だけが介護費用をすべて負担して親の療養看護に努めたなどという場合には，その**寄与分**（これは長男が取得）を除いた額が相続財産となる（904条の２）。それに対し，長男が早世し，その後ずっと長男の妻が一人で親の介護を続けたなどという場合には，長男の妻は相続人ではないので寄与分は認められない。しかし，それは不合理だということで，**法定相続人ではない親族**（長男の妻の親等は配偶者と同じ）**にも寄与に応じた額の支払請求（特別寄与料）を認めようとするのが特別の寄与の制度である**（1050条）。

1 × **特別の寄与の手続は，遺産分割手続とは別の手続きとして行われる。**

前半は正しい（904条の２，1050条参照）。しかし，特別の寄与の手続は，**相続開始後，相続人に特別寄与料の支払を請求する**（その基本は協議による。それができなければ家庭裁判所に協議に代わる処分を請求する）という「遺産分割手続とは別の手続き」として行われるので，後半は誤り（1050条１項）。

2 × **特別寄与者になり得る者には，相続人は含まれない。**

特別寄与者になり得るのは，相続人以外の親族である（1050条１項第一カッコ書き）。これは，相続人には相続分や寄与分（904条の２）が別途確保されているので，特別の寄与を認める必要がないことによる。

3 ◎ **特別寄与料の額は，相続財産額から遺贈の額を除した残額の範囲内である。**

妥当である。前半については1050条２項本文，後半については同条４項。

4 × **労務の提供が有償の場合には，特別寄与料の請求はできない。**

特別寄与料の請求ができるのは，**寄与が無償の場合に限られる**（1050条１項）。すでに対価を得ている場合には，寄与分はその対価で補われているはずだからである。

5 × **相続欠格事由に該当しまたは廃除された者は，特別寄与者にはなり得ない。**

相続放棄者や相続欠格者，廃除によってその相続権を失った者は特別寄与者にはなり得ない（1050条１項第一カッコ書き）。これらの者は，相続分や寄与分を得られるはずであったものを，自ら放棄するような行為を行ったのであるから，あえて特別寄与料を認める必要はないからである。

実戦問題❸　難問レベル

No.9 ＊＊ **次の事例における各人の相続額として妥当なのはどれか。**

【国家総合職・平成29年度】

平成29年１月10日，Ａは，預金１億8,000万円を残して死亡した。預金の他にみるべき資産はなかった。

Ａには配偶者Ｂとの間に息子Ｃと娘Ｄがいたが，Ｄはすでに死亡しており，Ａ，Ｂ，ＣおよびＤの子Ｅが同居していた。また，ＡにはＢと婚姻する前に交際していたＦとの間にも子Ｇがおり，Ａは，Ｇが生まれた直後にＧを認知していた。

Ｃは，同年１月15日，自筆で書かれたＡの遺言書を発見した。当該遺言書は，民法の規定にのっとった有効なものであり，その内容は，「Ｃには財産を一切相続させないものとする」というものであった。Ｃは腹を立て，自分も法定相続分どおりの金額をもらいたいと考えて，その場で当該遺言書を破棄した。後に訴訟となって，Ｃが遺言書を破棄したことが発覚したが，Ｃは，自分には少なくとも遺留分はあると主張した。

	B	C	E	G
1	9,000万円	0円	6,000万円	3,000万円
2	9,000万円	0円	4,500万円	4,500万円
3	9,000万円	1,500万円	3,750万円	3,750万円
4	8,250万円	1,500万円	5,500万円	2,750万円
5	8,250万円	1,500万円	4,125万円	4,125万円

実戦問題3の解説

No.9 の解説　相続額

→問題はP.358 正答2

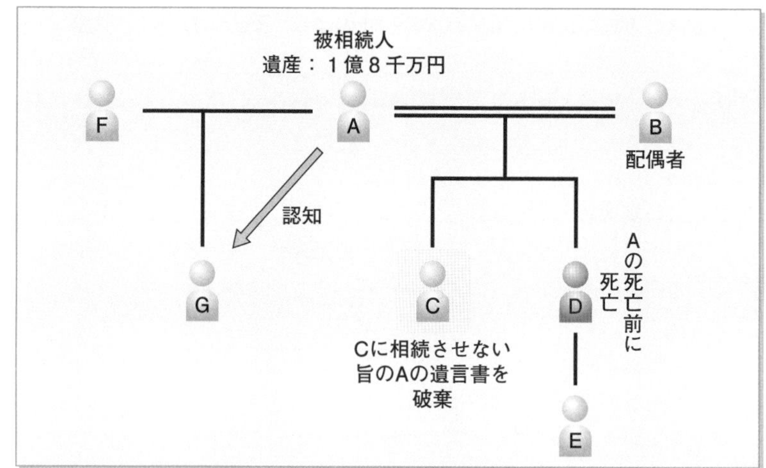

①**相続人となりうる者**……まず，子は第一順位の相続人で（887条１項），配偶者は常に相続人となる（890条）。被相続人Ａと配偶者Ｂとの間に子Ｃ・Ｄがいるが，Ｄはすでに死亡しているので相続人とならない。ただし，相続の開始前の死亡は代襲相続原因となるので，Ｄの子ＥはＤを代襲して相続人となる（887条２項本文）。

次に，Ｆは配偶者ではないので相続人ではないが，ＡとＦの間の子Ｇは認知されているので，子として相続人となる（784条）。

②**相続欠格**……Ｃが行った遺言書の破棄は，**相続に関して不正な利益を得ようとするもので，相続欠格事由**である（891条５号）。この事由に該当すると相続人資格をはく奪されるので（同条柱書），Ｃは相続人とはならない。

③**相続人と相続分**……以上から，本問で相続人となるのは，配偶者Ｂと子Ｅ・Ｇとなる。この場合の法定相続分は，配偶者が２分の１，子が全員で２分の１である（900条１号）。そして，代襲とは，被代襲者（Ｄ）の相続分をそのまま受け継ぐことであり（901条１項本文），また，嫡出子と非嫡出子の間で相続分に差異はない（900条４号本文）。したがって，Ｅ，Ｇの相続分はそれぞれ「２分の１（子全員の相続分）×２分の１（人数分で割った各自の相続分）＝４分の１」となる。

④**遺留分の主張**……遺留分が認められるのは，兄弟姉妹以外の「相続人」である（1042条１項柱書）。ところが，相続欠格者Ｃは相続人とならないので遺留分も認められない。

⑤**結論**……Ａの相続財産は，預金１億8,000万円であるから，これを配偶者Ｂが２分の１の9,000万円，子Ｅ，Ｇがそれぞれ４分の１ずつの4,500万円となり，正答は**2**である。

テーマ **18** 第3章　家族法

遺言・遺留分

必修問題

普通の方式の遺言に関する次の記述のうち，妥当なものはどれか。

【地方上級・令和元年度】

1　自筆証書によって遺言をするには，遺言者が，その全文，日付および氏名を自書したうえで，証人１人の立合いの下で，これに印を押さなければならない。

2　**公正証書**によって遺言をするには，証人２人以上の立会いの下で，遺言者が遺言の趣旨を公証人に口授し，公証人が，遺言者の口述を筆記し，これを遺言者および証人に読み聞かせ，または閲覧させれば足りる。

3　秘密証書による遺言は，**秘密証書遺言**としての方式に欠けるものがあっても，**自筆証書遺言**の方式を具備しているときは，自筆証書による遺言としてその効力を有する。

4　未成年者であっても，遺言の証人または立会人となることができる。

5　法律上の夫婦であれば，同一の証書によって遺言をすることができる。

難易度　＊

必修問題の解説

遺言とは，遺言者の身分上・財産上の事項について，死後の処分等を書き残しておくものである。ただ，遺言が効力を生じるときには，遺言者はすでに死亡しており，仮に遺言内容に不明確な部分があったとしても，本人に確かめることはできない。そのため，遺言では厳格な要件が法定されており（960条），それによって，相続人などに生ずる紛争を防止しようとしている。

この遺言は，大別して普通方式と特別方式に分かれる。

後者は，たとえば，海難事故で救助されたが，「絶命する前に複数の証人に対して口頭で遺言する」など，死期が急迫している場合の特例的なものであり（979条１項），試験に出題されることはほとんどない。通常の出題は普通方式の遺言に関するものであり，遺言では普通方式だけで考えておけば足りる。

1×　**自筆証書によって遺言をするには，証人の立合いは必要でない。**

自筆証書とは，「遺言者が自分で書いて仏壇や金庫にしまっておく」などといったもので，最も簡便な方式の遺言である。この遺言では，**方式さえ守れば**（内容を自書する，日付を正確に書く，署名・押印を忘れないなど），**証人を立ち会わせる必要はない**（968条１項）。証人の立会いを要求するのは煩瑣であり，自筆証書のように簡便に作成する遺言では，あえてこれを要求する必要はない。

2 × **公正証書遺言では，遺言者・証人のほか公証人の署名・押印が必要である。**

公正証書遺言とは，国の機関である公証人役場において，法律の専門家である公証人が作成する遺言であり，最も信用性が高い遺言とされる。

そのため，その要件は厳格であり，本肢の要件に加えて，遺言者・証人が筆記の正確なことを承認した後，各自これに署名し印を押すことや，公証人が，その証書は法定の方式に従って作ったものである旨を付記して署名・押印することなどが必要とされる（969条）。

ただ，これらの要件を逐一覚えておく必要はない。署名・押印という重要な要件が欠けていることを誤りの判断ポイントとすればよい。

3 ◎ **自筆証書遺言の方式を備えている限り，自筆証書遺言の効力が認められる。**

妥当である。**秘密証書遺言**とは，遺言者が自署して封印した遺言を，**内容を秘匿した状態で証人と公証人に署名等を求め，それによって遺言書の「存在」の証明をしてもらうというもの**である（970条）。

この遺言は自筆証書遺言よりも遺言としての信頼性が高いが，要件が極めて厳格なために，要件不備を生じやすい。しかし，秘密証書遺言としては要件を欠く場合でも，**自筆証書遺言の要件を満たしている場合には，自筆証書遺言への転換を認めて遺言者の最終意思を尊重するのが合理的**である。法はこの観点から，自筆証書遺言への転換を認めている（971条）。

4 × **未成年者は，遺言の証人または立会人となることができない。**

証人は，遺言が遺言者の真意に基づくことを証明する者であり，また，**立会人**は遺言の作成に立ち合って作成の事実を証明する者である。これらの重要性にかんがみて，**法は未成年者をこれらの欠格者としている**（974条柱書，1号）。

5 × **同一の証書によって遺言をすることは，夫婦であっても認められない。**

このような遺言を**共同遺言**といい，遺言撤回の自由を制約することから無効な遺言とされている（975条）。→No. 1 選択肢４

正答 3

FOCUS

遺言や遺留分では，一定のポイントがあるので，そこから知識を広げるようにするとわかりやすい。遺言では，遺言者の最終意思の尊重と，遺言の発効時に遺言者が死亡していることからくる紛争防止（疑義があっても本人に聞けない）の目的で要件が厳格に定められていることがポイントである。また，遺留分では，相続分との性格の違いを明確にしておくことがポイントである。

POINT

重要ポイント 1 遺言（いごん）

（1）遺言の意義・種類

①遺言とは，遺言者の身分上および財産上の最終意思に法的効果を認めようとする制度である。遺言は，遺言者の死亡の時からその効力を生ずるので，その時点で遺言の内容が不明確であると，もはや意思表示者に確かめるすべがない。そのため，遺言には厳格な要式性が要求されており，この要式を欠く遺言は無効とされる。

②遺言の方式には次のようなものがある。

◆遺言の方式◆

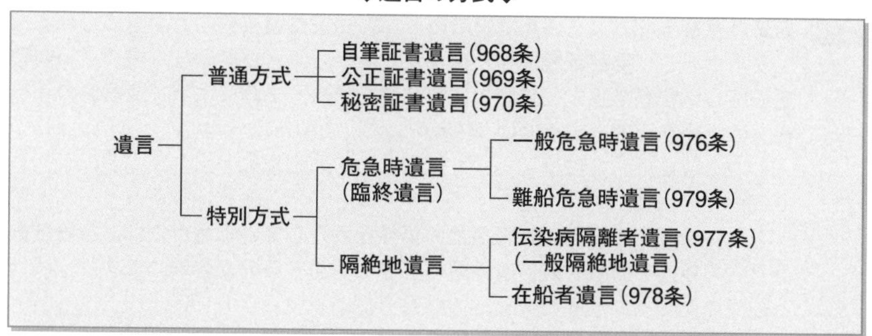

③秘密証書遺言の方式に欠ける遺言は，秘密証書遺言としては無効であるが，それが自筆証書遺言の方式を満たす場合には，自筆証書遺言として有効となる。

（2）遺言の要件・効力

①満15歳に達した者は単独で有効に遺言ができる。

　制限行為能力者に関する行為能力の制限規定は遺言には適用されない。その結果，成年被後見人も事理弁識能力を回復している際に医師２人以上の立会いのもとに有効に遺言ができる。

②遺言が２通以上出てきた場合に備えて，どの遺言が遺言者の最終意思かを確認するために，遺言では日付の特定が要求されている。

　日付を「吉日」と書いた遺言は，日付の特定ができないので無効とされている。

③遺言では署名と押印が要求されているが，この押印は指印でもよい。

④遺言は，いつでも自由に撤回できる。撤回権を放棄することもできない。遺言は，遺言者の最終意思を尊重しようとする制度だからである。

⑤他人の添え手による補助を受けて作成された遺言でも，それが単に作成の補助にすぎず，添え手をした者の意思が遺言の内容に介入していないことが判定できれば，その遺言は有効な遺言となる。

⑥２人以上の者が，ともに関連する内容の意思表示をする遺言を共同遺言といい，撤回の自由を制約することから，このような遺言は無効である。

重要ポイント２ 遺留分（いりゅうぶん）

遺留分の意義・範囲

①遺留分とは，被相続人が贈与や遺贈で処分した財産に生活を依存していた者に，被相続人の財産の一定割合を確保する権利を認める制度である。その目的は，残された家族の生活保障にある。

②遺留分権利者は，兄弟姉妹を除く法定相続人である。

　すなわち，配偶者，子，直系尊属が遺留分権利者として認められている。

③遺留分率は次のとおりである。

　まず，遺留分権利者全体の遺留分率を**総体的遺留分率**という。全員が遺留分侵害額請求権を行使した場合における請求可能な最高限度額のことである。

相続人	総体的遺留分率
直系尊属のみ	3分の1
それ以外	2分の1

　個々の遺留分権利者が請求できる額は，総体的遺留分率に法定相続分を乗じて算定される。これを**個別的遺留分率**という。

　たとえば，遺留分権利者が被相続人の父と母のみの場合は，両者の個別的遺留分はおのおの「３分の１×２分の１＝６分の１」となり，配偶者と子が１人だけという場合には，おのおの「２分の１×２分の１＝４分の１」となる。

④遺留分は，遺留分権利者が相続できたはずの財産の一定割合について，請求を認める制度であるから，遺留分額の算定に当たっては，「相続できたはずの財産」が算定の基礎となる。そのため，遺留分算定の基礎となる財産には，積極財産や贈与額のみならず負債も加えられる。

⑤遺留分算定の基礎となる財産には贈与も加えられる。

　まず，相続開始前の１年間になされた贈与は無条件に全額が加算される。

　次に，１年以前になされた贈与は，当事者双方が遺留分権利者に損害を加えることを知って贈与したものであるときには全額が加算される。また，特別受益に当たる贈与は，相続開始前10年間にしたものについては加算される。

⑥遺留分は，家庭裁判所の許可を受けたときに限り，相続開始前に放棄できる。

⑦遺留分は，個々の遺留分権利者に認められた範囲において，相続財産の一定割合を請求できる権利であるから，遺留分権利者の一人がこれを行使しない場合でも，他の遺留分権利者の遺留分は増加しない。

⑧相続欠格事由に該当し，相続人資格を奪われた者には，遺留分も認められない。

⑨遺贈が２つ以上あるときは，遺言に別段の意思表示がない限り，それぞれの遺贈は遺贈の目的の価額の割合に応じて負担する。

実戦問題

No.1＊ **自筆証書遺言に関する次の記述のうち，判例に照らし，妥当なものはどれか。**

【地方上級（全国型）・平成８年度】

1 遺言書中の日付については，年月の記載があれば，年月の後を「吉日」としても，遺言は有効である。

2 遺言書中の日付以外の文言をすべて書き終えて，数日後にその日の日付のみを記載した場合には，遺言は日付を記載した日に完成したものとして有効である。

3 遺言書の押印が遺言者の指印（指頭に墨，朱肉等を付けて押印すること）によるものである場合には，遺言は無効である。

4 父母の意思表示により連名で作成された遺言書は，両名が死亡した時点で有効な遺言として成立する。

5 他人の添え手による補助を受けて作成された遺言書は，遺言者が自筆で書いたものとはいえないから，遺言は無効である。

No.2＊＊ **自筆証書遺言に関するア～エの記述のうち，妥当なもののみをすべて挙げているのはどれか。ただし，争いのあるものは判例の見解による。**

【国家一般職・令和４年度】

ア：自筆証書遺言は，押印によって遺言者の同一性およびその意思の真意性が担保されているため，必ずしも手書きで作成する必要はなく，パソコンで作成した遺言書も押印があれば有効である。

イ：一般に，封筒の封じ目の押印は，無断の開封を禁止するという遺言者の意思を外部に表示する意味を有するもので，遺言者の同一性およびその意思の真意性を担保する趣旨のものではないから，遺言書の本文には押印がなく，遺言書を入れる封筒の封じ目に押印のある自筆証書遺言は無効である。

ウ：自筆証書遺言の日付は，作成時の遺言能力の有無や内容の抵触する複数の遺言の先後を確定するために要求されることから，日付が「令和４年３月吉日」と記載された自筆証書遺言は，日付の記載を欠くものとして無効である。

エ：カーボン紙を用いて複写の方法によって記載された自筆証書遺言は，民法が要求する自書の要件に欠けるところはなく，その他の要件を満たす限り，有効である。

1 ア，イ
2 ア，ウ
3 イ，ウ
4 イ，エ
5 ウ，エ

＊＊
No.3 民法に規定する遺言に関する記述として，妥当なのはどれか。

【地方上級（特別区）・令和４年度】

1 遺言とは，遺言者の死亡とともに一定の効果を発生させることを目的とする相手方のない単独行為であり，未成年者もその年齢にかかわらずこれをすることができる。

2 自筆証書で遺言をする場合において，自筆証書遺言にこれと一体のものとして相続財産の全部または一部の目録を添付するときには，その目録についても遺言者が自書することを要し，パソコンにより作成することはできない。

3 秘密証書または公正証書で遺言をする場合には，その保管者は，相続の開始を知った後，これを家庭裁判所に提出しなければならず，その検認を請求する必要がある。

4 遺言に停止条件を付した場合において，その条件が遺言者の死亡後に成就したときは，遺言は，いかなる場合であっても，遺言者の死亡の時に遡ってその効力を生ずる。

5 遺言者は，遺言で，１人または数人の遺言執行者を指定し，またはその指定を第三者に委託することができるが，未成年者及び破産者は遺言執行者となることができない。

＊＊
No.4 **相続に関するア～エの記述のうち，妥当なもののみをすべて挙げているのはどれか。** 【国税専門官／財務専門官／労働基準監督官・令和３年度】

ア：遺言が一旦有効に成立したとしても，遺言者は，いつでも遺言の方式に従って，その遺言の全部または一部を自由に撤回することができる。

イ：遺言の解釈に当たっては，遺言書の文言を形式的に判断するだけでなく，遺言者の真意を探究すべきものであり，遺言書の特定の条項を解釈するに当たっても，当該条項と遺言書の全記載との関連，遺言書作成当時の事情および遺言者の置かれていた状況等を考慮して当該条項の趣旨を確定すべきであるとするのが判例である。

ウ：配偶者居住権は，相続開始時に被相続人の財産に属した建物に居住していた被相続人の配偶者が，相続後も当該建物を無償で使用および収益をすることができる権利であり，当該権利は第三者に譲渡することもできる。

エ：共同相続人間において遺産分割協議が成立した場合に，相続人の一人が他の相続人に対して当該遺産分割協議において負担した債務を履行しないときは，他の相続人は，債務不履行解除の一般規定である民法第541条により，当該遺産分割協議を解除することができるとするのが判例である。

1 ア，イ
2 ア，エ
3 イ，ウ
4 イ，エ
5 ウ，エ

＊＊
No.5 **民法に定める遺留分に関する次の記述のうち，妥当なものはどれか。**
【地方上級・平成９年度改題】

1 遺留分の放棄は，相続の開始前に家庭裁判所の許可を受けたとき効力を生じ，他の各共同相続人の遺留分は放棄した分だけ増加する。

2 被相続人のなした贈与が遺留分を侵害するときは，たとえ相続の前であっても，他の遺留分権利者は自らの遺留分を保全することができる。

3 遺留分を有する相続人は，直系尊属，直系卑属および配偶者であり，仮に遺留分を有する相続人が相続欠格者であっても，遺留分に関しては権利を有する。

4 遺留分算定の基礎となる被相続人の財産は，被相続人の債務を控除せず，被相続人が相続開始前に有した積極財産に贈与の財産の価額を加えたものである。

5 遺贈が２つ以上あるときは，遺言に別段の意思表示がない限り，それぞれの遺贈は遺贈の目的の価額の割合に応じて負担する。

No.6 ＊＊ **遺留分制度に関するア～オの記述のうち，妥当なもののみをすべて挙げているのはどれか。** 【国税専門官／労働基準監督官・平成23年度】

ア：兄弟姉妹を除く法定相続人は遺留分を有し，相続開始のときに胎児であった者も生きて生まれれば子としての遺留分をもつ。また，子の代襲相続人も，被代襲相続人たる子と同じ遺留分をもつ。

イ：相続開始前に相続を放棄できないのと同様に，遺留分は，相続開始前に放棄することができない。

ウ：相続人が，被相続人の配偶者Ａのみであった場合，Ａの遺留分の割合は，２分の１である。

エ：相続人が，被相続人の配偶者Ａと，Ａと被相続人との間の，子Ｂと子Ｃであった場合，Ａの遺留分の割合は，４分の１である。

オ：相続人が，被相続人の配偶者Ａと被相続人の父Ｂであった場合，Ａの遺留分の割合は，４分の１である。

1 ア，イ，エ
2 ア，ウ，エ
3 ア，ウ，オ
4 イ，ウ，オ
5 イ，エ，オ

実戦問題の解説

No.1 の解説　自筆証書遺言

→問題はP.364　正答2

1 ×　年月の後を「吉日」とした遺言は，無効である。

年月は記載してあるが日の記載を「吉日」としている遺言は，**日付の特定が困難**であることから無効な遺言とされる（最判昭54・5・31）。

仮に同じ月に別の遺言が作成された場合，どちらが遺言者の最終意思かわからず，無用の紛争を招いてしまう。そのため，日付の記載のない（作成日が特定できない）遺言は無効とされている（968条1項，960条）。

2 ◎　内容記載から数日後に日付が記載された遺言は日付の日に有効に成立する。

妥当である。通常，遺言者は本文を書き終えた後，何日もかけてその内容を検討し，遺言の内容に最終的に納得できた段階で署名・押印のうえ，日付を記載するものであることから，特段の事情のない限り，日付が記載された日が遺言の成立日であるとするのが判例である（最判昭52・4・19）。

3 ×　自筆証書遺言における押印は指印で足りる。

自筆証書遺言に押印が要求される趣旨について，判例は，「遺言者の同一性ならびに真意を確保するとともに，重要な文書については，作成者が署名のうえこれに押印することによって文書の作成を完結させるというわが国の慣行ないし法意識に照らし，遺言書の完成を担保しようとする点にある」としている（最判平元・2・16）。

押印が要求される趣旨	・作成者との同一性の確認 ・文書の完成の担保 →わが国の慣習上，文書の作成開始時ないし作成の途中で押印することはなく，文書作成を終えた段階で「完了」の意味で押印がなされる。それゆえ，押印された文書は，その押印があることによって完成されたものと判断しうることになる。

この趣旨に照らせば，指印によって遺言者の同一性を判断することは容易であるし，また最終的な文書の完成を指印によって判断してもなんら不合理ではない。そこで判例は，**指印も有効な押印**と解している。

4 ×　父母の意思表示により連名で作成された遺言は共同遺言として無効である。

父母の意思表示により連名で作成された遺言は，父母が共同で同一の（または互いに関連する）意思表示をするものであり，このような性質の遺言を**共同遺言**という。もともと，遺言はその者の最終意思を尊重するところにその趣旨があり，いつでも任意に撤回できなければならないとされている（1022条）。そして，共同遺言はこの遺言撤回の自由を制約することから，法は明文でこれを禁止しており（975条，**共同遺言の禁止**），判例も本肢のような遺言を共同遺言として無効としている（最判昭56・9・11）。

●共同遺言

共同遺言とは，共同者がともに関連する内容の意思表示をする遺言をいう。遺言者の意思表示が他の共同遺言者の意思表示と関連を有しているため，撤回には他の遺言者の同意が必要となる。そこで，共同遺言は遺言撤回の自由を制約するものとして禁止されている。したがって，意思表示がそれぞれ関連していなければ共同遺言には当たらない。たとえば，同一の封筒に2通の自筆証書遺言が入っていても，それぞれの意思表示が独立に行われていれば，それは共同遺言ではない。

5 × **他人の添え手による補助を受けて作成された遺言も有効とされる場合ある。**

遺言の有効性の中核をなすのは遺言者の真意が確保されているかどうかという点にあるので，他人の添え手による補助を受けて作成された遺言書であっても，**添え手をした者の意思が運筆に介入した形跡のないことが筆跡のうえで判定できれば，その遺言は有効**である。

判例も，「病気その他の理由で運筆について他人の補助を受けてされた自筆証書遺言は，(1)遺言者が証書作成時に自書能力を有し，(2)他人の添え手が，単に始筆もしくは改行に当たり字の間配りや行間を整えるため遺言者の手を用紙の正しい位置に導くにとどまるか，又は遺言者の手の動きが遺言者の望みに任されており，遺言者は添え手をした他人から単に筆記を容易にするための支えを借りただけであり，かつ，(3)添え手が右のような態様のものにとどまること，すなわち添え手をした他人の意思が介入した形跡のないことが，筆跡のうえで判定できる場合には，『自書』の要件を充たすものとして，有効である」としている（最判昭62・10・8）。

No.2 の解説　自筆証書遺言

→問題はP.364 **正答5**

ア × **パソコンで作成した遺言書は自書とはいえず，押印があっても無効である。**

自筆証書遺言で，法が自書性を要求しているのは（968条1項），それによって**記載内容の真実性を担保するため**である。

パソコンで書かれたものは，他人でも容易に偽造できるので，自書とは認められない。

なお，自筆証書遺言に添付する**財産目録については，目録の毎葉に署名・押印することを要件にパソコン等による作成が認められている**（同条2項）。

イ × **遺言書本文に押印がなくても，封筒の封じ目に押印があればよい。**

判例は，遺言書の本文には押印がなく，遺言書を入れる**封筒の封じ目に押印**のある自筆証書遺言について，「遺言書本文の入れられた封筒の封じ目にされた押印をもって民法968条1項の押印の要件に欠けるところはない」として，これを有効であるとする（最判平6・6・24）。

改ざんされるおそれはなく，**遺言書の信頼性が確保されている**ことが理由である。

ウ○ 日の記載を「吉日」とした遺言は無効である。

妥当である。年月は記載してあるが日の記載を「吉日」としている遺言は，**日付の特定が困難**であることから無効な遺言とされる（最判昭54・5・31）。→No.1選択肢1

エ○ カーボン複写で記載された遺言も，自書の要件に欠けるものではない。

妥当である。判例は，「カーボン紙を用いることも自書の方法として許されないものではないから，本件遺言書は，民法968条1項の自書の要件に欠けるところはない」とする（最判平5・10・19）。

以上から，妥当なものは**ウ**と**エ**であり，正答は**5**である。

No.3 の解説　遺言

→問題はP.365　**正答5**

1× 未成年者も15歳に達すれば，自筆証書遺言をすることができる。

遺言は一種の財産処分行為であるから，本来であればこれをするには行為能力が必要なはずであるが，遺言の場合には，行為能力に関する法規制を厳格に適用することは必ずしも適当とはいえない。すなわち制限行為能力者ゆえの**判断能力の未熟さから，その財産に多少の減少を生じたとしても，むしろその者の最終意思を実現させることのほうが重要**と考えられるからである。たとえば，病気の未成年者が，自らの死期を悟って遺言を行いたいと申し出たときに，成年に達するまで待てというのは不合理であるし，法定代理人が不同意とした場合にその者の最終意思である遺言の実現ができないというのもまた不合理である。そこで法は，遺言をするには意思能力あれば足りるとし（962条），かつ，未成年者について意思能力が備わる年齢を満15歳と認定して，この年齢に達すれば，未成年者も単独で有効に遺言ができるとしている（961条）。

そして，これは遺言全般についていえることであるから，自筆証書であると公正証書であるとにかかわらず，満15歳になれば遺言が可能である。

2× 財産目録については，要件を満たせばパソコン等による作成が認められる。

自筆証書遺言では，遺言者が，その全文，日付及び氏名を自書し，これに押印しなければならないとされ（968条1項），財産目録についても，従来は自書が必要とされていた。

ただ，特に**高齢者の場合などは，財産目録の作成は負担がかなり大きく**，これが遺言書の利用を妨げる一因と指摘されていた。そこで，平成30年改正法は，「自筆証書にこれと一体のものとして相続財産の全部又は一部の目録を添付する場合には，その目録については，自書することを要しない」として（同条2項），**この部分についてパソコン等による作成を認めている。**

→No.2ア

3× 公正証書遺言では，家庭裁判所の検認は必要でない。

公正証書以外の遺言（自筆証書遺言・秘密証書遺言）の場合，法定の遺言の要式が整っているかとか，内容に改変が加えられていないかなどを確認するために，**家庭裁判所の検認**が必要とされている（1004条１項）。

しかし，**公正証書遺言**（969条）の場合は，国の機関である公証役場の公証人が法律の専門知識のもとに作成し，その原本は公証役場で保管される。したがって，**要式の不備や内容改変のおそれなどはなく，家庭裁判所の検認は必要でない**（1004条２項）。

4 × **遺言者死亡後に停止条件が成就したときは，その成就時から効力を生ずる。**

遺言は，通常の場合，遺言者の死亡時からその効力を生ずる（985条１項）。

ただし，「大学に合格したら奨学金を贈与する」などの**停止条件が付されていた場合には，その条件の成就時から効力を生ずる**ことになる（同条２項）。

5 ◎ **未成年者および破産者は，遺言執行者となることができない。**

妥当である。まず，前半は正しい（1006条１項）。

後半も正しいが，これは，**未成年者および破産者は，遺言執行に必要とされるだけの十分な能力を有しない**というのがその理由である（1009条，未成年者については小学生を考えればイメージしやすい）。

なお，平成11年の成年後見制度の導入に際して，それまで欠格事由に該当するとされていた制限行為能力者は，未成年者を除いて欠格事由対象から外された。遺言者があえて成年被後見人等を遺言執行者にするのであれば，それを妨げる理由はないことなどの理由に基づく。

No.4 の解説 遺言・配偶者居住権等

→問題はP.366 正答 1

ア○ **遺言は，その全部または一部を，いつでも自由に撤回できる。**

妥当である。**遺言は人の最終意思を尊重しようとするもの**であるから，その趣旨に照らし，生存中はいつでも自由にその全部または一部を撤回できるとしておかなければならない（1022条）。

たとえば，生前においては，相続財産は時間とともに変動しているので，その変動した財産の配分を一部変更するなどはその例である。

イ○ **遺言の解釈は，形式的ではなく遺言者の真意を探究するようにして行う。**

妥当である。判例は，「**遺言の解釈にあたっては，遺言書の文言を形式的に判断するだけではなく，遺言者の真意を探究すべき**ものであり，遺言書が多数の条項からなる場合にそのうちの特定の条項を解釈するにあたっても，単に遺言書の中から当該条項のみを他から切り離して抽出しその文言を形式的に解釈するだけでは十分ではなく，遺言書の全記載との関連，遺言書作成当時の事情及び遺言者の置かれていた状況などを考慮して遺言者の真意を探究し当該条項の趣旨を確定すべき」とする（最判昭58・3・18）。

ウ× **配偶者居住権を第三者に譲渡することはできない。**

配偶者居住権は，たとえば夫が残した建物に同居して生活していた妻が，夫の死後も終生無償でそこに住み続けられるという権利，すなわち残存配偶者の生活保障のための権利である（1028条1項柱書本文）。したがって，その性格上，**配偶者だけが享受できる権利**であり，これを譲渡することは認められていない（1032条2項）。→テーマ17「相続」No.7選択肢5

エ× **相続人の一人の債務不履行を理由に遺産分割協議を解除することはできない。**

判例は，仮に解除ができるとすると，遺産の再分割を余儀なくされ，法的安定性が著しく害されるとして，「相続人の一人が他の相続人に対して協議において負担した債務を履行しないときであっても，他の相続人は民法541条によって遺産分割協議を解除することができない」とする（最判平元・2・9）。

相続では，大きな財産の変動を生じる場合があることから，そのやり直しは社会的に著しい混乱を招きかねず，法的安定性の観点から妥当でないからである。

以上から，妥当なのは**ア**と**イ**であり，正答は**1**である。

No.5 の解説 遺留分

→問題はP.366 正答 5

遺留分とは，配偶者や子など，被相続人が処分した財産に生活を依存していた者に，被相続人が処分した財産の一定割合について処分の効力を否定することを認める制度である。たとえば，老境に達した父Aが若い愛人をつくり，その愛人Dに懇願されて全財産をDに贈与する旨の遺言を作成して死亡したとする。その場合，相続財産の一定割合について家族（一定範囲の相続人）に留保する権利である遺留分がなければ，残された家族（妻B，子C）は生活が脅かされる。そこで，処分の一定割合について，家族に処分の効力の否定を認めてその生活を守ろうとしたのである。

1 × **遺留分権利者の一人が遺留分を放棄しても，他の者の遺留分は増加しない。**

前半は正しいが（1049条１項），後半は誤り。遺留分権利者が遺留分を放棄しても他の共同相続人に影響を及ぼさない。すなわち，そのことによって他の共同相続人の遺留分が増加することになるわけではない。

◆相続の放棄と遺留分の放棄◆

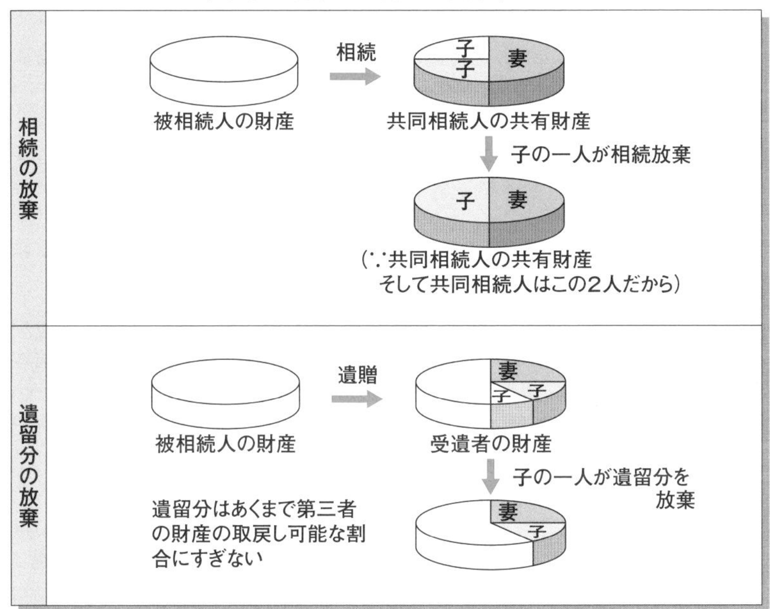

相続放棄の場合には，すでに相続財産が共同相続人に移転していて，あとは共同相続人間でそれをどのように分割するかの問題であるから，共同相続人の一人が相続を放棄すれば，**他の相続人の相続分はその分だけ増加する**ことになる。一方，**遺留分**の場合は，財産はすでに第三者の所有に帰しており，その財産について各遺留分権利者がそれぞれ自己の権利として侵害額を請求できるというにすぎないので，遺留分権利者のうちの一人が遺留分を放棄してその分の請求をあきらめても，**他の遺留分権利者の請求割合がその分だけ増加するわけではない**。請求はもともと各遺留分権利者に認められた割合でしか権利行使できないのである。

2 × **相続前の段階での遺留分の保全は認められていない。**

遺留分侵害額請求権は，相続開始後において遺留分が現実に侵害されている状態が生じたときに初めて発生する権利であり，それ以前においては，遺留分権利者はなんらの権利も有しない（大決大6・7・18)。したがって，相続人の遺留分を侵害する被相続人の財産処分行為も，それ自体としてはまったく有効である。

3 × **相続欠格事由に該当し，相続資格を奪われた者には遺留分も認められない。**

遺留分は被相続人の財産に生計を依存してきた相続人が，被相続人の処分行為がなければ承継したであろうはずの財産の一定割合について，その生計維持のために請求することを認める権利である。したがって，「被相続人の処分行為がなければ承継したであろう」こと，すなわち相続資格を有することが前提となる。

なお，前半は正しい(1042条1項)。**遺留分権利者に兄弟姉妹が含まれない**のは，被相続人の兄弟姉妹はそれぞれ別所帯を構え生計を異にしているはずなので，遺留分を認めてその生存を確保する必要性に乏しいからである。

4 × **遺留分の算定に当たっては，債務もその全額を控除する（1043条1項)。**

たとえば，資産（積極財産）が2,000万円，負債（債務）が1,000万円，贈与額が500万円という場合には，負債を控除せずに算出した2,500万円（2,000万円＋500万円）を基準に請求を認めるのではなく，負債を控除した1,500万円を基準に請求を認めることになる。

遺留分は「相続によって承継できたはずの財産」の請求権であるから，相続によって承継できる財産について債務額の控除が行われるのと同様に，遺留分からも債務額は当然に控除されることになる。

5 ◎ **複数の遺贈は，遺贈の目的の価額の割合に応じて負担する。**

妥当である（1047条1項2号)。複数人に対して遺贈がなされ，その一部を負担すれば足りるという場合には，受遺者間の公平を考慮して，それぞれの遺贈はその価額に応じて按分される。たとえば，Aに800万円，Bに400万円の遺贈がなされ，遺留分権利者が600万円を取り戻せるという場合には，A，Bが受けた遺贈の価額割合に応じて，Aから400万円，Bから200万円を請求すべきことになる。

No.6 の解説　遺留分　→問題はP.367　正答2

ア ○ **胎児も生きて生まれれば，遺留分権を行使できる。**

妥当である。遺留分も相続に関する権利であるから，「胎児は，相続については，既に生まれたものとみなす」とする規定（886条1項）によって，遺留分権を行使できると解されている。

なお，子の代襲相続人が遺留分権利者であること，および兄弟姉妹に遺留分が認められていないことについては，テーマ17「相続」重要ポイント1参照。

イ× **遺留分については，相続開始前の放棄が認められている。**

相続開始前に相続の放棄ができないのと異なり，遺留分は，相続開始前の放棄が認められている（1049条1項）。

遺留分の事前放棄は，しばしば「相続財産を一切与えないための手段」として用いられている。たとえば，「親が，子Xの多額の借金を肩代わりして返済したので，Xには相続させず，もう一人の子Yにだけ相続させたい」などという場合に，Xが承諾していれば有効な手段となる。

「相続財産を一切与えないための手段」としては，他にも，相続人の廃除や相続放棄が考えられる。しかし，廃除は被相続人への虐待・重大な侮辱・著しい非行のいずれかに該当しなければならず（892条），借金の肩代わり返済がこれに該当するかは疑問である。また，相続放棄は，相続開始後に行うものであるから（915条1項），たとえXが事前に放棄の意思を示していても，実際に放棄しない場合もあるので確実性に乏しい。

そこで，遺留分の事前放棄と遺言を組み合わせたうえで，「一切の財産をYに相続させる」と遺言しておけば，Xが後から相続財産の取戻し（遺留分侵害額請求）を行うことはできなくなる。そうすれば，確実にYに全財産を相続させることができる。

ウ○ **配偶者のみが遺留分権利者である場合の総体的遺留分率は2分の1である。**

妥当である。遺留分権利者は兄弟姉妹以外の相続人であるから，配偶者は遺留分権利者である（1042条1項柱書）。

そして，本肢の場合の**総体的遺留分率**（遺留分権利者全体の遺留分率）は，被相続人の財産の2分の1である（同項2号）。

次に，個々の遺留分権利者が請求できる額（**個別的遺留分率**）は，総体的遺留分率に法定相続分を乗じて算定されるので，相続人が被相続人の配偶者Aのみである本肢の場合，Aの個別的遺留分率は「2分の1（総体的遺留分率）×1（Aの相続分）＝2分の1」となる。

エ○ **個別的遺留分率は，総体的遺留分率に法定相続分の割合を乗じて算出する。**

妥当である。この場合，Aの個別的遺留分率は，「2分の1（総体的遺留分率）×2分の1（配偶者の法定相続分，900条1号）＝4分の1」となる。

オ× **個別的遺留分率は，総体的遺留分率に法定相続分の割合を乗じて算出する。**

この場合，Aの個別的遺留分率は，「2分の1（総体的遺留分率）×3分の2（配偶者の法定相続分，900条2号）＝3分の1」となる。

以上から，妥当なものは**ア**，**ウ**，**エ**の3つであり，正答は**2**である。

第3章 家族法

索　引

●本書の内容に関するお問合せについて

『新スーパー過去問ゼミ』シリーズに関するお知らせ，また追補・訂正情報がある場合は，小社ブックスサイト（books.jitsumu.co.jp）に掲載します。サイト中の本書ページに正誤表・訂正表がない場合や訂正表に該当箇所が掲載されていない場合は，書名，発行年月日，お客様の名前・連絡先，該当箇所のページ番号と具体的な誤りの内容・理由等をご記入のうえ，郵便，FAX，メールにてお問合せください。

〒163-8671　東京都新宿区新宿 1-1-12　実務教育出版　第二編集部問合せ窓口

FAX：03-5369-2237　E-mail：jitsumu_2hen@jitsumu.co.jp

【ご注意】

※電話でのお問合せは，一切受け付けておりません。

※内容の正誤以外のお問合せ（詳しい解説・受験指導のご要望等）には対応できません。

公務員試験

新スーパー過去問ゼミ７　**民法Ⅱ**

2023年９月30日　初版第１刷発行　〈検印省略〉

2024年10月５日　初版第３刷発行

編　者　資格試験研究会

発行者　淺井亨

発行所　株式会社 実務教育出版

〒163-8671　東京都新宿区新宿1-1-12

☎ 編集　03-3355-1812　販売　03-3355-1951

振替　00160-0-78270

組　版　明昌堂

印　刷　精興社

製　本　ブックアート

ISBN 978-4-7889-3750-5 C0030　Printed in Japan

乱丁，落丁本は小社にておとりかえいたします。